中國政治思想史研究前沿
（2013—2022）

张师伟 著

问题·方法·范式

西安交通大学出版社
XI'AN JIAOTONG UNIVERSITY PRESS

图书在版编目(CIP)数据

中国政治思想史研究前沿/张师伟著. -- 西安：西安交通大学出版社，2024.6. -- ISBN 978-7-5693-3865-2

Ⅰ.D092.7

中国国家版本馆 CIP 数据核字 2024ZZ5946 号

ZHONGGUO ZHENGZHI SIXIANGSHI YANJIU QIANYAN

书　　名	中国政治思想史研究前沿
著　　者	张师伟
责任编辑	韦鸽鸽　祝翠华
责任校对	刘莉萍
封面设计	伍　胜

出版发行	西安交通大学出版社
	（西安市兴庆南路1号　邮政编码710048）
网　　址	http://www.xjtupress.com
电　　话	（029）82668357　82667874（市场营销中心）
	（029）82668315（总编办）
传　　真	（029）82668280
印　　刷	西安五星印刷有限公司
开　　本	700mm×1000mm　1/16　印张 27.25　字数 497千字
版次印次	2024年6月第1版　2024年6月第1次印刷
书　　号	ISBN 978-7-5693-3865-2
定　　价	78.00元

如发现印装质量问题，请与本社市场营销中心联系。

订购热线：（029）82665248　（029）82667874

投稿热线：（029）82665249

版权所有　侵权必究

目 录

绪论　中国政治思想史研究的百年回眸与学术省思 …………………… 1
　（一）中国政治思想史研究中的概念谱系选择与知识背景 ………… 2
　（二）中国本土理论资源的西方政治概念找寻与理论推演 ………… 6
　（三）中国传统政治问题、政治概念及理论的历史呈现 …………… 10

上篇　问题视角的研究综述

一、范式争鸣与方法反思：改革开放四十年来的中国政治思想史研究 …… 19
　（一）中国政治思想史研究多样价值与多元范式的形成与发展 …… 20
　（二）中国政治思想史研究的研究方法与撰述体例的选择与调整 …… 25
　（三）中国政治思想史研究批判启蒙与经世济用的并存与竞争 …… 30

二、传统的沸腾：2013—2015 年的中国政治思想史研究 ……………… 36
　（一）范式与价值：中国政治思想史研究的视角与方法 …………… 36
　（二）集成与创新：中国政治思想史理论体系多元比较 …………… 45
　（三）传统与现代：中国政治思想史研究的热点与焦点 …………… 54
　（四）格局与趋势：中国政治思想史研究的总结与反思 …………… 62

三、中国政治传统的哲理反刍：2016 年的中国政治思想史研究 ……… 73
　（一）范式与方法："中国政治思想史"的体例与写法 …………… 73
　（二）概念与命题：中国政治思想史的观念解读与剖析 …………… 82
　（三）贤能与法治：中国传统国家治理的范式归纳与古为今用 …… 91

四、命题结构与分析方法剖析：2017 年中国政治思想史研究述论 …… 101
　（一）中国政治思想史的研究宗旨讨论及分析方法争鸣 …………… 103

（二）中国古代政治思想研究以今释古的现代解读 ………… 112
　　（三）中国传统政治思想现代转化中的继承与批判 ………… 121
五、历史透视与话语分析：2018年中国政治思想史研究述论 ……… 131
　　（一）中国政治思想史研究的编撰体例与典范反思 ………… 133
　　（二）中国政治思想史研究的事实呈现及历史透视 ………… 140
　　（三）中国现代重要政治概念形成和发展的历史审视 ……… 150
六、研究回顾与理论前瞻：2019年中国政治思想史研究述论 ……… 162
　　（一）中国政治思想史研究的历史回顾与范式反思 ………… 164
　　（二）中国政治思想史研究的哲学方法及热点问题 ………… 173
　　（三）中国政治思想史研究"如何走向世界" …………………… 186
七、哲理探寻与传统转换：2020年中国政治思想史研究述论 ……… 198
　　（一）中国传统政治哲学的广泛探讨与深入发掘 ……………… 200
　　（二）中国政治伦理思想史研究的切实推进及意义发掘 …… 212
　　（三）中国现代政治思想研究的热点与理论旨趣 ……………… 223
八、价值弘扬与批判反省：2021年中国政治思想史研究新进展 …… 237
　　（一）中国政治思想史研究的立场、旨趣与方法讨论 ………… 239
　　（二）中国政治思想史的多学科研究与现代意义发掘 ………… 252
　　（三）中国政治哲学研究现代价值讨论及其观点争议 ………… 260
九、视角面向与方法商榷：2022年中国政治思想史研究新进展 …… 274
　　（一）中国政治思想史研究的现状估计与方法反思 …………… 274
　　（二）中国古代政治思想研究中的理论检视和意义发现 …… 285
　　（三）中国现代政治思想研究的议题选择特点 ………………… 295

下篇　方法检讨与范式反思

一、中国传统政治哲学研究的方法论反思 ……………………………… 307
　　（一）路径与特色：中国传统政治哲学研究的范式 …………… 308
　　（二）观念史方法：从政治思想史到政治观念史 ……………… 313
　　（三）观念的逻辑：中国传统政治哲学的整体视角 …………… 319
二、中国政治思想史的学科定位及学术使命：一种基于知识论视角的分析
　　……………………………………………………………………………… 325
　　（一）知识还是方法：中国政治思想史的学科判别 …………… 325

（二）政治还是历史：中国政治思想史研究的知识隶属 …………… 328
（三）发现还是资政：中国政治思想史研究的学术使命 …………… 331

三、阐发政治的民族共性：中国传统政治哲学研究主旨揭示 …………… 334
（一）中国传统政治哲学研究要注重阐发民族共性 …………… 335
（二）中国传统政治哲学研究要关注共同政治观念 …………… 338
（三）中国传统政治哲学研究要关注流派间的相通性 …………… 343

四、刘泽华先生中国政治思想研究范式的历史视域与史学方法 …………… 347
（一）刘泽华先生历史视域下的"政治大于阶级" …………… 349
（二）刘泽华先生历史认识论观照下的史料方法 …………… 353
（三）刘泽华先生中国政治思想史研究的辩证分析 …………… 356

五、中国政治思想通史的贯通性理解与整体性呈现 …………… 361
（一）中国政治思想通史编撰怎样体现"通史"之"通" …………… 363
（二）中国政治思想通史编撰对理论、知识及方法的要求 …………… 368
（三）中国政治思想通史编撰的著作体例与写法 …………… 374

六、中国政治思想史研究者知识结构的局限及其优化的路径选择 …………… 379
（一）中国政治思想史研究的多元理论诉求与丰富知识价值 …………… 381
（二）中国政治思想史研究知识生产的特点及其知识成果的品质 …………… 385
（三）中国政治思想史研究者知识结构优化的路径选择 …………… 389

七、中国传统政治哲学研究的史学视域与归纳方法 …………… 394
（一）中国传统政治哲学研究的视域分歧及方法比较 …………… 395
（二）刘泽华先生中国传统政治哲学研究的史学视域 …………… 400
（三）中国传统政治哲学研究的归纳方法及相对优势 …………… 405

八、中国政治思想史研究的知识取向及多学科方法融通 …………… 410
（一）中国政治思想史研究知识取向的工作要求 …………… 412
（二）中国政治思想史研究中的多学科方法举要 …………… 416
（三）中国政治思想史研究中的多学科方法融合 …………… 422

后记 …………… 428

绪论　中国政治思想史研究的百年回眸与学术省思

中国政治思想史作为政治学的一个分支学科,从梁启超第一次在北京法政专门学校开讲"中国政治思想史"的1922年算起①,已有百年历史。百余年来,中国政治思想史学科在概念体系、研究方法及理论建构上都依赖于西方政治学。一些研究和讲授西方政治思想史的人认为,中国根本就没有什么政治思想可讲,因而所谓中国政治思想史也就无从谈起了。萧公权先生在《问学谏往录:萧公权治学漫忆》中曾论及中国政治思想史研究的这种尴尬②。如果严格按照西方政治思想家的政治概念界定和政治理论形态,那么中国的政治思想内容,不仅确实很难被装在西方政治学的概念容器中,而且也很难找出一个具有完整政治理论的政治思想家。但是中国政治思想史研究者却还是开始了他们在理论上的冒险旅程,以西释中,他们坚信"只要是一个人体,他的发展无论是红黄黑白,大抵相同",而"中国人不是神,也不是猴子,中国人所组成的社会不应该有甚么不同"③。中国政治思想史研究者首先是参照西方政治学的概念及理论,在中国的传统文献中寻找和解释关于政治的概念、范畴和命题、判断等,而后是按照西方政治学理论逻辑,梳理收集到的有关文献,呈现出一个又一个关于政治的理论体系,并将这些理论体系按照历史顺序排列起来。

各种各样的中国政治思想史研究与著述大多按照上述方式展开,也有些学者试图用中国传统的古典概念来进行中国政治思想史研究,但未成为主流,

---

① 梁启超:《先秦政治思想史》,北京:东方出版社,1996年版,自序。
② 萧公权:《问学谏往录:萧公权治学漫忆》,上海:学林出版社,1997年版,第114页。
③ 郭沫若:《中国古代社会研究》,上海:现代书局,1929年版,自序。

影响也相当有限。中国政治思想史研究的学术工作在根本上不可能完全脱离西方政治学的概念体系与方法。中国政治思想史研究，在很大程度上，成了依托西方政治概念与理论对本土政治理论的概念检视和话语梳理。从中国政治思想史研究的情况来看，学术界对中国本土政治理论进行概念检视和话语梳理，大体有两个基本类型。第一个类型侧重在中国本土政治理论资源中寻找现代西方政治中的标配性概念、命题与理论逻辑，如公民、共和、民主、自由、地方自治、议会政治、责任内阁等，其用意是在中国本土政治理论资源中找出一个纯而又纯的中国本土的现代政治理论，以指导中国的政治现代化实践，它在理论上具有鲜明的经世指向①。第二个类型侧重于中国本土政治理论所关注的问题及相应的政治解释，试图在理论上还原中国政治历史上的各种政治理论问题，找到提问和解答所使用的基本概念、核心范畴与主要命题，呈现本土政治思想家提问和解答政治问题的完整逻辑，其用意是呈现作为时代共性与民族共性的政治知识体系、政治推理体系、政治思维方式及政治文化形态②，以解决如何从中国传统政治理论的传统之累中走出来，其理论具有强烈的启蒙特质。

（一）中国政治思想史研究中的概念谱系选择与知识背景

虽然中国传统时代关于政治的诸多论述客观地存在于典籍中，并且在理论形态上也颇为完整，但它并不能自然而然地展现成为一种学科化的知识体系。作为学科化知识体系的中国政治思想史，只能是参照西方将知识分门别类进行学科化整理的结果。即便如此，中国政治思想史也不能如同西方政治思想史一样自然地成为政治学知识体系的一部分，西方政治学界所谓政治思想史只是指西方政治思想史。在从事西方政治思想史研究的学者看来，中国传统时代并无专门论述政治问题的理论，"古代中国根本就不存在严格意义上的政治思想，或者说中国人并不认为政治与一般性的社会事务有何根本区别"③。一方面，中国传统社会既不存在一个特定的政治领域，以区别于经济、

---

① 葛荃：《认识与沉思的积淀——中国政治思想史研究历程》，郑州：河南人民出版社，2007年版，第429页。
② 张师伟：《阐发政治的民族共性——中国传统政治哲学研究主旨揭示》，《文史哲》，2010年第6期。
③ 唐士其：《西方政治思想史》（修订版），北京：北京大学出版社，2008年版，序言。

社会、文化、宗教等，也不存在西方那样的诸多专门政治问题；另一方面，中国传统也确实没有关于政治现象的专门思考，并且也确实没有如柏拉图、亚里士多德及霍布斯、洛克、孟德斯鸠那样的政治学家，"中国历史上并没有产生与西方政治学对应的思想体系"①。如果严格按照西方政治学的概念与逻辑来检视、梳理中国传统理论资源，中国就确实是既无西方那样的政治问题，也无西方那样的政治概念与政治理论。但中国学者在从西方接受其政治学概念及理论逻辑时，却并没有拘泥于对西方政治学知识体系的概念照搬和逻辑照抄，而是在译介西方政治学知识体系的过程中进行了必要的话语转换。中国政治思想史作为一个学科化知识体系的构造，就是西方政治学知识体系中国化的一个重要部分。西方政治学知识体系中的民主、民族、民权、自由、平等、共和等，作为西方各国富强的政治要素被中国学者所看重，并以这些已经传播开来的关键概念为基础，搜集中国传统理论资源，试图在中国传统理论资源中找到与民主、民族、民权、自由、平等、共和等相类似的概念，并将其梳理成一个完整的历史谱系。《中国民约精义》就是以民主、民权概念为依托，梳理中国传统政治理论的结果②。西方政治学知识体系传入中国，既带来了比较规范的学科化的概念用语，也带来了分析和解释中国政治的学科化的理论逻辑，将这种学科逻辑用之于中国传统政治理论的整理与解释，就形成了中国政治思想史的学科知识体系。中国政治思想史研究者所具有的政治学知识体系的质量与风格，在根本上决定了他们在中国政治思想史研究与著述上可能达到的学科水平。

　　中国政治思想史学科知识建构的概念体系选择，在根本上决定了作为学科知识体系的中国政治思想史的具体内容，而概念体系选择的不同首先取决于建构者知识背景的不同。中国政治思想史学科知识体系的建构结果，固然在很大程度上取决于中国政治理论的内容，因为不论如何，中国政治思想史作为一个知识体系都不能被建构成西方政治思想史知识体系的克隆物，两者的不同显而易见；但也在很大程度上取决于中国政治思想史知识体系建构所依仗的政治学知识背景。不同的政治学知识背景必然会在中国政治思想史的知识建构上产生迥然不同的结果。中国政治思想史学科知识如果被放在人类

---

① 唐士其：《西方政治思想史》（修订版），北京：北京大学出版社，2008年版，序言。
② 陈旭麓：《陈旭麓文集——浮想偶存》（第四卷），上海：华东师范大学出版社，1997年版，第209－210页。

历史发展的大视野下进行建构，它就是历史科学的一个重要组成部分，并被用于呈现普遍的历史规律。如吕振羽的《中国政治思想史》就是马克思主义理论在中国历史研究中的一个具体应用。作为中国马克思主义史学的一个重要组成部分，该书以马克思主义历史唯物主义所提供的政治学概念与理论逻辑为基本分析工具，其中的标志性概念就是阶级与阶级斗争，其最基本的政治理论逻辑就是强调政治思想是"人类各别阶级的阶级斗争思想的集中表现"和阶级斗争"行动指导的原理"①。中国政治思想史的学科知识还可以放在西方政治学概念与理论的视野下进行建构，它在很大程度上就被建构为政治学的一个组成部分，被用来展示中国传统中的政治学。西方政治理论中的好东西，中国传统政治理论中也有，这是百年来学者建构中国政治思想史知识体系的基本推理方式。这种推理方式在中国人向西方学习的时候就已经出现，梁启超在19世纪90年代的《古议院考》中就以为西方流行之议院亦存在于中国古代，虽然中国古代无议院之名，但却有议院之实②。近年来，中国政治思想史研究中弥漫的复古情结更将这种推理方式推到了一个新高度。有些研究者不仅试图在中国古典的政治话语理论中，找到典型的西方政治概念，比如公民、民主、自由、共和等；而且试图在中国古典政治理论中找到诸如西方人民主权、人人平等、权利保障等命题；甚至试图在中国古典政治理论中发掘出一个完全没有受西方影响的纯粹中国的现代化政治话语。

中国政治思想史学科知识建构的概念体系选择，固然有知识背景不同的原因，但也受到建构者主观意图的决定性影响。中国政治思想史学科并不是诞生在一个持久和平稳定的政治环境中，而恰恰是诞生在一个风雨飘摇、国破山河碎的救亡环境中，中国政治思想史作为一种知识体系，被创造出来的直接动机，就是救亡。西方政治的若干优点，虽然早在鸦片战争时期的"开眼看世界"中就受到关注，但在几十年的历史行程中，先进的中国人并未将西方各国的富强与其政治上的优点联系起来。在清帝国经历一次又一次内外危机而日益衰朽的过程中，先进的中国人逐步注意到了西方各国在政治上的根本优势，并开始留意西方政治知识体系，开议院的呼声开始出现于朝野，西方的政体知识也开始受到中国思想界的关注。康有为将西方政体知识镶嵌

---

① 吕振羽：《中国政治思想史》，北京：人民出版社，1980年版，第6页。
② 梁启超：《梁启超全集》，（第一册），北京：北京出版社，1999年版，第61-62页。

在儒学知识谱系中，形成了一种土洋结合的政治新理论，开启了中国政治理论发展的崭新阶段。自此以后，一方面，中国社会在政治制度及政治文化选择上的快速西化，催生了一种批判旧文化和推崇新文化的启蒙心态，试图清除旧的政治文化，以确立和巩固新的政治文化，中国政治思想史学科知识的建构就在这种情况下开始了，并扮演起了批评旧政治文化的使命。严复在甲午战后对中国旧文化的批判内容与新文化运动时期的反传统遥相呼应，提倡"西学"，批判"中学"①。另一方面，中国社会在政治上的革新，虽然没有隔断政治上的保守主义，但却在根本上改变了政治保守主义的内容。在晚清的大多数时刻，政治保守主义都以翼教为目的，坚决反对在政治上向西方学习自由、平等、共和、民主等，异常执着地维护着自西汉以来就享有权威地位的"三纲五常"②。但在"三纲五常"终于零落成泥碾作尘之后，政治保守主义就换了一种方式来继续呵护中国传统的诸多政治命题，努力从中国传统政治理论中发现一套纯粹中国的现代政治话语来。姚中秋主张中国政治思想史学科要"抛弃历史主义"，"打破古今之别的迷信"，以"激活、转变、发皇先人之政治价值、理念、制度，予以新生转进"，"参与中国现代秩序之构建的事业"③。

中国政治思想史作为学科化的知识体系，既是政治学知识体系的一个组成部分，可以丰富、发展和进一步完善既有政治学知识体系，助推中国特色社会主义政治学话语体系的积极建构；它的存在又以一定形态的政治知识体系为必要条件，即如果没有一定形态的政治知识体系为前提，它就不能获得任何有意义的学科化的发展。"从知识论的视角看，中国政治思想史认识的对象无疑属于政治学科，其认识结果也只能汇入政治学的知识溪流，镶嵌于政治知识的逻辑大厦上"④。虽然中国政治思想史的学科建构及发展，必须要先以一定的政治概念体系和理论逻辑为基本前提，否则它就不能获得学科化知识体系所必需的科学形式；但是一定政治概念体系及理论逻辑主要是作为一

---

① 李泽厚：《中国现代思想史论》，北京：东方出版社，1987年版，第7页。
② 中国史学会：中国近代史资料丛刊《义和团》（四），上海：上海人民出版社，1957年版，第81-82页。
③ 姚中秋：《重建中国政治思想史范式》，《学术月刊》，2013年第7期。
④ 张师伟：《中国政治思想史的学科定位及学术使命——一种基于知识论视角的分析》，《天津社会科学》，2013年第1期。

种理论分析的视角和工具在发挥作用,而不能仅仅是作为中国政治思想概念解释和理论叙述的参照系,更不能试图把生动灵活的中国政治思想事实硬塞到概念体系和理论逻辑的容器里。中国政治思想史研究"并非仅仅是将思想的历史事实摆放在博物架上,而是要追求理解的贯通性和呈现的整体性"①。这就要求研究者在进行概念体系和理论逻辑选择时,要特别注意概念体系和理论逻辑的科学性,既要在概念体系选择和理论逻辑选择的时候,高度关注所选择分析工具在学科思维上的完整性,也要在分析工具使用过程中,注意完整真实地呈现中国政治思想史的事实,研究"立论来自归纳法,所有的材料都是从'母本'中梳理出来的,而且在解释和运用时也都以'母本'的完整性为前提"②。作为分析工具的概念体系和理论逻辑,主要是给研究者提供一种分析和看待政治现象的视角和方法。在这个视角和方法下,中国传统政治理论中的一些特定政治问题得到了系统呈现,思想家们如何解答及在结果上解答得如何等思想事实,就浮现在研究者及读者的面前。中国政治思想史研究中的概念体系及理论逻辑选择切忌带有强烈的意识形态特征,如果研究者基于政治现代化视角,以西方意识形态的关键词或核心命题作为中国政治思想史研究的参照系,或者只是用概念分析的方法,试图进行中西方概念的含义比较和格义解释,在中国政治思想史的长河中,寻找西方政治意识形态关键词或核心命题的同类项、相似项;或者试图在中国传统政治理论中发现一个西方现代政治意识形态的替代物或等价物。这就很难获得基于政治学理论视域的关于中国政治思想史的准确知识。

(二) 中国本土理论资源的西方政治概念找寻与理论推演

中国政治思想史作为一门学科化的知识体系,开始孕育于19世纪末20世纪初的救亡图存,它一开始就以找到了西方各国所以富强的政治意识形态因素为前提,并据此既进行中国传统政治意识的批判,又试图在中国传统政治意识中找到西方政治意识形态的同类项。在深刻彻底批判旧政治、旧伦理、旧文化和渴望加快建立新政治、新伦理、新文化的氛围中,中国政治思想史研究所必需的概念体系与理论逻辑选择,受到了救亡图存的决定性影响,形

---

① 张师伟:《中国政治思想通史的贯通性理解与整体性呈现》,《南京师大学报》(社会科学版),2016年第6期。
② 刘泽华:《中国政治思想史集》(第一卷),北京:人民出版社,2008年版,再版弁言。

成了中国政治思想史研究的救亡情结,开启了中国政治思想史研究的资政范式①。学者们不论以西方政治意识形态中的何种主义为参照系,进行中国政治思想史研究和著述,都不能从容地进行政治概念与理论等的审慎选择,并不能顾及所选择概念及理论在逻辑上的自洽性和在理论上的科学性,反而更多地或主要地接受了中国救亡图存思潮所关注的西方政治关键词和核心命题的决定性影响。严复是中国救亡运动中最早意识到民族危亡并最早意识到"自由"救亡价值的思想家。他在对英国所以富强的原因考察中找到了"自由"这个关键点,强调英国所以富强就在于肯定了"自由"的普遍价值。他认为中国要避免沦亡并达到富强也必须要"行自由",中国有与西方相同的"自由",只是没有实行而已②。辛亥革命前,革命派以西方传来的民族概念及民族主义理论为前提,将现实中还比较混沌的民族概念及民族主义引入了历史领域,在明末清初发现了一批反清的夷夏论者,并将夷夏论视野下的满汉对立解读成了西方民族主义的同类物,以此来唤醒政治上的满汉对立的意识,强化了社会上日渐流行起来的反满政治革命。"王船山的《黄书》既歌颂了黄帝的事功,又称颂了黄帝的美德,……对于辛亥革命前出现的尊黄思潮,起了酵母作用。"③

中国在知识分类上引入西方学科体系也以受舆论影响为主,报纸在引领救亡舆论话题的同时,也引领了当时的西学东渐运动。西方的学科体系或者是通过西方传教士举办的报纸逐渐在中国本土传播了它的大致形态,或者是通过国外尤其是日本报纸舆论以大致而不精确的形态影响了谋求救亡图存的中国留学生。虽然西方学科体系中的任何一门科学都没有在清末民初得到准确的概念译介和完整的理论介绍,但中国的舆论领域又无可置疑地表现出了西方学科体系的大致轮廓。这在某种程度上显示了西方学科化知识在中国的传播有了一定的广度,但具体到任何一门学科却又在深度和精确性上过于差强人意。作为中国政治思想史研究前提的政治学知识在清末民初的近20年间,几乎就停留在报纸舆论传播所造成的常识水平上。这种情况在20世纪20年代才因系统学习了政治学专业知识的留学生归来而稍有改观。值得注意的

---

① 张师伟:《中国政治思想史的学科定位及学术使命——一种基于知识论视角的分析》,《天津社会科学》,2013年第1期。
② 王栻:《严复集》(第一册),北京:中华书局,1986年版,第2页。
③ 王兴国:《王船山〈黄书〉与近代尊黄思潮的兴起》,《船山学刊》,2013年第1期。

是，中国留学生在西方所学的政治学专业知识虽然概念准确、理论形态完整、研究方法科学，但是西方的政治学专业知识中并无中国政治思想史的现成知识。中国政治思想史学科知识的建构及理论研究一开始就面临着政治学知识不足及知识水平不高的问题。这在一定程度上造成了中国政治思想史研究依赖的基本政治概念及主要理论命题，一是主要受报纸舆论影响，停留在政治常识的水平上，在一些关键概念和核心命题的理解与解释上，"喜作比附之谈"，在认识上似是而非，"如以孟子具近代民主思想，以墨家有民选制度，以秦政为法制"①；二是集中在一些意识形态色泽较重的关键概念与核心命题上，缺乏政治学专业知识的完整性与严谨性。许多学者研究中国政治思想史的目的是发现中国传统政治理论中的民主、自由、议会及责任内阁、人民主权、地方自治等，而他们的结论往往是在不具有充分且完整的政治知识的情况下做出的，因而是不可靠的。萨孟武在日本接受了政治学的学科训练，具有完整的政治知识体系，因而能够正确地区别中国传统民本与现代民主，"民主不但要 for the people，还要 by the people，而民本则只有 for the people"②，这个结论具有基于政治学原理的坚实可靠性。李存山等强调黄宗羲已经开启了从民本到民主的进程③，其结论仍是立足于当代政治常识，从而在结论上显得政治学理论依据不足。

有的研究者在中国传统政治理论中寻找现代政治关键概念与核心命题的同类项，以提高民族自信，提振民族精神。严复等特别看重自由在西方政治意识形态中的重要地位，不仅将自由作为国家富强贫弱的决定性因素，而且将自由作为激发个体活力以提升群体竞争力的关键点，他在关于中国政治思想的有限论述中，就特别注重发掘中国传统政治理论中的自由思想资源④。当然，就概念的精准含义来看，中国传统政治理论中的"自由"与从"liberty"翻译来的"自由"基本上可以说是风马牛不相及。胡适终其一生都没有放弃过认为中国传统政治理论中也存在着与西方现代政治意识形态相似或相同的

---

① 汪荣祖：《中国政治思想史·增订版弁言》，见萧公权：《中国政治思想史》，北京：新星出版社，2005年版，增订版弁言。
② 萨孟武：《中国政治思想史》，北京：东方出版社，2008年版，第10页。
③ 李存山：《从民本走向民主的开端——兼评所谓"民本的极限"》，《华东师范大学学报》（哲学社会科学版），2006年第6期。
④ 张师伟：《中国传统自由观与西方自由主义的相遇——严复自由话语建构的过渡性特征》，《探索与争鸣》，2017年第6期。

关键词，从他早期关于黄宗羲论学生运动的观点，到他晚年还孜孜以求地发掘和发扬中国古典文化里的自由传统，用"由自"来解释"自由"，突出不受约束的意思[①]。尽管胡适对西方古典自由主义的立场非常坚定，对自由、平等、权利等政治关键词的理解，也与英美社会主流的自由意识相当接近，但是他依托以西方现代的平等权利为载体的"自由"，来理解中国传统的主体意志自由，就未免对中国传统的自由进行了过度解释。有的研究者则站在更高的历史哲学和人类的视野下，从寻找体现人类历史发展普遍规律的角度，试图在中国传统政治理论中找到兴起于西方的现代政治关键概念与核心命题的某种萌芽，以说明中国在没有外来影响的情况下，也可以按照历史规律，发展出自己的现代政治关键概念与核心命题来。中国的历史发展进程虽然在实践中被西方入侵打断了，但中国历史中所体现的普遍历史规律却与西方历史的规律相同，在同一个历史发展阶段的中西方社会，应该拥有大致相同的政治概念及命题，表现出相同的历史发展趋势。他们以这个历史哲学的认识为研究前提，以西方同时期政治概念与理论命题为参照，在中国发现和发掘它的同类项与相似物。这个思路可以归纳为在中国发现自己的现代路径，它强调从李贽到孙中山的一脉相承[②]。

中国的政治命运在新民主主义革命胜利后发生了根本转变，站起来了的中国人已经结束了救亡图存的历史使命，原先的救亡情结顺势变成了民族复兴的情结。民族复兴的意识形态洪流仍然在很大程度上决定着人们的政治认知，决定着人们对中西方政治概念、政治命题等的态度与方法。20世纪80年代初，借着改革开放的东风，伴随着政治学及中外政治思想史学科的恢复，晚清民国时期的文化民族主义强势回归，20世纪80年代中期以来相继盛行的文化热及儒学热、国学热等证实了这一点。40余年来，儒学的现代价值问题再一次成为一个时代性的激辩话题，其中赞成儒家文化具有现代价值，并致力于发掘儒家现代价值的学者，逐渐汇集成了一股保守主义的思想潮流，并逐步由文化上的保守主义而递进为政治上的保守主义；否认儒学天然具有现代价值并要求在现代化过程中继续批判儒学的落后性的学者，则逐渐地汇集成一种文化决定论的西化思潮。不论是保守主义者，还是西化论者，两者对

---

① 欧阳哲生：《胡适文集》（第12册），北京：北京大学出版社，2013年版，第616页。
② ［日］沟口雄三：《中国前近代思想的演变》，林右崇译，北京：中华书局，1997年版，第9—48页。

中国传统政治理论的分析都缺乏学术上的专业性，他们几乎都还与民国时期的多数前辈学者一样，以常识性的政治概念与命题为前提，进行着在大多数情况下都似是而非的概念解释和理论分析。其中的保守主义者，他们基于对中国传统儒学的满腔热忱，往往在以西方政治概念与命题为参照系的中国政治思想史研究范式中，既错误地解读了儒学概念，往往将中国传统政治理论中的鹿强指为西方政治理论中的马，如有学者认为"中国历史上一直都有公民群体的存在，……这些公民就是君子"①，又过度解释了儒学命题，有意无意地造成政治命题方面的鱼目混珠；如有的学者对儒家"三纲"进行重新解读，要"为'三纲'正名"，完全丢掉了儒家"三纲"概念原先的具体政治内涵，转而强调儒家三纲的精神实质并非主张人们"无条件地绝对服从君权"。人们的服从不过是一种职业化的秩序与分工，提出"三纲"的服从与今天的"法官要你亡你不得不亡"②。保守主义研究者在中国政治思想史的研究中，脱离了中国政治思想的政治环境及历史语境，单纯地进行从西方政治概念到中国政治概念、从西方政治命题到中国政治命题的解释，貌似在进行中国政治思想史研究，实际上，只不过是在中国政治理论中进行着西方政治概念的找寻和理论推演。

（三）中国传统政治问题、政治概念及理论的历史呈现

中国政治思想史学科化知识的积累与演进，除意识形态方面的功能和追求外，还应有知识体系的科学性追求。如果说中国政治思想史研究的意识形态功能主要寄托于救亡经世的研究方式，它比照西方现代政治意识形态的关键词和核心命题，搜集和整理中国传统中的同类项和相似物，表达其保守主义的文化与政治主张。那么，中国政治思想史研究的知识功能就必须要首先超越意识形态的顽固立场与僵化方法，以完整的政治学知识体系为分析的视角和工具，以问题、命题和话题为线索，完整客观地呈现中国政治思想史基本事实，将中国传统时代所积累的政治概念、命题、判断等，合乎理论逻辑，又合乎历史实际地呈现出来。刘泽华先生总主编的《中国政治思想通史》（九

---

① 姚中秋、郭忠华、郭台辉，等：《君子与公民：寻找中国文明脉络中的秩序主体》，《天府新论》2015年第6期。
② 方朝晖：《为"三纲"正名》，上海：华东师范大学出版社，2014年版，第137－138页。

卷本）就很好地做到了这一点，既合乎历史的思想事实，又很好地呈现出了政治理论的贯通性①。这样的中国政治思想史研究就在概念体系与理论逻辑的选择上，不能追逐经舆论流行起来的西方政治关键词与核心命题，尤其不能将西方发展起来的政治学完整知识体系简化为几个意识形态特质的关键词与核心命题，从而也不能在研究方法上停留于从西方现代概念到中国传统概念的格义分析，而必须要以掌握完整严谨的政治学知识为前提，用政治学的思考方式，跟着古人，回到政治思想现场，完整客观地呈现古人用以思考政治问题的概念与命题，分析古人在政治知识发展方面的成绩与局限，评价古人在当时及后世所发生的诸多影响等。以知识追求为取向的中国政治思想史研究对政治学知识完整性及科学准确性的要求，要远高于以舆论为取向的中国政治思想史研究，它在研究中必须要坚持政治学与历史学相结合，以政治学视角和历史学方法，进行中国政治思想史研究②。在中国学术史上，以知识追求为取向的中国政治思想史研究开始于在国外受过完整政治学专业教育的学者，其主要代表是萧公权。萧公权留学于美国，以研究政治多元论获得博士学位，他准确、完整、深刻地掌握西方现代政治理论的关键词与核心命题，他关于政治多元论的研究成果被纳入"国际心理学哲学及科学方法丛书"在伦敦的出版即可为证③。他留学归来后，转入中国政治思想史研究领域，提出了以政治学观点和历史学方法相结合的方法研究中国政治思想史，出版了产生广泛学术影响的重要研究成果。

中国政治思想史作为学科化的知识体系，其内容只能来自传统时代思想家的政治思考。从学科化知识建构的角度来研究中国政治思想史，就是描述思想家进行政治思考的事实，呈现他们思考过的政治问题，理解和解释他们提出的政治概念、政治命题与政治判断，分析和评价他们在政治理论体系建构方面的具体成果。不过，中国传统时代的政治思考及其理论所得虽然包含着科学的客观规律，但客观规律的揭示却仍然需要一个科学的理论视角与分

---

① 张师伟：《中国政治思想通史的贯通性理解与整体性呈现》，《南京师大学报》（社会科学版），2016年第6期。
② 萧公权：《中国政治思想史》，北京：新星出版社，2005年版，凡例。
③ 萧公权：《问学谏往录——萧公权治学漫忆》，上海：学林出版社，1997年版，第73－74页。

析工具,对于中国政治思想史研究而言,这个科学的理论视角和分析工具就只能是政治学。萧公权在中国政治思想史研究方面之所以强调政治学之观点的运用,就是因为政治学之观点,既赋予了中国政治思想史研究者发现政治问题、政治命题和政治判断的能力,又提供了研究者用以分析政治思想的学科化分析方法。同时,中国政治思想史的学科知识建构还必须有历史方法的应用。古今中外的政治思想家都莫不处在特定的历史环境中,他们在理论上提出的问题、概念、命题等,都与特定的时代密不可分。与西方政治学家相比,中国传统的思想家所面对的具体政治问题迥然不同,而他们所能提出的政治概念、命题、判断等也必然存在差异。政治学观点和历史方法在中国政治思想史研究中的运用,首先,就是要在不同的历史环境中发现不同风格、不同形式、不同内容的具体政治问题,而不能以固定的政治问题强加于古人。其次,中国政治思想史研究运用政治学观点和历史方法还可以比较完整准确地理解和解释思想家提出的概念、命题与判断等,在根本上避免过度解释和歪曲古人。萧公权撰写《中国政治思想史》运用政治学的方法,避免了中国政治思想史研究中因政治学知识不足造成的诸多"比附之谈",如以孟子民本为民主等①,并时时注意将中西方政治思想之间一些似是而非的内容准确区别开来。他强调孔子思想中的"政""不仅与近代学者所论者不同,且与古希腊柏拉图之说亦有区别",孔子"政治之主要工作乃在化人",而"非以治人,更非治事"②。"管子之'以法治国',乃'人治'思想之一种","与欧洲法治思想设法权于君权之上者,则迥不相同也"③。中国政治思想史学科知识作为传统政治问题、政治概念与政治理论的历史呈现,就是要如萧公权那样运用政治学之观点,做到对历史上政治问题的呈现客观真实,对政治思想家所提政治概念的理解准确,对政治思想家创造的政治理论梳理保持形态完整。

中国政治思想史的学科范式和学术传统,在根本上附属于政治学的学科范式和学术传统,虽然在政治学被取消期间,中国政治思想史的研究与著述还能不绝如缕,但它毕竟已经与民国时期的研究断了血脉,只能成为中国思想史学科内容的一部分。中国思想史作为历史学的一个分支学科,其主要研

---

① 汪荣祖:《中国政治思想史·增订版弁言》,见萧公权:《中国政治思想史》,北京:新星出版社,2005年版,增订版弁言。
② 萧公权:《中国政治思想史》,北京:新星出版社,2005年版,第45页。
③ 萧公权:《中国政治思想史》,北京:新星出版社,2005年版,第137页。

究对象就是历史唯物主义理论所确认的各种社会意识，既研究社会意识的内容，更研究社会意识与社会存在的关系，将中国历史上各个阶级主要思想家所表现的社会意识叙述清楚，分析其与社会存在之间的辩证关系，并评价其在历史长河中的地位和作用。中国政治思想史研究作为思想史研究的一部分，主要工作就是研究中国历史上各个阶级的思想代表所提出的政治意识，描述政治意识的内容，分析政治意识与社会阶级斗争间的关系，并评价其理论地位。这个情况下，中国政治思想史知识根本上从属于一个范围广大、逻辑严谨的意识形态理论框架。不过即使是在这个框架下，中国政治思想史研究也并没有稳定而独立的学科地位，更没有形成在逻辑上自成一体的内容丰富和形态完整的学科化知识体系。中国的政治学科恢复之初，并没有恢复民国时期的学术话语和学术传统，只是恢复了其学科地位。因为遭遇了近30年的学术断裂，中国政治学界在恢复的时候只能从历史唯物主义和科学社会主义中寻找支撑学科存在的必要概念体系与理论逻辑，并在这个概念与理论基础上继续丰富政治学概念体系，发展政治学理论逻辑，逐渐在学科发展的过程中深化和系统化中国语境中的政治学学科知识。改革开放以来，中国政治思想史学科的研究工作与知识发展，与中国政治学的恢复与发展大体同步。因为政治学的概念体系与理论逻辑受历史唯物主义影响较大，在以刚恢复存在的政治学观点研究中国政治思想史的过程中，就不仅出现了以历史唯物主义的阶级以及以国家等概念体系来筛选中国历来之政治观念的方法，而且还出现了以历史唯物主义的政治意识与社会存在关系原理来分析中国各阶级关于国家政权的态度和观点。徐大同、陈哲夫、谢庆奎等编著的《中国古代政治思想史》是20世纪80年代初政治思想史学科恢复后的第一本通史著作。它一方面强调政治思想是关于国家政权的观点和主张，认为"作为社会意识形式之一的政治思想，是各阶级和政治集团对国家政权的态度和主张"，因此"政治思想史研究必须紧紧抓住各阶级和政治集团关于国家政权的观点和理论"[①]；另一方面它又强调政治思想具有强烈的阶级性，"政治思想是现实阶级斗争最集中、最直接的反映，其阶级性非常强烈和鲜明"[②]。

---

① 徐大同、陈哲夫、谢庆奎，等：《中国古代政治思想史》，长春：吉林人民出版社，1981年版，第1—3页。

② 徐大同、陈哲夫、谢庆奎，等：《中国古代政治思想史》，长春：吉林人民出版社，1981年版，第21页。

中国政治思想史的研究工作所需要的分析工具，只能是政治观点，并不需要以当代政治理论具体的概念、命题与判断等为容器来承载古人的思想内容。中国政治思想史研究作为一门学科知识，要实现其对中国政治问题、政治概念与政治理论的历史呈现，就必须要在历史的视域下，运用政治学观点，发现思想家思考的具体政治问题，收集思想家使用或创造的诸多政治概念，分析思想家运用政治概念进行政治思考的过程及结果，呈现思想家解决问题的理论框架、完整答案与思考逻辑，评价他们在现实政治问题的解决和政治理论的发展方面的贡献、影响与不足等。刘泽华先生的中国政治思想史研究主要使用了历史学的方法，突出了历史环境下具体政治问题、政治概念与政治命题等的内容分析，而在内容分析中又突出了政治学观点的运用。政治学观点的运用在刘先生的中国政治思想史研究中，既不是表现为要在中国历史上找到任何一点与政治现代化似是而非的概念、命题等，也不是要将现代人的诸多政治问题强加于古人，而只是让他在中国历史中首先发现了作为强制权力的政治，而后又发现了与强制权力密切相关的各种具体政治概念与政治命题等，并梳理出了传统政治理论的王权主义逻辑①。刘先生在研究中国古代政治问题及政治理论的过程中还拓展了当代中国社会对政治的基本认识，在一定程度上丰富了政治概念的内涵，并反过来进一步丰富了中国政治思想史学科内容。如刘泽华先生在 20 世纪 80 年代就认为政治应包含非阶级性内容，这在一定程度上突破了以阶级性定义政治的限制，深化和细化了当时政治学核心含义，并反过来丰富了他的中国政治思想史研究内容②。刘先生以历史学的研究为立足点，在中国政治思想史研究中，既做了大量的专业文献搜集与整理工作，又进行了充分的考实性认识工作，让思想家以原作者的身份发言，充分呈现作为历史事实的政治概念、政治命题、政治判断和理论形态等的具体内涵，完整而不残缺，准确而不扭曲③。透过刘先生的研究成果，人们不仅可以清晰地把握住中国政治思想史的具体事实，如古人在什么样的具体历史环境下，思考和解决了哪些具体的政治问题，提出了哪些政治概念、命题、

---

① 刘泽华：《中国的王权主义：传统社会与思想特点考察》，上海：上海人民出版社，2000 年版，第 263 - 271 页。
② 刘泽华：《"政治"概念大于"阶级"概念》，刘泽华：《洗耳斋文稿》，北京：中华书局，2003 年版，第 562 页。
③ 刘泽华：《中国政治思想史集》（第一卷），北京：人民出版社，2008 年版，再版弁言。

判断与理论体系，古人提出的政治概念、命题、判断与理论体系的具体内涵如何，而且还可以从刘先生所呈现的诸多思想事实中清晰准确地把握住中国传统政治思想一以贯之的主题和主旨。中国传统政治问题、政治概念及理论的历史呈现，达到这个程度，才算是完成了一项合乎中国历史规律又合乎政治学之学科目的的知识建构工作。

上 篇
问题视角的研究综述

一、范式争鸣与方法反思：改革开放四十年来的中国政治思想史研究

中国是一个文明古国，它在政治思维、政治观念及政治理论上别具一格，明显不同于西方。从这个意义上看，中国传统政治思想无疑具有相当悠久的历史和极为丰富的理论资源。但中国政治思想史作为一个学科化的知识体系却只有大约百年历史，其间还有近30年的时间不绝如缕，命悬一线，晚清民国时期的相关学术传统近乎中断。改革开放以来，中国政治思想史研究作为一门学科得以恢复，但其知识体系的锻造却几乎要从头开始。中国政治思想史研究作为一个学科化知识体系在改革开始时期的恢复和发展，都以马克思主义的知识传统为依托，进行中国政治思想史知识体系的锻造。有的研究者从马克思主义国家与法的理论传统出发，梳理中国历史上各个阶级及其思想代表关于国家与法的观点与理论等，形成了一种以运用阶级分析和文本分析见长的中国政治思想史的研究范式，这就是中国政治思想史研究的政治学范式[1]。有的研究者则以马克思主义历史哲学为基础，坚持社会意识与社会存在的辩证关系原理，立足于中国历史的深入研究，梳理基于中国独特国情的政治意识，将社会结构、社会运行机制与政治观念等贯通和结合起来，形成了学术界所谓的"王权主义学派"[2]，这就是中国政治思想史研究的历史学范式。有的研究者站在马克思主义意识形态的立场上反思和批判我国港台地区

---

[1] 徐大同：《从政治学角度研究中国古代政治思想史——中国古代政治思想史的线索与特色》，《政治思想史》，2010年第1期。

[2] 李振宏：《中国政治思想史研究中的王权主义学派》，《文史哲》，2013年第4期。

及海外新儒家等①，其中有些新儒家的批判者后来站到了新儒家的行列中，如罗义俊就"完全站到港台新儒家的立场上"，公开批评"大陆马列派"②。改革开放以来大陆的文化保守主义渐趋合流，孕育和形成了大陆新儒家的中国政治思想史研究范式，大陆新儒家当中有学者自觉地将他们的中国政治思想史研究范式归纳为"古典史学范式"，它"以承认中国古代之政治思想之永恒和普遍属性为前提"，"五经和经学将成为政治思想史研究之核心"③。"古典史学范式"实际上就是经学范式。

中国政治思想史研究的不同范式不仅具有价值方面的巨大分歧，比如马克思主义意识形态的价值主要集中在政治学的研究范式中，反封建和启蒙的价值主要集中在王权主义学派等历史学的研究范式中，文化保守甚至是政治复古的价值主要集中在经学的研究范式中；而且不同研究范式各自所推崇和惯用的研究方法也差异很大。政治学研究范式比较推崇和惯用阶级分析方法与理论解释的方法，并辅之以现代政治学的一些方法，但又常常在历史方法的运用上有所欠缺。历史学研究范式比较推崇历史方法与命题分析的方法，并辅之以政治学的一些方法，其长处是批判分析到位，比较实事求是，其不足则集中在中国传统政治思想的现代转化研究方面。经学研究范式关于使用抽象哲学分析方法，并辅之以一定的概念分析，其长处是饱含深情，聚焦于寻找当代中国何以为中国的政治文化依据，其不足则是缺乏历史方法的必要应用，不仅存在着太多的主观投射和过度解释，而且在政治上拥有太强的政治复古诉求，许多观点及主张等被包裹在国学中，直接冲撞了现代价值的底线。这就在理论上陷入了政治复古的泥淖，既主张在知识上复古、发掘和继承儒家经学中所蕴含的所谓普遍性的政治知识，也主张在制度上复古，将三纲五常予以合理化。

（一）中国政治思想史研究多样价值与多元范式的形成与发展

中国政治思想史研究并不是一个封闭的领域，它自产生以来就不仅广受

---

① 方克立：《现代新儒学与中国现代化》，天津：天津人民出版社，1997年版，第222页。
② 方克立：《现代新儒学与中国现代化》，天津：天津人民出版社，1997年版，第615页。
③ 姚中秋：《重建中国政治思想史范式》，《学术月刊》，2013年第7期。

哲学、历史学及政治学等学科的关注,成为一个跨学科研究的聚焦领域,而且还受不同价值倾向学者的共同关注。有的学者试图从中发现中国所以为中国的根本所在,寻找所谓中国文化的"常道"①。有的学者试图在历史上发现现代中国的所谓"源头活水"②。有的研究者试图将明中后期以来的历史进行一以贯之的解释,以便发现中国走向现代的内在逻辑,强调"理观念在清代的变化过程中,从封建的秩序原理,自行转变为清末共和秩序原理",这体现了中国近代相对于欧洲的"相对独特性"③。有的学者试图从中发现中国进行现代化发展的传统文化之累,以便从历史中走出来④。不同研究者在哲学立场、价值倾向、研究目的及研究方法等方面的明显差异,造成了中国政治思想史研究自产生以来就一直存在多种范式并存的格局。虽然在20世纪50年代初到70年代末的中国大陆,中国政治思想史研究寄身于历史学及哲学,在价值倾向、哲学立场、研究目的及研究方法上都体现着马克思主义的指导,但也仍然存在着不同范式的中国政治思想研究⑤。这个时期我国港台地区及海外学者间也存在范式上的明显差异⑥。学术界已经存在的中国政治思想史研究多元范式,作为一种既有的学术资源,势必要在范式选择上影响20世纪80年代初以来恢复的中国政治思想史研究,其中就包含着价值选择方面的主要影响,每一种学术资源都带有特定的价值倾向。不仅如此,实际上,当改革开放开启的思想解放洪流滚滚而来时,价值认识上的多元化也广泛影响着学术研究和学科发展。政治学的学科地位得到恢复并获得初步发展,哲学、历史学研究逐步摆脱了教条主义羁绊,两者都提供了各自的价值倾向及学科方法,共同为中国政治思想史研究的恢复和发展,提供了一个多元学科的价值倾向与学术支撑。这个多元学科的价值倾向与学术支撑,对中国政治思想史研究范式产生了直接的决定性影响⑦。马克思主义哲学、政治经济学及科学社

---

① 李存山:《儒家文化的"常道"与"新命"》,《孔子研究》,2016年第1期。
② 许苏民:《"源头活水"与"中国特色"——论中国传统文化与有中国特色的社会主义现代文化建设》,《福建论坛》(文史哲版),1993年第3期。
③ 沟口雄三:《中国前近代思想之曲折与展开》,陈耀文译,上海:上海人民出版社,1997年版,第22页。
④ 刘泽华:《中国的王权主义:传统社会与思想特点考察》,上海:上海人民出版社,2000年版,自序。
⑤ 张师伟:《中国传统政治哲学研究的方法论反思》,《东南学术》,2009年第2期。
⑥ 葛荃:《近百年来中国政治思想史研究综论》,《文史哲》,2006年第5期。
⑦ 张师伟:《中国传统政治哲学研究的方法论反思》,《东南学术》,2009年第2期。

会主义等通过对政治学的概念选择及理论建构影响了中国政治思想史研究的政治学范式。中国哲学摆脱教条主义影响后的概念解释及价值取向直接影响了中国政治思想史研究中的文化保守主义倾向，并最终孕育了中国政治思想史研究的经学范式。中国历史研究摆脱教条主义影响后，注重对历史事实的梳理和社会生活内容的呈现，从而产生了中国政治思想史研究的历史学范式。

改革开放后西学再次进入中国，这在一定程度上给中国提供了40余年价值多样化的外部理论资源，而中国社会改革开放后的利益分化与阶层多样化则提供了价值多样化的社会基础。每一种具有社会凝聚力和思想吸引力的价值体系，都有其确定的核心价值，并且也都有各自对中国政治思想的根本看法，这种根本看法在研究实践中表现出来的就是中国政治思想史研究的特定范式。中国政治思想史研究恢复之初在价值上以反思和批判为基调，而且反思和批判的具体对象又各不相同。有的研究者聚焦于批判和反思马克思主义的教条主义僵化，积极恢复和发展马克思主义的政治学知识体系，如徐大同、陈哲夫、谢庆奎等先生于1981年出版的《中国古代政治思想史》即呈现了马克思主义中国史知识中的政治知识内容①。有的研究者批判和反思了中国传统封建文化的历史残留，注重运用历史方法来呈现中国传统政治思想史的基本事实，分析传统政治理论的内在逻辑等，客观准确地认识了中国传统，以便从中国传统的封建历史中走出来，如刘泽华先生于1984年出版的《先秦政治思想史》就是如此。他强调"不能把政治思想都装入阶级的口袋"，政治思想还有"社会性"，即"超阶级的内容"，"政治思想对象本身并不都是阶级的"，"不能把每一种思想命题统统还原为阶级的命题"②。有的研究者批判和反思20世纪的文化激进主义，在实质上延续了20世纪上半叶中国的文化保守主义，试图从中国传统中寻找到现代中国的文化源头及核心要素，并由此形成了20世纪80年代"文化热"的一个支撑点，以此为基点，中国现代的文化保守主义经过儒学热及国学热，逐步在价值上递进到政治保守主义。有的研究者则在批判和反思中国传统中走向了西方自由主义，在价值上走近了全盘西化，追求以西方自由主义的价值标准来理解和评价中国政治思想，彻

---

① 徐大同、陈哲夫、谢庆奎，等：《中国古代政治思想史》，长春：吉林人民出版社，1981年版，第7-16页。
② 刘泽华：《八十自述：走在思考的路上》，北京：生活·读书·新知三联书店，2017年版，第270-271页。

底否定中国政治思想还具有现代的价值，即使它在现代中国还有诸多影响，也被他们解读为一种妨碍中国现代化的政治存在。20世纪80年代初，马克思主义理论对教条主义与僵化方法的批判和反思较大地影响了中国政治思想史恢复之初的研究范式，如徐大同等的《中国古代政治思想史》、朱日耀等的《中国政治思想史》、桑咸之的《中国近代政治思想史》等，即是如此。与此同时，历史学家运用历史研究的思维和方法，贯彻了思想史和社会史相结合的原则，也建立起了中国政治思想史的研究范式，最重要的代表是刘泽华先生，他总主编的《中国政治思想通史》堪称中国政治思想史研究的"典范之作"①，在体现政治思想通史的贯通性和整体性上有相当的代表性②。

中国政治思想史的不同价值倾向的研究者，自然都有其独特的立场、观点和方法，他们站在不同价值立场上，运用不同概念体系、理论框架和分析方法，自然也就形成了不同的研究范式。在中国政治思想史研究范式形成的各种影响要素中，价值倾向具有方向引领的根本作用。这是因为价值倾向不仅决定了研究者对中国政治思想史的根本态度是批判和扬弃，还是继承和弘扬，而且也决定了研究者在研究中国政治思想史的时候选择怎样的概念体系、理论框架和分析方法等来进行理解、解释和建构等，并且还决定了研究者将获得什么样的根本看法，更决定了他们将如何看待中国政治思想史研究的目的与任务。马克思主义意识形态曾长期立足于对中国封建社会的激烈批评，并以阶级分析和社会形态分析的方法对中国传统封建主义进行了历史唯物主义的哲学批判。20世纪80年代初，马克思主义政治学在恢复和发展的过程中所进行的中国政治思想史研究，立足于阶级分析和历史批判的价值立场，以批判封建旧政治文化和建设社会主义政治学为根本目的，以马克思主义政治学的概念体系和理论框架为分析视角，进行了中国政治思想史的概念梳理和理论解释，形成了马克思主义政治学的中国政治思想史研究范式。与此同时，中国历史学的研究也在坚持马克思主义历史唯物论和唯物辩证法的基础上，进行了中国历史学研究领域的拨乱反正，走出教条主义框架下历史研究的僵局，在完整陈述历史的追求之下，重启了历史学领域的中国政治思想史研究，

---

① 杨阳：《中国政治思想史学科的百年典范———评刘泽华总主编的〈中国政治思想通史〉》，《政治学研究》，2018年第5期。
② 张师伟：《中国政治思想通史的贯通性理解与整体性呈现》，《南京师大学报》（社会科学版），2016年第6期。

它的理论目的是恢复历史内容的丰富性和完整性，实践目的则是要在文化上继续肃清封建遗毒，巩固民主与科学的现代价值，历史学认识方法的使用及历史认识论的自觉反省，体现在中国政治思想史研究领域就形成了历史学的研究范式。有的研究者在中国政治思想史的研究中自觉拥抱传统政治，在价值立场上自觉地皈依传统儒家。这导致他们从一种教条主义僵化解释中走出来，却又进入了另一种教条主义解释中，其理论目的就是要论证中国传统中的信仰体系和教化之道比西方具有更高普遍性①，他们的实践目的就是要在政治上进行复古，以儒家经学来指导当代中国政治实践。这是中国传统经学的教条主义在中国政治思想史研究中的体现。

四十余年来，中国政治思想史研究的学科范式有以下方面。（1）政治学基础理论的范式，这个视角以马克思主义政治学基本理论的逻辑为依托，以特定政治学基本理论所关注的政治问题为关注点，注重分析历史上不同时代思想家对特定政治问题的解答，并在分析其解答的基础上总结中国传统政治思想的民族性特点，强调西方政治思想的内容特点是组织国家，中国传统政治思想的特点是"注重治国之道，而不注重制度的研究""中国古代就把政治理解为对国家事务的管理"②，其代表人物是徐大同教授。（2）中国历史学的学科范式，这个范式坚持了"五四"运动以来的启蒙主义思想传统，以历史性地分析和呈现中国政治思想的概念含义与思想逻辑为立足点，比较关注对中国传统政治思想的批评、批判和超越，强调中国传统政治思想的特质是"王权主义"，其主要的代表就是以南开大学刘泽华教授为标志的"王权主义学派"，或曰"刘泽华学派"，"这个学派的学术旨趣集中在中国古代政治思想史研究领域，而王权主义历史观是其解读中国古代政治思想的分析工具"③。（3）历史哲学的学科范式，这个范式以线性历史哲学所揭示的人类政治生活的发展逻辑为立足点，比较关注中国传统政治思想的整体性文化解读，或试图从中国政治思想主流的概念、范畴及理论中搜寻出现代法治等思想因素，有学者进一步提出"先秦儒家提出的民本、公平、慎刑、预防犯罪等思想，

---

① 姚中秋：《可普遍的中国信仰－教化之道——基于〈尚书〉之〈尧典〉〈舜典〉的解读》，《西南民族大学学报（人文社科版）》，2018 年第 1 期。
② 徐大同、高建：《试论中国传统政治文化的基础与特征》，《天津社会科学》，1987 年第 5 期。
③ 李振宏：《中国政治思想史研究中的王权主义学派》，《文史哲》，2013 年第 4 期。

与现代法治精神高度相契合"①，或试图从儒家思想中寻找其"常道"，并为儒家在现代立"新命"，其主要代表就是李存山②。（4）儒家价值哲学及宗教建构的范式，这个范式坚持了近代中国以来的文化保守主义传统，以儒家价值哲学及政治哲学为主要关注点，试图在儒家经学传统的基础上，复活并重构晚清康有为以来的儒教政治理论，并力主以传统儒家经学作为主要的政治思想资源，来建构现代中国的政治儒学，它的代表就是现在颇有些如火如荼的大陆现代新儒家。（5）政治哲学的范式，这个视角以中国传统政治哲学的概念、命题及理论体系分析为媒介，既强调分析具有民族特色的政治哲学理论体系的整体性建构，呈现其理论建构的阶段性特点及最终成果等，也注重对传统政治哲学所体现的民族共性的发掘，分析中国政治哲学建构及转型的经验过程，其代表性观点集中于中国传统政治哲学研究中，主要代表人物有张师伟等③。

（二）中国政治思想史研究的研究方法与撰述体例的选择与调整

中国政治思想史研究的多样价值倾向及跨学科特点，从根本上决定了它在研究方法和撰述体例上的多元特征。西学特别是西方政治学再次进入中国并深度丰富了中国政治学的概念体系，拓展了中国政治学的理论内容，也在研究方法和撰述体例上影响了中国政治思想史研究，比如西方学者关于政治文化方面的概念与理论就对刘泽华先生的中国政治思想史研究，产生了研究方法与撰述体例的影响④。西方学者研究西方政治思想史的方法与撰述体例，如剑桥学派西方政治思想史著作就直接丰富和发展了中国政治思想史的研究方法与撰述体例⑤。值得注意的是，中国政治思想史的研究方法与撰述体例，虽然在改革开放四十年来也有相当大的变化，但其最基本的研究方法和主流的撰述体例却又具有一定的稳定性，即中国政治思想史的大量研究者都在应用晚清民国以来中国政治思想史研究的主流方法和撰述体例，其中尤其以中

---

① 范高社、高阳：《先秦儒家文化与现代法治精神的契合与冲突》，《西安交通大学学报（社会科学版）》，2013年第4期。
② 李存山：《儒家文化的"常道"与"新命"》，《孔子研究》，2016年第1期。
③ 张师伟：《中国传统政治哲学的逻辑进程》，《政治学研究》，2013年第4期。
④ 杨阳：《中国政治思想史学科的百年典范——评刘泽华总主编的〈中国政治思想通史〉》，《政治学研究》，2018年第5期。
⑤ 张师伟：《中国传统政治哲学研究的方法论反思》，《东南学术》，2009年第2期。

西之间政治概念的格义解释方法和以西方为参照系来解释中国政治思想史的方法最为稳固，撰述体例上则大多采取流行的列传体。中西政治概念的格义解释作为一种研究方法，在中国政治思想史学科孕育时期就开始流行，在中国政治思想史研究各个阶段都占有压倒性的优势，研究者的不同价值倾向并不妨碍他们使用这种研究方法。这种研究方法抓住一些西方政治学中有公共舆论价值的核心概念，以政治常识的理解水平为基础，以西释中地进行格义解释①，如把孟子"民贵君轻"比附民主思想②，陈天华等因黄宗羲"天下为主，君为客"的思想，将黄宗羲与卢梭比较，并将黄宗羲比附为卢梭那样的民约论者③。

中国政治思想史学科恢复以来，格义解释和比附理解仍然为多数研究者所使用。这主要是因为中国政治思想史研究是在现代政治知识不充分和不普及的情况下进行的。晚清民国时期，中国的先进分子为了在中国实现西式现代政治而开始以西方公共舆论中的核心政治概念为依托，一方面批判中国旧政治文化中的君主专制主义成分；另一方面又从中寻找新政治在传统中的同类项，开始了格义理解和比附解释的中国政治思想史研究。即便是马克思主义学者也运用政治概念的格义理解与理论的比附进行解释，认为黄宗羲《明夷待访录》的《原君》《原臣》《原法》，"诸篇明显地表现出民主主义思想"④。虽然两者在格义与比附的方法上相同，但马克思主义学者的理论解释一般都立足于一套完整的历史哲学。这套历史哲学认为，民主主义启蒙思想普遍地存在于人类历史的某个阶段，而中国在相应阶段上也必然有自己的民主主义启蒙思想，所以黄宗羲等人的批判性思想就被理解和解释为民主主义启蒙思想了。中国政治思想史研究恢复之初，五种社会形态依次递进的历史哲学还完整地保留着，政治学范式的中国政治思想史研究在概念理解与理论解释上也都以五种社会形态为基本框架与线索，以对政治思想家及其思想进

---

① 张师伟：《中国政治思想史研究的百年回眸与学术省思——本土政治理论的概念检视与话语梳理》，《人文杂志》，2019年第2期。
② 汪荣祖：《中国政治思想史·增订版弁言》，见萧公权：《中国政治思想史》，北京：新星出版社，2005年版，增订版弁言。
③ 陈天华：《陈天华集》，长沙：湖南人民出版社，1982年版，第127-128页。
④ 侯外庐：《中国思想通史》（第五卷），北京：人民出版社，1957年版，第155页。

行阶级分析为主①。每个社会形态都对应着一定的主导性进步阶级与反动阶级，而每个进步阶级或反动阶级都有自己的思想家和思想，政治不过就是各个阶级围绕国家政权展开的斗争，每个阶级的思想家都试图实现和维护本阶级的根本利益，为本阶级夺取或巩固国家政权而进行思想斗争。因为每个政治思想家都是隶属于一定的历史阶级的，为本阶级代言，在历史上扮演进步或落后的政治角色，所以中国政治思想史研究的阶级分析就主要是给思想家戴上合适的阶级帽子。同时代，非马克思主义学者的格义与比附，则主要立足于寻找中国传统与西方现代的相同点，或者力求彼此间的直接贯通，有的学者强调黄宗羲的思想是"从民本走向民主的开端"②，有的学者则认为黄宗羲的思想从传统民本到现代民主发挥了"衔接古今、汇通中西的枢纽作用"③，或者将学习西方的某些部分变相地转变为继承传统的某些部分，有的学者认为中国虽然没有民主的制度，但却有民主的思想④，或者试图以此证明中国具有自己独特的现代政治思想资源，有的学者试图用格义和比附从中国传统中找出一个自己的现代政治思想谱系，并呼吁为此要展开中国政治思想史研究的"古典政治思想史范式"⑤，这个范式实际上就是经学范式。

中国政治思想史研究很早就在研究方法上反思和批判了概念格义与比附解释，并形成了政治学视角和历史学方法相结合的研究范式，其在民国时期的最主要代表是萧公权。萧公权以研究西方现代政治多元论获得了博士学位，其博士学位论文公开出版后广受好评，这充分展现了他对西方现代政治概念与理论的准确把握和深刻了解，并为他运用政治学视角研究中国政治思想提供了完整准确的政治学知识体系。他更以历史学的方法来处理中国政治思想史资料，关注政治思想家思考和解决的实际问题，依托历史背景进行思想家概念、命题的理解与理论的内容解释，客观呈现政治思想的历史内容，避免

---

① 徐人同、陈哲夫、谢庆奎，等：《中国古代政治思想史》，长春：吉林人民出版社，1981年版，第2页。
② 李存山：《从民本走向民主的开端——兼评所谓"民本的极限"》，《华东师范大学学报》（哲学社会科学版），2006年第6期。
③ 冯天瑜：《文明近代进路的共通性与特异性——从〈明夷待访录〉"新民本"诉求说开去》，《武汉大学学报》（人文科学版），2015年第1期。
④ 张岱年：《黄梨洲与中国古代的民主思想——在国际黄宗羲学术讨论会开幕式上的报告》，《浙江学刊》，1987年第1期。
⑤ 姚中秋：《重建中国政治思想史范式》，《学术月刊》，2013年第7期。

并批判了中国政治思想史研究的比附性解释。刘泽华先生在改革开放以后坚持了历史学的研究传统，创新了历史学研究范式，开创了中国政治思想史研究的"王权主义学派"。虽然如此，但刘先生并没有从萧公权的著作中继承什么，两者在历史方法应用方面的相同属于殊途同归。刘泽华先生在进入历史学研究领域之前，曾从事过马克思主义哲学、政治经济学等的学习和讲授①，从而具备了比较扎实的马克思主义历史哲学基础，比较注重历史内容的完整性。这种对中国历史内容完整性的关注，既使刘先生注意到了中国政治思想史研究的学术价值，又使刘先生倾向于将中国政治思想史放到中国历史的整体中进行理解和解释，有学者将其归纳为"在矛盾中陈述历史"②，还使得刘先生能够在中国政治思想史研究中关注社会存在和社会意识的辩证关系，有学者认为刘先生继承了侯外庐先生社会史和思想史相结合的研究传统③。刘泽华先生长期从事中国古代史特别是先秦史的研究，南开大学注重历史资料分析和历史事实呈现的传统治史方法，使得他在中国政治思想史研究中得以另辟蹊径。他研究中国政治思想史的历史学方法，不仅特别关注完整准确地解读史料和呈现政治思想的历史事实④，而且还注重从历史过程中发现和分析了大批量的中国政治思想史的原始政治概念、命题与判断等⑤，还细致剖析了概念、命题与判断间的思想联系，划分了概念的层级，从中识别出了纲领性概念与核心命题⑥，呈现了中国传统政治思想命题的理论结构，提出了阴阳组合结构的判断⑦，更在进行社会史和思想史相结合的研究之后，从中国历史内容整体性出发，完整呈现了中国政治思想史的社会结构、社会机制等背景，深入分析了中国政治思想史一以贯之的君主专制主题，得出了一个总体性解释

---

① 刘泽华：《八十自述：走在思考的路上》，北京：生活·读书·新知三联书店，2017年版，第66-67页。
② 李振宏：《在矛盾中陈述历史：王权主义学派方法论思想研究》，《河南师范大学学报（哲学社会科学版）》，2017年第5期。
③ 陈寒鸣：《刘泽华与"刘泽华学派"》，《衡水学院学报》，2018年第4期。
④ 刘泽华：《先秦政治思想史集》（第一卷），北京：人民出版社，2008年版，再版弁言。
⑤ 刘泽华：《中国政治思想史研究对象和方法问题初探》，《天津社会科学》，1985年第2期。
⑥ 刘泽华：《中国的王权主义：传统社会与思想特点考察》，上海：上海人民出版社，2000年版，第263-279页。
⑦ 刘泽华：《传统政治思维的阴阳组合结构》，《南开学报》（哲学社会科学版），2006年第5期。

中国政治思想史的王权主义结论。

　　中国政治思想史研究的撰述体例以列传式为主。不论是断代史内容的撰述体例，还是通史内容的撰述体例，均以思想家的列传体为主。该撰述体例聚焦于一个又一个的思想家个体，既注重对每个思想家个性化思想内容的呈现和剖析，也注重对思想家之间相互关系或联系的梳理，将每个思想家的个性化思想按照他们在思想上的相互关系，同类或同一时代的思想家连成一章，异类或异代的各章连缀起来，形成中国政治思想史的通史或断代史著作。中国政治思想史研究的通史类或断代类著作大多采取列传体的撰述体例，徐大同等的《中国古代政治思想史》、朱日耀的《中国政治思想史》等都采取了列传体的撰述体例。中国政治思想史研究"首先需要进行的是按思想家或代表作进行列传式的研究"，"列传式的研究是基础性的研究"，"对思想家和代表作研究不够，也就难于进行其他方面的研究"[①]。中国政治思想史的一些专著，在撰述体例上，将列传体和政治思潮、政治文化、政治心理、政治哲学等融合起来，形成了列传体的改良版。这种列传体的改良版既以时代先后为线索，又以时代思潮来充实时代序列，将中国政治思想史在发展线索上表达为一个政治思潮接着一个政治思潮的前后连续，处理了不同时代思潮之间在内容上的批判与继承关系，不仅使人们看到中国政治思想史发展过程中在内容上的新陈代谢，而且也给人们展示了中国政治思想在理论上渐趋于成熟的发展过程。这种改良版也在撰述每个历史阶段政治思想内容的章节中进行列传体的撰述，一方面展现某个特定历史阶段政治思想的内容深度和理论高度，另一方面也以比较纯粹的理论逻辑来展现一下特定历史阶段政治思想的框架结构和思维特征[②]。刘泽华等的《中国政治思想通史》作为中国政治思想史研究的典范[③]，在撰述体例上就采取了这种列传体例的改良版。中国政治思想史研究的专题性研究在撰述体例上有别于列传体，它们一般以特定的政治思想问题为研究对象，或者按照特定政治思想问题的发展顺序来撰述，熊月之

---

① 刘泽华：《中国政治思想史研究对象和方法问题初探》，《天津社会科学》，1985年第2期。
② 张师伟：《中国政治思想通史的贯通性理解与整体性呈现》，《南京师大学报》（社会科学版），2016年第6期。
③ 杨阳：《中国政治思想史学科的百年典范——评刘泽华总主编的〈中国政治思想通史〉》，《政治学研究》，2018年第5期。

的《中国近代民主思想史》就是按照时序撰述了中国近代民主思想发展的各阶段及主要内容，其中包含很多列传体个别研究，或者深入分析特定政治问题的各个方面，刘泽华等的《中国传统政治哲学与社会整合》就是如此。

（三）中国政治思想史研究批判启蒙与经世济用的并存与竞争

中国政治思想史研究在旨趣和目的上，存在着启蒙与经世的并存与竞争，两者根源于同样的历史传统及时代条件，均谋求以学术影响政治实践。现代社会科学理论首先在西方建构起来，并在西学东渐中传播到中国，其中大多数人文社会科学概念和知识的传播都曾以日本为中介。晚清末年，中国青年学生大量赴日本留学，他们既在接受日译现代社会科学的过程中实现了自我启蒙，又因自我启蒙而开启了为救亡而学习和移植日译现代社会科学的时代潮流，"日本所造译西语之汉文，以混混之势""侵入我国"①。中国政治思想史作为一个学科化的政治知识体系，就孕育和开始于这个时代潮流中，并伴随着日译的政治学、社会学、经济学、法学等学科概念在中国社会的流行，而开始了它的百年学科历史②。值得注意的是，中国政治思想史研究在学术思想界的主流，从一开始就承担起批评和批判旧政治、旧文化和旧伦理的时代使命，发挥了启蒙与救亡的思想作用；另外一些研究者站在维护中国政治传统的立场上，维护传统的政治价值、政治权威与政治秩序，所谓"至于纲常礼制、国俗民风，西国远逊中华者，不得见异思迁，致滋流弊"③，"必欲破夷夏之防，合中外之教，此则鄙见断断不能苟同者"④。从20世纪20年代后期开始，中国政治思想史研究的主流突出了实践取向，在具体的价值倾向上又分为启蒙和经世两类。中国政治思想史研究有了一种知识论取向的零星研究，这种研究虽然在学术上有重要影响，但并没有改变20世纪80年代以来中国政治思想史研究的实践论主流取向。马克思主义指导的中国政治思想史研究在民国时期体现了明显的知识论取向，在著作的篇章结构上"体现出作

---

① 姚淦铭、王燕：《王国维文集》（第三卷），北京：中国文史出版社，1997年版，第41页。
② 张师伟：《中国政治思想史研究的百年回眸与学术省思——本土政治理论的概念检视与话语梳理》，《人文杂志》，2019年第2期。
③ 苏舆：《翼教丛编》，上海：上海书店出版社，2002年版，第152页。
④ 苏舆：《翼教丛编》，上海：上海书店出版社，2002年版，第167页。

者努力遵照马克思主义五种社会形态学说勾勒中国历代思想变迁的意图"①。20世纪80年代初以来,绝大多数知识论取向的中国政治思想史研究在价值倾向上更接近于启蒙,其中最典型的代表就是刘泽华先生开创的王权主义学派,就"是围绕着对王权主义的历史批判而展开的"②,而这方面的典范之作就是刘泽华先生总主编的《中国政治思想通史》③。

中国政治思想史研究在改革开放初期,就受到马克思主义意识形态知识论取向及实践论取向的双重影响,两种影响都具有明显的启蒙价值导向。马克思主义意识形态的知识论取向对中国政治思想史研究的影响,首先体现在它的研究目的方面,就是呈现作为马克思主义意识形态化社会科学知识——部分的中国政治思想史知识;其次还体现在它的研究方法方面,即以历史唯物主义和辩证唯物主义为指导,并强调了阶级分析方法的决定性地位;再次还体现在其知识内容的马克思主义意识形态框架上,即中国政治思想史知识不仅以五种社会形态依次递进为线索,而且也以阶级、阶级斗争、阶级更替的历史进步为政治思想的核心内容。作为一种进化论的马克思主义历史哲学,虽然它的结论是在阶级局限性、历史局限性的名义下作出的,但它在知识论层面上对中国政治思想史研究进行指导,在价值上体现出批判中国封建专制主义政治思想的启蒙取向。马克思主义意识形态的实践论取向,要求它所指导的中国政治思想史研究必须要立足中国现实,并按照辩证唯物主义的认识论原则妥善处理实践和理论的关系。一些研究者依照马克思主义认识论,强调中国政治思想史研究要服务于中国改革开放的实践,发挥有助于解决实践问题的资政经世作用,但也只限于古为今用的批判继承,与启蒙的价值诉求并不矛盾,从而与复古派所强调的复古经世迥然不同。一些研究者根据马克思主义意识形态五种社会形态依次递进的理论,通过对中国政治思想史进行历史哲学的研究,试图在明清之际的政治理论中寻找现代政治的"源头活

---

① 朱政惠:《吕振羽〈中国政治思想史〉贡献论》,《历史教学问题》,1990年第1期。
② 李振宏:《中国政治思想史研究中的王权主义学派》,《文史哲》,2013年第4期。
③ 杨阳:《中国政治思想史学科的百年典范——评刘泽华总主编的〈中国政治思想通史〉》,《政治学研究》,2018年第5期。

水"①，或者试图找到传统与现代在明清之际的政治思想结合点②，或者试图在中国传统中找到所谓的"常道"，并以此"常道"贯穿中国政治的传统与现代③。他们在研究的旨趣及结果上无疑体现了知识论取向，但也不排除他们因在意识形态层面上强调传统与现代的延续性联系，从而与启蒙的价值诉求有些偏离，并在价值诉求上更接近复古派的经世追求。

中国政治思想史研究的经世诉求，主要体现在研究旨趣、研究方法及研究结果上。中国政治思想史研究的经世诉求，在观点上集中地表现为主张复兴儒家政治哲学，提倡以儒家政治哲学来指导当代中国的政治建设④；在研究方法上则主要使用了抽象分析概念的哲学方法和在中国与西方之间进行概念格义与解释比附的比较分析方法，试图在中国传统儒家政治哲学中，找到与西方现代政治哲学相同或相似的关键概念与核心理论⑤；在研究范式上则表现为中国政治思想史研究的经学范式，该范式强调中国传统儒学中存在一套完整并具有普遍性的政治哲学，它既适用于传统时代，也适用于现代，认为"五经乃是中国政治思想之开端，确定了中国政治思想之基本词汇、话语与范式"，"揭示、展示乃至于实现中国源远流长之固有政治思想永恒性和普遍性"⑥。有的学者试图全面复兴儒家政治哲学，不仅注重从儒家经学著作中寻找在现代社会仍然具有普遍适用性的纲领性概念、西方现代社会流行并成为现代政治基础的纲领性概念，如民主、自由及法治、公民等在儒家传统政治哲学中都可以找到对应物，而且也注重从儒家经学著作中寻找现代政治仍然需要遵循的普遍政治原理，比如从《周易》中寻找"中国式启蒙观"⑦。有的学者站在现代公民宗教的立场上来研究传统儒学，并以公民宗教的视角来分析和认识儒学，将儒学当作一种普遍的公民宗教，既是希望儒学在现代中国

---

① 许苏民：《"源头活水"与"中国特色"——论中国传统文化与有中国特色的社会主义现代文化建设》，《福建论坛》（文史哲版），1993年第3期。
② 冯天瑜：《文明近代进程的共通性与特异性——从〈明夷待访录〉"新民本"诉求说开去》，《武汉大学学报》（人文科学版），2015年第1期。
③ 李存山：《儒家文化的"常道"与"新命"》，《孔子研究》，2016年第1期。
④ 蒋庆：《中国大陆复兴儒学的现实意义及其面临的问题》，转引方克立：《现代新儒学与中国现代化》，天津：天津人民出版社，1997年版，第424-429页。
⑤ 张师伟：《中国政治思想史研究的百年回眸与学术省思——本土政治理论的概念检视与话语梳理》，《人文杂志》，2019年第2期。
⑥ 姚中秋：《重建中国政治思想史范式》，《学术月刊》，2013年第7期。
⑦ 姚中秋：《中国式启蒙观：〈周易〉"蒙"卦义疏》，《政治思想史》，2013年第3期。

发挥公民宗教的作用，也坚持认为儒学在中国历史上就发挥着公民宗教作用，从而希望更进一步深入发掘作为公民宗教的儒学内容①。中国政治思想史研究的经世诉求，当然不局限于大陆新儒学复兴儒家政治哲学的经学范式，还包含其他一些诸如新法家等的中国政治思想史研究经世诉求，新法家的研究方法与新儒家并无不同，主要是对概念进行抽象分析，它在研究结论上，混淆了先秦法家的法治概念和法治理论与现代意义上的法治概念和法治理论②。经世诉求的中国政治思想史研究脱离了马克思主义的指导，就明显地走向了政治复古，但是他们对中国之古并不真正地了解，他们的"古"只是"托古"之"古"，因此所谓"古"不过是一种用"古"包裹着的"现代"。他们作为认识主体，用自己的"现代性的认知替代传统认知，把自己的观点，甚至是当下流行的现代理念或观念，投射到古人身上"，形成了研究者不应有的"主观投射过度"，其结果就是在概念体系的理解和理论的解释上以己度人，将自己的概念与理论强塞给了古人③。

中国政治思想史研究的复古经世诉求，立足于20世纪初以来的中国社会大变革和大转型，他们所以强调复古经世，就是因为西方来的概念和理论，特别是激进主义等造成了中国政治现代性发展的中断，而中国政治现代性的继续发展则需要以"古"来经世，因为中国之"古"具有远超西方的普遍性④。中国政治思想史研究的启蒙诉求，同样也立足于近现代中国社会的大变革和大转型，但在中国现代性政治发展所以遭遇挫折经历及现实困顿的归因上，却迥然有异于复古经世派，从而强调中国政治现代性的发展在根本上就是一个从过去的"封建主义中走出来"⑤。既然中国政治现代性发展，就是从过去的历史定势中走出来，那么中国政治思想史研究的旨趣及目的就是科学地发现过去的历史定势。价值上的启蒙诉求在这里就顺势变成了一个知识论

---

① 陈明：《公民宗教：儒教之历史解读与现实展开的新视野》，《中国儒学》，2014年第00期。
② 喻中：《法家第三期：全面推进依法治国的思想史解释》，《法学论坛》，2015年第1期。
③ 葛荃：《立场、方法与禁忌：中国政治思想与文化研究断想》，《政治思想史》，2016年第3期。
④ 姚中秋：《可普遍的中国信仰-教化之道——基于〈尚书〉之〈尧典〉〈舜典〉的解读》，《西南民族大学学报（人文社科版）》，2018年第1期。
⑤ 刘泽华：《中国的王权主义：传统社会与思想特点考察》，上海：上海人民出版社，2000年版，自序。

上的科学发现。因为中国政治思想史研究在科学上的认识目的是发现各个历史时代的政治概念、命题、判断及理论、思维等,所以它在研究的方法上就必须要兼顾政治学的理论观点和历史学的分析方法。这种兼顾开创于萧公权的《中国政治思想史》①,具有相当的科学认识论指导价值。如果中国政治思想史研究罔顾政治学的理论观点,研究者就不能准确理解各个历史时代的政治概念,并客观呈现其完整的政治理论结构和特定的政治思维方式;如果中国政治思想史研究忽略了历史学的分析方法,研究者就不能正确处理社会史与思想史之间的辩证关系,从而将思想史变成了"博物架"或"博物馆"②。萧公权先生所开创的将政治学视角与历史学方法相结合的研究范式,虽然追求的是科学认识,但其在结果上却不能不产生启蒙的结果。改革开放以来,刘泽华先生作为一个马克思主义的历史学者,他对中国政治思想史的研究既重视政治学的理论视角,将政治学理论上的新概念引入研究工作,不断开拓和丰富了中国政治思想史研究的理论视角,也重视对历史学分析方法的充分应用,以历史认识论的自觉来进行思想史史料的处理和历史社会学分析,他不仅否定了研究对象的超历史普遍性,而且还呈现了思想史与社会史有机联系的复杂整体性,并且还通过对话题、问题及命题等的研究,呈现了中国政治思想在理论结构上的阴阳组合的复杂性③及在宗旨上的君主专制主义特质④。刘泽华先生认为,从过去的"封建主义"中走出来,就是从君主专制主义的"定势"中走出来,否则这个"相当稳定""定势"就会"死的拖住活的",成为"前进的绊脚索",必须要用"极大的力量进行清理"⑤。这个结论在价值上显然具有十分明显的启蒙诉求,有的学者将刘泽华先生的史学研究归结为"启蒙史学",强调刘泽华先生"作为启蒙史学的杰出代表","在他的专业研究中自始至终贯彻了启蒙思想和观念"⑥,他关于"王权主义论述

---

① 萧公权:《中国政治思想史》,北京:新星出版社,2005年版,凡例。
② 李泽厚:《中国古代思想史论》,合肥:安徽文艺出版社,1999年版,第300-301页。
③ 刘泽华:《传统政治思维的阴阳组合结构》,《南开学报》(哲学社会科学版),2006年第5期。
④ 刘泽华:《中国政治思想史集》(第三卷),北京:人民出版社,2008年版,第110-121页。
⑤ 刘泽华:《中国政治思想史集》(第三卷),北京:人民出版社,2008年版,弁言。
⑥ 王学典、郭震旦:《新启蒙仍是当下中国思想界的一支劲旅》,《天津社会科学》,2015年第2期。

的出发点和立足点，仍是启蒙"①。

改革开放四十年来，中国政治思想史研究具有学科化知识的地位得到了恢复，但在怎样进行中国政治思想史研究、为什么进行中国政治思想史研究上，仍然缺乏知识论取向的科学研究。绝大多数中国政治思想史研究还带有"中国向何处去"的追问，不仅受到学术思想界关于传统文化与现代化关系诸多讨论的影响，而且也普遍性地突出了中国政治思想史研究为政治现实服务的宗旨，启蒙和经世只不过是中国政治思想史研究为政治现实服务的两种不同方式。中国政治思想史研究的启蒙方式，较多地体现了历史主义的分析方法，以思想事实呈现的方式，突出了中国传统政治理论及思维的非现代性整体特征，在知识论的角度上具有较大的合理性。中国政治思想史研究的经世方式，继承和延续了近一个半世纪以来的文化保守主义传统，较多地采用了抽象分析的方法，突出强调了中国传统政治思想特别是儒家政治思想中的普遍超越性，在民族自信心的提升上颇有影响力。两者的并存和竞争既是由来已久，又将长期存在，但在近年来两者的对比中，情胜于理的经世方式在舆论上处于上风。知识论取向的中国政治思想史研究，一方面立足于呈现作为历史事实的政治知识，但又没有在研究中贯穿启蒙的情结，只有避免了体现启蒙情结的诸多"假言判断"②，才能呈现政治思想历史事实的客观样态；另一方面立足于将历史上的政治知识，融入中国现代政治知识体系的建构中，以推动中国特色社会主义政治学理论体系的发展和成熟③。

---

① 王学典、郭震旦：《新启蒙仍是当下中国思想界的一支劲旅》，《天津社会科学》，2015年第2期。
② 雷戈：《从简单本质到复杂本质——〈中国政治思想通史（综论卷）〉开放出的思想境域》，《史学月刊》，2016年第5期。
③ 张师伟：《中国政治思想史的学科定位及学术使命——一种基于知识论视角的分析》，《天津社会科学》，2013年第1期。

二、传统的沸腾：2013—2015 年的中国政治思想史研究

中国政治思想史作为中国政治学理论的一个重要组成部分，在中国特色社会主义政治学话语体系中的地位与作用，日益受到国内外学术界的重视。中国政治思想研究者多次参与传统与现代、中国与世界的争论，观点引人瞩目。自 2013 年以来，中国政治思想史研究取得了较为明显的成绩，不仅学术研究的成果总量及质量较之前有了明显的改进，出现了改革开放以来中国政治思想史研究的总结性标志成果，而且学术使命和学理自觉也逐渐强化起来。虽然与政治学理论的其他学科相比，中国政治思想史研究仍然相对萧条和沉寂，但自 2012 年召开第一届中国政治思想史论坛，到 2013 年成立中国政治思想史研究会，中国政治思想史研究受重视的程度和学术影响力已经有了明显的提升。研究会和论坛就是中国政治思想史研究学术使命和学理自觉增强的集中体现。值得注意的是，自 2013 年以来，中国政治思想史研究在学科视角与分析方法上已经逐步呈现出多元并存的格局，而多元视角与方法又在客观上支撑着中国政治思想史的多种研究范式和不同价值取向的代表性学术观点。这些学术观点既是已经形成的某种格局，也在一定程度上预示了未来几年中国政治思想史研究的一些基本趋势。

（一）范式与价值：中国政治思想史研究的视角与方法

中国政治思想史研究虽然开始于 100 多年前的晚清，但它在学科化的发展道路上并不很顺利，其研究的视角与方法也长期受制约于政治学以外的学科，以至于对中国政治思想史究竟属于什么学科和承担什么样的知识使命等问题，长期聚讼纷纭而莫衷一是。鉴于中国政治思想史研究长期受中国哲学

及历史学影响较大的现实,中国政治学界近年来有一些学者致力于对中国政治思想史的学科属性及学科使命等的探讨,试图落实中国政治思想史的政治学分支学科性质,并推动中国政治思想史学术研究自觉承担其知识与理论创新的学术使命,一方面是突出政治学的理论视角与方法①,另一方面是强化中国政治思想史研究在知识积累方面的责任与使命②。由于诸多历史条件等的制约,中国政治思想史研究在主流上较多地表现出弘扬传统及古为今用的经世济用特点,而与学理的深入系统探讨大多并不特别自觉,从而中国政治思想史研究对中国政治思想史所蕴含的较为完整的学理的揭示并不很充分。近年的研究实践中,中国政治思想史研究的学科视角与价值取向等,仍然表现出明显的多元化特征,来自中国哲学及历史、文化等学科的影响依然比较强势地影响着中国政治思想史研究的现状,一方面是充分展示中国政治思想史中所包含的比较完整的政治理论的著作仍比较缺乏,另一方面是学科视角与价值取向的多元化还在继续深化发展中。

1. 学科视角的多元化展开与融合

自2013年以来,随着中国社会经济的发展及国际地位的提高,中国政治思想史研究在国际特别是西方学术界的影响和地位问题被国外学者提了出来,以色列学者尤瑞在南开大学举办的一个学术研讨会上,提出了中国政治思想史研究所具有的普遍的理论意义与价值问题,追问中国政治思想研究到底能给西方或国际学术界带来何种学理性贡献。国内学术界也有相当的研究者关注中国政治思想史所具有的普遍价值与影响,或者着力于论述中国政治思想史所展现的中国历史前进逻辑可以直通现代③,或者论述中国传统政治思想在现代的中国与世界所能发挥的重要理论作用及影响等,也有相当多的学者仍然站在理论批判的角度,追问中国政治思想在历史上的专制特质及如何走出专制的问题④。与关注中国政治思想的立场不同相对应的是学科视角的差异,

---

① 季乃礼:《重视中国政治思想史研究的政治学视角——论当前中国政治思想史研究的问题》,《中国社会科学报》,2015-05-15。
② 张师伟:《中国政治思想史的学科定位及学术使命——一种基于知识论视角的分析》,《天津社会科学》,2013年第1期。
③ 李存山:《儒家文化的"常道"与"新命"》,《孔子研究》,2016年第1期。
④ 刘泽华:《论天、道、圣、王四合一——中国政治思维的神话逻辑》,《南开学报》(哲学社会科学版),2013年第3期。

近年来，中国政治思想史研究的学科视角得到了充分的伸展，中国政治思想史研究的多元化视角已经成了中国政治思想史研究获得较大发展的一个标志。多元化的视角也能够较为合理地呈现出中国政治思想史本身发展中的多元与一统的辩证格局①。

近年来，中国政治思想史研究的学科视角有以下方面。（1）历史哲学的学科视角，这个视角以线性历史哲学所揭示的人类政治生活的发展逻辑为立足点，比较关注中国传统政治思想的整体性文化解读，或试图从中国政治思想主流的概念、范畴及理论中搜寻出现代法治等思想因素，有学者提出"先秦儒家提出的民本、公平、慎刑、预防犯罪等思想，与现代法治精神高度相契合"②，或试图从儒家思想中寻找其"常道"，并为儒家在现代立"新命"，其主要代表就是李存山③。（2）中国历史学的学科视角，这个视角坚持"五四"运动以来的启蒙主义思想传统，以历史性地分析和呈现中国政治思想的概念含义与思想逻辑为立足点，比较关注对中国传统政治思想的批评、批判和超越，强调中国传统政治思想的特质是"王权主义"，其主要的代表就是以南开大学刘泽华教授为标志的"王权主义学派"，"这个学派的学术旨趣集中在中国古代政治思想史研究领域，而王权主义历史观是其解读中国古代政治思想的分析工具"④。（3）价值哲学及宗教建构的视角，这个视角坚持了近代中国以来的文化保守主义传统，以儒家价值哲学及政治哲学为主要关注点，试图在儒家经学传统的基础上，复活并重构晚清康有为以来的儒教理论，并力主以传统儒家经学为主要思想资源来建构现代中国的政治儒学，其代表就是现在颇有些如火如荼的大陆现代新儒家。（4）政治学基础理论的视角，这个视角以马克思主义政治学基本理论的逻辑为依托，以特定政治学基本理论所关注的政治问题为关注点，注重分析历史上不同时代思想家对特定政治问题的解答，并在分析其解答的基础上总结中国传统政治思想的民族性特点，强调西方政治思想的内容特点是组织国家，中国传统政治思想的特点是管理

---

① 张师伟：《中国传统政治思想：多元与一统共存》，《中国社会科学报》，2014-07-25。
② 范高社、高阳：《先秦儒家文化与现代法治精神的契合与冲突》，《西安交通大学学报》（社会科学版），2013年第4期。
③ 李存山：《儒家文化的"常道"与"新命"》，《孔子研究》，2016年第1期。
④ 李振宏：《中国政治思想史研究中的王权主义学派》，《文史哲》，2013年第4期。

或治理国家，其代表人物是徐大同教授。（5）政治哲学的视角，这个视角以中国传统政治哲学的概念、命题及理论体系分析为媒介，既强调分析具有民族特色的政治哲学理论体系的整体性建构，呈现其理论建构的阶段性特点及最终成果等，也注重对传统政治哲学所体现的民族共性的发掘，分析中国政治哲学建构及转型的经验过程，其代表性观点集中于中国传统政治哲学研究中，主要代表人物有张师伟等[1]。

随着学科背景不同研究者的进入，中国政治思想史研究在学科视角多元化的同时也出现了视角融合的趋势，出现了学科视角定位明确而又在方法上吸取其他学科养分的新成果。"王权主义学派"虽然在中国政治思想史研究上主要选取中国历史学的视角，关注中国政治思想在历史各个阶段的思想事实和社会影响，但在研究方法上则又广泛采用政治学分支学科的新方法，如政治文化、政治心理、政治哲学、政治社会学等的研究方法，这在《中国政治思想通史》中，都有较为充分的应用[2]。大陆当代新儒家的研究主要体现了中国哲学的学科视角，但在研究方法上也注意使用观念史分析方法[3]，并注意寻找中国现代性在政治上的民族特色等。林存光、孙晓春、张师伟等主要立足于政治哲学，关注中国传统政治哲学的形成、发展及转变等，但是在研究中又较多地体现了哲学、历史学、文化学等的学科方法。学科视角多元化的展开与融合，既是中国政治思想史研究获得深入发展的一个必要条件，没有多学科视角的展开，中国政治思想史研究很难在精细性和学理性上充分展开，展示其丰富的内容；也是研究正在走向深入的一个标志，只有展开多学科视角的研究，中国政治思想史研究才能更加接近其理论目的的实现。

2. 多样化研究方法的运用及发展趋势

中国政治思想史研究的研究方法，近年来愈发丰富起来，一方面是来自不同学科背景的研究者不自觉地将得自其他学科，如哲学、历史学、法学、心理学等的方法应用于中国政治思想史研究；另一方面是中国政治思想史在研究过程中自觉地寻找其他学科的研究方法，以便能够深入、精细、准确地

---

[1] 张师伟：《中国传统政治哲学的逻辑进程》，《政治学研究》，2013年第4期。
[2] 杜德荣：《在批判反思中坚守启蒙立场——〈中国政治思想通史〉评介》，《中国社会科学报》，2015-02-09。
[3] 姚中秋：《重新思考公民与公共生活——基于儒家立场和中国历史经验》，《社会》，2014年第3期。

描述、分析和评价中国政治思想的事实。不同的研究方法，通常会呈现中国政治思想的不同侧面、环节及内容等，而不同的研究方法也往往会呈现出一个个风格特色明显的中国政治思想史的整体面貌及不同内容重点与主题的发展阶段。在多样化的研究方法中，历史哲学、文化哲学、政治哲学、历史学等学科的分析和研究方法当然居于主流和主导地位，而政治心理学、政治社会学、政治伦理学、法学等学科的分析和研究方法还应用较少，至于国外政治思想研究的观念史、概念分析等方法的应用则更少。少数研究者运用概念分析的观念史方法，主要进行脱离了历史情境的纯粹观念分析，其结论大多很抓人眼球，比如有学者提出"重新"理解"三纲"①。从中国政治思想史研究所使用的主要分析和研究方法来看，它在目前还处在一个有待深入系统发展的关键点上，而能否深入发展的关键就在于不同研究方法是否能实现视角、主题、宗旨等较高程度的聚合。

多样化研究方法在中国政治思想史研究中的应用在近年来有了较大的拓展，并由此带来了中国政治思想史研究三个重要的变化：（1）中国政治思想史研究因其主要研究方法的不同出现了个性化、特色化的发展方向，这个方向在近年有了更加快速的发展，一些重要的争论，如传统民本能否自觉走向民主、中国传统有无公民等，都颇能体现不同研究方法所导致的不同研究结论，而争论的激烈性和反复性则预示了研究方法个性化所导致的结论的高度逻辑化。（2）多学科方法并用地进行较为综合的研究，不仅使中国政治思想史的内容呈现摆脱了较为单一的阶级分析方法，而且也超越了将中国政治思想史研究作为整理思想家的阶级论、国家论、革命论等的阶段，从而使中国政治思想史研究开始了以较为细腻的概念、命题、判断等为主的思想事实分析，在主流上逐步摆脱了五种社会形态依次递进的发展线索，而以中国传统政治理论及其现代转型的发育为线索，出现了个性化、综合化、系列化的研究成果，并形成了学派。（3）研究方法多元化在一些日益重要起来的思想流派中形成了价值倾向及具体观点的差异，并在一定的方面表现了较为明显的学派分化，其比较明显的表现就是大陆现代新儒家。有一些自称大陆新儒家的学者在研究方法上有明显偏向政治制度选择及政治意识形态建构的所谓政

---

① 方朝晖：《为"三纲"正名》，上海：华东师范大学出版社，2014年版，第149页。

治儒学①，他们在价值偏好上以建构儒家化的现代政治意识形态，并试图在意识形态的指导下进行儒家化的现代国家建构；另一些自称大陆新儒家的学者则更侧重文化保守主义基础上的传统优秀文化继承，试图将儒家传统与马克思主义进行结合，强调两者在马克思主义中国化发展中的一致性②。这种观点并不是要追问马克思主义中国化发展的儒学背景，而是要求在马克思主义中国化的过程中进一步发挥儒家的作用，甚至有人提出来要儒家化马克思主义的观点。这就在实质上指出了中国在未来的进路乃是儒家化。

中国政治思想史研究近年也较多使用了一些新的研究方法，并且这些研究方法成为一些专题研究的主要研究方法，其中观念史及政治心理、政治文化等研究方法较令人瞩目。观念史研究的专题突出了特定概念的历史起源及其含义变迁，它关注概念在不同历史阶段及环境中的具体含义，其主要代表性著作有金观涛与刘青峰合著的《观念史研究：中国现代重要政治术语的形成》。观念史研究方法的广泛应用还产生了一些专题性的研究论文，不仅对近代以来中国"民主"等词的含义变化过程及其历史条件进行了较为细致的探讨，还有学者用观念史研究方法研究先秦时期诸如"法"等概念的语义变迁③，这种研究方法在中国政治思想史研究中才刚刚起步，还有很宽阔的伸展空间。政治心理及政治文化的研究方法在中国政治思想史研究中的应用还处在开始阶段，主要集中在帝王崇拜、臣民心理、臣民文化等方面④，也有些研究着意于历史上著名政治家的政治人格及心理⑤，并将特定政治人格及心理与特定阶段的政治意识形态联系起来，如季乃礼研究秦汉之际的项羽，运用政治领导心理学的方法，分析了项羽作为一个领导者的政治心理如何产生了释放刘邦的结果⑥，说明了政治心理学的应用，在一定程度上可以深化和细化中国政治思想史研究。这在很大程度上启示中国政治思想史研究者要充分关注

---

① 任锋：《"作为天理的民主"：从〈政道与治道〉到政治儒学的开展》，《天府新论》，2015年第3期。
② 郭继民：《试论儒学和马克思主义理论的同构与契合》，《山东社会科学》，2015第11期。
③ 李平：《法"义"新论》，《现代法学》，2013年第2期。
④ 刘泽华：《从臣民意识向公民意识的转变》，《天津社会科学》，1991年第4期。
⑤ 萧延中：《魏菲德对毛泽东政治观念的透视》，《湖南科技大学学报》（社会科学版），2011年第2期。
⑥ 季乃礼：《项羽为何放走刘邦——鸿门宴中项羽的决策行为分析》，《南开学报》（哲学社会科学版），2015年第6期。

和利用政治学理论分支学科的知识，以便能在深度、广度和细致性上进一步发展中国政治思想史研究。

3. 概念体系选择与观点价值倾向

随着中国政治思想史研究学科视角及研究方法的多元化，其研究范式建构的概念选择及体系建构也相应地出现了多元化特点，而概念体系等的多元化又必然连带着观点价值倾向的多元化。或者可以反过来说，恰恰是价值取向等的多元化内在地决定了中国政治思想史研究概念体系选择的多样性。多样性的概念体系选择在一定程度上是学术发展的常态，特别是对于中国政治思想史研究来说，尤其如此。一方面，中国政治思想史研究始终关联着现实世界的政治意识建构，或者是启蒙式的批判扬弃，或者是文化保守主义的抽象继承，或者是试图回到传统的思想复古。研究的目的与意图不同，立场、态度与方法等也自然不同，两者的不同集中起来就会表现为研究分析所使用的概念体系的不同。另一方面，中国政治思想史研究的对象是体系宏大、内容精深且富有极强个性的思想。虽然在研究过程中并不完全排斥量化分析，但主要的研究方法还是以质性分析为主，而在质性研究过程中，不同研究者的个性解释与理解根本不可避免。因此，研究者的个性与知识背景等也会助长研究过程中概念体系选择的多样性。不同的概念体系总是对应着不同的价值倾向。一般来说，中国政治思想史研究的价值保守常常会立足于文化保守，并由文化保守延伸出对中国政治思想史优点、优势等的发掘，甚至还会以缺点为优点、以劣势为优势，其用心是取其精华，增强民族信心与民族自豪感。中国政治思想史研究的启蒙价值则常常会立足于历史上思想事实的社会分析，集中注意力于中国政治思想史的诸多局限与不足的揭露与展示，其用意在于去其糟粕，快速进行传统政治思想体系的现代转换①。价值中立的研究者则坚持研究的历史主义原则，试图完整准确地理解中国政治思想的理论体系及其历史发展，既追求准确解读政治思想家的概念及命题，也追求通过政治思想家表现出来的民族性共同观念，并在准确解读历史的基础上，进行普遍层面的理论意义与价值的发掘与继承。中国传统时代诸多的价值性概念及命题等并不能直接地拿来，而必须要经历一个批判性分析的历史淘洗和思想清理，

---

① 张师伟：《国学热不应突破政治价值底线》，《中国社会科学报》，2015-08-18。

即要经历一个历史的新陈代谢过程,只有经过新陈代谢的历史过程,才能在思考和解决有关实践问题的过程中科学地批判和合理地继承传统。

中国政治思想史研究者对概念体系的选择,既取决于其学科视角,也取决于其研究宗旨。大体来说,概念体系的选择主要有以下方面。(1)批判及启蒙话语的概念体系。这个概念体系在内容及方法上,紧密结合了民主与科学的话语,注重从中国传统与现代民主、科学的启蒙话语的比较的角度,对比主要政治概念的含义差异及体系不同,分析中国传统政治思想缺乏民主、科学传统的事实,揭示中国现代政治思想建构必须面向世界文明主航道的必要性,扫除专制旧文化的障碍,迅速推进政治启蒙,建构公民政治文化①。(2)保守及政治复古的概念体系。这个概念体系突出了对中国传统概念等的继承性,体现了保守主义的理论特质,试图在新的历史条件下继承和重新解释传统概念,并在传统概念的新解中梳理出中国政治概念体系超越历史阶段的普遍性,不仅试图以传统政治概念的核心部分来排斥和取代从西方来的核心政治概念,而且还试图在整体上恢复儒家经学的核心概念,弘扬传统经学,建构儒教信仰,提出了体系化了的政治儒学,强调"大陆新儒家正在形成中"②。(3)社会历史哲学概念体系。这个概念体系依托于一定的历史话语,将政治概念附属于历史概念,从历史概念来说明和架构政治概念,其所关注的焦点,是历史上政治思想新陈代谢的普遍历史规律,并按照他所理解的历史规律的发展序列,来建构政治概念的历史发展,从而使传统民本与现代民主在历史序列中自然地连接起来,不仅忽略了两者之外的思想体系的整体性影响与制约,而且也忽略了中国近现代政治思想转型所遭遇的诸多困难的理论根源。(4)政治哲学的概念体系。这个概念体系涉及三个方面的内容:第一是中国政治思想史研究在环境与目的上均与现实政治哲学的体系建构密切联系,因为这种密切联系,这个概念体系的研究就关注中国传统政治哲学中的相关话语,从而表现出以现代政治哲学概念体系建构传统政治哲学框架的面目③;第二是中国政治思想史研究在话题上与西方现代政治哲学的概念相联系,从而在研究中表现出以西方现代政治哲学概念来解释和架构传统政治哲

---

① 刘泽华:《复兴儒学是文明的提升吗?》,《中国社会科学报》,2015-07-16。
② 蒋庆:《"大陆新儒家"正在形成中》,《原道》,2015年第2期。
③ 姚中秋:《重建中国政治思想史范式》,《学术月刊》,2013年第7期。

学的特征,以至于在中国传统政治思想研究中寻找类似于现代自由主义①、共和②;第三是中国政治思想史研究的话题集中在传统政治哲学的概念解释及体系梳理,试图在呈现历代政治思想家的原始问题及话语事实的基础上,发现蕴含在政治思想体系中跨越时代的比较稳定和持久的思想核心,发掘传统政治思想中的民族共性③。

中国政治思想史研究既受到传统沿袭下来的实用理性的影响,又产生于中西在两极相逢的时代,因此中国政治思想史学科在国内天然地带有实践导向的特点,并在学术研究目的及宗旨上表现出浓郁的经世济用特点,现实中的政治问题及政治选择对政治思想研究具有极大的刺激和导向作用。中国政治思想史研究既然大多还带有经世济用的特点,那么其研究成果在观点上就多数表现出明显的价值倾向,而且价值倾向的选择仍然与中国从何方来、到何处去的问题息息相关,因而总是试图在政治价值及政治信仰等层面产生重要的思想影响。启蒙主义的价值倾向表现在研究成果上,就是较多地表现为对传统政治思想体系概念与命题等的整体批判,不仅要揭示中国传统政治思想在传统时代的政治作用及社会历史影响,而且还要揭示依然残存于现实中的诸多传统弊端,其在学理上自成一体,意在推动公民政治文化,建构现代政治,以便完成从"王权"走向"民权"的目的④。文化保守主义价值倾向表现在成果上,一方面是儒教取向的研究,试图在整体上继承儒家传统经学的王制思维,在一定程度上表现出了政治上托古改制的复古倾向,倡言"王道政治"⑤;另一方面是抽象继承取向的研究,试图从民族性延续的角度,来解读儒家文化传统,主张以延续绵延的儒家思想来支撑民族特色的现代政治,将中国风格的政治在文化上溯源于儒家,从这个角度来论述儒家政治思想,就难以避免要模糊儒家思想的传统属性,并曲解中国特色的现代性⑥。即使价

---

① 蔡志栋:《论"道家自由主义"三相》,《华东师范大学学报》(哲学社会科学版),2013年第3期。
② 林明、樊响:《中国古典共和观及其传承价值》,《文史哲》,2015年第6期。
③ 张师伟:《中国传统政治哲学的逻辑进程》,《政治学研究》,2013年第4期。
④ 刘泽华:《中国政治思想通史》(综论卷),北京:中国人民大学出版社,2014年版,第633页。
⑤ 干春松:《王道理想的世界主义回归:儒家政治哲学与国际秩序再平衡》,《人民论坛·学术前沿》,2013年第11期。
⑥ 杨朝明:《弘扬原始儒学的真精神》,《人民日报》,2014-04-27。

值倾向较为中立的知识性探讨,也难以完全摆脱价值的影响,总的来看,比较学术化的概念体系及理论形态的梳理在价值上倾向于启蒙主义,更多地强调从历史中走出来①。

(二)集成与创新:中国政治思想史理论体系多元比较

中国政治思想史研究自 2013 年以来在著述体例及理论体系上呈现出多元化的格局。一方面,中国政治思想史研究在著述体例和理论体系上出现了集 30 年大成的重要著作;另一方面,中国政治思想史研究在著述体例及理论体系上出现了创新的代表性著作。从前一方面来看,中国政治思想史研究自改革开放之初就出现了两种基本的著述体例及理论体系:(1)刘泽华教授开创的王权主义学派代表了一种著述体例,演绎了一种比较完整的理论体系,从梳理先秦诸子政治思想的概念、话题、主题等出发,立足于对思想事实的分析,进行了一系列深入的专题性研究,产生了大批的专题性研究成果,并以此为基础写出了适合本科生、硕士生、博士生的通史教材,2014 年出版的《中国政治思想通史》是王权主义学派标志性的研究成果②。(2)徐大同教授等在政治学学科恢复不久出版的《中国古代政治思想史》,开创了中国政治思想史研究的另外一种著述体例及理论体系,依托当时的政治学理论体系,关注不同历史时代不同阶级重要思想代表人物的政治观点进行分析,试图完整地呈现历史上政治思想家关于阶级、国家、革命等的政治观点,在呈现政治思想家完整政治观的同时,进行了阶级分析和历史分析,指出它的贡献和不足,并将政治思想放在社会结构与历史过程中进行要素展示。就后一方面来看,中国政治思想史研究的著述体例及理论体系创新主要体现在一些刚刚结项或仍然在研的国家级项目成果上,因此从某种意义上说,著述和体例的创新还是仍然在孕育、发展的一种趋势,其最明显的特征是视角、方法及价值等的多元化、综合化,其中比较突出的是政治哲学式的注重专题分析与命题展示的著述体例与理论体系。

1.《中国政治思想通史》的出版及学术价值

刘泽华先生于 20 世纪 60 年代,即从学科补白的角度,意识到中国政治

---

① 刘泽华:《中国的王权主义:传统社会与思想特点考察》,上海:上海人民出版社,2000 年版,自序。
② 李振宏:《王权主义历史观的有效性及其证成》,《天津社会科学》,2015 年第 2 期。

思想史研究的必要性，并发表了关于荀子、董仲舒等的研究论文。从那时起到20世纪80年代，受侯外庐《中国思想通史》的影响，日益在中国历史研究中获得了中国政治思想史研究的某种自觉，坚持侯外庐先生思想史与社会史互动的研究传统，在考察中国社会发展演进的特有路径与方式的背景下，探讨中国政治思想史怎样具体与社会发展相对应，在回答社会诸多理论问题的过程中，中国政治思想史形成了什么样逻辑的理论体系。有鉴于此，刘泽华先生的中国政治思想史研究一方面从先秦诸子政治思想的体系及相互关系入手，发掘和运用大量第一手文献资料，依托于大量散见的政论及概念等，撰述了从殷商中晚期到秦统一前的中国政治思想史，并比较完整地表述了中国政治思想史的研究对象与研究方法①。另一方面，刘泽华先生在坚持历史唯物主义的社会形态及结构理论的基础上，特别关注思想家自身所呈现的概念及话语体系，从最基本的思想事实出发，依时代顺序梳理概念、话语及理论的积累和演变，以不同派别政治思想家的主张、倾向、特质、理论等的不同，分门别类地充分展示先秦诸子的政治思想逻辑，纵论各家在政治思想领域的同中之异与异中之同②。刘泽华先生从出版《先秦政治思想史》起，就开创了一个立足于传统君主专制权力，用以宏观地分析中国历史结构与趋势等的政治思想史研究传统。20世纪80年代，提出了政治权力在中国社会中的支配地位③，到20世纪90年代末，逐步明确地提出了"王权主义"学说④。这个学说在近30多年来一直是中国政治思想史研究领域中颇有影响的理论，其所产生的诸多研究成果都具有明显的启蒙价值倾向及观点体系等方面的共性，以至于学术界有学者或名之为刘泽华学派，或名之为王权主义学派。刘泽华先生总主编的《中国政治思想通史》，共九卷，于2014年由中国人民大学出版社出版，堪称"王权主义学派"在中国政治思想史研究上的集大成者，有学者则提出其是"王权主义学派"的标志性著作。

如果用侯外庐《中国思想通史》的体例来衡量《中国政治思想通史》，

---

① 刘泽华：《中国政治思想史研究对象和方法问题初探》，《天津社会科学》，1985年第2期。
② 刘泽华：《战国百家争鸣与君主专制主义理论的发展》，《学术月刊》，1986年第12期。
③ 刘泽华、汪茂和、王兰仲：《专制权力与中国社会》，长春：吉林文史出版社，1988年版，引子。
④ 刘泽华：《天人合一与王权主义》，《天津社会科学》，1996年第4期。

《中国政治思想通史》的体系性在形式上并不很强,第一卷综论卷是刘泽华先生30多年来关于中国政治思想研究的总论性或综合性的论文①,虽然提出了诸多富有启发意义的深刻见解,但显然并没有实现通史综论卷所应有的逻辑严谨,从而也影响了以王权主义分析中国历史框架、结构与趋势等的理论解释效力。其余八卷,分阶段叙说从先秦到现代不同阶段的政治思想内容,就篇幅、体例、内容、结构等来看,各卷之间差别很大,且各卷的主题设置也颇有主编的个性色彩,观点及看法未能呈现出前后呼应、彼此衔接的体系性。九卷的内容,分别地看,各卷自成专著,专题性比较强,有的分卷明显没有表达出该时代政治思想的丰富性、复杂性及应有的理论性;合起来看,各卷组成的通史整体更像是断代政治思想史的丛书。《中国政治思想通史》作为一个学派研究的集大成者,呈现出来的体系性观点与共同的研究方法,非常值得关注。体系性的观点和共同方法,既集中呈现了王权主义学派对中国政治思想史的整体共性,这些共性中有很多是经得起理论剖析和事实检验的观点与方法,也集中体现了一些研究方法与价值倾向等方面的局限性,这些局限性在一定程度上限制了《中国政治思想通史》对王权主义观点的系统性表达。《中国政治思想通史》(九卷本)较之《中国政治思想史》(三卷本)在内容的丰富性及单卷的系统性上颇为突出,但在整体性表达中国政治思想理论体系面貌及历史发展进程上却又不如三卷本。就观点的表达来看,九卷本中的第一卷综论、第二卷先秦、第三卷两汉在理论表达的体系性上比三卷本的相应部分丰富、饱满和系统。近代卷和现代卷虽然补充和延伸了三卷本,其中近代卷的内容体系也注意关注中国传统政治思想转型,在观点上与三卷本有衔接性,但呈现的内容较为单薄,所展现的近代政治思想的内容及进程等都逊色于国内同类的通论著作②;现代卷的内容则与近代的衔接性不是很紧密,虽然其所呈现的政治思想内容有较为深入的内容呈现和理论探讨,但在思想历史发展的断面上仍然比较单薄,未能系统深入地呈现中国现代政治思想的

---

① 刘泽华:《中国政治思想通史》(综论卷),北京:中国人民大学出版社,2014年版,目录。
② 刘刚、李冬君:《中国政治思想通史》(近代卷),北京:中国人民大学出版社,2014年版,目录。

理论体系与逻辑进程①。

刘泽华先生总主编的《中国政治思想通史》九卷本，集30多年学术研究之大成，其在学术方面的意义和价值，不仅在于继往性的总结集成，更在于开来性的理论积淀。不论是在具体观点上，还是在研究的方法及范式上，都具有重大的启发性和借鉴性价值。首先，《中国政治思想通史》不仅提供了一个关于中国传统政治思想孕育、形成、发展和转型的完整知识谱系，突出了基于历史事实、思想事实的王权主义话语体系的主题，而且还示范了一种思想研究中的史料搜集及整理、分析的方法，知识谱系和史料处理方法对今后中国政治思想史研究的后续发展来说具有很大的启发和示范意义②。其次，《中国政治思想通史》还在打破学科壁垒方面作出了有价值的示范，刘泽华先生以史学为根基，以史料为依据，挖掘和呈现政治思想自身的体系性，吸收哲学、社会学及文化学等的学科方法，利用现代学科分析方法和理论知识，不仅呈现了中国政治思想史多方面的结构化丰富内容，而且还展现了中国政治思想客观所具有的多学科的理论与思想价值，不同侧面的中国政治思想内容恰好说明了中国政治思想体系的丰富性与复杂性，这就提醒后来研究者注意克服观察中国政治思想的单一维度及简单解读。再次，《中国政治思想通史》比较关注传统思想的理论整体性，并以王权主义理论的生成和发展为主线，充分展示了中国政治思想的王权主义内容及宗旨，在一定程度上是追求中国如何在政治理论上从传统时代走出来，这个观点在中国现代政治理论建构与完善的过程中仍然具有重要的启示价值；而如何继承传统优秀政治文化在《中国政治思想通史》研究中没有受到充分关注，这一点也会刺激一些学者刻意在继承和发扬优秀传统政治思想方面努力，从而有利于中国政治思想史研究的进一步深入发展。

2. 中国政治思想史的著述体例与方法创新

中国政治思想史著作的著述体例，一方面与研究方法的创新有关系，引入了新的研究方法，特别是政治心理、政治文化、政治人类学的方法后，中国政治思想史著作的著述体例发生了比较大的变化，毕竟观察的视角及分析

---

① 邓丽兰：《中国政治思想通史》（现代卷），北京：中国人民大学出版社，2014年版，目录。
② 李振宏：《王权主义历史观的有效性及其证成》，《天津社会科学》，2015年第2期。

范式等发生了不同于传记式政治思想研究的变化;另一方面还与中国政治思想史内容体系的理论创新密切相关,当内容体系在理论逻辑上发生变化后,著作的著述体例与研究方法也就自然发生了变化,毕竟内容的变化在根本上要决定形式。近年来,中国政治思想史研究著作在体例上的明显变化,是突出了各个阶段上政治思想的专题性,以至于政治思想通史著作从目录上看,变成了一个个特色化理论专题论述的逻辑陈列,而专题的逻辑陈列看起来又颇体现了历史发展的顺序递进,理论的逻辑在表达上接近历史的逻辑。江荣海的《中国政治思想史九讲》(第2版)是以一定学派及时段的专题性政治思想研究,不仅以大跨度但仍不失理论连续的体例展现了中国政治思想发生、发展、演变及转型的过程,而且还在各个专题性方面保持了较为完整的理论话语,突出了儒家、道家、法家等学派和时段政治思想的主要特色、影响与贡献等①。田亮于2015年出版的《中国政治思想史》也以专题性研究分章,该书开篇即专题性地分析了中国政治思想的哲学层面,然后又专题性地研究了先秦儒、道、墨、法的政治思想,随后即按照中国政治思想在不同历史阶段的特点及主题分章进行论述,注重进行中国政治思想的民族特色的政治哲学探讨,注重不同阶段性的主题变化,在著述体例及内容编排上有一定的创新②。但就中国传统政治思想的整体呈现及现代转换进程来看,前述著作的理论性均不够周延细致。

中国政治思想史研究在学科视野及多学科研究方法上,在最近几年有较大的进展,特别是政治人类学、政治文化学及政治心理学的研究方法,在一些专题性的研究中受到了较大重视。马克思主义理论研究和建设工程重点教材:《中国政治思想史》,在著述上延续了此前高教版的体例,按照时代先后,仅以时代的划分来设立章节,但在内容编排上增加了"中国早期国家形成的道路及特点"③,完善了对中国政治思想起源的有关论述,在一定程度上可以看作是中国政治思想史研究运用中国政治史研究成果的良好开端,从早期国家的产生开始论述,引入了政治人类学的方法,在论述政治思想起源问题上

---

① 江荣海:《中国政治思想史九讲》(第2版),北京:北京大学出版社,2012年版,目录。
② 田亮:《中国政治思想史》,北京:中国社会科学出版社,2015年版,目录。
③ 《中国政治思想史》编写组:《马克思主义理论研究和建设工程重点教材:中国政治思想史》,北京:高等教育出版社,2012年版,第13-16页。

具有较多的科学合理性。政治文化理论在中国政治思想研究中的应用较为广泛，近年来出现了若干以"中国传统政治文化"为核心词汇的著作。徐大同所著的《中国传统政治文化讲录》于2015年出版，该书是作者多年来研究中国政治思想的专题性论文的理论梳理，书中以政治文化为著作题目的核心词，在一定程度上表现了作者更为宏观的审查视野，而著作的观点也颇为注重中国传统政治思想的文化溯源，强调了中国传统政治思想所具有的民族特色，既有内容体系侧重点的不同，也有基本思维方式等的揭示①。江荣海主编的《传统的拷问：中国传统政治文化的现代化研究》，在内容上以发掘中国传统政治文化的现代因素和转化传统中不适合现代的因素为中心意思，在这个主题的表达中，该书探讨了中国传统的"和谐理念、忧患意识、人格尊严、以民为本、求贤纳谏、义利关系、政治合法性、教化之道、孝亲伦理、官民合治、义务对等、宽容仁智、以德治国、严于律己、修身自持、己所不欲勿施于人、公利优先、公平正义等"②，该书还强调上述广泛内容都蕴含了"普世性、永恒性的价值，与现代的政治理念不相冲突"，"至于广大的农民的权力依附或权力崇拜心理意识和士大夫的双重性格虽然有维持社会稳定的积极意义，但显然对当代政治发展也有很大的负面作用，需要在现实的政治条件下通过法律制度的建设予以改造和转化"③。政治心理学在中国政治思想史研究中的应用，较多集中在群体心理、领袖心理、角色心理等方面，其中季乃礼运用政治心理学方法研究秦末汉初领袖人物政治心理颇有创见④，其后期研究值得期待，传统政治文化中政治心理层面的人格、性格等的揭示将不仅深化中国政治思想史的研究内容，而且也会更加有利于完整呈现中国政治思想的历史形态。

随着剑桥学派政治思想研究方法和范式在国内的传播，历史主义方法论指导下的中国政治思想史研究也逐渐开展起观念史研究，运用观念史研究方法，探讨特定政治概念的具体含义及其历史变迁，其中既有《观念史研究：

---

① 徐大同：《中国传统政治文化讲录》，南京：江苏人民出版社，2015年版，目录。
② 江荣海：《传统的拷问：中国传统政治文化的现代化研究》，北京：北京大学出版社，2012年版，封底。
③ 江荣海：《传统的拷问：中国传统政治文化的现代化研究》，北京：北京大学出版社，2012年版，封底。
④ 季乃礼：《项羽为何放走刘邦——鸿门宴中项羽的决策行为分析》，《南开学报》（哲学社会科学版），2015年第6期。

中国现代重要政治术语的形成》，这样集中研究中国近现代重要政治概念的专著，也有集中讨论近现代某个重要概念的含义变迁的专题论文，还有结合文字学方法集中谈论关键概念，如"法"的含义的时代变化①。观念史方法关注的对象是概念，使用的方法主要是描述，其目的则在于还原思想事实。大陆新儒家在研究中国传统政治思想时也颇为关注重要政治概念的解读，其做法比较接近观念史研究方法，但又颇有自己的特色。一些提倡儒家自由主义的学者，从现代政治建构的概念需要出发，列出一些关键性现代概念，一方面刻意从古汉语中寻找现成古典概念，如共和、自由、民主等，然后以现代的概念内涵来解释古典概念，其目的在于论述中国传统政治思想具有现代政治因素；另一方面则以现代政治概念来解读儒家思想中的核心概念，从《周易》中解读启蒙之理②，试图在解释儒家主要概念的基础上建构儒家政治，陈明系统阐释了现代大陆新儒家的政治理论，而有些学者则阐述了儒家自由主义"如何可能"③。这些运用概念解释的方法与观念史研究有着根本差异，观念史是描述式的，其目的是要展现特定历史环境中的观念事实，不仅要清楚呈现其特定的观念内容，而且还要明确观念所指称的具体对象；概念解释是建构性的，立足于一定的理论立场，运用解释学的方法，以理论为背景知识来呈现解读出来的观念图像，其理解与解释的基本方法，使得其工作的最终结果是概念建构。两者关注的对象都是概念，在某种程度上都以概念的分析为主，其关键的不同主要是概念解释的方法，观念史的方法突出理解和呈现特定历史背景下概念的特定具体内涵，概念解释则是研究者站在自己的立场上进行的概念再建构。

3. 专题性研究的深入展开与理论创新

近年来，中国政治思想史领域的专题性研究有了较大的进展，并且基于视野、问题及方法等在理论创新上有了较好的表现，出现了一定数量且颇有理论水平的标志性研究成果。专题性研究分类通史性的专题性研究与断代性的专题性研究，如中国传统政治哲学、中国民本思想、中国统治思想等的专

---

① 李平：《法"义"新论》，《现代法学》，2013年第2期。
② 姚中秋：《中国式启蒙观：〈周易〉"蒙"卦义疏》，《政治思想史》，2013年第3期。
③ 胡岩：《"儒家自由主义"如何可能》，《杭州师范大学学报》（哲学社会科学版），2013年第5期。

题性研究就属于前者,而如中国近现代民主思想等的专题性研究就属于后者。通史性的专题性研究一般都是在新学科、新方法的影响下,运用多学科方法分析较为专门的政治理论问题,从而或者是在政治思想体系中选一个贯通性的主题进行深入分析,并在分析的基础上细化、深化原有的理论成果;或者是运用新学科方法在总体上更好地把握传统政治思想的主旨与特质,对传统政治思想进行了主题、主旨等的分析。断代性的专题性研究则多半结合特定政治思潮与焦点性政治理论问题,比较系统深入地探讨特定时代政治思潮及专题政治理论,如先秦诸子时期的各家政治思想研究的单独学派研究或多个学派研究、近现代民主思想史研究等,即属于断代性的专题性研究。断代性研究以先秦、宋代及晚清较受关注。

  从国家社科基金项目立项的情况看,中国传统政治哲学、中国传统政治文化等是近年来的热点领域,在理论上表现出了较大的创新,在学术界引起了相关讨论,讨论的焦点则为儒家政治哲学。从阐释传统儒家经学的普遍道义出发,方朝晖的《为"三纲"正名》一书就现代学者对"三纲"的各种批判提出了驳正性看法,在"从大局出发""以某为重""尽自己位分所要求的责任"等意义上,为传统"三纲"正名和辩护[1]。林存光在《儒家思想的多重面相——评方朝晖〈为"三纲"正名〉》一文中,就方朝晖的"正名"提出了反驳性意见,强调了方教授"对问题的理解和论证无法自圆其说,存在诸多问题,如思维混乱、自相矛盾等,尤其对于儒家思想及其意义的多重面相缺乏应有的理解和辨析"。他认为"中国古典政治哲人尤其是古典儒家则倾向于探讨关乎统治者的德行修养与精神境界之提升以及合理的统治方式等治国之道"[2]。张师伟研究中国传统政治哲学的整体结构及演进过程后,撰文指出:"中国传统政治哲学自萌芽开始,就围绕着君权的必要性、正当性、行使方式与价值目的等话题逐步深入展开,形成了一个具有严谨逻辑结构的思想体系","达到了政治认知及推理上的烂熟","成了一个逻辑自洽的政治哲学推理体系"。直到"鸦片战争前,中国传统政治哲学的普遍或共同观念,并没有超越纲常名教的范围,依然沿用了汉代以来的主要词汇,且在词汇的释读方面也没有表现出观念上的根本变化","说明了政治哲学热议的诸多话题与

---

[1] 方朝晖:《为"三纲"正名》,上海:华东师范大学出版社,2014年版,第149页。
[2] 林存光:《儒家思想的多重面相——评方朝晖〈为"三纲"正名〉》《中国哲学史》,2014年第3期。

问题等仍然局限于运用传统观念,其努力的结果也只能是传统政治哲学体系的日益完善、巩固和普及"①。在对中国传统政治哲学的解读中,传统经学的立场与方法也有一定的恢复,并刻意在传统政治哲学的研究中进行复古的概念解释与话题塑造,实际上其在理论上并非完全回到过去,而是假借古代经学概念及话语进行托古改制,与古人相比,他们的概念解释、理论阐释显然大多属于自己的创造,以天理作为民主的观点就属于此类理论创造②。

中国近现代政治思想史研究的专题性研究也取得了较为丰硕的成果,出现了具有一定理论创新的专题性著述。"民主"是近现代中国政治思想的一个核心主题词,也是中国近现代政治思想发展的重要线索,20世纪80年代熊月之出版的《中国近代民主思想史》,可以看作是中国学术界系统研究近代民主思想的开创性著作,在学术界产生了较大的影响。近30年后,方敏等的著作《中国近代民主思想史(1840—1949)》,在"近代"的解释上不同于熊月之,两者对近代的解读不同,熊月之著作的时间下限是新文化运动,方敏著作的时间下限则是新民主主义革命在全国胜利的1949年,两者的不同显示了两者在"近代"概念解读上的理论差异。方敏的著作比较完整地考察了中国民主思想在1840年到1949年的发展历史,比较全面地反映了民主思想在中国社会各阶层中广泛传播和发展的内容,也在著述中展示了民主思想在中国发展的基本逻辑与节奏。当然,方敏的著作在叙述中国近代民主的起点及其与传统民本、反专制等思想的联系上没有分析得很透彻。张师伟在《思想资源与观念误导——中国现代民主思想形成中的民本观念》一文中,强调"现代民主思想的核心是民权,传统民本思想的核心是君权,两者迥然不同,但中国现代民主思想又确实受惠于传统民本思想",在两者的关系上,则提出"传统民本思想既是西方现代民主思想在中国落脚、扎根的重要思想资源,也在现代民主思想中国化过程中进行了价值指引",并认为"中国社会各界在政治思想上普遍性地经历着从民本到民主的过渡"③。

---

① 张师伟:《中国传统政治哲学的逻辑进程》,《政治学研究》,2013年第4期。
② 任锋:《"作为天理的民主":从〈政道与治道〉到政治儒学的开展》,《天府新论》,2015年第3期。
③ 张师伟:《思想资源与观念误导——中国现代民主思想形成中的民本观念》,《探索与争鸣》,2014第10期。

（三）传统与现代：中国政治思想史研究的热点与焦点

中国政治思想史研究一如既往地与现实的政治意识建构密不可分，由于研究者普遍带有学以致用的自觉意识，因而中国政治思想史研究的热点也始终纠结在传统与现代的关系上，而其焦点则在于传统政治概念及理论是否具有现代性，或怎样进行现代的转换。在晚清以来出现的历次政治理论争论中，传统与现代的关系都是无可置疑的焦点话题，对中国传统及现代等不同理论的认识，往往在争论中各执一词，论辩攻防，很是热闹。自"五四"新文化运动以来，启蒙主义的理论曾一度是讨论中的主流声音，以批判传统的立场与方法，将传统与现代在政治上对立了起来，并以批判的方法来研究传统政治意识[①]。但即使在启蒙主义理论高奏凯歌的时候，保守主义试图复活和振兴传统的理论努力也并未停止，不仅出现过东方文化论及东西方文化调和论等重要观点，而且也出现过以熊十力、梁漱溟、张君劢等以中国传统与现代政治进行嫁接调和的现代新儒家。新中国成立后的最初30年，启蒙主义和保守主义的理论话语虽然不绝如缕，但毕竟退出了理论争论的主流。改革开放后，理论界在经历多次争论后逐渐又分化出不同的价值取向，分布在传统到现代之间，在某种程度上又重新开始了传统与现代的话题争论。这个争论在近年可以说达到了一个比较激烈的高度，围绕着中国传统与现代政治的关系，产生了不少值得注意的新观点。

1. 现代新儒家视域下传统话语中的现代概念

现代新儒家致力于沟通中国传统儒学与现代政治之间的理论联系，20世纪80年代前，现代新儒家栖身于我国港台地区及海外，其主要的理论代表人物是牟宗三和杜维明等。牟宗三致力于发掘、继承和发展传统中的内圣为新内圣，并试图从内圣开出新外王，其在国内外等地有不少的理论拥护者。杜维明则久居美国，不仅试图从儒家中继承内圣，更将内圣提升到终极伦理的高度，将儒家的内圣与世界上其他宗教等量齐观，并大力倡言儒家自由主

---

① 王光、岳强：《近代中国启蒙运动的反传统倾向及其批评》，《福建论坛》（人文社会科学版），2013年第8期。

义①。大陆现代新儒家萌芽于20世纪80年代，作为民国时期新儒家代表人物的梁漱溟虽然坚持其一贯的对儒学和孔子的观点，但在其著述和活动中却仍然以东方文化为主要内容，其观点似乎还是处在东方文化论时期，并没有直接促进大陆现代新儒家的形成。大陆现代新儒家是大陆研究中国哲学史的人，在批判我国港台地区及海外新儒家的过程中分化出来的一个思想流派，而且随着大陆现代新儒学重新树立起理论的大旗，从中国哲学史研究的学者中分化出来的现代新儒家队伍也逐渐充实了起来②。值得注意的是，大陆现代新儒家由于来源于中国哲学史研究的队伍，虽然他们在总的价值上倾向于同情传统儒家，并认为传统儒家包含着可以继承和弘扬的文化精华，但由于他们在哲学研究中对儒家分析的立场、态度、方法等不同，因此，他们在从中国哲学史研究队伍中分化出来时，就仍然保留着各自在立场、态度与方法上的个性，从而在大陆现代新儒学中形成不同的派系。虽然不同派系在弘扬传统儒学上较为一致，但在弘扬什么和怎么弘扬的问题上却也是"道不同不相为谋"，内部的争议相当大，且不乏大陆新儒家内部既有的家法门户之争③。

在大陆现代新儒家中，有的学者接续了康有为的传统，试图在神化、圣化孔子的基础上，沿着康有为"孔教会"的路子，在新的历史条件下重启儒家宗教化的发展行程。站在他们的角度看，随着近年来中国经济总量、综合国力及国际影响力的大幅度提升，中国崛起已经向人们提出了如何建构一个富有民族特性的现代中国的任务，而这个任务的完成离不开对传统儒学的弘扬。因为传统儒学特别是其中的经学不仅被他们看作是民族特性的集中载体，更被他们看作是中国版普遍真理的化身。他们要求面对传统儒学特别是其中的儒家经学，研究者首先要信仰和尊崇经学，并要求人们崇圣，宗孔，尊经，传道。在这个意义上，他们颇与康有为接近，在创办孔圣会后，他们并未以儒学宗教化为满足，而是试图在政治意识形态上有所为，将宗教化的儒学作为现代中国的意识形态，排斥从西方漂洋过海而来的民主科学，变革改制，

---

① 胡岩：《"儒家自由主义"如何可能》，《杭州师范大学学报》（哲学社会科学版），2013年第5期。
② 方克立：《评大陆新儒家"复兴儒学"的纲领》，《晋阳学刊》，1997年第4期。
③ 李明辉、陈明、林月惠，等：《首届"两岸新儒家会讲"》，《天府新论》，2016年第2期。

实行传统儒学的王道政治①。大陆新儒家中也有学者不认同康有为的传统，而坚持在整体上对儒家经学的肯定，强调儒家经学作为民族优秀文化的载体，不仅具有文化传承方面的价值与意义，而且还在锻造民族特色的制度范式等方面具有重要的价值。他们侧重于从一般与特殊的关系来理解传统儒学，认为传统儒学的特殊形态里包含着中华民族的一般特质，他们相信在剔除其历史性的阶段性内容后，传统儒学所包含的中华民族的一般特质就可以呈现在人们的面前，强调中国传统的民本与现代民主具有政治性质相同的价值，确信汲取传统民本思想资源，有利于现代民主的中国化发展②。不仅如此，他们还相信传统儒家所肯定的圣人及其德治礼法在现代政治中的积极作用，相信传统儒者的修身之学或君子之道是有助于现代公民的人格养成之道③。

　　大陆现代新儒家对传统儒家经学的态度与方法，虽然其内部在具体意见上有较明显分歧，但在积极肯定并极力弘扬传统经学，甚至以国学来包装经学，将尊经作为养成现代中国公民精神、建构中国化现代政治意识及现代国家的重要理论武器。不过，这种推崇传统儒学特别是推崇传统经学的态度、方法及观点，得到了马克思主义、历史主义及启蒙主义的坚决抵制和反对。马克思主义不能认可大陆现代新儒家在意识形态上，大肆尊崇和推广传统儒家经学的立场、态度、方法与观点，批评了试图将马克思主义儒家化的理论企图，更批评了试图以儒代马的观点④。历史主义的学者则批评大陆现代新儒家对待传统儒学特别是儒家经学的非历史主义的信仰态度，不仅强调历史上儒家经学与君主专制主义之间事实上的不解之缘，更强调了传统儒家经学作为传统君主专制主义理论重要组成部分的观点，从经学君主专制主义本质的角度论述了传统经学与现代民主、科学等的截然对立，强调经学与臣民养成相对应⑤。启蒙主义的学者并不否认儒学所体现的民族共性，但又强调儒学的民族共性已经融化在无所不在的个人意识中，形成了一种集体无意识，而儒

---

① 干春松：《王道理想的世界主义回归——儒家政治哲学与国际秩序再平衡》，《人民论坛. 学术前沿》，2013 年第 11 期。
② 王成、张玲：《先秦民本思想与中国特色社会主义民主政治建设的契合性解析》，《晋阳学刊》，2014 年第 4 期。
③ 张长虹：《论儒家民本思想与当代中国公民政治主体性养成》，《东岳论丛》，2015 年第 6 期。
④ 高长武：《今日中国岂可"以儒代马"》，《人民日报》，2016－03－16。
⑤ 刘泽华：《从臣民意识向公民意识的转变》，《天津社会科学》，1991 年第 4 期。

家经学作为一个整体属于过去,只有经过批判性反思和启蒙的洗礼,才能作为一种积极的文化资源,否则,必定会在一定程度上妨碍现代民主、科学等在观念层面的展开,并最终妨碍了现代公民的养成①。现代公民的养成要求首先要对传统思想文化进行价值批判,未经价值批判的直接拿来传统,将会在公民养成中发生价值误导②,导致公民养成的过程在结果上变成了臣民的回归。

2. 先秦诸子政治思想研究与传统的现代转换

先秦诸子是传统中国思想盛世的一个标志,其所创建的理论体系及概念、命题等,不仅极为深远地影响了中国传统政治思想的框架结构、内容体系、思维方式等,而且还在比较开放的政治条件下发展出了极为丰富并极有启迪的治理智慧。先秦诸子自晚清受到关注,除先秦儒家之孔子、孟子受到现代学者推崇,产生了现代新儒家之外,如道家、法家等也受到了现代学者的推崇而产生了当代新道家、当代新法家。新儒家、新道家、新法家等,都是中国在追求现代转型过程中一方面承认要更新学理,而另一方面又要继承和发扬传统的产物。先秦诸子的思想历来广受关注,不仅被国内学术界较为普遍地认为是思想文化盛世的产物,具有重要的思想价值,而且也受到国外学者的高度关注,甚至有以先秦诸子为中国思想成就最高的群体。在中国政治思想学界,民国时期梁启超的《先秦政治思想史》具有较大的学术影响,近年来仍然广受关注,一再重印,广泛发行;刘泽华于20世纪80年代出版的《先秦政治思想史》,该书虽然并未再版,但却以《中国古代政治思想史》、《中国政治思想史》(先秦卷)、《中国政治思想史集》(第一卷)、《中国政治思想通史》(先秦卷)等名目一再出版修订版,也是广泛发行,受到了国内外学者的广泛关注,研究中出现了新某家学派建构的自觉意识。近年来,与现代新儒家炙热相比,新道家、新法家等还比较逊色,但是在理论上,他们也都在新的形势下,结合社会组织发展在理论上的新需求,提出了自己的一套主张与观点体系等,值得关注。

新道家的名词出现于20世纪80年代初的《从〈吕氏春秋〉到〈淮南子〉——兼论秦汉之际的新道家》一文,文中的新道家指秦汉时期不同于先

---

① 邓晓芒:《我与儒家》,《探索与争鸣》,2015年第4期。
② 张师伟:《国学热不应突破政治价值底线》,《中国社会科学报》,2015-08-18。

秦老、庄等的道家，如《淮南子》等，在20世纪90年代又被学者用来指与重视研究传统科学技术的李约瑟等相联系，并出现了《当代新道家》的著作，当时还出现了围绕专著《当代新道家》的有关争论，直到进入21世纪，新道家研究才聚焦于政治及社会问题，提出了新道家的"德政"治国论①。但是总体来看，新道家在建构自身理论的过程中并未挑战新儒家，反而主张新道家的建构是"新儒家进一步发展的需要"，以满足"从容应对外来文化的需要"，相比于新儒家突出的信仰圣人和尊崇经学，有的学者表示"建构新道家不仅要对道家之道、自然、逍遥、无为等作创造性解读，赋予其新的内涵，而且还要有传统道家所没有的内容、不曾涉及的领域"②。近几年，新道家也并未成为热议的学派，但其构建自身道统的意识在强化，并在构建自身道统的过程中要对新儒家等进行回应以复兴道家③。许抗生的《当代新道家》于2013年由社会科学文献出版社出版，集中表达了当代新道家理论建构的基本主张，认为当代新道家的建构是满足时代及中华民族伟大复兴的需求，抛弃其中的消极、过时因素，克服工业文明的危机，做到回归自然、回归朴实、回归和谐，道法自然，无为而治，以求人人自由而全面地发展④。

新法家的自觉构建是在进入21世纪后，尽管他们在建构新法家道统的时候也追溯到了民国时期某些主张发掘传统法家思想资源以推动法治的学者，如陈启天⑤。有些主张新法家思想的学者追溯了近代中国的新法家传统，将章太炎、梁启超、刘师培、陈独秀等作为新法家的"隐"的一面，而将陈启天作为新法家的"显"的一面，强调"'新法家'法政思潮在现代中国的兴起，既是'新战国时代'背景下的一种思想文化现象，同时也是一种具有普遍性的法政实践。"⑥"新法家"在研究中受到较多关注，并出现了以新法家人物研究为题材的硕士学位论文，不过新法家的研究在逻辑上还没有充分展开，

---

① 林中坚：《新道家的"德政"治国论》，《中山大学学报论丛》，2004年第2期。
② 陆建华：《关于建构新道家的沉思》，《安徽大学学报》（哲学社会科学版），2012年第5期。
③ 刘延刚：《当代新道家的道统意识及其文化意义——兼论陈撄宁在中国文化史上的地位》，《绵阳师范学院学报》，2013年第9期。
④ 王威威：《构建"当代新道家"——读许抗生先生〈当代新道家〉》，《光明日报》，2014-07-15。
⑤ 程燎原：《论"新法家"陈启天的"新法治观"》，《政法论坛》，2009年第3期。
⑥ 喻中：《显隐之间：百年中国的"新法家"思潮》，《华东政法大学学报》，2011年第1期。

主要的研究议题集中在道统溯源及法家思想的现代转换。道统溯源一方面是结合近代中国法政变革的实践,将主张国家主义、法治主义及富国思想且高度评价传统法家思想的人物,都安排在了新法家复兴的思想道统中,另一方面是突出了陈启天在新法家道统中的中心地位,将陈启天结合传统法家思想发表的法政主张,作为新法家在现代中国的主要观点内容。传统法家思想作为一种主张依法治国的思想流派,在概念及命题等方面具有一定的原创性,其现代转化当然是现时代的一项重要任务,但新法家在现实理论需要的引导下,试图将传统法家的一些工具性的概念与范畴直接运用于当代,而不太注意从理论整体性的高度来准确理解传统法家思想,有学者在近代新法家的基础上突出了新新法家的理论,并认为新新法家为现代国家治理体系提供"国家治理哲学的本土理念","新新法家思想是中国现阶段国家治理哲学最宝贵的本土理念,以此为基础吸收当代西方某些行政管理知识能够可靠地指导本国国家治理的实践"①。在"新法学"群体中,有学者认为,"先秦法家思想在 21 世纪的复兴,绝不是未经批判地在当下中国的思想和文化结构中嵌入先秦法家的全部观念和重述其所有的政治法律主张,而应当是对先秦法家思想进行批判性反思、提炼,进而实现三个转换,即由先秦法家的'弱民'转换为现代政治的'强民';由先秦法家的'君主立法'转换为现代政治的民主立法、以宪护法;由先秦法家的'天道'转换为现代政治的人权"②。当然,作者只是提出了大的原则与方向,在具体转换的路径、方式等方面还没有提出具体方案,因此新法家的提倡在某种程度还只是一种思想提倡,试图把法家思想与现代精神相衔接,强调"法家思想所弘扬的法治精神、改革精神和爱国(主义)精神,是塑造和推动中国现代民族精神建构的重要智识资源"③。

3. 明末清初政治话语与现代政治话语的起源

中国的十七世纪开始于明万历二十九年,结束于清康熙三十九年,学术

---

① 吕力:《新新法家:国家治理哲学的本土理念与实践》,《经济研究导刊》,2013 第 18 期。
② 钱锦宇:《中国国家治理的现代性建构与法家思想的创造性转换》,《法学论坛》,2015 年第 3 期。
③ 钱锦宇:《法家思想的批判性继承与中国现代民族精神的塑造》,《南通大学学报》(社会科学版),2015 年第 4 期。

界常说的明末清初或明清之际，时间的上下限大约与此相当。李贽于万历三十年自刎，死于狱中，标志着王学左翼狂飙的结束，开始了一个王学矫正的新时代，而随着十七世纪中叶的朝代更替，士大夫阶层普遍地掀起了一个批判和反思的思潮。一方面是崇实黜虚，提倡各种不同含义的实学，或者提倡功利主义性质的外王，经世济用，或者在接触西方科学后，提倡格物致知，或者提倡躬行的道德实践，凡此等等，不一而足。另一方面，经历了朝代变更、感觉过天崩地裂巨变的士大夫阶层还掀起了政治反思和批判，以经世之史学、经学等来阐明王道，批判、批评君主专制的弊端，特别是针对明代政治之弊端，提出了非常有针对性的批评。有些思想家还把明末市民运动中的某些情节，体现在了他的政治批判思想中，从而在外观上展示出了一个批评时代的政治思想外观。但是，十七世纪的政治批判虽然明显高过十六世纪，不过它在批判的激烈程度及其对社会关系、制度、权威等的冲击力却远不如作为它直接前辈的李贽等。李贽等的批判和批评是真正接近于意大利文艺复兴时期的思想解放，以人之自然为皈依，反对外来权威，试图以人之自然赤子之心，真如不染，来建成一个率性自然的政治世界，而这个政治世界却与魏晋"越名教而任自然"魂魄接近。李贽等对于沉迷或遮蔽于名教的人确实提供了一种伦理解构的方法与路径，而对于现实的政治秩序、伦理秩序等而言，则是一个不折不扣的破坏而非建设。但十七世纪思想家的批判和批评，却并不是解构和破坏，而是试图在批判和批评弊端的基础上进行扎实的政治建设，重构和巩固君主专制的政治理论。

如何认识这样一个时代的政治批判思潮及其代表人物，实际上自近代以来就一直存在着截然不同的看法。一种看法则认为十七世纪的政治批判和批评，延续和发展了十六世纪李贽等的批判和批评，并把这种批判和批评作为中国从传统走向现代的起点，或者构成从李贽到孙中山的思想发展线索，或者描摹从黄宗羲开始迈步走向现代民主的步伐，或者从清初以来的儒家经学、考据学中寻找中国自身的科学精神。近年来，有学者对明末清初政治思想的研究，越来越与抽象的历史规律和儒家所体现的民族精神的延续紧紧联系了起来，在逻辑推理上更倾向于依赖儒家所包含的"常道"来支撑明末清初政治批判与批评思想具有趋向于现代的性质，并表现出了许多具有现代政治特征的制度建构主张。明清之际的一些标志性人物仍然受到了研究者的普遍关注，其中，黄宗羲又为被关注者之冠。许多研究者通常热衷于讨论黄宗羲人性论、君主论、民本论、学校论、宰相论、治法论等,探讨人性论则普遍以为黄宗羲是自然人性论,近年有学者将其定位为性善起点的自然起始状态①,探讨民本论则或认为黄宗羲的民本已经是新民本②,或认为已经开始迈步走向现代民主③,探讨学校论则又普遍地表现出以学校为议政机构,并认为它对今天还相当有借鉴意义④,探讨治法则又多数认为黄宗羲主张法治而反对人治⑤。如此等等的观点,多数并无新意,许多观点都是一百多年来的旧话和套话,但它却是比一百多年来的其他同类研究都表现出了想从中推导出现代结论的迫切心情。他们研究明末清初的思潮及思想家,其实就是寻找现代社会在传统中国的源头活水,并落实作为中国现代思想起点的明末清初的政治批判与批评。

另一种看法认为它是传统思想体系的继续发展,其主题、宗旨并未发生根本变化,不仅中国政治思想的时代任务仍然是建构君主专制政治的理论,而且思想家们使用的概念、命题等也一如既往,甚至连概念的含义都无明显变化。明末清初,政治批判思潮及主要代表人物虽然激烈地批评了现实中的君主专制及一些无原则地尊崇、顺从君权的舆论,但并不具备在政治上打倒君主专制主义理论的条件。那个时代的政治批判与批评并不是不满意于君主专制主义本身,而只是不满意于君主专制主义的不完善、不完美。他们站在民本的立场对君主专制所作的道德批判,恰恰反映出了他们渴望一个道德上完美的君主专制主义,因此他们对君主专制的批判与批评,根本就是以理性的君主专制来批判现实的君主专制。如果研究者站在建设的立场来看,分析其权力建构的程序及理想类型,就很容易了解到黄宗羲等人进行政治批判及批评的根本目的,在理想上就是要回到儒家传说中的三代圣王,由圣王创制

---

① 朱光磊:《由"自私自利"通达"天下本体"——黄宗羲〈明夷待访录〉》人性论新解》,《福建论坛》(人文社会科学版),2013年第5期。
② 冯天瑜:《文明近代进路的共通性与特异性——从〈明夷待访录〉"新民本"诉求说开去》,《武汉大学学报》(人文科学版),2015年第1期。
③ 李存山:《从民本走向民主的开端——兼评所谓"民本的极限"》,《华东师范大学学报》(哲学社会科学版),2006年第6期。
④ 朱丽霞、孙卫华:《论黄宗羲"学校"议政思想及其当代价值》,《中南民族大学学报》(人文社会科学版),2012年第1期。
⑤ 张代响:《本土民主法治的先声——黄宗羲法律思想评述》,《法制与社会》,2012年第36期。

立法，教养万民，纳民轨物，以使民众之行一依"朱子家礼"①。这个视角的研究者近年来在深入揭示明末清初思想家具体概念、命题及理论体系的思想事实展示，广泛吸纳多学科研究成果，系统完整客观地呈现明末清初那个时代的观念体系，展示其君主专制主义理论的政治逻辑，明确明末清初思想家的历史作用是重构和巩固了君主专制，而不是打击和瓦解了君主专制。既然明末清初思想的作用是重构和巩固君主专制，那么中国现代政治话语起点就不在明末清初了，而必须在中、西进行直接政治接触以来的思想变迁中去寻找。中国古代反对专制主义思想并"不是近代意义的民主思想"，"近代中国的民主思想不是从黄宗羲等人的思想直接孕育出来的，乃是由传述西方思想及其政制为起点，是在西方民主思想传入之后才去追溯中国固有的民主思想，……对中国历史上的民主思想进行有意的爬梳，已是西方民主思想广为流传以后的事"②。陈旭麓教授接近 30 年前得出的结论，在今天还有相当的理论价值，还有相当强烈的指导意义。

（四）格局与趋势：中国政治思想史研究的总结与反思

中国政治思想史研究从总体上说已经呈现出了一种多元化的格局，观点及体系大一统的时代一去不复返。在多元化格局中，以知识创新为目的的学理性知识化研究虽然已经有了某种开始，但是还没有取得较为明显的优势，而中国政治思想史研究中的大量著述仍然带有极其明确的经世济用价值取向。从经世济用的价值取向来看，中国政治思想史研究就与如何在观念、制度及角色等方面妥善处理现代和传统的关系密切联系起来，而其所探讨的问题及所得出的观点与结论具有较多的思想性，纯粹知识性的学术性结论还比较少③。因此，从整体上看，中国政治思想史研究领域还带有非常明确甚至是强烈的意识形态特点，具有服务于不同价值倾向意识形态建构的使命自觉。虽然如此，但中国政治思想史研究又不能不追求其比较规范的学术形态，试图依托哲学、政治学、文化学、法学等学科的知识与方法，实现其研究观点与

---

① 黄宗羲：《明夷待访录》，北京：中华书局，2011 年版，第 52 页。
② 陈旭麓：《陈旭麓文集》（第四卷），上海：华东师范大学出版社，1997 年版，第 209－210 页。
③ 张师伟：《中国政治思想史的学科定位及学术使命——一种基于知识论视角的分析》，《天津社会科学》，2013 年第 1 期。

结论的学理化表达。在多元化的研究格局中，目前的状况及所展示出来的趋势都还不很明朗，在概念选择及体系建构上还显得较为纠结，并在对待中国传统的态度上，明显地表现出了因"二难选择"而产生的"二律背反"。可以预计，在未来几年里，分别以世界和中国为主要立足点的不同视野，还会继续在中国政治思想史研究的价值定位与方向趋势上，继续进行争鸣式的热烈探讨。这种探讨还是会带有意识形态性的意见探讨，而较少地具有学理性的内涵。这一点在中国政治思想史研究越来越哲学化的趋势下，恐怕会越来越强烈。

1. 经世与学理纠葛下的概念选择与体系建构

中国政治思想史作为一门学科，孕育和产生于中西两极相逢的晚清，初步发展于国内救亡此起彼伏的民国，再度发展于改革浪潮迭起的最近40年。中国政治思想史研究从一开始就具有明显甚至是强烈的经世诉求。研究者往往将中国政治思想史学术研究，或者作为进行批判旧政治、旧文化、旧伦理的武器，着力于从批判的角度，整理和分析中国政治思想史的思想资料，弃其糟粕，或者作为建构新政治、新文化、新伦理的资源，着力于发掘和分析中国政治思想概念、命题等的超历史性，取其精华，有学者甚至从"三纲"中寻找未来的文化基础①。两种做法看似态度矛盾，实则态度、宗旨相同，都立足于经世，以实际政治意识形态建构的需要为旨归，侧重于思想命题的实践效用借鉴，较多地关注着现实政治及观念的何去何从，而较轻视研究所应有的学理性诉求，较少地发掘和整理学科化的逻辑化知识体系，从而也较少地有益于政治学理论体系的民族化等②。最近几年，随着中国学术界普遍产生了建构自身话语体系的自觉意识，中国政治思想史研究的不同价值倾向，也在积极将其经世宗旨的研究成果进行理论化加工，研究中出现了多种概念等的选择，并由概念选择之不同而出现了不同理论体系的研究成果。

大陆新儒家最近几年的研究成果表现出了经世与学理并重的典型特点，一方面，大陆新儒家具有非常强烈的入世经世性格，其研究成果具有非常明确的现实目的诉求；另一方面，他们又非常注重对现代学科化概念术语等的

---

① 方朝晖：《为"三纲"正名》，上海：华东师范大学出版社，2014年版，第149页。
② 张师伟：《中国政治思想史的学科定位及学术使命——一种基于知识论视角的分析》，《天津社会科学》，2013年第1期。

运用，追求自身研究成果的学科化表达。陈明的研究突出了儒家宗教化的主题，试图以宗教化了的儒家来弥补人们在政治意识形态方面的不足或缺失，并实现政治意识形态的民族化建构，以此为基础，进一步以儒家普遍学理的经学等，培育虔诚信仰儒学的公民。张新民、蒋庆的研究较多地关注于政治制度，虽然他并不否认儒家心性论是儒家政治制度建构的基础，但他的工作中心却仍然是侧重于对儒家政治制度建构传统的继承①。他所继承的政治制度建构传统以公羊春秋义理为基础，试图建构一个能充分吸收儒家礼乐传统而又在政治建构上能保持民族自足的现代政治制度体系。尽管他设计的制度体系也不能完全回归于传统，而不能不保持现代代议政治的相当成分，但他还是试图用政治儒学的理论对政治制度建构进行基础性理论证明。方朝晖虽然并不同意将儒家宗教化的研究思路，但也试图从传统儒家的制度建构中汲取普遍的民族性共同资源，他关注的制度资源是曾经备受鞭挞的"三纲"，而他的目的则在于说明"三纲五常"具有适应于现代的普遍性，其涉及的现代学术概念有分工及角色的必要性及其合法性等②。可以看出，大陆新儒家在中国政治思想史研究上仍然坚持着经世的自觉诉求，但在外观上却更加注重对现代概念体系的借鉴和使用，特别是宗教学、公民理论、公共精神、自由主义、道德权威等，更在其概念阐释和学理推论中居于重要基础地位，但概念和理论与其实际经世学术之间却存在着某种隔阂和阻断，概念解释有些似是而非，理论应用也颇差强人意。

以刘泽华为标志的王权主义学派，以历史主义的立场，运用思想和社会互动的研究方法，从社会结构、政治过程及观念事实三个层面来综合分析中国传统王权主义的发展。在分析传统王权主义的社会结构时，王权主义学派运用了现代社会阶级和阶层分析的方法，并从社会分层和控制过程的角度，理清了中国传统社会结构的王权主义性质，清楚地展示了王权主义在传统社会结构中表现为一个压倒性的权力集团的历史事实，传统王朝几乎都是"刀剑砍出来的"③，传统社会以君主为核心的权力集团也是刀剑造就。在充分揭

---

① 张新民、蒋庆：《儒家思想与王道政治——关于外王学现代性发展问题的对话》，《阳明学刊》，2011年第00期。
② 方朝晖：《为"三纲"正名》，上海：华东师范大学出版社，2014年版，第11-21页。
③ 刘泽华、汪茂和、王兰仲：《专制权力与中国社会》，长春：吉林文史出版社，1988年版，第7页。

示中国传统社会结构特征的基础上,王权主义学派又进一步分析了中国传统社会的政治过程,揭示了君主权力在整个组织过程中无所不在、无所不能的属性,并强调了中国传统政治机构或官员或者是王的办事机构的事实①,充分揭示了王权主义在政治过程上的表现就是君主支配一切政治。在分析和揭示君主专制的政治过程时,王权主义学派主要是借助于制度学中的组织结构及权力流程理论,梳理了传统政治过程中的权力如何从君主中生出及如何从上而下地流动,但他又不满足于文本制度分析,而是结合了众多的历史事实,相对客观地展示了传统政治过程的王权主义本质特征。在传统政治观念的梳理上,王权主义学派则比较注重对共同性或普遍性概念的逻辑梳理,从满足传统社会及政治需要的角度出发,来呈现思想家如何在概念及理论上逐步地交流思想求同存异,积累起了能够满足社会结构及政治过程需要的政治理论体系,在理论上逐步由稚嫩走向成熟。中国政治思想史在某种程度上就是王权主义理论孕育、形成、发展、高潮、烂熟和转型的历史,他的结果就是越来越在理论上自信且成熟起来的主流政治概念及理论体系②。在学理化的梳理过程中,王权主义学派较多地关注历史上思想和社会之间的互动关系,绝大多数时候都是以历史上的社会结构、政治过程等来解释和解读政治观念体系,就综合运用现代社会科学方法研究中国政治思想史,呈现其作为历史事实的一面而言,王权主义的现代概念应用及理论借用是成功的③。但在处理传统政治观念如何面向未来及是否具有超越特殊的普遍性等问题方面,却又少了一种现代政治哲学寻求普遍不变之共同性的视角与方法。现代概念及理论的应用,虽然在理论上显示出了逻辑严谨和事实充分的优势,但是在概念及理论应用的过程中,仍然夹杂着明显而强烈的旨在批评、批判传统政治的启蒙色泽,其研究成果表现出来较浓的致用诉求。

  经世与学理两者纠葛在一起,形成了一种特定风格的时代传统,这个传统在中国未完全建成现代发达社会之前,恐怕将会一直持续下去。一方面,大多数研究者不仅很难摆脱围绕由解答中国社会在政治上向何方去而产生的经世诱惑,而且事实上他们的研究大多数都会自觉地达到这个致用目的,或

---

① 刘泽华、汪茂和、王兰仲:《专制权力与中国社会》,长春:吉林文史出版社,1988年版,第18页。
② 张师伟:《中国传统政治哲学的逻辑进程》,《政治学研究》,2013年第4期。
③ 李振宏:《王权主义历史观的有效性及其证成》,《天津社会科学》,2015年第2期。

批判传统，或弘扬传统，弘扬传统和批判传统的二元对峙也会长期延续下去。另一方面，政治意识形态的各方代表人物也会从各自经世目的及相应理论需要出发，去裁剪中国传统的思想事实，将内涵丰富的政治观念及命题，按照某种理论逻辑及概念解释需要进行逻辑编排，以便达到丰富和强化某种经世理论逻辑的目的。致用的内核要获得理论严谨的形式，与以追求逻辑化学理知识以丰富和发展政治学理论的真正理论取向研究很不相同。就此来看，中国政治思想史研究，不仅迄今仍然比较缺乏摆脱致用诱惑的纯学理研究，而且今后一段时间也恐怕很难出现纯以政治知识的逻辑化积累为目的的纯理论研究。中国政治思想史研究作为经世的学术更多具有以史为鉴的倾向，而这种倾向在知识的社会结果上并没有产生明显的效果；但中国政治思想史研究作为知识探索则有相当的理论价值，它不仅对于中国特色政治学话语体系及理论体系的建构具有特别的知识价值，而且对于中国政治学知识走向世界，也具有特别的价值。中国政治思想史研究只有贡献了学科化的知识内容，才能真正走向世界。

2. 继承与批判传统的"二难选择"与"二律背反"

中国是一个有自身完整政治形态的文明国家，它虽然也在历史的长河中经历了波翻浪涌的多次洗礼及曲折，但最终毕竟保持了文明形态的延续性，直到1840年前，中国都是在自身社会形态所决定的逻辑道路上发展着①。传统的社会形态及政治过程等在鸦片战争之前不仅几乎以长期迟滞的方式延续着，而且在鸦片战争之后，中国社会结构及政治过程也仍然几乎是固执地要求保持其原有状态，而抗拒任何主动性变革。但中国毕竟不能按照原先的状态延续下去了，而在与西方的较量与交流中，传统与现代开始了某种相互渗透式的接触，并由此开创了近代中国的所谓"新学"，新学即改造中国之学②。经过了长期的历史过程淘洗，完全意义上的传统派已经消失在历史的尘埃中，由新学中发展出的主张全盘西化的激进派也逐步被边缘化，居于思想博弈中心的流派却是同样由新学分化发展出来的中间派，中间派经过进一步

---

① 张师伟：《思想资源与观念误导——中国现代民主思想形成中的民本观念》，《探索与争鸣》，2014年第10期。
② 陈旭麓：《陈旭麓文集》（第二卷），上海：华东师范大学出版社，1997年版，第22页。

分化，就形成了偏向批判传统的一派与偏向继承传统的一派。两派的差异主要是继承与批判之间的偏向差异，两者都推崇对中国传统政治思想既批判又继承的态度，不同只在于重点是批评还是继承。中国政治思想史研究从产生伊始，就不仅与中间派中的批判传统与继承传统的争论联系在一起，而且也与中间派分化批判与继承传统后，各自所选择的现代学理差异不可分离。

　　自20世纪90年代蒋庆发表关于政治儒学的论文到今天，大陆新儒家在弘扬儒家政治传统及视线观念层面，呈现出越发积极和活跃的场面，其政治思想内容的丰富性和社会影响力也获得了较大提升，当然其内部也因思想等的发展分化，表现出了一些理论上的差异。大陆新儒家主张继承传统儒学，其立场显然是面向未来的，从他们对儒家传统丰富内容的取舍态度来看，实际上也是既有继承，又有批判。现代大陆新儒家一如他们的古代前辈，一方面是对儒家经学给予了很高地位，不仅要求研究者要虔诚地信仰传统儒家经学，尊崇儒家圣人，修筑孔庙、塑造孔像、讲经布道①；另一方面，他们也有自身的道统序列建构，对汉儒以来改制的政治儒学特别看重，并特别看重康有为开创的现代托古改制传统。这是他们在继承和弘扬儒学方面精心筹建的道统序列，其目的在于拜孔、崇儒、尊经，以延传统，以立民族普遍共性，培植国人文化自信，实现国人在民族性上的理论自觉。但现代大陆新儒家继承儒家的目的乃是面向未来，而未来又离不开民主、自由、共和等。因此，他们在继承儒家传统的时候，却也用现代的民主、自由、共和等，对传统儒家的政治思想体系进行了再度解读和重新加工，使传统儒学在概念内涵及理论形态上脱离了它的原始真实，而他们又不能不在理论上坚持他们再解读和重新加工过的儒学传统符合儒学的原始真实。这实际上是站在面向未来的现代大陆新儒家所难以避免的"二难选择"，站在现代的视角，却要面向古代思想世界寻找普遍理论资源，从古代思想世界寻找普遍理论资源，却又不是在理论上推导出一个回到过去的逻辑结论。不过，不管他们怎么样试图实现以古代思想世界的普遍结论来指导现实的政治选择与建构，都恐怕很难摆脱结果上的"二律背反"。以现代学理的自由、民主、共和等，来解释和理解传统儒家的理论，他们越是自觉运用这种理论，就可能离古代思想世界的真实越

---

① 陈明：《从曲阜教堂事件看大陆儒耶关系的现实状况与发展趋势》，《原道》，2012年第2期。

远；以儒家古典的语言、概念、命题及理论等，来指导政治现实的建构，即使经过了现代理论体系的濡染与浸泡等，恐怕也很难远离政治复古的泥淖。这在很大程度上应该归因于传统经学思维方式的影响，以至于在体制内的尊孔读经被废止百年之后，还有人对经学著作的权威性倍加推崇，即使现代社会科学的理性训练，也未能减轻某些人内心深处的经学崇拜。

批判性研究也处在传统与现代的"二难选择"中，并且也难以避免研究方式与追求目的的"二律背反"。批判性研究多半立足于对传统思想世界的历史分析，侧重于对传统思想世界在传统历史时代的具体社会作用与历史影响等的描述和剖析。这种描述和剖析因为与前代之前的传统社会密不可分，因而也就不可避免地带有以现代批判传统的底色，而其结论自然也就侧重于对传统思想世界各种历史局限性及视线局限性的描述和分析。从呈现历史真实角度来看，传统思想世界包括儒家在内的一切传统思想流派及其思想等，都首先是一个具体的历史真实，揭示和呈现它也首先是揭示这种历史的思想真实。这就决定了把一定的思想体系作为整个时代历史的一部分来予以分析和解释的方式，必然会仔细地描述其特定历史情境下的概念解释及理论推演，并以这种概念解释和理论推演与社会的互动来整体性地认识作为一个历史事实的传统思想。因为在历史事实中，传统思想世界不可能与特定政治形态相分离，所以他们在研究中国传统思想世界时也严守历史主义立场，满足具体真实概念、命题和理论的呈现、分析和评价，对于试图从传统思想世界中寻找超越历史阶段的普遍性概念、命题与理论的研究则多持批评和否定态度，认为在传统思想世界寻找普遍共同性的研究结论违反了基本的历史真实①。在一定程度上，批判传统的中国政治思想史研究，就是只承认那些传统时代产生的政治思想、概念、命题及理论具有历史真实性，不具有超越历史阶段的超越性，而不具有超越历史阶段的超越性也就不能实际地表现出现代价值，而只会更多地表现其非现代的传统价值②。当然，历史主义地研究传统思想世界在原则上并不反对传统思想世界里的概念、命题及理论等具有超越具体的抽象一般含义及价值，从而也就并不否认中国传统政治思想的概念、命题与

---

① 刘泽华：《中国的王权主义：传统社会与思想特点考察》，上海：上海人民出版社，2000 年版，第 483-484 页。
② 张分田：《"现代新儒家"扭曲儒家思想》，《北京日报》，2016-03-14。

理论等可以"古为今用"①。不过"古为今用"的前提却必须是在对"古"做过充分的批判性清理之后，在未经批判性清理之前，古今之间在价值上处于对立地位。批判性研究传统思想世界实际上就是对传统概念、命题及理论进行批判性清理，其理论的终结认识结果，除了还历史以事实外，还包括批判性清理过了的概念、命题及理论等就有了"今用"的价值。批判性研究的历史主义立场与方法，虽然承认古为今用的原则，但却无法摆脱路径与目的的二律背反，即越是坚守历史真实的研究方式，就越是无法达到今用的逻辑结论；而失去了"今用"的目的，纯粹历史主义的理论研究也就失去了严谨的批判传统的特质。

3. 中国与世界双重视野下的价值定位与方向

中国与世界既是一个非常有魅力的思想话题，也是中国政治思想史研究难以回避的一个事关价值定位与发展方向的重要视野差异。

站在中国的立场看，视野可以有内外两种：（1）向里看，突出中国政治思想史研究在中国现代性建构中的独特价值与作用，倾向于强调中国的现代性离不开中国传统资源的发掘与利用，中国政治思想史研究的理论目的之一，就是自觉发掘和利用传统政治思想资源，以实现中国在政治上的民族个性；（2）向外看，突出中国政治思想史研究对世界现代政治性建构的普世意义，倾向于强调中国传统政治思想里包含着放之四海而皆准的普遍共性，研究中国政治思想史所得的理论结论，可以在中国之外的广大世界中为解决现代建构的难题提供原则与标准等。

站在世界的立场看，视野也有内外两种：（1）站在世界看中国，中国的过去包含有世界性的影响，缺乏世界化的全球视野就不能很好地理解中国传统文化的形成与发展，特别是现代世界必然是一个一体的世界，中国在政治上的现代建构包括政治观念及意识形态上的现代建构，仍然离不开世界，中国政治思想史研究尤其是近现代政治思想史研究，不能不站在世界看中国的世界视野；（2）站在中国看世界，中国现代政治建构属于世界现代政治建构的一部分，中国现代政治建构虽然在世界的影响下，但毕竟会因自身的传统而产生民族的特色与个性，而这种特色与个性恰恰就是中国可以贡献于世界，

---

① 张鸿、张分田：《"新·公·能"中华优秀传统的历史渊源及发展脉络》，《天津社会科学》，2016年第2期。

供他国借鉴,并借以丰富世界现代政治的普遍性,中国政治思想史研究的理论目的就在于寻找和呈现中国政治的特色与个性①。

不论采取什么样的立足点,也不论将中国政治思想史放在什么视野下来观察,中国政治思想史研究聚焦于中国,都难以回避一定程度的现实关怀,既关怀着历史的中国,又关怀着现实的中国,更关怀着未来的中国。研究者或者试图从政治思想史的角度来深入认识过去的中国,将历史中国所以为中国的文化共性展示在人们面前,从历史形成的中国政治思想或文化中发现中国所以为中国的普遍共性,并以此共性为基础来建构现代中国。这体现了研究者站在中国看中国的立足点。他们发现中国之所以为中国的文化要素虽然不同,如有的学者将中国之所以为中国的根本决定因素归结为儒家的心性,有的学者则认为中国之所以为中国在于"三纲五常"②,有的学者认为中国之所以为中国在于儒家之"常道"③,有的学者认为中国之所以为中国在于儒家的"王制"④,但他们又都认为现代中国之所以为现代中国的关键在于中国所以为中国,因此强调要继承、落实、延续古代中国所以为中国的心性、纲常、常道、王制等。有的学者试图从古代中国解读出普遍自由、共和、民主等,因而,突出中国现代自由、共和、民主等都需要从儒家古典理论话语中汲取理论资源。有的学者则强调现代中国与传统中国的区别,而建构现代中国的第一步就是从古代走出来,也包括从古代中国的政治话语及理论中批判地走出来,只有如此,才能建设一个现代的中国。这体现了研究者站在世界观中国的立足点。有学者认为从中国政治思想史研究的角度看,传统中国是一个尊卑贵贱分明的不平等的君主专制的中国,传统政治思想的核心和主题是服务于君主专制的根本的,并且适应君主专制的政治需要的,思想家们既从理想的层面论述了君主专制的"真、善、美",也在现实层面提供了君主专制所需要的各种方略、对策、办法等,现代中国则是一个以民权为基础的民主、平等、自由、共和的中国,因此聚焦于现代中国所以为现代中国,他们关注的焦点是现代,批判传统政治思想的目的,正在于从传统中走出来,建构一

---

① 张师伟:《阐发政治的民族共性——中国传统政治哲学研究主旨揭示》,《文史哲》,2010年第6期。
② 方朝晖:《为"三纲"正名》,上海:华东师范大学出版社,2014年版,第149页。
③ 李存山:《儒家文化的"常道"与"新命"》,《孔子研究》,2016年第1期。
④ 干春松:《王道理想与儒家世界秩序观的建构》,《开放时代》,2011年第6期。

个真正现代的中国,不仅实现从君权到民权的转变,而且还要从王道的思维中走出来①。走不出历史上的王权主义传统,就无法实现一个真正的现代。

中国政治思想史研究也表现出聚焦于世界的特点,关注中国在现代世界中的地位,在意中国可以为世界提供些什么。在差不多一百年前,新文化运动中的不少观点都显示出了聚焦于世界的中国政治思想研究。梁漱溟的东方文化派即着意于突出世界文化存在的问题及东方文化对未来世界的贡献等②,"东西方文化调和派"等也颇为突出东方以道德自律为特点的文化,对于西方科学万能论的矫正作用③。马克思主义、自由主义等也都是聚焦于世界来研究中国,试图将世界中的普遍性文化引进中国,并使传统中国发生巨变而归于浩浩荡荡的世界潮流。郭沫若在运用马克思主义研究分析中国古代史时,曾说过,"只要是一个人体,他的发展无论是红黄黑白,大抵相同","中国人不是神,也不是猴子,中国人所组成的社会不应该有甚么不同"④。站在现时代的中国,中国政治思想史研究也有聚焦于世界的研究,或者是比较关注世界性难题的中国应对,比较在意中国文化可以为现代世界提供什么有价值的重要理论贡献,至少是希望通过让中国思想获得世界性意义,来评价中国可能贡献于世界的理论影响力。聚焦于现代世界,一方面,有的研究者比较关注中国儒家传统在现代世界的可能贡献,着力从传统儒学中发掘、解读、解释普遍的现代伦理,特别在意从终极宗教性伦理的角度来解读传统儒家,并用终极宗教性伦理的儒家与世界其他终极宗教性伦理相比较,以寻找彼此之间的共同点,分析儒家的比较优势,在世界范围内提倡儒家的仁学⑤。有学者则从现代世界普遍特征中受到了启发,或者试图将传统儒学宗教化,建构为中国版的终极性宗教伦理,以梳理中国现代公民政治的民族性伦理基础⑥;或者

---

① 刘泽华:《论"王道"与"王制"——从传统"王道"思维中走出来》,《天津社会科学》,2014年第5期。
② 沈绚楠:《中国文化的复兴引领世界文化新潮流——读梁漱溟〈东西文化及其哲学〉有感》,《西安建筑科技大学学报》(社会科学版),2015年第1期。
③ 陆卫明、程瑾:《论杜亚泉的中西文化观》,《广西社会科学》,2006年第6期。
④ 郭沫若:《中国古代社会》,上海:现代书局,1929年版,自序。
⑤ 杜维明:《儒学的人文精神与生态意识——"仁学"的全球含义》,《孔学堂》,2014年第1期。
⑥ 陈明:《公民宗教:儒教之历史解读与现实展开的新视野》,《中国儒学》,2014年第0期。

寻找传统儒家在概念及精神层面与现代政治的榫接点,在现实中追求儒家政治。另一方面,有的研究者比较关注现代世界潮流与趋势中的中国何去何从,着力于分析中国政治思想所体现的传统属性及其时代限制,试图用现代政治秩序建构所必需的价值和伦理的普遍尺度,来过滤和淘洗中国政治思想身上的历史污垢,着力于以现代的平等、自由、民主及共和等批判性地分析传统儒家,并以现代世界所要求的公民人格来批判传统中国一贯的臣民人格①,以便在中国现实中实现"现代"取代"传统"的新陈代谢,以建构一个真正现代的中国。有的学者强调,即使传统儒家已经无所遗漏地普遍影响着中国人的集体潜意识,中国也仍然不能脱离现代世界而建构成自己的现代政治②,批判传统仍然是中国政治思想史研究中的一个基础性课题,只有经过批判后的传统,才能面向世界,面向未来,面向现代,才能与现代融合而创造出具有民族特色的现代。

---

① 刘泽华:《从君臣譬喻说君尊臣卑及其遗存》,《经济社会史研究》,2014年第00期。
② 邓晓芒:《我与儒家》,《探索与争鸣》,2015年第4期。

三、中国政治传统的哲理反刍：2016年的中国政治思想史研究

伴随着中华民族伟大复兴的时代节奏，中国政治思想史研究作为弘扬优秀传统文化的一个重要领域，受到了学术界的较高关注，而从哲学的高度反刍中国传统的国家治理，总结和反思中国传统的国家治理思想，竟成了2016年度中国政治思想史研究领域的热议话题①。中国政治思想史研究作为一个知识领域，具有无可置疑的交叉学科和跨学科研究的特点，而学术界对中国政治特别是国家治理传统的哲学反刍，却又别无悬念地贯穿了2016年聚焦中国政治思想史研究的政治学、历史学及哲学诸学科。从上述各学科领域权威刊物发表相关研究成果的情况看，哲学研究领域的权威刊物《哲学研究》，2016年发表关于中国政治哲学的文章数量最多，多达25篇；历史学研究领域的权威刊物《历史研究》，2016年发表关于中国政治观念的文章数量居第二，达4篇；政治学研究领域的权威刊物《政治学研究》，2016年发表中国政治思想研究的成果最少，数量为0。这既在一定程度上解释了中国政治思想史研究领域为什么会出现政治哲学成果在影响上比较突出的现象，也在一定程度上表明了中国政治思想史研究领域的发展态势和趋势是更接近于中国哲学，而并非政治学理论。

（一）范式与方法："中国政治思想史"的体例与写法

中国政治思想史研究如何编撰通史，并不仅仅是一个纯粹的技术问题，

---

① 张师伟：中国政治思想史研究新成就（2014–2015），见杨海蛟、杨弘：《中国政治学与政治发展》，长春：东北师范大学出版社，2017年版，第318–350页。

而更是一个论述方式和研究方法等的选择问题。实际上，自从中国政治思想史作为一个学科登上历史舞台，就不仅一直面临着如何编撰通史著作的范式与方法选择问题，而且不同政治立场及价值取向的通史性著作也往往在编撰的体例和写法上迥然不同。中国政治思想史通史著作在民国时期的代表性作品固不必论，就仅以改革开放以来的代表性著作而言，也在编撰体例和写法上有很大的差异，如徐大同等主编的《中国古代政治思想史》、刘泽华教授主编的《中国政治思想史》（三卷本）、曹德本主编的《中国政治思想史》及马工程版的《中国政治思想史》等，虽然政治立场甚是接近，但分析的具体方法仍然有较为明显的不同。中国在改革开放的过程中无可避免地受到了西方政治价值与分析方法的影响，特别是自大陆现代新儒家兴起以来，政治立场的多样化及分析方法的多元化，就日益明显地表现在政治学研究的诸多著述中，中国政治思想史的著述也在体例和写法上出现了范式多样化的要求①。这在 2016 年的中国政治思想史研究领域，有较为明显的体现，不少研究成果就中国政治思想史研究与著述的范式与方法进行了阐述，展开了理论上的争鸣，在一定程度上反映了学术界在哲理上对中国政治思想史研究的整体性反思和深刻的理论检讨。这种反思和检讨是中国政治思想史研究走向深入发展的必要举措。

1. "中国政治思想史"编撰的范式争论

学术界对《中国政治思想史》编撰范式的争论，在根本上是一个涉及如何理解、阐释中国政治思想史的内涵及逻辑的重大问题。2014 年，刘泽华先生总主编的《中国政治思想通史》（九卷本）由中国人民大学出版社出版，这几乎是被学术界称为"刘泽华学派"②的研究团队 30 多年来学术研究成果的集大成。因为刘泽华先生在中国政治思想史领域的长期耕耘以及研究中国政治思想史坚持思想与社会互动的基本原则，并且刘泽华先生的研究成果在解释中国历史方面具有一定的影响力，《中国政治思想通史》的出版在学术界引发了较高的关注，并在学界引起了关于中国政治思想史编撰范式方面的有关争论。有学者在相关评论中高度评价了刘泽华先生关于"王权主义"的研

---

① 张师伟：《中国政治思想通史的贯通性理解与整体性呈现》，《南京师大学报》（社会科学版），2016 年第 6 期。
② 李振宏：《中国政治思想史研究中的王权主义学派》，《文史哲》，2013 年第 4 期。

究成果在中国历史理解和解释方面的重要理论意义,把《中国政治思想通史》的出版作为"王权主义学派"的标志性成果,并认为它对于中国历史研究在理论解释上的"再出发"具有重要价值①。有的学者则通过高度评价《中国政治思想通史》的学术意义,积极评价了以刘泽华先生为主要代表和理论标志的"王权主义"学派在研究视角及分析方法方面的重要意义及理论贡献②。

张师伟在《中国政治思想通史的贯通性理解和整体性呈现》一文中,对编撰《中国政治思想通史》的理论意义进行了积极肯定,不仅认为"每个版本的通史性中国政治思想史著作都是一种特定理论角度的解读、诠释和分析性整理,都内在地体现了一种理论性学理诉求,也都包含着特定的逻辑化了的知识体系";而且还在评价《中国政治思想通史》编撰优缺点的同时,就《中国政治思想通史》的编撰提出了独到的见解,认为"《中国政治思想通史》编撰的核心在于一个'通'字","一是要以尽可能完整的政治知识,追求《中国政治思想通史》编撰在理论上的'通',……;二是要关注不同历史阶段的时代思潮在概念、问题、思维方式及具体观点等方面的连通性,……;三是……,从时代的整体性来理解不同流派思想之间的根本共性"③。季乃礼在《政治制度、政治思想与政治制度思想:一种理论构建的努力》一文中,提出了要将政治制度思想史纳入政治思想史研究的范围,批评"中国政治思想史和中国政治制度史的研究形同陌路",他强调"政治制度和政治思想应该不是对立的两极",应该关注"政治思想与政治制度的互动",开展政治制度思想的研究,并认为这为政治思想研究提供了新视角④。魏朝利的《概念与中国政治思想史研究——兼论"三纲"概念》一文认为,"长期以来,中国政治思想史研究中缺乏对概念的关注,概念研究始终没有成为中国政治思想史研究的主线",因为核心概念缺乏权威精当定义,重要命题与判断缺乏

---

① 王学典、郭震旦:《新启蒙仍是当下中国思想界的一支劲旅》,《天津社会科学》,2015年第2期。
② 李振宏:《在矛盾中陈述历史:王权主义学派方法论思想研究》,《河南师范大学学报》(哲学社会科学版),2017年第5期。
③ 张师伟:《中国政治思想通史的贯通性理解和整体性呈现》,《南京师大学报》(社会科学版),2016年第6期。
④ 季乃礼:《政治制度、政治思想与政治制度思想——一种理论构建的努力》,《武汉大学学报》(哲学社会科学版),2016年第4期。

共识，许多无意义的不必要争论由此而来，作者强调概念研究有助于提升中国政治思想史研究的水平①。

《中国政治思想通史》编撰的范式问题，除在理论贯通及研究对象扩展等方面的讨论外，还涉及概念体系与分析逻辑的选择问题。中国大陆现代新儒家在这个问题上对中国政治思想史编撰的主流范式提出了质疑，并就此提出了其民族文化本位的主张，呼吁一种中国古典的政治思想史理论范式。姚中秋在《重建中国政治思想史范式》一文中认为，当下的中国政治思想史研究在历史主义的控制下，这样的研究或"生产着没有多少'意义'的学术"，或"贩卖种种粗鄙的意识形态""在政治学和社会科学体系中之地位相当卑微"，强调中国政治思想史"要在政治学体系内、在整个人文与社会科学领域内，以及在一般知识民众中获得尊重，就必须果断地告别历史主义，追寻意义"②。姚中秋认为当下中国政治思想史研究的主流范式是启蒙主义的意识形态，儒家五经在其中被忽略，这导致其知识图景的高度残缺，而在离开经学的背景下对各时代思想家的解释也只能是肤浅的，并且也无法进入中国政治思想的丰富世界中，中国政治思想史的学术生命力由此丧失。他主张建立一种反历史主义的中国政治思想史研究范式，推崇蒋庆的政治儒学及赵汀阳的天下主义，标榜要追寻人间常道，突出古今之间具有相当程度的连续性，强调政治思想的核心议题及古人思考的范式"并不会因为时间推移，而丧失正当性与效力。"这是推崇五经与经学的中国政治思想史研究范式，提倡以五经和经学作为"政治思想史研究之核心"，"不理解五经，就无从理解历代政治思想"③。这在一定程度上表现了当代中国以现代新儒家主要代表的文化保守主义者的中国政治思想史研究范式。这种研究范式在价值层面上尽管颇为认同一些现代价值，但他们因为对现代价值的内涵的理解有所偏颇，以至于错误地认为现代价值也存在于中国的上古典籍中，甚至更错误地以为中国上古典籍包含的普遍性政治知识更胜于现代，从而主张在根本上回到上古典籍的经学立场，但实质上他们不过是自我作古。

---

① 魏朝利：《概念与中国政治思想史研究——兼论"三纲"概念》，《山西师大学报》（社会科学版），2016 年第 3 期。
② 姚中秋：《重建中国政治思想史范式》，《学术月刊》，2013 年第 7 期。
③ 姚中秋：《重建中国政治思想史范式》，《学术月刊》，2013 年第 7 期。

2. 中国政治思想史研究的方法论纷争

中国政治思想史作为一门交叉学科，具有人文与社科的双重属性，这就为不同学科背景的研究者在研究方法选择上留下了充分的余地，而来自政治学、历史学、哲学等不同学科的研究者，也在研究方法选择上表现出了非常明显的学科路径依赖。不少研究者都可以依照研究著作的方法论选择及内容体系清晰地划分中国政治思想史研究存在政治学及历史学的学科范式，而此处所谓学科范式也更主要的是指研究方法意义上的。有的研究者则明显地在研究方法上偏向于哲学，一方面是试图还原或揭示中国政治思想史研究的意识形态属性，另一方面则试图建构一种意识形态意义上的政治思想核心概念体系，突出古今之人间常道，确立五经及经学在内容体系里的核心地位[①]。这其实是在中国政治思想史研究方法上提倡传统经学的方法。与此同时，中国政治思想史作为政治学二级学科政治学理论的重要组成部分，在研究方法上毫无疑问也遭遇了政治学研究方法的社会科学化转向，特别是在中国的政治学理论在研究方法上日益受西方政治科学强势影响之下，中国政治思想史研究如何面对社会科学研究方法的强势影响，如何吸纳其中的合理成分，如何保持中国政治思想史研究在方法论上必不可少的独特性等，就成了中国政治思想史在研究方法选择上不得不深入思考和认真解决的问题[②]。一方面，中国政治思想史研究涉及价值领域，从而并不能一味屈从于社会科学研究方法，另一方面，中国政治思想史研究也确实必须分析政治思想事实，从而也必须加强社会科学研究方法在其中的应用。社会科学知识及研究方法有助于中国政治思想史研究的精细展开和科学推进。

中国政治思想史研究虽然总难以避免意识形态立场，但它终归是一门现代社会科学的学科，研究问题，分析事实，总结规律，仍然是中国政治思想史研究必须首先要面对的任务。作为一个30多年来始终耕耘中国政治思想史研究领域并有重要成就的代表人士，刘泽华先生研究中国政治思想史的方法在2016年度仍然广受关注。张师伟在《一个批判的解读：刘泽华王权主义的中国政治思想史研究述论》一文中，对刘泽华先生中国政治思想史研究方法

---

① 姚中秋：《重建中国政治思想史范式》，《学术月刊》，2013年第7期。
② 葛荃：《立场、方法与禁忌：中国政治思想与文化研究断想》，《政治思想史》，2016年第3期。

进行了评论，并对以政治思想事实为基础进行分析的研究方法做了高度评价。他认为"刘泽华先生从整理和分析客观存在的思想事实出发，……较为客观地呈现了作为历史事实的中国传统政治思想的本来面目"，坚持研究分析的史料要完整，依托完整的史料"母本"，历史地解释特定社会环境中的概念，避免对史料断章取义，或直接从史料中推导或演绎出现代政治概念①。中国政治思想史研究不能脱离史料，有一分史料说一分话，中国政治思想史研究的对象具有理论的逻辑完整性，要有政治思想现场的意识，突出政治思想家的原始政治理论问题，要注意准确地解读历史上的政治概念，完整地理解历史上的政治理论，合理地评价历史上的政治思想家及政治理论等。岳强的《中国政治思想史的研究内容、路径和方法》一文，认为"中国政治思想史在研究内容、路径和方法上具有鲜明的'政治学'特色"，他主张"中国政治思想史的研究应该……注意研究方法的几个'结合'""专题研究与综合分析相结合、历史主义与阶级分析相结合、逻辑与实证相结合、社会科学与自然科学研究方法相结合等"②。中国政治思想史研究自晚清民国兴起以来，就与中国面向世界、面向现代化的政治价值追求密切联系，在某种意义上就是要促进中国传统政治知识体系的现代转换。就其内容而言，这种转换既是知识体系层面的，也是政治方法层面的，还有政治价值层面的，而中国政治思想史研究总是具有清晰又强烈的经世情怀，而在知识体系层面上的诉求倒不怎么强烈③。中国政治思想史研究实际上都具有较为强烈的政治意识形态特征，不论研究者如何评价自己及异己的相关研究。

中国政治思想史学科虽然需要借助于社会科学的概念与分析方法，而且也可以在合适的条件下应用定量与定性的研究方法，达到较为深入细致具体的研究成果，但却应该承认中国政治思想史研究并不是一门纯粹的社会科学，因而在研究方法上还是与政治科学有一定的差异。葛荃在《立场、方法与禁忌：中国政治思想与文化研究断想》中强调，因为"中国政治思想史研究的

---

① 张师伟：《一个批判的解读：刘泽华王权主义的中国政治思想史研究述论》，《哈尔滨工业大学学报》（社会科学版），2016年第5期。
② 岳强：《中国政治思想史的研究内容、路径和方法》，《黑龙江社会科学》，2013年第1期。
③ 张师伟：《中国政治思想史的学科定位及学术使命——一种基于知识论视角的分析》，《天津社会科学》，2013年第1期。

基本立场是站在当下反观传统，研究者的视界需要贯通古今"，所以它"在方法论上，不能一味依赖定量研究和质性研究，而是需要沿用思辨性定性研究"。在强调使用思辨性定性研究的同时，葛荃也提醒思辨性定性研究方法的使用，"还要防范两种弊病：一是历史感的缺失，二是主观投射过度"①。张师伟在《中国政治思想史的学科定位及学术使命———一种基于知识论视角的分析》一文中强调，"从知识论的视角看，中国政治思想史认识的对象无疑属于政治学科，其认识结果也只能汇入政治学的知识溪流，镶嵌于政治知识的逻辑大厦上"，政治学研究方法的使用在中国政治思想史研究中具有基础性，否则就不能有效"分析中国传统政治的概念及命题体系，梳理传统政治思维的形成过程，整体性地呈现民族政治思维的基本结构，揭示蕴藏其中的稳定的民族共性"②。姚中秋在《重建中国政治思想史范式》一文中以范式分析为媒介，反思和批判了中国政治思想史研究的启蒙主义立场及历史主义分析方法，试图以儒家五经为核心，重建中国政治思想史研究的传统经学分析方法③。

3. 中国政治思想史研究的使命分歧

中国政治思想史研究要达到什么目的？能承担什么使命？其研究成果究竟是一种意识形态，还是一门社会科学意义上的知识体系？如何理解中国政治思想史研究的科学性？怎么看待中国政治思想史研究成果的人文性？如此等等的问题，摆在每一个中国政治思想史研究者的面前，不仅中国政治思想史研究者及研究成果都必须面对而绝不能回避上述诸问题，而且上述诸问题的不同回答也集中又深刻地反映了对中国政治传统的根本认识，体现了学界基于不同立场、不同方法及不同价值取向的对中国政治传统的哲学反刍。有学者将中国政治思想史研究优先作为政治科学体系的一部分，强调中国政治思想史研究要运用政治学相关知识与方法，并以丰富和发展当代政治科学的

---

① 葛荃：《立场、方法与禁忌：中国政治思想与文化研究断想》，《政治思想史》，2016年第3期。
② 张师伟：《中国政治思想史的学科定位及学术使命———一种基于知识论视角的分析》，《天津社会科学》，2013年第1期。
③ 姚中秋：《重建中国政治思想史范式》，《学术月刊》，2013年第7期。

知识体系为主要学术使命①。有学者认为中国政治思想史研究的科学性尚需要继续强化,将政治制度的分析方法引入政治思想研究,研究政治制度思想,拓展政治思想史研究的范围,增强政治思想知识与政治制度知识在学理上的贯通性②。有学者强调中国政治思想史研究具有一定的人文性,因而在认识的过程中不可避免地要运用思辨的定性研究方法,因为中国政治思想史研究的人文、价值及历史等的使命,要求研究者必须要顾及研究对象不可复制的特殊性③。有学者则认为当代主流的中国政治思想史研究具有历史主义的启蒙使命,而他们则试图赋予中国政治思想史研究以儒家经学的使命④。

中国政治思想史研究中的政治学理论学科视角,比较钟情于将中国政治思想史学科作为政治学理论学科的一个重要组成部分,强调它对当代中国政治学知识体系扩展及理论发展的学术使命。张师伟的《中国政治思想史的学科定位及学术使命———一种基于知识论视角的分析》一文强调,"从知识论的视角看,中国政治思想史认识的对象无疑属于政治学科,其认识结果也只能汇入政治学的知识溪流,镶嵌于政治知识的逻辑大厦上","作为知识论视角的中国政治思想史研究,其重点就是分析历代政治思想家的问题、观念及其推理逻辑,……积极推动人类政治理论与思维在知识论层面上的完善,发展政治知识"。站在这个视角来看,中国政治思想史研究的使命主要是学术使命,具体来说,就是钻研历史上的政治问题,分析历史上的政治概念,梳理历史上的政治理论,经过理论上的分析、概括、归纳、总结,捕捉有益的理论养分,助力现代政治知识的顺利成长⑤。季乃礼在《政治制度、政治思想与政治制度思想———一种理论构建的努力》一文中,一方面希望将政治思想研究的范围扩大到政治制度,开展政治制度思想研究,这是希望充分发挥政治思想研究方法的科学认识价值;另一方面也希望在将研究范围扩展到政治制

---

① 张师伟:《中国政治思想史的学科定位及学术使命———一种基于知识论视角的分析》,《天津社会科学》,2013 年第 1 期。
② 季乃礼:《政治制度、政治思想与政治制度思想———一种理论构建的努力》,《武汉大学学报》(哲学社会科学版),2016 年第 4 期。
③ 葛荃:《立场、方法与禁忌:中国政治思想与文化研究断想》,《政治思想史》,2016 年第 3 期。
④ 姚中秋:《重建中国政治思想史范式》,《学术月刊》,2013 年第 7 期。
⑤ 张师伟:《中国政治思想史的学科定位及学术使命———一种基于知识论视角的分析》,《天津社会科学》,2013 年第 1 期。

度的同时，也将政治制度的研究方法引入政治思想研究领域，丰富政治思想研究的方法，发展政治思想的知识体系①。有的学者则试图在中国政治思想史研究中汲取科学性合理因素，"应该用马克思主义进行分析和筛选，吸收其有益的成分，为建设有中国特色的社会主义服务"②。有的学者认为中国政治思想史研究的使命带有纯粹认识性的性质，有利于准确地认识中国历史。不研究中国政治思想史，就不能完整地认识中国历史。有利于深入地认识国情，不了解中国的历史，也就无法深刻地认识现实③。

中国政治思想史研究自20世纪开始孕育以来，就处在形形色色政治意识形态的包裹之中，从而不仅很难完全摆脱政治意识形态的羁绊，而且还在一定的程度上参加了意识形态知识的生产和传播。在这个意义上，中国大陆现代新儒家如姚中秋、唐文明等意识到了中国政治思想史研究的意识形态特质，乃是一个有益于中国政治思想史研究进行理论反省的一个观点。但姚中秋等在指出当代主流的中国政治思想史研究范式具有历史主义启蒙政治意识形态的特质后，又回避自身的中国政治思想史研究范式也具有毫不逊色的政治意识形态特质。这并不是因为他们意识到了政治意识形态特质对于政治思想史研究的科学性的冲淡，找到了所谓的克服办法，而是仅仅在两者相互争鸣的过程中将政治意识形态作为一顶脏帽子，甩给了主流的中国政治思想史研究范式④。实际上，中国大陆现代新儒家在中国政治思想史研究范式上不仅没有减少政治意识形态的特质，反而大大加大了政治意识形态的特质，因为他们在研究中要去除历史主义及其带给中国传统的落后、专制等恶名，从而使得他们的中国政治思想史研究基本上脱去了历史的线索，不仅只剩下对中国传统政治知识中普遍永恒成分的汇集与整理，而且所汇集整理出来的核心概念及重要命题还必须是系之以经学。这就等于在学术使命上将中国政治思想史研究与儒家经学的研究画上了等号，经学取向的中国政治思想史研究当然也就更接近于形而上的哲学，而与作为经验科学之政治科学越发得远了。作为政治科学知识体系的一部分，中国政治思想史在学术使命上首先还是知识积

---

① 季乃礼：《政治制度、政治思想与政治制度思想——一种理论构建的努力》，《武汉大学学报》（哲学社会科学版），2016年第4期。
② 徐大同：《孔子仁政、德治、礼范的治国之道》，《政治思想史》，2013年第1期。
③ 刘泽华：《中国政治思想史集》（第一卷），北京：人民出版社，2008年版，总序。
④ 姚中秋：《重建中国政治思想史范式》，《学术月刊》，2013年第7期。

累上的，意识形态效果只是它作为一门科学的附属效应。

（二）概念与命题：中国政治思想史的观念解读与剖析

中国政治思想史的主流阐述方式是列传式，即按照时代发展的先后顺序将主要政治思想家排列出来，分别论述他们各自的时代背景、生平履历、主要著作及观点等，并对政治思想家及其观点进行历史或阶级的评价，而评价的内容不外是给政治思想家及其政治思想安一个妥当的阶级名分。但在列传式研究占据主流的氛围中，一些学者的著作在以学派或思想家为基本论述线索的同时，也注重对概念与命题等的含义进行解析，虽然在理论认识上仍然坚持阶级的分析方法，但对政治思想家及其思想上的评价却并未套用阶级术语，不满足于给政治思想家或政治思想贴一个恰当的阶级标签[①]。概念与命题的含义分析自梁启超《先秦政治思想史》就有所涉及，对一些重要的核心概念及重要命题，贴近原始典籍，进行了基于史料的语义分析，但自中国政治思想史学科在改革开放初期逐步恢复以来，伴随着政治学学科的恢复及其理论的发展，在叙述和分析的范式上，仍然坚持了列传式的编撰体例与概念、命题等的阶级定性及历史定位评价。在概念与命题的语义分析方面，刘泽华先生的中国政治思想史研究，以原始史料为基础所进行的还原性分析，在方法论上颇有一定的代表性，并在实践中产生了重要的影响力，其理论成果就是一套被称为"王权主义"的理论体系，以刘泽华先生为主要代表和标志的学术团队也被称为"王权主义学派"[②]。近年来，在西方政治思想研究中剑桥学派的影响下，观念史的研究方法也被自觉地运用于中国政治思想研究领域。在一定程度上，这是对刘泽华先生历史主义概念与命题分析传统的继承、肯定和发扬，而并不是对西方政治思想研究观念史研究方法的模仿。当然，观念史研究方法的历史主义立场与分析方法，也确实与刘泽先生为代表的"王权主义学派"魂魄与共、宗旨相同，并因此促进了概念与命题分析在中国政治思想史研究中的广泛展开。大陆现代新儒家的经学思维与方法也执着于概

---

① 张师伟：《一个批判的解读：刘泽华王权主义的中国政治思想史研究述论》，《哈尔滨工业大学学报》（社会科学版），2016 年第 5 期。
② 李振宏：《中国政治思想史研究中的王权主义学派》，《文史哲》，2013 年第 4 期；李振宏：《在矛盾中陈述历史：王权主义学派方法论思想研究》，《河南师范大学学报》（哲学社会科学版），2017 年第 5 期。

念与命题分析,试图从中找到中国文明特殊性在政治理论上的民族普遍性①。

1. 概念与命题含义的历史还原

中国政治思想史研究的基本分析对象就是历代政治思想家的概念与命题,但如何分析概念与命题却是一个比较难以解决的方法问题。作为历史学取向的中国政治思想史研究,比较倾向于对概念与命题进行历史还原性的语义分析,即强调中国政治思想史研究首先必须要搞清楚历史上各个时代政治概念与政治命题的含义真相,否则中国政治思想史研究就无异于是空中楼阁。刘泽华先生是改革开放以来较早开始倡议中国政治思想史研究要进行概念与命题分析的学者。在《中国政治思想史研究对象与方法问题初探》一文中,刘先生就提出中国政治思想史研究要进行"政治思想的重要概念、范畴"等的研究②,他在《中国的王权主义:传统社会与思想特点考察》中进一步提出了要注重对中国政治思想史上的纲领性概念进行分析,并提出了纲领性概念帝王化的观点③。刘先生认为中国政治思想史研究的概念与命题含义分析,不能仅仅满足于概念的语义解析,而必须要坚持思想与社会互动的原则。思想存在于社会中,并影响着社会,因而在研究思想的时候,就不宜撇开思想所作用的具体社会,进行所谓纯粹抽象的认识,否则就会失真;思想存在于社会中,就不能不接受社会的影响,思想的内涵在根本上来源于社会,脱离具体社会而试图准确认识思想,其结果只能是抓住一个概念的空壳。刘先生提出的"思想的社会""社会的思想""思想社会化""社会思想化",很好地解释了思想与社会互动在中国政治思想史研究的含义解析中所具有的重要地位④。2016 年,刘泽华先生的《简说法家的以人为本》一文,就法家的"以人为本"命题,进行了含义解释,依托丰富的第一手思想史料,坚持思想、制度与社会的整体性认识,实事求是地陈述了法家以人为本命题的原始含义,点出了法家以人为本命题的核心是"用民"⑤。它与今天所谓以人为本的价值

---

① 姚中秋:《重建中国政治思想史范式》,《学术月刊》,2013 年第 7 期。
② 刘泽华:《中国政治思想史研究对象与方法问题初探》,《天津社会科学》,1985 年第 2 期。
③ 刘泽华:《中国的王权主义:传统社会与思想特点考察》,上海:上海人民出版社,2000 年版,第 265 - 266 页。
④ 刘泽华:《开展思想与社会互动和整体研究》,《历史教学》,2001 年第 8 期。
⑤ 刘泽华:《简说法家的以人为本》,《中华读书报》,2016 - 05 - 04。

判断并不相同,今天的以人为本确认了人是目的的价值定位,而法家之以人为本则是确认了人是工具的价值定位,两者之间很难进行直接的理论对接与继承移植等。

中国政治思想史研究一贯比较重视起源阶段的关键概念分析,梁启超《先秦政治思想史》就依托《尚书》对天、帝、德等概念进行了语义分析,中国早期国家时期的关键概念分析在中国政治思想史研究中具有重要的地位,一则可以明确中国政治思想史的准确概念起点,二则可以明了中国政治思想发展史在早期国家时期的发展线索,三则有利于说明中国政治思想史核心概念的悠久历史渊源。近年来,中国政治思想史研究在早期国家阶段的核心概念分析有所推进,对西周代商过程中核心政治观念承接与变化中的一致性作出了有力的论证。王震中在《商周之变与从帝向天帝同一性转变的缘由》一文中指出,"就卜辞本身而言,卜辞中的'帝'并不作'天'讲","在商代,商族人未将'天'作为他们的至上神来崇拜",只有"到了周代,周人在继承商朝对帝崇拜的同时,又加进把天作为至上神的观念,并使'帝'与'天'在至上神的意义上具有同一性",于是"天帝成为真正的至上神",而"西周统治者,特别是周公,把对天的崇敬纳入礼制法度之中",他们"通过天命与德治、天命与民意相结合,在对原有上帝和天命论修正的同时,实现了天道观的升华",结果,"这种升华了的天道观,成为此后中国古代思想观念中基因性的因素之一"①。王瑞英在《从神灵崇拜到"以德配天":西周天命观的嬗变及其影响》一文中,就西周天命观的渊源、演变及影响进行了专题探讨,她认为"天命这一名称是由周人提出来的,但它演变于商代的神灵信仰",即西周天命观"不仅仅以'天'来替代商代人崇拜的'帝'或'上帝'的概念",并且还"发展了新的内容,其突出特色就是'天命'被赋予了道德内涵",强调"以德配天","西周统治者将'德'观念……引入天命观,并衍生为私德和德政两个层面","对西周统治者起到极大的示范和警戒作用",并"作为文化的源头,……对后世社会在政治、哲学、文化方面产生深远的影响"②。学者们对中国早期重要政治概念的观念史分析,既有利于在事实上梳理清楚早期重要政治观念的发展史,也有利于梳理好中国政治思想

---

① 王震中:《商周之变与从帝向天帝同一性转变的缘由》,《历史研究》,2017 年第 5 期。
② 王瑞英:《从神灵崇拜到"以德配天":西周天命观的嬗变及其影响》,《江西社会科学》,2016 年第 11 期。

史早期发展中重要政治概念之间的关系。

中国传统的重要政治命题一直广受关注,并具有比较流行的含义解释及评价等。在经历了多年启蒙主义话语的广为流行之后,伴随着中国大陆现代新儒家的兴起,学术界许多纲领性的核心概念和重要命题都在含义解释上受到了挑战。大陆现代新儒家的含义解释凸显了一种非历史主义视角的经学视角,试图将中国传统政治思想中的纲领性概念和重要命题看成是具有历史超越性的普遍存在[1]。这就在理论上引发了历史主义视角含义分析者的理论反驳,进一步阐述了解释传统政治思想体系中重要命题的方法及由此而来的可靠的结论。在近年来的论辩中,大陆现代新儒学或旗帜鲜明地提出了反对历史主义视角的研究方法[2]。或试图从历史主义视角否定掉的旧思想、旧政治、旧伦理之中,重新捡回并高度评价"三纲五常"超越历史时代的普遍价值[3]。这就在结果上大大挑战了历史主义视角的启蒙主义立场,从而引发了若干学者在相关问题上就如何看待"三纲五常"发表了基于历史学视角和启蒙主义立场的反驳言论,重新强调历史主义方法的合理性。林存光在《如何认识和理解三纲五常的历史含义》一文中,提出"三纲五常"的解释还是要注重历史含义的呈现。林存光追溯了"三纲五常"思想的源泉,强调了"三纲五常"在传统中国的具体政治价值,就是赋予君君臣臣父父子子的秩序以"绝对政治正确的神圣性和毋庸置疑的至上合理性","这些观念对帝制中国时代的中国文化和文明理念产生了难以估量的广泛而深远的历史影响"[4]。魏朝利在《概念与中国政治思想史研究——兼论"三纲"概念》一文中认为"概念是社会环境变化发展的产物;概念一旦生成,便被赋予特定的内涵与外延,成为历史中稳定的客观存在和历史学的研究对象","比如,'三纲'概念一旦被定义,它的内涵保持了近两千年的持续稳定,至今'君为臣纲、父为子纲、夫为妻纲'仍被视为三纲概念的核心内容"[5]。学术界如何认识和评价"三纲五常",在今天并不仅仅是各认识方法不同所导致的认识结果不同,而

---

[1] 姚中秋:《重建中国政治思想史范式》,《学术月刊》,2013年第7期。
[2] 姚中秋:《重建中国政治思想史范式》,《学术月刊》,2013年第7期。
[3] 方朝晖:《为"三纲"正名》,上海:华东师范大学出版社,2014年版,第149页。
[4] 林存光:《如何认识和理解三纲五常的历史含义》,《政治思想史》,2016年第4期。
[5] 魏朝利:《概念与中国政治思想史研究——兼论"三纲"概念》,《山西师大学报》(社会科学版),2016年第3期。

是包含着比较丰富的政治价值判断,"三纲五常"是否具有超越历史的普遍价值,是否可以被剥离出它所生成和作用的历史环境而获得抽象存在?这些问题在不同价值立场的研究者看来无疑会得出截然不同的结论。实际上,上述两种看待"三纲五常"的看法不过是主张历史具体地认识"三纲五常"和哲理抽象地认识"三纲五常"的不同,但在结识和认识的时候应该要强调观念史的方法,突出历史情境的不可忽略性。

2. 概念与命题含义的语义分析

概念与命题作为思想体系构成的基本要素,无疑也是中国政治思想史研究的重要分析对象,而概念与命题的含义解析固然有历史还原的路径,但历史还原路径却也不能没有一定的语义分析。实际上,语义分析乃是中国政治思想史研究的一种基本分析方法,而历史还原路径虽然不能不进行必要的语义分析,但它更注重揭示概念与命题的特定社会内容,既突出了概念与命题所概括和归纳的客观社会内容,也在解释方式上突出了概念与命题作为社会内容之含义容器的作用。现代数学研究中的语义分析,起源于西方现代分析哲学,并在观念史研究中得到了广泛的应用。语义分析根据对概念与命题的所指及其所表达的含义相对称的原理,既强调要明确概念与命题的所指,又强调要明确概念与命题的含义,更强调概念与命题必须具有逻辑上的确实性,不仅概念与命题的含义必须清楚明晰,而且概念与命题的所指必须客观存在。这种语义分析的方法主要应用于分析哲学领域,而中国政治思想史研究主张应用这种方法也主要是应用于中国政治哲学的领域,其重要益处在于可以在概念与命题的含义解析上做到清楚、明确、准确,而免除因对概念与命题的含义言人人殊所造成的不必要分歧与理解混乱。中国思想史研究虽然有章句解释的注疏传统,但实际上缺少这种语言分析的观念史研究传统。中国传统的概念往往含义模糊多样,同一个词在同一个作者著作里也不尽相同,比如孔子的"仁","'仁'字在《论语》中出现百次以上,其含义宽泛而多变,每次讲解并不完全一致"①。张师伟在《中国传统政治哲学的逻辑演绎》一书中,提出对中国传统政治哲学中的共同概念进行语义分析的主张,强调中国政治思想史上的"纲领性概念集中体现和概括了政治的普遍性,为政治生活

---

① 李泽厚:《中国思想史论》(上),合肥:安徽文艺出版社,1999年版,第20页。

提供着价值论、本体论、方法论等方面的必要支持",准确地解读共同概念乃是完整准确理解中国政治哲学的基本前提①。

中国政治思想史研究中的语义分析,并非如同分析哲学那样,试图确定概念与命题等在逻辑上的真与假,而是与观念史的研究紧紧结合在一起,在某种程度上,语义分析是作为观念史研究方法进一步完善的必要手段存在于政治思想史的研究当中。张师伟在《中国传统政治哲学的逻辑演绎》一书中指出,"观念史研究方法在中国政治思想研究中实际上已经有了某种开端","虽然刘泽华先生没有明确提出观念史研究方法,但其以观念为分析单位的研究范式,注重结合观念环境向观念提出的原始问题,尽量展现观念本身的原始含义,却很符合观念史研究方法的基本精神"②。观念史研究范式强调从研究对象的生存环境、知识背景及疑问等出发,突出政治思想"事实的原始含义,采取回归现场的研究方法,还原思想家的社会环境、话题及所提疑问,系统地叙说思想家的思想,还原思想家的思想逻辑",关注"较为普遍的纲领性概念",概念的名词外壳虽然长期不变,"但名词的内涵却随时代与学派而存在重大不同,历史地解释观念的含义变迁是理解社会变迁的一个重要路径"③。戴木茅在《"御"与中国古代的治国之道》一文中,对"御"字进行了观念史研究意义上的语义分析,她认为"御"的概念在名词未变的情况之下,其含义却发生了由"驾车"到"君主专称"的巨大变化,这个变化体现在两个层面,一个层面是,"御的动词式演进,经历'御马→御民→御臣'的转化",另一个层面是"御的名词式演进,经历'御者→御礼→御制'的转变","秦汉之际,皇权建立,御最终转化为君主专称,儒家的御礼和法家的御臣术共同缔造了强大的君权"④。词在词面未发生改变的情况下,它的用法却在具体的使用过程中发生了巨大变化,戴木茅分析的"御"字含义变化在中国传统的御用词汇中具有一定的代表性。分析历史语境与问题情境中观念的具体含义,分析历史过程中观念含义的历史性时代变化,在中国政治思想

---

① 张师伟:《中国传统政治哲学的逻辑演绎》,天津:天津人民出版社,2016年版,第27-32页。
② 张师伟:《中国传统政治哲学的逻辑演绎》,天津:天津人民出版社,2016年版,第13页。
③ 张师伟:《中国传统政治哲学的逻辑演绎》,天津:天津人民出版社,2016年版,第13-14页。
④ 戴木茅:《"御"与中国古代的治国之道》,《哲学研究》,2016年第4期。

史研究中具有重要的地位。

概念与命题作为中国政治思想史研究的主要对象，其中有不少兼具哲学属性，而这些具有明显哲学属性的概念与命题虽然常常在中国哲学史研究中得到较好的语义分析，但其分析结果却又明显地具有政治哲学方面的价值，从而使得中国哲学史研究当中的一些关键概念与重要命题的语义分析，也往往同时隶属于中国政治哲学研究，并因此而成为中国政治思想史研究的一个重要组成部分。但是这种哲学视角下的语义分析往往并不遵循观念史的分析方法，通常并不考虑概念与命题的历史情境与上下文语境，而主要是通过分析思想文本，从概念到概念、由命题到命题地进行含义比对和逻辑推演，由此而确定概念与命题的含义。刘泽华先生曾对这种从概念到概念的分析方法进行了批评，强调概念解释要与社会相结合，开展思想与社会的互动研究①。东方朔在《荀子论"争"——从政治哲学的视角看》一文中认为，"争"是荀子政治哲学思考的前提和基础，而在荀子学说中也不是一个"特别引人注目"的概念，但又是理解荀子政治哲学"逻辑起点及其制度设计"的关键所在。"从政治哲学的角度上看，荀子论'争'，反思性地着眼于'欲多而物寡'此一根源性的矛盾，由此注目于人类社会'群而无分则争'、'势位齐'则争的特殊情况，并以'明分使群'此一礼义的作用以为'止争、去乱、免穷'之法尺，所论融全周到，理气条贯，在先秦儒学乃至后世儒学中皆占有特殊的地位和意义。"② 东方朔在这里结合荀子政治哲学的完整内容，比较准确地解读了"争"的意义，并给"争"划分了不同类型，评价了"争"在荀子政治哲学中的地位。

3. 现代概念视域下的中国传统政治思想

中国政治思想史研究工作，在一定的意义上，就是在进行跨越时代的对话与交流，因为对话与交流的双方并不共用一套概念与命题系统，所以彼此之间的对话与交流总也免不了要在研究者和研究对象之间，进行概念和命题之间的语义转换与逻辑沟通。在彼此的对话与交流中，虽然研究对象总会向研究者展示一些后者不能理解的东西，但却毕竟失去了理解研究者的条件，而研究者却不得不以己度人，自觉不自觉地用现代的概念与命题等理解和解

---

① 刘泽华：《开展思想与社会互动和整体研究》，《历史教学》，2001 年第 8 期。
② 东方朔：《荀子论"争"——从政治哲学的视角看》，《中国哲学史》，2016 年第 2 期。

释研究对象。这就自然而然地将传统的政治思想内容放在了现代概念与命题的容器内,现代概念与命题的容器对于作为研究对象的政治思想内容而言,有些是比较恰当的,能够恰如其分地完整表达作为研究对象的政治思想内容,而有些则是不甚合适的,生硬地将作为研究对象的灵活丰富的政治思想内容,挤装在研究者所固守的概念与命题容器里,既扭曲了研究对象,又遮蔽了研究者的视线。研究者以己度人,虽然是势所难免,但也还是要以真实、完整、准确地呈现研究对象为首要目的,虽然研究者百分之百地真实、完整、准确呈现对象,一定达不到,但还是要避免过度"主观投射"的以己度人①,而尽力地舍己从人,力求最大限度地实现对研究内容的客观呈现。以刘泽华先生为主要代表的研究团队,在中国政治思想史研究中比较好地处理了研究对象呈现中的概念与命题使用问题,一方面尽量少地使用现代政治概念与命题呈现传统政治思想内容,而尽可能多地使用传统政治概念与命题来呈现其内容,另一方面尽量少使用现代政治概念与命题的价值尺度来衡量和评价传统政治思想,而尽可能地只进行事实性的描述,描述性地呈现历代政治思想家的概念与命题等,并尽可能只进行基于历史事实的事实性评价②。

当然,中国传统政治思想的内容也非常丰富,以至于不使用一定数量的现代政治概念与命题,就不仅不能充分地呈现传统政治思想内容,而且也不能很好地向现代人转述传统政治思想内容,更不能有效地进行批判继承以古为今用。在这种情况下,研究者只有使用一定数量的现代概念与命题,才能完整、准确地呈现传统政治思想的内容,虽然如此,但这也并不表明古人就已经在特定内容上有了比较成熟的现代政治理论。比如正义论是一种成熟的现代政治理论,中国传统时代当然既没有如同现代正义论这样成熟的理论,也没有成为现代正义论萌芽的东西,但并不一定就没有一些与现代正义论有关的重要思想内容,这些重要思想内容虽然比较散乱,但并非没有价值,如果研究者以现代正义论的概念与命题为容器,来收纳和呈现这些思想内容,也是一件很有理论价值的工作。朱璐在《朱熹正义思想探析》一文中,使用了现代正义论的有关概念与命题,发掘和分析了朱熹关于正义的若干思想。

---

① 葛荃:《立场、方法与禁忌:中国政治思想与文化研究断想》,《政治思想史》,2016年第3期。
② 张师伟:《一个批判的解读:刘泽华王权主义的中国政治思想史研究述论》,《哈尔滨工业大学学报》(社会科学版),2016年第5期。

他肯定朱熹"对正义问题亦有所思考",并重点在朱熹关于"义"的论述中检索正义思想,认为朱熹"推崇德性正义","主张行天理之公义","推行政治正义",朱熹"正义思想,带有鲜明的理学特质"①。王云萍在《儒家社会正义观的思考》一文中,也使用了现代正义论的概念与命题,分析了儒家思想中关于社会正义的部分,她认为"儒家的经典文本的确表达了对人民的生活条件及物质资源分配的深度关切,但儒家并未像当代西方政治哲学家一样试图建构一个社会正义的体系",虽然如此,但儒家关于社会正义的思想内容仍然有益于现代人,即"离开社群感和关怀感的纯粹现代社会正义原则,无论是平等还是充裕,其关于理想社会的设计,只不过说到了故事的一半而已"②。这实际上概括了出台儒家正义观的思想特点。

现代政治概念与命题在中国政治思想史研究中的使用,虽然不可避免,但也要限于情非得已,否则就会出现"主观投射"过度的问题,发生中国政治思想史研究当中以人从我的弊端。现代政治概念和命题的使用,造成过度主观投射现象的基本原因,往往是研究者个体对民族历史的过于多情。多情的民族主义者不仅将自己的魂魄封闭在民族的历史中,而且还试图在古老民族的政治历史中找到他在当代安身立命的政治哲学依据,故步自封于民族文化的经典中,自我隔离于人类文明进步的潮流之外,抱着"非我族类其心必异"的偏执态度,试图从古老民族的文化资源中搜寻出固有的概念、范畴、判断等,并由此在理论上演绎出一个排除了西方影响的完整、独立、独特的中国现代政治理论。多情的民族主义者虽然自以为中国古老的文化资源中具有充足的现代政治文化资源,并足以由此建构一个中国的现代政治,但他们却也不能在中国政治思想研究中回避现代政治概念与命题的使用。实际上,他们不仅不能回避,反而还在大量使用现代政治概念与命题。因为他们比其他人更急于证明中国传统政治思想具有现代价值,所以他们在研究中国政治思想史的时候,就不仅急于以现代来测量传统,甚至还急于宣布他们在传统中发现的现代。比如一些研究者急于在中国传统政治思想中寻找公民精神,

---

① 朱璐:《朱熹正义思想探析》,《哲学研究》,2016年第4期。
② 王云萍:《儒家社会正义观的思考》,《哲学研究》,2016年第11期。

并不惜以传统儒家之君子为公民①,努力在中国古典的儒家思想中寻找现代宪制②;一些研究者努力抬高儒家经学的地位,将其视为中国文明特殊性的普遍性的集中载体,不仅认为经学是中国政治的核心价值所在,而且认为经学在现代政治中也还有一些普遍适用性的"常道",强调"中国文化以儒家文化为主流或主干,儒家文化的'常道'实也就是中国文化的'常道'"③;有的研究者以现代意识来理解"三纲五常",倡导"三纲五常"具有现代普遍价值,认为三纲五常是指从大局出发、尽自己位分所要求的责任④。事实上,研究者绝不能处在概念真空中,他们的研究也不可避免地用现代概念,特别是在他们不得不进行概念的理解和解释的时候,现代概念总是被或明或暗地使用着,试图在古代的思想资源中发现和发掘现代概念的做法,实际上根本不太可能接近历史的事实。

(三) 贤能与法治:中国传统国家治理的范式归纳与古为今用

与西方政治思想史在主题上较为关注政体不同,中国政治思想史在主题上较为突出国家治理问题。中国传统政治思想不仅包含了极为丰富的政治统治和国家治理思想,而且它所关注的焦点问题也常常在主题上离不开统治和治理,既有许多关于政治理想国的设计,又有不少关于统治方略的谋划,还有不少具体的治理问题的探讨。伴随着理论界对中国国家治理体系和治理能力现代化的探讨,历史上中国传统的国家治理思想也受到了学者们的充分关注。有的学者比较关注传统儒家的国家治理思想,或者试图发掘传统儒家的法治思想⑤,或者试图发掘传统儒家民本思想的现代价值,认为"民本思想在现代政治中具有重要的价值"⑥。有的学者试图在现代条件下恢复儒家的国家治理范式。有的学者比较关注先秦法家的国家治理思想,试图将发现的依法治国的法治思想进行现代转换,去除其君主专制及国家本位的价值,而直接

---

① 姚中秋、郭忠华、郭台辉,等:《君子与公民:寻找中国文明脉络中的秩序主体》,《天府新论》,2015 年第 6 期。
② 姚中秋:《中华文明与当代宪制诸论平议》,《中国法律评论》,2016 年第 2 期。
③ 李存山:《儒家文化的"常道"与"新命"》,《孔子研究》,2016 年第 1 期。
④ 方朝晖:《为"三纲"正名》,上海:华东师范大学出版社,2014 年版,第 149 页。
⑤ 姚中秋:《给法治以恰当位置——儒家之法治观》,《原道》,2016 年第 1 期。
⑥ 林红:《民本思想的历史逻辑及其现代价值》,《中国人民大学学报》,2017 年第 3 期。

截取其依法治国的思想养料,发展所谓第三期法家①。有的学者比较关注传统道家特别是黄老道家的无为而治思想,试图从中汲取有益的理论养分,创新国家治理的理论,推动国家治理体系和治理能力的现代化②。在探讨中国传统国家治理思想的著作中,贝淡宁的《贤能政治:为什么尚贤制比选举民主制更适合中国》具有较大的舆论影响力,而葛荃的《中国古代行政管理思想史》则在理论上具有风向标的指示作用。

1. 中国传统国家治理中的尚贤与贤能政治

中国传统的政治统治与国家治理具有尚贤的思想传统,虽然不同学派及不同思想家对尚贤的理解不尽相同,但在崇尚贤人上却颇为一致。但中国传统并无"贤能政治"的说法,这个说法在当代中国之流行,与贝淡宁对"贤能政治"的研究与发表有关。贝淡宁所谓"贤能政治",是与"选举政治"相对而言,他既以"选举政治"称呼西方的代议制,又以"贤能政治"来命名当代中国政治的"干部选拔",并由此而上溯,追根溯源地讨论中国的贤能政治传统,特别是儒家的贤能政治传统③。一些学者受贝淡宁观点的影响,也认为当代中国政治现实的"干部选拔"属于"贤能政治",从而与西方的"选举政治"不同,在承认当代"贤能政治"继承了传统"贤能政治"的同时,也强调了当代"贤能政治"与传统"贤能政治"的不同④。有的学者对贝淡宁在当代中国呼吁"贤能政治"不以为然,甚至坚决反对,认为所谓"贤能政治"不仅与民主政治的时代要求不相吻合,甚至还打开了通往专制的奴役之路。有的学者认为所谓"贤能政治"的提法根本上就是个伪命题,这既是因为但凡政治都是追求解决问题的有效性的,并因追求有效性而在公职人员选择上坚持了贤能取向,并没有一种政治是专门选择道德败坏和能力愚笨的人出来担任公职,又因为"贤能政治"的有效性也是"选举政治"所追

---

① 喻中:《法家第三期:全面推进依法治国的思想史解释》,《法学论坛》,2015 年第 1 期。
② 张师伟:《黄老道家无为而治思想及其治理智慧》,《南京师大学报》(社会科学版),2015 年第 3 期。
③ 唐皇凤:《新贤能政治:我国干部选拔制度的民主化与现代化》,《复旦学报》(社会科学版),2016 年第 4 期。
④ 贝淡宁:《贤能政治是个好东西》,《当代世界》,2012 年第 8 期。

求的，而"选举政治"也在实践中拥有自己选择贤能的方式①。"贤能政治"既然是以区别于西方"选举政治"为主要用意，又被贝淡宁在著作里认定中国更适用于"贤能政治"，而不太适合"选举政治"，那么"贤能政治"的提法与民主的关系怎样呢？有的学者明确地对"贤能政治"提法的反民主性进行了论述，强调"贤能政治以其美好的政治理想令人心驰神往，却又隐含深刻的道德风险和政治风险"，"贤能政治不仅固化了官本位体制，且缺乏可操作性与可持续性，并以其'实质正义'观念背离民主程序"②。

  山东大学《文史哲》杂志社于 2017 年 4 月发布了"2016 年度中国人文学术十大热点"，贝淡宁《贤能政治：为什么尚贤制比选举民主制更适合中国》中文版的出版位列其中的第 7 条。热点发布原文摘录该书要点，指出当代中国的尚贤制有传统政治文化的渊源，并能够有效地规避选举民主制的缺陷；发布原文还指出因为"贤能政治"的理念前提植根于儒家文化土壤，所以《贤能政治：为什么尚贤制比选举民主制更适合中国》的热销也带动了人们对儒家学说中政治思想遗产的广泛关注。这在一定程度上是比较符合"贤能政治"术语流行及其带动了发掘传统"贤能政治"思想的客观事实。因为杨桂生在 1986 年就发表了《论春秋战国时期的贤能政治》一文，对春秋战国时期各个学派"尚贤使能"思想的时代条件、主要内容及历史局限等，进行了探讨③，所以贝淡宁的著作并不享有"贤能政治"一词的发明权。但自贝淡宁发表《贤能政治是个好东西》开始，"贤能政治"就是指一种不同于西方选举政治的政治形态，强调"贤能政治有两个关键因素：一是政治领袖有超过平均水平的才能和品德；二是设计用来选拔这种领袖的机制"④。在贝淡宁"贤能政治"论述的影响下，中国大陆现代新儒家也纷纷加入论述"贤能政治"的行列中，发表《贤能政治：儒家政治哲学的一个面向——以〈荀子〉的论述为例》《儒家贤能政治思想与中国贤能推举制度的发展》《走向儒教贤能政治：在现代西方政治陷入困境之际》等论文，或者从传统儒家思想

---

① 张师伟：《中国传统贤能政治的民本价值与君主专制逻辑——兼论黄宗羲的君主论》，《学术界》，2017 年第 7 期。
② 张文波：《贤能政治的诱惑及其不可欲——兼与唐皇凤、赵吉先生商榷》，《探索与争鸣》，2017 年第 2 期。
③ 杨桂生：《论春秋战国时期的贤能政治》，《东北林业大学学报》，1986 年第 S2 期。
④ 贝淡宁：《贤能政治是个好东西》，《当代世界》，2012 年第 8 期。

里发掘比较完整意义上的贝淡宁式的"贤能政治思想",或者主张在现实中推广以儒教为根基的所谓"儒教贤能政治"。

中国传统政治思想中确实存在着"贤能政治"的思想,但并不是一种政治制度体系或政治形态,从而与贝淡宁所谓"贤能政治"差距甚大,因为中国传统政治思想里的"贤能政治"只是一种"尚贤使能"的选人、用人思想,而远不是贝淡宁、干春松等所描述的政治制度体系。作为"尚贤使能"意义上的"贤能政治"主张,并不仅仅限于儒家,因而将"贤能政治"的传统仅仅归结为儒家就是很片面的,因为不仅道家有道家的"贤能政治",墨家有墨家的"贤能政治",法家有法家的"贤能政治",儒家有儒家的"贤能政治",而且各家思想在"贤能政治"的理解与解释上也截然不同。吕有云的《贤能政治之哲学考察》一文就对秦汉之际道家在无为而治思想中包含的尚贤任能进行了论述,在所谓的"君人南面之术"中,黄老之学就"贤能之士的识别与合理任用"做了充分论述,"弘扬了我国古代贤能政治传统"①。代超的《尸子的贤能政治思想》一文认为,"尚贤运动和贤能政治思潮是在春秋战国社会巨变中产生的两种鲜明的历史现象,二者紧密交织,相辅相成,对中国传统政治文化产生了深远的影响","作为战国中期贤能政治思想的重要代表,尸子在"贤能政治思潮的早期发展过程中起着重要的衔接作用",他提出的一些尚贤使能重要政治原则,继承和发展了"孔墨尚贤思想",对战国晚期系统化的"贤能政治理论的产生起着重要的作用"②。一些学者如唐皇凤等,虽然主张今天的中国仍然在贯彻落实贤能政治,但也不得不将其命名为"新贤能政治"③,以区别于政治复古派之"传统贤能政治"。一些学者如黄玉顺等则对"贤能政治"提法所包含的集权专制保持高度警惕,并对在当代中国提倡"贤能政治"的贝淡宁等提出了尖锐批评。

2. 中国传统国家治理中的尚法与法治思想

法治是现代国家治理体系的重要特征,在中国追求和实现国家治理体系和治理能力现代化的过程中,法治始终是一个重要的关注点。中国现代法治

---

① 吕有云:《贤能政治之哲学考察》,《求索》,2010年第7期。
② 代超:《尸子的贤能政治思想》,《管子学刊》,2015年第4期。
③ 唐皇凤:《新贤能政治:我国干部选拔制度的民主化与现代化》,《复旦学报》(社会科学版),2016年第4期。

的建构与发展完善又不能完全仰仗移植西方，而必须要依托中国传统，实现法治的中国版本。这就是在理论上提出了总结和反思中国传统法治的研究任务。中国政治思想史研究不仅在中国传统法治资源的发掘、整理与总结方面负有重要理论使命，而且也在中国传统法治思想资源的现代转换方面负有重要理论使命。关注传统法治思想，首先是关注先秦法家的尚法言论和法治思想，着重发掘先秦法家著作及思想中的尚法思想和依法治国理论①。有些学者以现代法治理论为主要参考，着力发掘先秦法家的重法、尚法言论，不仅总结整理其中所蕴含的法治思想，而且还发掘其法治思想的重要哲学基础②。有的学者进一步试图在继承先秦法家尚法思想的基础上，对其进行现代转换，剔除其国家本位价值及君主专制的糟粕，推进第三期法家在当代中国的发展③。有的学者则立足于儒学复兴，努力发掘儒家的法治思想，既努力在理论上建构比较完整的儒家法治理论，更努力发掘儒家法治思想的现代价值，不仅试图给当代中国的法治补充充分的儒家法治思想，更试图对当代中国法治予以儒家的理论引导，以实现当代中国法治的儒家化④。有的学者对传统的法治思想进行了基于历史事实的分析，特别是对先秦法家的法治思想做了比较完整的陈述，着重分析了先秦法家之法与现代之法的根本区别，对先秦法家的法治思想进行现代转化的可能性保持着较高的理论警惕性，强调法家之法与现代之法存在本质差异，强调法家之法是"君主治民的基本手段"，法家之法治既与现代法治有相似之处，两者之间又有重大之区别，法家之法主要是刑法⑤。

喻中等以当代新法家自认，倡议当下的中国要发展法家第三期。他们把先秦法家看作是法家第一期；民国时期以陈启天等为主要代表的新法家，是法家的第二期；而当代中国的依法治国则是法家的第三期。"三期法家具有共同的现实针对性"，即针对竞争的世界格局，"为了应对现实性的世界竞争格局，三期法家以富强作为目标，以法治作为手段"，强调"法家第三期正在生

---

① 钱锦宇：《先秦法家治国理政观的当代价值及其创造性转化——研究的意义、现状与框架》，《山东科技大学学报》（社会科学版），2016年第5期。
② 严存生：《作为"至道"的法——《管子》的法观念及其"法"与"道"范畴初探》，《山东科技大学学报》（社会科学版），2016年第5期。
③ 喻中：《法家三期论》，《法学评论》，2016年第3期。
④ 姚中秋：《给法治以恰当位置——儒家之法治观》，《原道》，2016年第1期。
⑤ 徐大同：《先秦法家权势、法治、心术的治国之道》，《政治学研究》，2013年第5期。

长",并认为法家第三期的"未来前景取决于它与现代新儒家、自由主义特别是马克思主义之间的对话与交往"①。这里,喻中不仅点出了法家第一期、第二期、第三期的目标共性是"富强",手段共性是"法治",而且还展示了法家第一期的法治思想的现代价值。钱锦宇在《新"法家三期说"的理论阐述——法家思想史断代的几个问题》一文中强调,判别思想家是否属于法家的标准,就是他是否主张彻底的法治,并明确指出主张彻底法治的标准就是"'缘法而治''以法为教'和'任法不任智'",依照这个标准,先秦法家作为法家第一期,真正的法家只有管仲和商鞅,认为"新的'法家三期说'与法家思想史断代"有助于"强化中国法治的文化自信"②。付子堂在《先秦法家"法治"施行观念及其现代价值》一文中强调了先秦法家"法治"观念在全面依法治国中的现代价值,他认为"全面推进依法治国,必须加强对中国优秀传统法律文化现代价值的挖掘,充分汲取中华法律文化中的思想精华",他主张"对于法家法律观念,既不能简单地贴上现代法治的标签而加以缘附,也不能无视法家法律观念中的理性因素和合理成分","法家强调'治国理政者带头守法''法不阿贵'及'信赏必罚'等'法治'施行观念","经创造性转化之后",可"成为现代司法观念的组成部分"③。这体现了批判集成和创造性转换的研究立场。

虽然法家的法治思想在中国政治思想史研究中广受关注,但儒家在传统法治中的地位和作用也并没有被学界忽略不计。实际上,学术界如俞荣根等很早就关注儒家的法律思想,并对儒家在中国传统法律领域的影响给予了较多关注,出版有《儒家法思想通论》。而在中国法制史研究领域声望卓著的瞿同祖在《中国法律与中国社会》中也对儒家思想在法律领域的影响给予了高度认可,并提出了法律儒家化的重要命题。盛洪在《天道之法:儒家的道—礼—法秩序观》一文中,对近现代以来中国法观念的狭隘提出了批评,他认为中国自"近代以来把'法治'之'法'理解为强制性法律",否定了"礼的作用",从而导致了"民间社会缺少解决冲突的非强制性手段",并在实践

---

① 喻中:《法家三期论》,《法学评论》,2016年第3期。
② 钱锦宇:《新"法家三期说"的理论阐述——法家思想史断代的几个问题》,《东方法学》,2016年第4期。
③ 付子堂:《先秦法家"法治"施行观念及其现代价值》,《社会科学家》,2016年第1期。

中进一步导致了"强制性法律被不当地过多使用"①。盛洪在这里强调了儒家"为政以礼和先礼后法"在社会冲突中的合理性,突出了儒家之"礼"在社会冲突解决的法治体系中占有重要地位,他认为儒家之"礼"作为法治中的非强制法律比作为强制法律的刑之法,更加接近法治的道之源。姚中秋作为大陆现代新儒家在政治思想领域的主要代表,在中国传统法治的认识问题上,与国内外同行的主流观点大异其趣,他不仅一反学界认为儒家主张礼治、德治或人治的观点,强调"儒家是主张法治的",而且也与法学第三期的主张者正面冲突,强调"法家与法治南辕北辙"。他认为儒家对于法治的坚守"最完整""最顽强",这主要因为儒家所顽强坚守的"礼",实际上就是一种民众在生活中自发形成、共同接受、达成个体利益协调的规则,传统中国坚守了这种礼的规则,就是实现了规则之治的法治,而法家的法倒恰恰缺少这种作为个体利益协调意义上的社会规则,而较多地表现出管子的人治特征②。早在民国时期,就有学者指出先秦法家"以法治国"的所谓法治,实际上仍然还是人治③。

3. 中国传统的国家治理与行政管理思想勾勒

中国通过全面深化改革以实现国家治理体系和治理能力现代化的实践,不仅刺激了研究当代中国的国家治理体系与治理能力如何现代化的问题,而且也促进了对中国传统国家治理体系与治理能力的研究,其中关于中国传统国家治理思想与行政管理思想的研究也包含在内。全国哲学社会科学规划办公室发布的国家社科基金立项资料表明,中国传统国家治理思想已经在学术界受到了较大关注。但就学术研究成果的现状来看,中国传统国家治理思想的研究仍然比较薄弱,从中国知网按照篇名搜索"中国传统国家治理",截至2017年12月仅能搜到14篇论文。国内学术界关于中国传统或古代行政管理思想的研究则更加薄弱,有关的专著几乎没有,即使是教科书性质的研究成果也非常少,可见的教材性成果只有天津人民出版社于2016年出版的葛荃主编的《中国古代行政管理思想史》,从中国知网按照篇名搜索"中国行政管理思想",截至2017年12月,仅能搜到17篇论文。当然,这只能从大的层面

---

① 盛洪:《天道之法:儒家的道—礼—法秩序观》,《中国法律评论》,2016年第3期。
② 姚中秋:《给法治以恰当位置——儒家之法治观》,《原道》,2016年第1期。
③ 萧公权:《中国政治思想史》,沈阳:辽宁教育出版社,1998年版,第192-193页。

上反映这个主题的研究比较冷清。鉴于儒家、法家及道家在传统国家治理思想中的地位及其当代学人对他们的关注，学术界关于中国传统国家治理思想及行政管理思想的研究，在主题上较多地聚焦于某家某派，有些学者关注和研究儒家的治理与治道思想①，有些学者关注法家的国家治理思想，有些则关注道家的国家治理思想②。

学术界的有些研究成果对中国传统的国家治理思想进行了总体性的扫描，概括性地介绍了中国传统国家治理思想的核心内容、主要特征等，并在理论上对作为整体的中国传统国家治理思想进行了历史评论与理论评价。凌琦的《中国古代"民惟邦本"的国家治理思想及其现实意义》认为，"中国古代'民惟邦本'的国家治理思想，发源于夏商周，形成于春秋战国，秦汉以后，为历代政治家、思想家继承和发展"。中国古代"民惟邦本"的国家治理思想，主要围绕"政权、统治及君民关系"展开探讨，首先强调"以民为本"，突出"为民顺民"，崇尚"贵民敬民"；其次强调国家治理要"保民养民""安民恤民""爱民利民"；"民惟邦本"的国家治理思想在今天仍然有"很强的现实意义"③。杨军在《中国传统的国家治理思想及其现代意义研究》一文中对中国先秦流传下来的国家治理思想的现代意义作了积极肯定，并指出"儒、道、墨、法、杂家以及王阳明的治国理念是中国古代治国思想中流传下来的精华"，并认为当今社会的和平安定是与"中国传统的国家治理思想分不开的"④。季乃礼的《传统国家治理思想研究的逻辑困境与出路》一文认为，"目前学术界对中国传统国家治理思想的研究多局限于概念的分析"，并且在研究中国传统国家治理思想的现代启示时，只限于"寻找古今概念的简单对接"，而缺少对"古代和当代治理思想存在条件的关照"，提出了中国传统国家治理思想研究"必须扩展研究"维度，开展"政治制度与思想的互动"的探讨，引入政治科学"定量的分析"等⑤。这个观点在一定程度上代表了将

---

① 姚中秋：《给法治以恰当位置——儒家之法治观》，《原道》，2016年第1期。
② 张师伟：《黄老道家无为而治思想及其治理智慧》，《南京师大学报》（社会科学版），2015年第3期。
③ 凌琦：《中国古代"民惟邦本"的国家治理思想及其现实意义》，《贵州社会科学》，2016年第6期。
④ 杨军：《中国传统的国家治理思想及其现代意义研究》，《领导科学》，2016年第20期。
⑤ 季乃礼：《传统国家治理思想研究的逻辑困境与出路》，《中共宁波市委党校学报》，2016年第5期。

中国政治思想史研究更加社会科学化的方向,在进一步深化中国政治思想史研究中具有较大的合理性。

中国行政管理思想的研究虽然整体上比较冷清,但在国家治理体系与治理能力现代化理论热点的带动下,也获得了一定的研究成果,有些成果如葛荃主编的《中国古代行政管理思想史》就具有很明显的标志性意义,他在书中提出的"懂得中国才懂得管理"的观点[1],也很形象生动地讲出了中国传统行政管理思想研究的理论与实践的重要性。学者们较多地关注了儒家的治道与国家治理思想。这一方面是中国大陆现代新儒家从国家治理思想的角度,发掘、整理和总结传统儒家的思想,阐述儒家的治道思想。如孔聪的《儒家治道思想要义及当代启示》一文就是如此,他强调儒家思想中的"仁政、德治、经世、忧患等学说体现出儒家深刻的治道意识",并认为儒家治道意识"对当前推进国家治理体系和治理能力现代化具有重要启示",主张"使儒家思想发挥应有的时代价值"[2]。另一方面是有些学者受中国大陆现代新儒家的启发或刺激,较多地关注和阐述儒家思想中的治理主题,评论儒家与治理相关的治道思想,评价传统儒家治道思想在实践中的得失。王锋的《儒家伦理治道逻辑的权治观照》一文就在理论上分析和突出了儒家治道逻辑的伦理特征,认为儒家伦理取向的"治理逻辑建立在'以德配天'的基础上",它"以天人相通为起点,以天谴论为中介,以天人感应为沟通""赋予君主专制权力以神圣性",它"要求统治者行仁政德治",但"在实际的治理过程中,……德治又不可避免地蜕化为人治"[3]。有些学者则比较关注先秦法家的治国理政思想,钱锦宇的《先秦法家治国理政观的当代价值及其创造性转化——研究的意义、现状与框架》一文,就讨论了先秦法家国家治理思想,认为先秦法家的治国理政观"在实践上有助于建构中国国家治理现代性和治国理政的中国模式"[4]。中国传统的行政管理思想或行政学思想十分丰富,然而在相关的学术研究中并未受到应有的重视,相关的研究成果不仅数量相当少,而

---

[1] 葛荃:《中国古代行政管理思想史》,天津:天津人民出版社,2016年版,第1—6页。
[2] 孔聪:《儒家治道思想要义及当代启示》,《人民法治》,2016年第11期。
[3] 王锋:《儒家伦理治道逻辑的权治观照》,《东南大学学报》(哲学社会科学版),2016年第5期。
[4] 钱锦宇:《先秦法家治国理政观的当代价值及其创造性转化——研究的意义、现状与框架》,《山东科技大学学报》(社会科学版),2016年第5期。

且代表性研究成果的学术水平也相当有限,但它在发掘和研究中国的行政传统资源,促进新时代国家治理体系与治理能力现代化的过程中,却又具有十分重要的理论意义和实践价值。

四、命题结构与分析方法剖析：2017年中国政治思想史研究述论

中国传统的现代转化在中国政治思想史研究领域渐成热点和焦点，在2017年，围绕着这个话题，产生了许多有影响的研究成果及代表性的学术观点。在中国政治思想史研究领域，不论是哪一个风格的研究者，都不能完全否认中国传统可能具有的现代价值，从而也都在一定程度上赞同对传统政治理论进行现代的转化。但不同价值取向的研究者在中国传统政治理论的现代转化方法及方式上，却又迥然不同。有的学者主张对中国传统政治理论采取直接拿来的方法。有的学者将这种主张称之为前现代的"原教旨主义儒家"，前现代的"原教旨主义儒家"不仅"倡导君主主义、家族主义、父权、男权等"，而且还"公然鼓吹'三纲'，反对人权、自由、民主等现代文明价值"[1]；有的学者则强调中国传统政治理论中的诸多概念与命题等，既具有历史的时代性，也具有超越历史阶段的普遍性，中国传统政治理论的现代转化在某种程度上就是剔除其历史的时代性内容，而提取其超越历史的普遍性"常道"[2]。有的学者主张对中国传统政治理论要进行批判性继承，强调中国传统政治理论只有经过了政治理论的批判，并经历了历史的再选择，才能实现传统的现代转化[3]。这种观点或重在对传统政治理论进行语义解析和历史渊源分析，完整呈现中国传统政治思想中某些被认为具有现代价值的政治思想

---

[1] 黄玉顺：《大陆新儒家政治哲学的现状与前景》，《衡水学院学报》，2017年第2期。
[2] 孙业成、张杨：《儒学常道与未来儒学发展》，《中州学刊》，2017年第3期。
[3] 张师伟：《批判继承与转换创新：传统儒家思想资源的现代转换》，《天府新论》，2017年第1期。

的历史渊源、原始含义变迁及社会政治影响等①；或者对传统政治理论在中国近现代的含义变迁过程，呈现传统政治理论进行现代转化的典型个案，揭示现代转化过程中所出现的含义变迁趋势，分析其中的规律性，展现作为含义变迁结果的具体概念及命题在理论上发生了何等重大的变化，在现代政治理论的建构上产生了什么样的理论后果②。

学术界热议中国传统政治理论的现代转化，虽然也有学者关注法家之以法治国的法治论，试图从先秦法家的理论体系中挑选出有利于现今之法治的理论成果来，古为今用；但学术界热议中国传统政治理论之现代转化的话题却是聚焦于儒家政治思想。近十几年来，儒家政治思想在中国政治思想研究史领域备受学者关注，不仅出现了不少以儒学之现代转化为主题的研究成果，有的学者以贤能政治来沟通传统儒家与现代中国，并以贤能政治与民主政治相抗衡③，而且还在理论的争鸣中逐步地浮现出了儒家与自由主义话题和儒家自由主义的旗帜④。儒家政治思想备受关注，既取决于儒学在传统政治理论中的主要地位和重大影响，也决定于当今有不少学者寄希望于儒学的现代化给现代中国提供理论养分，还取决于某些地方因为其在传统儒学发展中的特殊地位及特定影响，试图以儒学复兴作为推手，谋求振兴其有产业价值的地域文化。儒学复兴的潮流对中国政治思想史研究领域的传统之现代转化研究，产生了明显的聚焦效果与带动作用，但其研究成果却并无特别有益的政治科学价值，而更多地表现出了公众舆论上的政治意识形态影响力，加速了文化保守主义在当代中国的回潮，加重了当代中国政治文化的文化保守主义氛围。中国政治思想史研究领域的保守主义倾向在很大程度上影响了它的科学化，即保守主义过于倾心政治文化复古的心态，不仅往往以价值的意见代替了科学知识的探索，而且也因为过于关注自我的历史而忽略世界上的普遍性经历，而不太了解政治知识中普遍性知识的科学合理性，从而产生了拒斥普遍性知识的心理。

---

① 刘泽华：《"民为贵，社稷次之，君为轻"的思想渊源》，《史学月刊》，2017年第2期。
② 张师伟：《中国传统自由观与西方自由主义的相遇——严复自由话语建构的过渡性特征》，《探索与争鸣》，2017年第6期。
③ 贝淡宁：《中国的贤能政治与民主政治》，《山东省社会主义学院学报》，2017年第3期。
④ 黄玉顺：《自由主义儒家何以可能》，《当代儒学》（第十辑），2016年第2期。

(一) 中国政治思想史的研究宗旨讨论及分析方法争鸣

中国政治思想史研究向来有两个明显的学科传统,一是具有明显的经世济用特点,二是热衷于讨论传统与现代的关系。随着中国综合国力及国际影响力的大幅度提升,国内学术界围绕传统与现代关系的主题,逐步地形成了传统现代转化的时髦话题。这在一定程度上体现为中国政治思想史研究领域的研究宗旨与研究方法反思。在 2017 年中国政治思想史研究成果中,学者们对中国政治思想史研究的宗旨讨论和分析方法反思,比较明显地突出了学界对传统与现代关系的主题考虑,或明或暗地点明了传统现代转化在研究宗旨上的体现,集中体现了不同价值取向的传统现代转化对分析方法的要求。2017 年,中国政治思想史研究领域的研究宗旨探讨与分析方法争鸣,既体现了传统现代转化在研究宗旨及分析方法方面的理论要求,有的学者站在了传统现代转化对研究范式的要求高度来考虑有关的研究宗旨与分析方法问题[①],也与有关学者对王权主义学派研究方法的讨论与反思密切相关[②],学者们在评论和反思王权主义学派的研究方法中推进了学科研究方法的创新[③]。

1. 古为今用的研究宗旨讨论

中国政治思想史的研究宗旨该如何确定及其具体内容如何,已经是该学科领域的一个老问题。从认识论的角度来看,学科化的知识当然首先是要追求和满足学科化知识的认识功能,并以此来积累学科化的理论知识。中国政治思想史作为当代政治学理论学科的一个分支学科,其认识论取向的理论知识积累当然应该是它首先要追求和实现的研究宗旨。但自中国政治思想史作为一个学科在中国孕育和初步形成的时候开始,它的研究宗旨就是实践指向的而非理论认知取向的。从实践指向的维度来确定中国政治思想史的研究宗旨,一言以蔽之,就是救亡和复兴的经世济用,用学术的语言来表达,就是古为今用。杨肇中在《近百年来中国政治思想史研究范式之检讨》一文中,

---

[①] 杨肇中:《近百年来中国政治思想史研究范式之检讨》,《湖北经济学院学报》,2017 年第 4 期。
[②] 李振宏:《在矛盾中陈述历史:王权主义学派方法论思想研究》,《河南师范大学学报》(哲学社会科学版),2017 年第 5 期。
[③] 雷戈:《从简单本质到复杂本质——〈中国政治思想通史(综论卷)〉开放出的思想境域》,《史学月刊》,2016 年第 5 期。

将中国政治思想史研究的古为今用传统追溯到了学科孕育形成之初,同意有关学者提出的中国政治思想史研究本身就是近代中国"仁人志士为改变中国积贫积弱的落后局面","急切地向西方学习而产生的一门应急实用的学问",同时也指出了中国政治思想史研究中存在着的西方中心论色泽[①]。实际上,中国政治思想史研究的这两个特征乃是密切相关的,如果没有对西方某些知识的认同和引入,就不会产生中国政治思想史研究的专门学科,而为了更有利于救亡图存的政治启蒙又不得不以西方知识为背景来进行经世济用的分析,以便剔除其糟粕而取其精华。中国政治思想史研究的这个经世济用色泽不能理解为是纯粹学理性知识体系的实践效能,而是一种与学理性知识诉求并行甚至是掩盖了学理性知识诉求的一种实践性诉求,更多地关注思想要素的当代实践价值,却相对忽略了知识自身的整体性与学理性[②]。中国政治思想史研究的经世济用色泽迄今依然十分强烈,并被一些很有代表性的著名学者自觉地予以强调,中国政治思想史的研究在宗旨上要突出"古为今用"[③]。

实际上,中国政治思想史研究的"古为今用"宗旨在研究实践中不仅没有被淡化,反而伴随着学术界对中国当下政治实践及未来政治走向的关注而越发地得到了强化。这种强化既表现为一系列主张复兴政治儒学的研究主张,也表现为一些学者总以中国传统民本未能进一步发展出民主为遗憾的主张。如果说前者是按照自己理解的现代政治关键词来按图索骥地要求古人,从而在很多时候不免要强行指鹿为马,比如有些学者故意在混淆概念上下功夫,以中国古代"民本"为今天之"民主",以先秦法家之"法治"为今天之法治,等等;那么,后者就未免太多地替古人担忧了,实际上古人并无研究者所认为的诸多疑虑、困惑与矛盾的心情。雷戈教授指出"许多时候,今人对古人的同情,往往是自作多情;今人对古人的理解,常常是一知半解"[④]。在中国政治思想史的研究实践中,大多数强调古为今用的研究者都忘记了历史

---

① 杨肇中:《近百年来中国政治思想史研究范式之检讨》,《湖北经济学院学报》,2017年第4期。
② 张师伟:《中国政治思想史的学科定位及学术使命——一种基于知识论视角的分析》,《天津社会科学》,2013年第1期。
③ 田改伟、刘训练:《研究政治思想史要洋为中用、古为今用——徐大同先生访谈》,《政治学研究》,2014年第4期。
④ 雷戈:《从简单本质到复杂本质——〈中国政治思想通史(综论卷)〉开放出的思想境域》,《史学月刊》,2016年第5期。

现场，使得研究成果缺乏一种历史向度的问题针对性与理论整体性，在研究对象上或过度关注现代政治关键概念是否能够在中国传统政治理论中找到，且常常以找到而倍感欣慰和自豪，而以找不到为遗憾，在研究逻辑上则较多地强调中国传统政治理论中是否包含了一个完整的现代，并认为中国政治思想史研究应该以儒家经学为主要研究对象，从中找到那个几千年来一贯完整和普遍有效的政道。有研究者则更进一步将上述诉求具体化，以现代民主理论的概念及逻辑为出发点，在中国历史上找到了孟子这个研究对象，将孟子的政治理论分析成一个儒家版本的有限民主理论①。这种看法在很大程度上建立在民主知识不充分的基础上，在根本上错误地领会了民主政治的基本原理，从而忽略了作为民主本质特征的民治。

  尽管中国政治思想史的研究者大多数自觉地践行着古为今用的宗旨，但中国政治思想史研究成果却不被认可具有多大的科学价值。以现代政治学的准确概念及完整理论来分析和研究中国政治思想，准确地解读中国政治思想中的概念、判断与理论，还原特定历史语境中思想家的问题、议题与命题，呈现一个学科化的知识体系，就是中国政治思想史研究领域相对于实践指向的古为今用宗旨的另一种理论指向的学科化求知宗旨。这才是中国政治思想史研究不能不担当的学术使命②。萧公权先生的中国政治思想史研究是体现这个研究宗旨的最早最著名的代表。刘泽华先生的中国政治思想史研究虽有以史经世的色泽，但在追求完整呈现中国政治思想学理知识的向度上也十分突出。刘先生在学术研究中以史经世的取向主要关注如何从传统中走出来，虽然有的时候难免会替古人担心，但他更关注中国政治思想的理论整体性与历史连带性，研究方法也更合乎社会科学研究的学科规范，具有明显的实证史学特征。刘先生"注重陈述思想事实的完整性，注重时代及思想家政治问题与政治思维的完整性，注重从社会与思想的互动中来理解和评价思想"，"在中国政治思想研究领域走上了观念史社会分析的道路"，"创造了一个与中国传统历史解释相互融合的中国政治思想史的理论体系"，开创了"王权主义学

---

① 白彤东：《一个儒家版本的有限民主》，《当代儒学》（第九辑），2016 年第 1 期。
② 张师伟：《中国政治思想史的学科定位及学术使命——一种基于知识论视角的分析》，《天津社会科学》，2013 年第 1 期。

派"①。中国政治思想史研究以学科化知识积累为研究宗旨，就是要完整准确地呈现相关思想事实，描述思想发展的过程，分析思想变化的影响要素，这在某些关键词的研究上也有了一些新开始，值得关注。有的学者对中国近现代的自由观的传统话语背景进行了分析②，有的学者则对中国近代自由概念的含义变迁进行了分析，并指出了传统自由概念对近代自由观的概念含义及理论逻辑影响等③。

2. 政治思想史研究方法评议

有的学者在研究中指出，中国政治思想史作为一个理论学科，应该有自身的学科规范和专业门槛，并把学科规范和专业门槛作为一个中国政治思想史经历了学科规训的产物。但因为知识论取向的研究较为薄弱而古为今用的经世取向研究又过于发达的缘故，中国政治思想史作为一个学科实际上还缺少作为学科规训标志的学科规范与专业门槛。伴随着相关热点话题的深入讨论及学科的发展，中国政治思想史领域的研究方法讨论也逐渐受到了学者们的关注。在关于研究方法的讨论中，有的学者继承并较为强调了萧公权所开创的政治学视角和历史学方法的结合。熊海龙认为萧公权具有"西洋政治哲学的个人学术优长"，"精湛的政治哲学素养为他后来运用政治学观点来研究政治思想史创造了绝佳条件和可能"，萧公权政治学观点和历史学方法的结合，集中体现在他对中国政治思想史发展的两种不同历史分期，"既关注政治思想自身的演变，又注重将政治思想置于历史背景之中"，"按照'思想演变之大势'进行的时代划分，体现的是中国政治思想自身的演变"，"按照'思想之历史背景'进行的时代划分，注重的是孕育思想的时代背景"④。有的学者强调兼用政治学与历史学方法的使用，强调既要运用政治学理论研究和分

---

① 张师伟：《一个批判的解读：刘泽华王权主义的中国政治思想史研究述论》，《哈尔滨工业大学学报》（社会科学版），2016年第5期。
② 孙晓春、施正忠：《近代中国自由观建构的传统话语背景——政治哲学视阈下的庄子自由观及其影响》，《探索与争鸣》，2017年第6期。
③ 张师伟：《中国传统自由观与西方自由主义的相遇——严复自由话语建构的过渡性特征》，《探索与争鸣》，2017年第6期。
④ 熊海龙：《试论萧公权治中国政治思想史研究的基础、方法与特色》，《华夏文化》，2017年第1期。

析中国政治思想的政治问题，又要将中国政治思想置于一定的历史环境中进行阶级分析和历史意义的评价①。有的学者以国家政权问题为政治学的基本问题，并以国家理论的框架来研究和分析中国政治思想史，认为中国政治思想史就是不同阶级关于如何认识国家、组织国家和管理国家的思想的历史发展②。有的学者则以国家治理体系等为理论依托，研究和分析中国政治传统中关于国家治理的理论内容及历史贡献③。中国传统时代的政治理论固然有国家治理的内容，但却并无自觉的国家治理的系统理论，以国家治理的理论反观中国传统政治理论，必然在研究宗旨上带有一定的"古为今用"的研究情结，在研究方法上带有一定的建构主义特质。这种建构主义的方式在根本上有碍于视线的展开和研究的深入。

有的学者对历史学研究方法的使用较为推崇，并以萧公权为例来分析中国政治思想史研究中历史学方法的重要性和必要性，强调萧公权的中国政治思想史研究能保持一种人文社会科学价值中立的境界，而没有产生西学中源说或全盘西化那样的诠释，"在很大程度上要归功于其历史主义的研究取向"④。有的学者还对缺少历史学方法运用的研究成果进行了评述。雷戈认为"新儒学"或"国学"所进行的中国政治思想史研究"关心的只是自己的姿态和声调，从不真正关注中国历史和思想"，学者们在"高唱'学术本土化'、主张发掘'本土学术资源'时，往往把中国古代思想弄成了一种空灵和超脱的话语"，"他们把思想文本弄成一种在封闭的水管中流动的自来水"，以此作为"中国古代的真智慧、活思想"，如果"不对历史作大是大非的价值判断"，而"只玩弄一些鸡零狗碎的学术名词"，"夸张历史思想之理性、超越性、复杂性"，那就连"中国历史和思想的简单本质也无力触及"⑤。正是因为思想与历史密不可分，不能脱离历史来理解思想，否则就会因在方法上的

---

① 张师伟：《一个批判的解读：刘泽华王权主义的中国政治思想史研究述论》，《哈尔滨工业大学学报》（社会科学版），2016年第5期。
② 田改伟、刘训练：《研究政治思想史要洋为中用、古为今用——徐大同先生访谈》，《政治学研究》，2014年第4期。
③ 杨阳：《中国政治传统与国家治理的现代化》，《河北师范大学学报》（哲学社会科学版），2017年第1期。
④ 杨肇中：《近百年来中国政治思想史研究范式之检讨》，《湖北经济学院学报》，2017年第4期。
⑤ 雷戈：《从简单本质到复杂本质——〈中国政治思想通史（综论卷）〉开放出的思想境域》，《史学月刊》，2016年第5期。

建构主义而造成思想理解与解释中的自言自语甚至是指鹿为马。刘泽华先生提倡进行思想与社会互动研究,他在中国政治思想史研究中很好地贯彻了这个原则,坚持任何政治思想都有它的历史背景及特定含义,从而不能脱离历史环境和历史语境来理解政治思想,同时要完整地理解历史才能完整准确地理解政治思想,社会结构、社会运行机制及思想具有内在的有机联系性,正是在充分研究中国社会结构与运行机制的基础上,遵循社会存在决定社会意识的原理,刘先生提出了将社会结构、社会机制及思想文化统一起来的王权主义理论①。王权主义主要是一种描述性的理论观点,完整地描述了王权主义的理论内容,并不涉及价值判断,即在历史认识中承认王权主义的历史必然性和现实合理性。

李振宏很早就关注刘泽华等人的中国政治思想史研究,并率先在学术界对刘泽华学派或王权主义学派进行了系统的评述,李先生有着厚重的历史学修养,与王学典等关注刘泽华学派关于中国历史研究的启蒙价值与在中国历史宏观解释方面所产生的主要学术价值不同,李振宏更为关注刘泽华学派在中国政治思想史研究领域的理论影响和学术价值。刘泽华学派的中国政治思想史研究与中国历史的研究密切相关,而李振宏对刘泽华学派研究方法的关注也主要体现了历史学的视野,他强调刘泽华学派在研究方法上十分注意辩证方法的运用,辩证方法具体表现为"在矛盾中陈述历史"的研究方法自觉。"王权主义学派,是中国大陆在改革开放之后,中国古代政治思想史研究领域涌现出来的一个史学派别","在矛盾中陈述历史,是以刘泽华为代表的王权主义学派在中国政治思想史研究中贯彻的一种重要的方法论思想",这一方法论思想"来源于马克思的一段话","在刘泽华这里被得到了阐发和实践",在"研究实践中被证明是极其有效的思想史研究方法论"。"在矛盾中陈述历史"是"辩证地分析问题的另一种说法","是辩证法在具体的历史学方法论中的体现"②。缺乏了辩证方法的运用,就不能认识历史的辩证规律,就不能完整准确地认识中国政治思想,从而不能不得出似是而非的片面性结论。"铺天盖地的国学研究、新儒家的言说","在大肆张扬儒家文化中所谓民本思想

---

① 张师伟:《一个批判的解读:刘泽华王权主义的中国政治思想史研究述论》,《哈尔滨工业大学学报》(社会科学版),2016年第5期。
② 李振宏:《在矛盾中陈述历史:王权主义学派方法论思想研究》,《河南师范大学学报》(哲学社会科学版),2017年第5期。

精华的时候,在张扬高傲的道高于君的所谓思想独立性的时候,基本上都不大懂得'历史事实从矛盾的陈述中清理出来'的道理,因而也不可能去对他们所张扬的所谓儒家思想精华进行完整而有机地把握",在这种情况下,"在矛盾中陈述历史"的思想史方法论,就因为可以避免认知与论述的片面性而具有了"重要的思想价值"①。这在某种程度上乃是贯彻历史与逻辑相统一的研究方法,也是刘泽华先生强调要进行思想与社会的互动研究在思想史研究领域的具体表现。

3. 假言判断造成的逻辑瑕疵

从学科规范的严谨性和学术表述的科学性来说,中国政治思想史研究领域古为今用传统,造成了一些缺乏事实依据和逻辑严谨性的诸多假言判断。这些假言判断,既不能证实,也不能证伪,其中大多数都体现了现代学者对古人的自作多情,但是却在结果上主张了人们在研究中随心所欲地给出假言判断,其中一些虽仅仅似是而非,但也足够混淆视听,还有一些则明显导致了理论逻辑上的理解错误,发生了思想认识上的指鹿为马。雷戈在《从简单本质到复杂本质——〈中国政治思想通史(综论卷)〉开放出的思想境域》一文中对中国政治思想史研究领域的假言判断进行了细致的分析。他首先区别了假设与假言判断的根本不同,明确提出"假言判断不是假设"的认识。"假设是对未知答案的合理假定",而"假言判断则是对已知事物的虚拟断言"②。假设是理论研究的必要组成部分,但正因为如此它就面临着在理论逻辑中被证实或证伪的结果,假设不论是被证实,还是被证伪,它的理论价值都不容忽视。但假言判断在理论研究中却是一个无意义的存在,即它在理论研究上并不必要,不仅实属多余,而且在理论研究中还是有害的,"它只是对既定事实所作的某种想当然的引申","这种引申往往表现为一种单线式的历史目的论断言",假言断言"并非不对"而只是"不当"③。为什么呢?因为既然证实是逻辑上的对,证伪是逻辑上的不对,那么,假言判断根本没有经

---

① 李振宏:《在矛盾中陈述历史:王权主义学派方法论思想研究》,《河南师范大学学报》(哲学社会科学版),2017年第5期。
② 雷戈:《从简单本质到复杂本质——〈中国政治思想通史(综论卷)〉开放出的思想境域》,《史学月刊》,2016年第5期。
③ 雷戈:《从简单本质到复杂本质——〈中国政治思想通史(综论卷)〉开放出的思想境域》,《史学月刊》,2016年第5期。

验事实可以证实或证伪,所以它当然就无所谓逻辑上的对与不对;但它的"不当"却是毫无疑义的,因为假言判断既"未对原有事实作出新的分析,亦未对现有结论作出新的论证",从而也就在逻辑上没有什么认识论意义上的理论价值。

雷戈分析了刘泽华主编的《中国政治思想通史》(综论卷)的研究方法,他特别看重并认同思想与社会互动以研究思想的方法,并认为在某种意义上,"刘泽华对中国历史和思想的一些基本判断可谓不刊之论,应该成为人们观察中国传统政治和文化的基准",但是,既然"假言判断很难完全避免",所以尽管"刘泽华的文章是一种朴素的实证风格"①,那么刘泽华的中国政治思想史研究也自然难以假言判断。实际上,雷戈认为"刘泽华的学术个性使他总有一种作出假言判断的冲动","一个本来确凿的历史判断也会被他引申出一个可疑的假言判断"②。比如,刘先生曾论述"沿着'民本'推下去,可以推出民主思想"③,雷戈认为这个说法就是一个"理想化的轻率说法",因为从理论的思想事实来看,"不是民本遇到王权转向,而是民本顺着王权转向;不是民本遇到王权止步不前,而是民本随着王权亦步亦趋",不是士大夫创造的思想文化在"王权面前无逻辑,而是王权本身即逻辑,啥逻辑在王权跟前都不是逻辑","王权是元逻辑,其他逻辑都是派生的次逻辑"④。中国政治思想史研究在事实层面上的研究应停留在思想事实的陈述与理论逻辑的呈现上,对于在事实层面上缺少依据的假言判断,应尽量予以避免,即既不能假定士大夫创造的思想文化会在遇不到王权的情况下怎么展开,也不能假定士大夫如果可以对抗王权而思想文化当有何种理论的可能,更不能假定民本在理论上突破了王权羁绊而获得如何的理论可能。刘先生在中国政治思想史研究中的诸多"假言判断",都是多余的"不必要假设","总给人一种先入为主的主观推理感觉",属于一种"极端理性主义"的"唯理论","思想史研究要

---

① 雷戈:《从简单本质到复杂本质——〈中国政治思想通史(综论卷)〉开放出的思想境域》,《史学月刊》,2016年第5期。
② 雷戈:《从简单本质到复杂本质——〈中国政治思想通史(综论卷)〉开放出的思想境域》,《史学月刊》,2016年第5期。
③ 刘泽华:《中国政治思想通史》(综论卷),北京:中国人民大学出版社,2014年版,第139页。
④ 雷戈:《从简单本质到复杂本质——〈中国政治思想通史(综论卷)〉开放出的思想境域》,《史学月刊》,2016年第5期。

警惕思想决定论,不要幻想思想灵光一现,就峰回路转"①。

中国政治思想史研究所以要警惕假言判断,就是因为不少研究者都过于高估思想在历史中的重要影响,甚至在许多时候中国政治思想史研究或者变成了一种偏执的幻想寻找,或者变成了假言判断思维下肆无忌惮地指鹿为马,或者变成了一种相信文化"常道"的盲目自信,又或者徒生了许多对历史上思想的多情或无奈。过于相信思想文化决定论,就必然会轻视历史相对于思想的复杂性,就会毫无节制地强调思想文化的重要性,就必然会失去对历史的敬畏②。虽然雷戈是在评述刘泽华先生研究中诸多"替古人发愁"的假言判断,他认为刘先生的这些假言判断所表达的"善意","古人未必愿意领情",但刘先生立足历史,以思想与社会互动原则来研究中国政治思想事实的结论,仍然在历史事实的层面上相当有说服力,可以成为人们观察中国历史和文化的"基准"③。假言判断的存在对于王权主义学派而言,实际上是经世情结与启蒙意识的体现,其对历史的多情恰好体现了它的古为今用色泽。从科学严谨性的角度来看,王权主义学派的假言判断并未十分泛滥,但如果人们能从刘泽华先生王权主义学派的诸多观点中剔除诸多假言判断,那么,王权主义学派的理论逻辑就会更加清晰、更加准确、更加纯粹。在中国政治思想史研究中,刘泽华先生开创的王权主义学派最为关注和研究思想事实,其历史主义的分析视角和分析方法也最为突出,其研究成果的科学性拥有可靠的历史事实佐证,虽然也存在着假言判断的逻辑瑕疵,却也在总体上瑕不掩瑜。但在中国政治思想史研究领域,不以政治思想的历史事实为分析对象的先验分析还比较多,他们关注自己的逻辑远胜于关注政治思想的历史事实,这就难免要陷入对历史思想的自作多情,从而在研究中陷入假言判断的泥淖。有的学者从孟子的政治思想事实之中,延伸性地推断出了一个儒家版本的有限民主理论。虽然他的论证形式看上去很现代,既依托于罗尔斯等的论证,又在论述过程中体现了逻辑的严谨性,但也正因如此而在结论上越发让人感

---

① 雷戈:《从简单本质到复杂本质——〈中国政治思想通史(综论卷)〉开放出的思想境域》,《史学月刊》,2016年第5期。
② 雷戈:《从简单本质到复杂本质——〈中国政治思想通史(综论卷)〉开放出的思想境域》,《史学月刊》,2016年第5期。
③ 雷戈:《从简单本质到复杂本质——〈中国政治思想通史(综论卷)〉开放出的思想境域》,《史学月刊》,2016年第5期。

觉到这很可能只是一个放大了的假言判断①。

（二）中国古代政治思想研究以今释古的现代解读

中国政治传统的现代转化要经历一个历史的过程，它既不能在短暂的时间内完成，也不能适用直接拿来的转化方法。有学者认为中国传统的现代转化不仅要经历一个思想发展的历史过程，这个过程始终存在着思想与社会的互动，古代的思想资源只有通过参与解决社会发展中的问题，才能真正具有与社会发展阶段相适应的时代性；同时古代的思想资源也只有经过了一定的理论批判，才能剔除其具体的历史局限，获得新的时代价值，批判继承是转换创新的前提，转换创新是批判继承的目的，两者的结合在一定程度上就是对政治或文化复古论的直接否定②。中国政治传统的现代转化离不开必要的古今对话，一方面现代人要站在今天的立场及背景下去理解和解释古人的思想，这种解释在理论上必然是自觉地以今释古解读，但这又是中国政治思想史研究的起码要求，不进行这种解读就不能进行任何中国政治思想史的研究；另一方面，这种古今对话又是传统现代转化的重要路径，如果不展开对话，传统思想资源就没有机会参与到现代社会问题的解决中，从而也就没有机会进行传统的所谓现代转化了③。从理解和解释的方法来看，中国政治思想史研究中的以今释古解读，既包含历史主义的还原性解读，也包含托古取向的建构性解读，还包括复古取向的信仰性解读，三者之间的博弈和争鸣将在一定程度上长期存在。中国政治思想史研究也就在这种多元的解读和多样的方法下获得一个又一个的阶段性发展成果，并最终实现中国政治思想史研究的知识积累和理论积淀的学术使命。

1. 历史主义的还原性解读

从历史认识论的角度来看，中国政治思想史研究与任何历史学的分支学科一样，都属于间接性认识，即认识者和认识对象不共存于同一个时代，那么认识者就只能通过史料的媒介进行间接性的认识。因为史料自身具有既

---

① 白彤东：《一个儒家版本的有限民主》，《当代儒学》（第九辑），2016 年第 1 期。
② 张师伟：《批判继承与转换创新：传统儒家思想资源的现代转换》，《天府新论》，2017 年第 1 期。
③ 张师伟：《批判继承与转换创新：传统儒家思想资源的现代转换》，《天府新论》，2017 年第 1 期。

反映历史事实又与历史事实不完全重合的特点,进一步滋生了史料相对于历史事实的二重性,即史料一方面不能完全反映历史事实,造成了史料只反映了一部分历史事实的情形;另一方面史料又在其形成过程中带有作者的局限性,从而使得史料所反映的内容中包含了作者的主观性,从而造成了史料在内容上大于历史事实的情形。因此历史认识的第一步就是进行考实性认识,尽可能还原历史事实,而后才能谈得上进行可靠的抽象性认识和价值性认识①。中国政治思想史研究作为中国历史研究的一部分,在方法论上也适用前述历史认识论的原则与规律,这意味着中国政治思想史研究不仅要进行考实性认识、抽象性认识和价值性认识,而且考实性认识在其中的前提和基础性地位也不容置疑。有的研究者则对考实性的认识不很重视,甚至对古籍如《尚书》的文本真伪,也觉得远不如直接从"元典"中汲取所谓"精髓"重要,不仅认为"过度的经文考据,在某种意义上反而容易阻碍《尚书》的学理发展",而且更进一步断言"'伪文'在精神层面的价值,已经超越了自身的文本真伪限制"②。但如果依托的史料错误,不慎将秦汉时期生成的伪文作为先秦政治思想之依据的话,就很难达到以《尚书》作为孔子政治思想源头的结论,虽然儒家思想的形成有其远古政治文献的基础,孔子等人的"融旧铸新"开创了儒家学派,但要准确了解先秦儒家的政治思想,还是要以儒家的政治思想事实为基础来进行还原性解读,否则不仅很难得出一个比较公允的客观结论来,而且很难保证研究者汲取出来的所谓"精髓"具有起码的理论价值,以逻辑上虚假的认识为推理前提,其逻辑结果也只能是虚假的认知,从而不足以作为理论发展的必要逻辑支撑。中国政治思想史研究作为一个认识特定历史内容的学术活动,不能不考虑认识历史的诸多特殊性,特别是要充分考虑即便是作为政治思想事实的历史事实,也具有相当的客观性,既有时间断代上的客观性,政治概念及命题的时代性不容忽视,也有空间场域的客观性,政治概念及命题具有特定的社会内涵,离开了政治思想事实客观性的限制,就很难达到中国政治思想史研究的理论目的,也很难实现其学术使命。

刘泽华先生的中国政治思想史研究具有鲜明的历史主义取向,从而在解

---

① 刘泽华、张国刚:《历史认识论纲》,《文史哲》,1986年第5期。
② 刘海龙:《〈尚书〉思想价值辨证——兼论儒家政治哲学奠基》,《安徽大学学报》(哲学社会科学版),2017年第2期。

读的方式上也更强调还原性解读，他所关注的问题首先是中国政治思想史的诸多思想事实究竟如何，而他所研究的结果也主要是呈现一种完整历史事实的中国政治思想史。李振宏认为刘泽华的王权主义学派首先关注中国历史上是否存在一个王权主义性质的君主专制主义政治理论，并以陈述的方式来展示这个王权主义政治理论的客观内容，王权主义在中国历史上的存在有其历史的必然性和合理性①。还原性的解读不仅是一种陈述的解读，更是一种辩证的解读，从而实现了将作为一个完整事实的矛盾两方面都客观地呈现出来，惟其如此，才能达到还原性解读的客观性目的，否则就会因违反了历史的辩证法而得出极为片面也明显违背历史真实的结论。刘泽华先生在中国政治思想史的还原性解读中，发现了中国政治思想事实的历史辩证法及其具体体现，他特别强调"我们的先哲几乎都不从一个理论元点来推导自己的理论，而是在'阴阳组合结构'中进行思维和阐明道理"，"这种'结构'的思维方式和认知路线对把握事务非常有用，也非常聪慧，正是所谓的'极高明而道中庸'"，"这种结构的容量很大，说东有东，说西有西，既可以把君主之尊和伟大捧得比天高，但又可以进谏批评，乃至对桀纣之君进行革命"，"直到西方新政治思想传入以前，先哲们没有人能突破这种阴阳组合结构"②。"阴阳组合结构"是中国古代政治思维的普遍事实，大到中国古代政治思想的整个体系，小到一般的思想范畴，都是以这种组合结构的形式存在着③。中国政治思想史研究忽略了这种作为普遍事实的阴阳组合结构，就很难完整地呈现其作为思想事实的有关内容，而不能不陷入片面陈述的尴尬。不少研究者在面对中国政治思想的阴阳组合结构时，往往只是强调其中的一个方面，而忽略另一个方面，这就不能不在推论过程中犯下片面主义的过错，从而得出一个片面的结论。比如在分析中国传统的国本问题时，只是片面强调民惟邦本，而忽略了古代官员或学者在讨论具体国本问题时，所论述的内容往往从立君以为国的方面来立论。民本和君本并不矛盾，民本只是强调价值目的上的为民，

---

① 李振宏：《在矛盾中陈述历史：王权主义学派方法论思想研究》，《河南师范大学学报》（哲学社会科学版），2017年第5期。
② 刘泽华：《传统政治思维的阴阳组合结构》，《南开学报》（哲学社会科学版），2006年第5期。
③ 李振宏：《在矛盾中陈述历史：王权主义学派方法论思想研究》，《河南师范大学学报》（哲学社会科学版），2017年第5期。

虽然立天子以为民，但天子不为民的时候，并不能追求其实际的政治责任；君本则是强调国家权力体系建构中的原点，一切权力都从君权派生出来，并对君权负责，其他权力只是君权的辅助者和代理者。

中国政治思想史研究的历史还原当然首先要进行概念的分析，剖明某个概念特别是关键政治概念在历史上特定语境中的原初含义，是了解和还原政治思想事实的最基本要求。有些现代人耳熟能详的关键政治概念，很早就存在于中国政治思想史上，虽然其在古代政治理论中的地位并不十分突出，但它在古代的含义也是十分确定的，并且其在古代的含义也迥然不同于它在今天的含义。比如自由，有学者在研究中梳理了中国政治思想史上诸多关于自由的思想事实，既分析了自由概念在近代接触西方以前的稳定含义，又分析了中国古代自由思想的若干学派源流，并分析了不论是中国古代的自由概念，还是中国古代的自由思想，都远非中国近现代自由概念与自由思想的古代同类项，虽然后者明显地受到了前者的含义濡染，但两者之间的含义关系准确地说仍然只能是同词不同意①。中国政治思想史研究的历史还原还要进行思想逻辑的分析，注重将中国政治思想的理论内容及其逻辑完整客观地呈现出来。比如学术界常常有人将民本价值与君主专制对立起来，而两者之间的逻辑关系却在论述中被遮蔽了起来，并因此而片面甚至是错误地领会了民本的理论内容及其与君主专制在理论上的逻辑关系。有的学者对孟子民本思想中"民贵君轻"的专制本质进行了分析，为了避免"望文生义、断章取义、随意演绎、主观臆断而导致的误判"，作者强调"民贵君轻"问题的研究必须要坚持"历史与逻辑的统一、思想与社会的统一、抽象与具体的统一、理论与实践的统一"，"进行全方位、多视角、深层次的系统研究"，在此基础上，作者认为"'民贵君轻'是中国古代统治思想的核心要素及中华帝制的根本法则，属于专制主义政治理论命题"②。有的学者从概念命题之名与实关系的视角出发，分析了中国古代政治理论中的君主专制主义内容，认为中国古代虽然没有君

---

① 张师伟：《中国传统自由观与西方自由主义的相遇——严复自由话语建构的过渡性特征》，《探索与争鸣》，2017年第6期。
② 张分田：《思想体系分析法的构成要件及具体运用——以揭示"民贵君轻"专制本质的学术路径为例证》，《天津社会科学》，2017年第1期。

主专制主义之名,但却存在君主专制主义之实①。实际上,中国古代君主专制主义并不以专制自称,其另有表达君主专制主义的概念,有的学者呈现了这种概念体系,其核心内容概括起来就是君主的"独",具体来说君主有"五独",即君主"天下独占、地位独尊、势位独一、权力独操、决事独断"②。君主"五独"更加具体化的成果就是秦始皇开创的皇帝理论及皇帝制度。

2. 托古取向的建构性解读

中国具有源远流长的历史和厚重丰厚的思想遗产,不少的政治家或思想家在进行政治创制或改制的时候往往托古以为依据,不论是先秦诸子,还是两汉之际的王莽改制,抑或是戊戌维新时期的康有为,都莫不如此。实际上,早在康有为之前,近代中国早期的先进分子在介绍、评价及引进西方政治的时候,就已经托儒家之古而以为依据。所谓托古,就是借古人思想的概念、命题及推理,来实现古人未曾有的理论主张,而在中国政治思想史研究中的托古,就是将研究者的思想主张及理论逻辑加之于作为研究对象的古人,从而替古人建构一个在历史上既不必要又不可能并且还缺少充分思想事实材料支持的理论体系。比如关于孟子的民本思想,有的学者不满足于《孟子》所提供的文本资料,也并不着力于进行概念及命题等思想事实的含义解释与逻辑梳理,却将现代人如罗尔斯等关于民主的理论作为分析的基本理论框架,着重处理孟子思想与现代民主思想等的相容性,以孟子等儒家思想与民主思想的相容关系,代替了儒家内圣与民主科学"新外王"的生出关系,在理论上发掘出了一个儒家版本的有限民主③。孟子思想与民主理论的相容与否,既不是一个真实存在的历史问题,也不是一个孟子思想必须面对和解决的理论问题,更不是一个当代中国需要处理的现实问题,从任何一个意义上说都只是出于建构性解读而在理论上提出来的一个假问题。再比如关于道家与自由主义的问题,有的学者认为"道家思想很合乎自由主义的精神",强调道家"学说宗旨——自然无为——就是在为民众争取实实在在的不受外在力量强制

---

① 张师伟:《中国传统"君主专制"认识的名实之辨》,《山东科技大学学报》(社会科学版),2017年第1期。
② 刘泽华:《中国传统政治哲学与社会整合》,北京:中国社会科学出版社,2000年版,第158-164页。
③ 白彤东:《一个儒家版本的有限民主》,《当代儒学》(第九辑),2016年第1期。

干涉的权利"①。作者此处显然并不是在完整分析道家思想材料之后才得出结论，而是以自由主义的若干命题为背景，建构性地解读道家有关提法，从而替道家建构起了一个自由主义的理论框架。这个理论框架及其中的问题等都是今人替古人找出来的，而非古人所固有的，以己度人的建构在这个结论的形成中起着决定性的作用。实际上，古人自有古人的政治问题，他们的概念等主要是解释和解决自己的政治问题，以古人的概念来回答今人的政治问题，无疑会产生理论上的时空错乱。

  儒家与"贤能政治"的关系如何，虽然颇受某些学者关注，但也同样并不是一个客观存在于历史上的真问题，而是一个包含了太多现代政治理论投射的建构性假问题。传统儒家的政治十分重视德之贤，但将儒家治理的理想范式归结为贤能政治，就不太合乎历史的实际。司马光关于德才关系的论述，其核心也仍然是强调用有德之人、以君子治国。有学者以贤能政治的理想范式来解读传统儒家的治理思想，显然也带有浓郁的托古情结和解读方法上的明显建构主义特质。贝淡宁所谓贤能政治，首先是指当代中国区别于"民主选举制"的"政治尚贤制"，认为"政治尚贤制"比"民主选举制""更适合像中国这样的大国，它能够有效规避民主选举制的主要缺陷"；其次他强调中国的"政治尚贤制""有着深远的历史渊源"，"儒家一直认为理想的国家需要由最优秀的人才来管理"②。有的学者强调指出"中国式贤能政治""在很大程度上是对传统中国'政者正也，选贤与能'的贤能政治模式的回归"，并进一步将"贤能政治"的主张，一直追溯到了传统儒家的典籍中，如引述孟子之言，明确强调"贤，有德者，使之在位，则足以正君而善俗"，"能，有才者，使之在职，则足以修政而立事"③。这就在一定程度上将贤能政治的范式加在了孟子头上，把孟子形容为一个主张贤能政治范式的儒者。有的学者认为贤与能乃是任何政治系统的理想追求，没有任何一个政治系统会追求道德上的腐朽和效率上的无能，中国传统选贤与能的政治理想只

---

① 汪韶军：《老庄政治哲学研究中的几个关键词及其反思》，《云梦学刊》，2017年第6期。
② 贝淡宁：《中国的贤能政治与民主政治》，《山东省社会主义学院学报》，2017年第3期。
③ 孙国东：《内倾型的贤能政治——基于"历史终结论"病理学逻辑的政治哲学分析》，《复旦学报》（社会科学版），2017年第5期。

能导致制度上的君主专制。如果说中国传统确实存在着一个主张贤能合一的政治理想，那么它也走不出君主专制的羁绊①。该研究以描述而不是建构的方法，以黄宗羲的政治理想为样本，分析了其贤能政治的民本价值诉求与君主专制的制度逻辑②。有的学者分析了孙中山关于贤能政治的设想，并指出了它所带有的传统专制色泽③。贤能政治的话题在国内引起的关注与热议，在一定程度上与儒学的复兴有关，虽然贤能政治的提出者试图以贤能政治来解读中国现实，并以此来回应民主选举的难题，但更多的贤能政治提倡者则将关注的对象集中在儒家上，将儒家的精英治国转换成了贤能政治。不过，有的学者已经坦言贤能政治很可能是一条通往专制主义的路，提醒人们在理论上予以充分的注意。

学者们对儒家政治思想与诸多现代政治关键词如人权、法治、自由主义等关系的探讨，也存在着较为明显的建构性解读的特质，即学者们站在现代政治的立场上，立足于现代政治的关键词含义，试图从儒家的思想材料中解读出相应的内容来，以阐明儒家政治思想中的所谓现代性。当然，学者们或者更多地关注和关心儒家政治思想是否与诸多现代政治关键词如人权、法治、自由主义等相容，或者关心儒家政治思想中是否存在着诸多现代政治关键词如人权、法治、自由主义等的同类项。建构性解读的结果似乎是一个由含义明确概念合逻辑地组成的清晰理论体系，但它不论是在概念的意义解释上，还是在理论体系的逻辑建构上，都远离了儒家政治思想的基本思想事实。有的学者强调了区别于孟子德治的荀子法治，并认为中国传统法治的"真精神不在法家，而在荀子"，而后就在现代关于德治与法治之理论的指导下，论述荀子法治思想的内容，他认为荀子之所以主张法治者，既是因为他的思想中存在着今天所称的"人权价值观"，可以作为法治的价值基础，也因为荀子的"明天人之分"中包含了权利观，还因为荀子从天命论来论述人的法权④。有的学者认为"儒家思想与人权话语、人权标准不是相互对立或否定的关系，

---

① 张师伟：《中国传统贤能政治的民本价值与君主专制逻辑——兼论黄宗羲的君主论》，《学术界》，2017年第7期。
② 张师伟：《中国传统贤能政治的民本价值与君主专制逻辑——兼论黄宗羲的君主论》，《学术界》，2017年第7期。
③ 颜德如：《孙中山贤能政治观之反思》，《学术界》，2017年第7期。
④ 杨万江：《论荀子的法治思想——与孟子的德治思想比较》，《当代儒学》，2016年第2期。

反而两者有着相通或相同的伦理内涵、伦理指向",现代人权"本质上是种权利诉求","儒家有丰富的生命权、生存权、社会公平、民主政府、自由意志等主张",作者所谓儒家在这里仅以孔子和孟子为准,并不包含荀子以后秦汉儒家①。人权话语自成体系,即使是以孔子和孟子为榜样的原始儒家也并没有现代人权的基本概念及理论逻辑,至少从他们的相关思想材料中找不到相应的政治思想事实,因而这种在儒家中找到现代人权类似物的解读就只能来自研究者在研究之前就已经确定的某种理论体系,他们以此为准,建构性地解读和解释了儒家思想,并从中演绎出了传统儒家的人权话语或人权思想,从而实现了儒家人权话语的古今贯通。但就传统儒家的思想事实而言,其中既无丝毫人权的词句,也没有相关的理论内容阐释,在儒家完整的话语体系中也完全找不到人权内容的逻辑位置,因而所谓儒家人权话语或人权思想只能完全出自于研究者的建构性解读。

3. 复古取向的信仰性解读

自从明末西学东渐以来,中国学术界就存在着形形色色的西学中源说,强调西学中的某些知识或理论内容源于中国古代学术。西学中源说,一方面为一部分接受西学内容的士大夫提供了文化尊严的掩饰,在表面上将接受西学变成了恢复古学,从而在一定程度上为西学进入中国打开了方便之门;另一方面,西学中源说也确实在认识上造成了中国古代学术与西学的某种混合,在传入的西学中羼入了中国古学的内容,刚刚传入的西学因此变得驳杂不纯。西学中源说在鸦片战争之后得到了进一步的膨胀,并在学术上造成了关于社会、政治、法律等的西方学术内容也被描述成了中国古已有之,西学内容的引入和接受也被描述成了一个自觉的古学恢复。徐继畲等将美国的共和国描述成了中国三代时期的天下为公,薛福成等则在中国上古时期找到了作为国家制度的民主,梁启超更在中国上古找到了议院,严复在中国传统文化中找到了自由,如此等等,都将西学的一定内容描述成了中国古代学术的同类项,并将学习西学与恢复古学在一定程度上等同起来。随着改革开放的深入及中国综合国力的大幅度提升,一些学者再一次走进了复古的学术进路,试图以中国上古时期创建的一些普遍性东西,来指导当代中国的发展及未来中国的

---

① 林桂榛:《儒家思想与人权观念的交汇》,《人文天下》(第十辑),2016年第15期。

发展。有些学者认为各大文明都有各自的"常道"①,并由此推断和陈述中国文化的"常道",强调"现代儒学的历史使命就是为建立现代中华文明的'常道'做出贡献"②。有的学者强调指出"中华民族的伟大复兴,一定离不开孔子儒学的精神滋养"③。有的学者则站在中华民族共同体历史建构的高度肯定了儒家的"亲亲孝悌之道""是培养普遍性人类之爱或普世性同情之心的天然的源头活水和坚实根基"④。有的学者试图追溯现代法治的传统儒家源头,试图从儒家传统政治哲学中复原出当代中国所需要的法治理论,强调"现代性的中国法哲学体系必须在理学以及整个传统儒学的义理体系内进行继承和创造"⑤。这就在一定程度上将儒学的义理体系作为了普遍中国属性的一种载体,存在于过去的儒家义理体系在今天也必然要发挥作用,今天的法哲学仍然离不开儒家的义理体系,实际上也就是要在现实的法哲学中进行儒家义理体系的复古。

有的学者站在当下世界治理的角度,研究和反思了儒家的王道天下思想。他认为"儒家政治有着悠久的'王道天下'的传统,其出发点不是对一家一国的治理,而是对世界的治理","尽管其中的具体制度不可能再适应当今全球化时代的世界治理",但"王道天下"的观念对世界治理仍有着全新的启示,因此"从世界治理的视角,重新理解儒家政治传统的现代价值",就是要"重新认识儒家政治'王道天下'的传统",并能对其进行"更化",以适应世界治理及人类和平的需要。作者站在世界治理的角度,首先分析了以民族国家为基本单位的世界治理的弊端,并以此为背景突出了周公、孔子对天下治理的诸多设计,从中概括出了儒家周孔传统的"王道天下"基本内容,突出了西周的"天下无外"及孔子的"天下为公""天下共治""兼容并蓄"等⑥。从作者所描述的"王道天下"内容来看,作者所述基本上是一种建构

---

① 李清良、张丰赞:《现代儒学与中华文明之"常道"——基于文明论视域的考察》,《天津社会科学》,2017年第4期。
② 李清良、张丰赞:《现代儒学与中华文明之"常道"——基于文明论视域的考察》,《天津社会科学》,2017年第4期。
③ 孙业成、张杨:《儒学常道与未来儒学发展》,《中州学刊》,2017年第3期。
④ 林存光:《中华民族共同体的历史构建、文化认同与儒家智慧》,《中央社会主义学院学报》,2017年第5期。
⑤ 宋大琦:《儒家道统中的法哲学体系传承及其现代转型》,《原道》,2017年第1期。
⑥ 孙磊:《王道天下与世界治理——论儒家政治传统与当代国际政治新秩序的构建》,《原道》,2017年第2期。

性解读的结果，但从作者对"王道天下"的态度来看，则显然具有一种将儒家"王道天下"的政治传统移植到当代的主观动机，从而又具有了在当代要进行儒家政治传统复古的色泽。有的学者在政治上复古，重提儒家传统的"天下主义"，乃是为了回应亨廷顿等提出的"文明的冲突"，一方面强调"不同文明可并存"，而不必然相互冲突；另一方面又认为要"以先进文明'化'其他文明，最终进至太平之世"，传统儒家之天下观"由夏化夷，最终皆奉儒家礼义"，有学者标榜天下主义，就是要突出"天下之万物各得所利"，要求"自我修德为先""以修身为中心"，以德服人，"百姓各遂其性"①。"天下主义"虽然在思想上源于中国儒家典籍的若干判断，如"溥天之下，莫非王土，率土之滨，莫非王臣""天下者，天下人之天下"，但它的上述内容表述却大多是研究者的有意建构，而研究者又颇以为中国传统儒家具备所谓"天下主义"的完整观点，并试图以此作为当代中国的行为指南，追求传统儒家"天下主义"在当代的再现，从而表现出了政治上的复古态度。"天下主义"实际上在思维上完全承接了传统儒学，虽然着眼于当代世界的治理，但却几乎完全是一种一厢情愿的复古自恋。中国传统儒家所设想的天下不可避免地带有等级性，强调夷夏有别，既有彼此政治地位的尊卑贵贱差异，尊贵中华，卑贱四夷，也有彼此之间的统治关系，中华统帅四夷，四夷拥戴中华。"天下主义"片面地赞同了儒家的文明共存理念，但是却回避了彼此之间并不平等的内容。两者本来是并存的，存其一，废其一，就是失之于偏颇。

（三）中国传统政治思想现代转化中的继承与批判

中国传统政治思想的现代转化有两方面的含义，一方面它是指当代中国如何继承传统优秀政治思想，并将之进行现代转化的理论加工，从而实现中国政治思想史研究的古为今用；另一方面，它又指中国传统政治思想在近现代中国所发生的含义转化的历史变迁，作为一个历史过程，中国传统政治思想的现代转化本身既已是一个客观展开的过程，也是一个中国传统政治思想在近现代中国的历史阅历。国内学术界比较关注继承与转化，或者将继承定位为批判性的继承，或者定位为抽象的继承，或者定位为拿来主义的复古式继承，或者只强调继承传统的精华，或者只强调继承其中的某个阶段的某个

---

① 王光辉：《公羊夷夏论与天下主义》，《原道》，2017年第4期。

学派,如先秦时期的原始儒家、先秦法家、先秦道家等,都在主张继承传统的学者中受到了一定的关注。从中国政治思想史研究的情况来看,不论是研究中国传统阶段的政治思想,还是研究中国近现代的政治思想,都比较关注中国传统政治理论在近现代及当代中国的现代转化问题。但不同价值取向及分析方法的研究者,在如何对中国传统政治理论进行现代转化的具体问题上,却方法各异,观点分歧明显。

1. 复古性的拿来主义继承

中国学术思想界的尚古和复古可以说是一个悠久的传统,这个传统从先秦诸子的理论创造就开始了,儒家、道家、墨家等各家在理论创造的时候就以复古圣先王之古作为旗帜。近代中国在接受西学的时候,也往往抱着"西学中源"的态度,将对西学的学习描摹成一种儒家的复古。复古就是认为中国古代的圣先王创造了亘古不变的普遍性,并且不仅承认这种亘古不变的普遍性是政治的最理想状态,更强调这种普遍性是任何时代解决棘手问题的灵丹妙药。因为复古论的中国传统转化,就是从中国传统文化中找到这种亘古不变的普遍性,并将其无条件地应用在今天;所以,复古论所主张的拿来主义继承就是对中国传统中据说是亘古不变的普遍性的直接移植。这就要求他们首先要承认中国传统中存在着这种亘古不变的普遍性。有的学者认为这种亘古不变的普遍性载之于《尚书》,强调《尚书》表达了"超越性的政治智慧"[1];有的学者则强调要以"儒家古典主义"的态度和立场来研究儒学经典,不仅将儒学看作是"圣贤相传的智慧传统",而且还谋求儒学在当代的"良性地转化和复兴"[2];有的学者分析了主张复兴儒学者当中的诸种关于儒家思想普遍性的认识,区分了主张在政治上回到古代的前现代原教旨主义儒家、提倡儒教及贤能政治的极权主义儒家、主张儒家与现代文明价值结合的现代性儒家,认为三者虽然都体现了当下人们关于"中国向何处去"的"转型焦虑",并且都主张复兴儒学,但他们在恢复和复兴儒家的哪些内容上却又明显不同。前现代的原教旨主义儒家排斥现代性价值,主张完全回到儒家的

---

[1] 刘海龙:《〈尚书〉思想价值辨证——兼论儒家政治哲学奠基》,《安徽大学学报》(哲学社会科学版),2017年第2期。

[2] 王法强:《阐扬儒家政治理念,探寻儒学发展正道——〈儒家政治哲学与政治文化论丛〉评介》,《孔子研究》,2017年第6期。

政治古代，提倡君主主义、家族主义、父权、男权等；提倡儒教及贤能政治的学者则向往儒家传统中的极权①。三者虽然在具体复兴儒家哪些内容上有分歧，但却都认为儒家中确实存在着值得恢复和复兴的普遍性思想。

复古性的继承虽然秉持着一种拿来主义的态度，主张将中国传统中的某些思想完整地移植到现代，以解决中国所以为中国的普遍依据问题，但复古者所复之古却并不一定是古代确实曾经拥有之物。比如提倡恢复儒教论及贤能政治的所谓直接继承，所继承的思想就是一种现代人替古人建构出来的虚构之物。儒教的说法已有百余年，但认同度甚低，今天有人试图以儒教为公民宗教，但却忽略了中国传统既无现代意义的公民，传统儒学也缺乏西方公民宗教的特质与功能。贤能政治的说法概括自当代中国之现实，该提法是否妥当，已在学术界遭到质疑②，以贤能政治来概括儒家政治传统，也受到相应研究者的否定③。有的学者在主张复兴儒家政治的时候，先行对传统儒家的理论如孟子的理论，进行一番现代理论的装裱，将其装扮成现代民主理论的版本，并赋予它儒家的特色，试图在中国的战国时期就在儒学中确立一种关于有限民主的理论版本，以儒家中孟子思想与罗尔斯等民主思想的相容性，来替代先秦儒家思想何以能提供一个有限民主理论及所提供的政治理论又何以是有限民主的理论的相关论证④。这就在复古性继承的主张中前置了一种建构性的解读，先建构起一种合乎需要的理论，然后再积极肯定和主张复兴这种理论。有的学者在研究中先存了一个政治复古的心，其用意乃是为了在当代政治实践中突出中国的儒家古典传统，以儒家之古典传统作为当代中国政治具有中国本根的凭借所在。这在一些学者身上即表现为在中国古代寻找优良政体传统，或者用西方优良政体的特质美化中国传统制度体系，借分析政体意义上的"专制"含义在中国的形成，来否定君主集权的制度体系之事实⑤，

---

① 黄玉顺：《大陆新儒家政治哲学的现状与前景》，《衡水学院学报》，2017年第2期。
② 张文波：《贤能政治的诱惑及其不可欲——兼与唐皇凤、赵吉先生商榷》，《探索与争鸣》，2017年第2期。
③ 张师伟：《中国传统贤能政治的民本价值与君主专制逻辑——兼论黄宗羲的君主论》，《学术家》，2017年第7期。
④ 白彤东：《一个儒家版本的有限民主》，《当代儒学》（第九辑），2016年第1期。
⑤ 白彤东：《中国是如何成为专制国家的？》，《文史哲》，2016年第5期。

并进而在中国传统儒家中找到优良的"混合政体"①。这种"混合政体"实际上乃是现代学者的一种想象物,它的可能性不能从中国历史上获得政治思想事实的起码证明。

复古性的继承,并不意味着持此主张的人想要完全回到古代的生活系统,实际上,他们只是相信中国古代不仅创造了某种跨越时代和超越历史的亘古不变的民族普遍性,而且这种普遍性还以非常具体的形式存在于某个阶段的儒家思想、传统制度及经学典籍中,从而不仅使得一种从传统中直接拿来的继承方式成为可能,而且为了解答"中国向何处去"的焦虑,他们认为中国的实践已经迫不及待地要以拿来主义的方式直接继承现成的优秀传统。"当下儒学复兴之势日趋强劲,各种样态的儒家新理论和新论说竞相迸发、不断涌现",其目的不外乎是要"固本培元",为当代"儒学的良性发展提供持久性的思想动力和本源性的源头活水"②。有的学者坦言"儒家政治哲学所具有的现实意义日益凸显",并认为近代以来儒学"逐步摆脱了西方'现代性'所造成的困扰,证成了其思想的独特价值,捍卫了自身的主体性","重新确立'道'的本原性价值根据,通过'返回'儒家思想的立场","实现儒家思想向现实的自然展开"。在这里,作者实际上首先是肯定了儒家"道"的本原性及普遍性,肯定了它在长期历史过程中的不变性,将它比喻为"普映万川之月",强调"儒家的生命力就在于能够在任何时代驳杂的现实中抽丝剥茧,找到现象背后的问题,问题背后的根源,根源背后的道之运行,然后将它呈现出来",不仅强调儒学就是"弘道之学",当下儒家政治思想的"返本开新"就是"返'道'开新",而且还强调作为发现一切背后根源之"道"的儒家生命力,体现了"一切人类理性"的存在价值③。在这个论断中,所谓儒家之道的普遍性及其在各个时代的发现,以及关于儒家之道呈现方式与人类理性之间的逻辑关系判断结论,并无任何来自历史经验的任何证据,而仅仅是来自研究者一厢情愿的哲学想象和独断推理。实际上,当代学者对所谓儒家之"道"的普遍性的经验确认,并不是一种科学研究的结果,而体现了一些

---

① 张新:《旧邦新命:从混合政体到天下体系——复旦大学哲学系白彤东教授访谈录》,《当代儒学》,2016年第1期。
② 王法强:《阐扬儒家政治理念,探寻儒学发展正道——〈儒家政治哲学与政治文化论丛〉评介》,《孔子研究》,2017年第6期。
③ 张志宏:《当代儒家政治哲学研究之时代化进路》,《社会科学》,2017年第7期。

现代学者用想象表达出的对传统儒学的迷信与盲从。这种迷信与盲从在很大程度上造成了研究者的知识自蔽。

2. 陈述性的历史主义批判

在有些研究者看来，中国传统的现代转化并不是一个从传统中直接拿来某物的简单行为，而必然是一个伴随着批判的历史性事件。既然是历史性的事件，那么它就既不可能在短时期内完成，也不可能由少数几个人来完成，而必然要经历一个比较长时期的批判与转化。有的学者在谈到传统文化的现代转化时，强调不仅要在态度上特别警惕，主张回到"经典过去的复古主张"，更要找到"正确认识传统和现代关系的基本原则与方法"，提出"中国的未来不能仅在过去的典籍旧章中找寻"，因此，"中国传统文化的现代转换当然不能是直接地从古人那里拿来"，"我们面对古人的概念及理论""必须要经历一个从历史特殊性中提取民族普遍共性的哲学过程"①。继承什么？如何继承？继承了会怎么样？如此等等的问题，一方面不能脱离中国政治思想的历史事实，不仅任何人都不能继承那些历史上并不存在的思想，而且也不能继承那些被理解错误的思想；另一方面批判和继承的工作还需要有一种历史主义的态度，还原作为思想事实的概念与命题，本身就是以陈述性叙事对思想事实的一种历史批判。这种陈述性的历史批判，不仅可以剥除一些学者立足于现代社会需求对传统概念与命题等的误读，如有的学者无视"三纲"在传统中国的具体内容，而将"三纲"解释成一种必要的分工秩序与权威尊崇，这显然是对传统之"三纲"进行了某种超越了历史具体性的过分提纯，并由此而产生了较为明显的"误读"。陈述性的历史批判，依托丰满完整的思想史料，呈现了中国政治思想矛盾而完整的事实，描述了中国政治思想史的"阴阳组织"命题结构，克服了中国政治思想史研究中的认识片面性②，有利于中国传统现代转化中的批判继承。批判是继承的前提，不批判就不能合理地继承，继承是批判的目的，批判之后的继承才能经得起历史的检验。

陈述性的历史批判，首先注重对重要概念、命题等的渊源分析，从概念

---

① 张师伟：《批判继承与转换创新：传统儒家思想资源的现代转换》，《天府新论》，2017年第1期。
② 李振宏：《在矛盾中陈述历史：王权主义学派方法论思想研究》，《河南师范大学学报》（哲学社会科学版），2017年第5期。

及命题形成的社会渊源及含义内容之社会普遍度的角度,呈现一些标志性概念及命题提出的社会文化背景与近似的同类概念及命题等,以避免学者们在继承和转化过程中出现的对某些思想家作用的过分放大。有的学者分析了孟子"民为贵,社稷次之,君为轻"的思想渊源,既举出了孟子将"土地"作为诸侯三宝之首的有关言论,在一定程度上摆正了"民为贵,社稷次之,君为轻"在孟子理论中的相对位置,也举出了春秋时期出现的与"民为贵,社稷次之,君为轻"相似且更准确地强调了人民在诸侯政治上重于土地的若干主张,如"入而能民,土于何有"(《左传·僖公九年》),还举出了自西周以来若干重民的言论,详细呈现了自西周以来到孟子时期的重民言论,也就在一定程度上矫正了一些学者以民贵君轻为民主的"误读",以为"民为贵"就是主张"以民为政治主体"的观点①,显然就缺乏这种必要的陈述性历史性批判。单个地来分析某个概念或命题,容易产生诸多想当然的"误读",一旦通过陈述性的历史批判呈现了一个同类概念与命题的历史脉络与社会网络,传统思想的批判继承与现代转化就有了比较可靠的知识基础。有的学者以中国传统政治理论的整体性为立足点,在一个完整的理论框架分析了孟子"民贵君轻"的命题,"在系统检索历史文献的基础上,运用思想体系分析法的诸多构成要件","将历史事实提供的证据链条与学术分析应有的逻辑链条紧密地结合为一体",分析了"民贵君轻"思想的历史,提出"君以民为天"是"民贵君轻"的思想源泉,强调"君主专制制度是'民贵君轻'思想的社会根源",在分析了孟子的思想后,认为孟子是"典型的统治思想代言人","民贵君轻"思想与"帝制皇权高度契合"②。陈述了政治思想理论的完整历史,就将特定概念与命题放在了一个完整的主张理论框架中,也就在一定程度上完成了对传统政治理论的历史批判。当研究者脱离历史上政治思想者的具体问题而试图将政治思想者的思想予以一种普遍性的概括和分析时,他们也就在分析的过程中脱离了政治思想者的原有逻辑,将历史上政治思想者的概念与命题放在了研究者自己的理论框架中来分析,就必定会割裂政治思想者的理论完整性,从而得出一种非历史的虚假推论。

---

① 刘泽华:《"民为贵,社稷次之,君为轻"的思想渊源》,《史学月刊》,2017年第2期。
② 张分田:《思想体系分析法的构成要件及具体运用——以揭示"民贵君轻"专制本质的学术路径为例证》,《天津社会科学》,2017年第1期。

陈述性的历史批判，还在于以思想事实的完整历史真实，来克服研究者在思想史上"各取所需"带来的历史不真实性。这里所谓历史不真实，并不是说研究者在立论的时候完全偏离了具体事实，而是说研究者在立论的时候忽略了具体思想事实的完整性。有的研究者为了突出他所强调的思想主张的价值，故意置与这个思想主张密切相关的理论整体于不顾，从而出现隐蔽了思想的推理前提来分析思想的诸多片面性认识。有的学者在研究道家思想的时候，引入了现代自由主义的分析立场与方法，在传统道家的思想主张中挑选与自由主义主张相同或相似的内容，并以此作为道家在政治上主张自由主义的基本依据①。实际上，只要考虑一下自由主义和道家思想体系上的整体性差异，就很难将两者在主张"自由"上等同起来，因为两者在"自由"概念的理解上几乎完全不同，庄子的自由强调无约束，体现了无政府的政治主张，"与西方自由主义有着明显不同的价值取向"，"不仅无法与西方自由主义实现理论的融通"，"而且阻碍了近代中国人对自由的恰当理解"②。有的学者关注中国传统中的法治理论，试图从儒家思想中找到法治观，认为"儒家是主张法治的"，法家却与法治"南辕北辙"，主张"中国如欲得到法治，就必须回归儒家，以儒家为本，中国才有真法治"③。尽管他也认为法治只是儒家治道的一部分，而且也认为只有作为儒家治道的一部分，法治才是真法治；但仍然掩饰不住其结论只能来自儒家的部分言论，具有显而易见的片面性与不真实性。有的学者所以要追溯儒家法哲学，并强调其在当代中国的价值，乃是因为自觉追求法哲学的中国特色所致，为了避免中国法哲学成为"西方法哲学在中国"的尴尬，而有意推崇"传统儒学义理体系"中的"法哲学体系"④，用心虽然良苦，但结果仍不能避免因忽略儒学义理整体性而带来的结论片面性。中国传统政治思想具有理论结构上的完整性，不论是其中的某个流派，还是其中的某个时代，甚至是某个时代著名政治思想家，他们的知识及理论都是有整体架构的，而整体架构中的概念、命题、判断等都不能被单

---

① 汪韶军：《老庄政治哲学研究中的几个关键词及其反思》，《云梦学刊》，2017年第6期。
② 孙晓春、施正忠：《近代中国自由观建构的传统话语背景——政治哲学视阈下的庄子自由观及其影响》，《探索与争鸣》，2017年第6期。
③ 姚中秋：《给法治以恰当位置——儒家之法治观》，《原道》，2016年第1期。
④ 宋大琦：《儒家道统中的法哲学体系传承及其现代转型》，《原道》，2017年第1期。

独摘出来进行命题解释与含义分析，因为不仅整体框架的存在必然会在概念等的具体含义上提供限制，从而不同理论框架中的相同概念等往往含义迥别，而且概念等在整体框架中的推演具有特定的逻辑结构，不同的逻辑结构决定着政治思想家们的具体理论主张。

3. 传统现代转化的经验性研究

中国传统政治理论的现代转化早在鸦片战争之后就在经验中开始了，学者们对近现代中国政治思想史上古今中西问题的研究，在一定程度上，就是传统政治理论现代转化的经验性研究。学者们对传统理论与概念在西方政治思想被中国接受过程中的地位与作用进行了研究。有的研究者以传统民本与现代民主的相互作用为分析对象，在研究结论上强调：中国既有的传统政治理论，一方面是中国接受西方政治思想的前提，正是因为中国传统政治理论中存在着与西方政治思想相通与相同的方面，西方政治思想才在特定的情况下引起了近现代先进中国人的注意，并为中国社会接受西方政治思想提供了最初的思想榫结点；另一方面，中国既有的传统政治理论，作为近现代先进中国人接受西方政治思想的潜在前提，客观上造成了先进中国人"以中释西"的理解方式，并在结果上造成了对西方政治思想的关键概念及理论逻辑的"观念误读"[1]。有的研究者关注了现代某些关键政治概念，虽然在中国传统政治思想中有着悠久的历史，如"自由"，但中国传统如庄子的"自由"却不仅与近现代中国所接受的西方现代自由，具有完全不同的概念内涵，而且庄子的"自由"含义还在实践中妨碍了中国人接受西方现代自由[2]。有的研究者还深入分析了中国传统的"自由"概念及"自由"思想，一方面，呈现了中国传统儒家"自由"概念的"由己"是一种不受外在权威及礼法约束的非礼状态，彰显了在词义上的贬义特征，其与现代自由之涉及主体间权利与义务关系的褒义词，完全不同；另一方面又呈现了道家等的"自由"是指精神自由、意志自由而基本不涉及社会关系的权利义务内容，既突出了道家之自由迥然不同于现代自由的理论内涵，又强调了传统道家之精神自由、意志

---

[1] 张师伟：《思想资源与观念误导——中国现代民主思想形成中的民本观念》，《探索与争鸣》，2014年第10期。
[2] 孙晓春、施正忠：《近代中国自由观建构的传统话语背景——政治哲学视阈下的庄子自由观及其影响》，《探索与争鸣》，2017年第6期。

自由在很大程度上影响了近现代中国的自由观,在含义上,形成了对西方现代自由观的中国传统扭曲①。中国传统的概念如自由、民主、权利等在近现代转化为一种典型的现代概念,它们虽然具有了一些现代概念的内涵及外延,并因此而成为现代政治哲学的核心概念,但它们又毫无疑义地仍然具有较多的传统内涵。

中国传统政治理论的现代转化,固然与中国近现代接受西学的进程密切相关。如果没有鸦片战争以来的西学东渐,中国传统政治理论虽然也还在反思社会政治问题的过程中向前推进,一方面着眼于社会问题的揭露和政治批判,如洪亮吉;另一方面又深度研究现实问题,提倡进行革新,但终归走不出"古代",从而只能在结果上贩卖古之丹。清中叶的经世学风既着眼于批判,又着眼于研究现实问题,但只有遇到了来自海上的西方势力,才在现实问题的引导下,在知己知彼动机的互动下,进行了接触和学习西学的过程,从而开启了西学东渐并造成了中国传统思想现代转化的行程②。有的研究者深入研究了传统学术与西学在近现代中国互动的过程,认为:中国学习西学的过程和自身传统思想现代转化的过程相伴而生,相互影响,而中国传统思想现代转化的进程却在其中扮演着决定性的角色。这是因为在两者的互动中,"中国传统政治观念具有形态上的完整性和内容上的完善性",而西方政治思想"则在传播过程中被过滤成了碎片",完整的思想形态相对于思想碎片具有解释上的"明显优势",在互动中起着主动和主导作用③。这就在结果上造成了中国传统政治理论的现代转化主导了西学东渐以及由此而来的中国现代政治思想形成进程,以至于在思想结果上造成了中国传统政治理论濡染和改造了现代西方的政治概念及理论逻辑。如严复作为近现代中国第一个自觉意识到自由价值的思想家,就表现出了中西古今混合的过渡色泽,其自由观在内容上亦有中,亦有西,既非完全合乎中国传统自由,又不完全合乎西方现代自由④。有的研究者分析了孙中山的贤能政治思想,呈现了孙中山思想深处所

---

① 张师伟:《中国传统自由观与西方自由主义的相遇——严复自由话语建构的过渡性特征》,《探索与争鸣》,2017年第6期。
② 孙津:《中国近现代政治思想史》,北京:高等教育出版社,2012年版,第28-31页。
③ 张师伟:《濡染与改造:现代民主思想中国化过程中的民本观念》,《文史哲》,2016年第3期。
④ 张师伟:《中国传统自由观与西方自由主义的相遇——严复自由话语建构的过渡性特征》,《探索与争鸣》,2017年第6期。

遗存的传统专制色泽①。中国传统在现代转化过程中必须要面向现代，只有如此，中国传统才能发生现代转化，但在面向现代的过程中，中国传统又在与现代的互动中濡染和改造着现代。

有的学者研究了当代新儒家主要代表之一徐复观的理想政治。他认为徐复观的理想政治既非传统政治，也非西方政治，他在批判传统政治的过程中表现出了"申儒拒法"的"卫道姿态"，也在批判西方的过程中指出了它"过于重视个人主义的弊端"，他在理想政治的建构上，既主张"返本开新"，也主张"中西互相补益"，倡导基于"德治"的"自由民主"。徐复观的"返本开新"，强调把儒家之"孝"从专制政治中剥离出来，并主张以孝作为"中国接续现代民主的桥梁之一"②。有的学者分析了徐复观的"儒家民主论"，并以徐复观为样本，呈现了当代新儒家"主张会通中西"、徐复观"强调儒家价值与民主科学可以兼容相成"的思想特点，当代新儒家"本诸儒家义理阐述民主自由的真谛"，"既阐述儒家理想的普世价值，也将民主自由视为普世价值而论述"，两者的"互相成就"实现于"历史常道的实践之上"③。当代新儒家倡导的常道共同价值，包含了"天命之仁而天下为公、自由平等之核心价值"，他们所主张的民主政治，"除了吸纳西方体制，亦须以道德自觉、淑世利他和中庸均平的价值精神相互充实"，形成了一种"道德理想主义的儒家民主论述，如徐复观那样强调"儒家义理可为民主自由的依据""中道的政治观是民主政治的基石"④。有的学者研究了康有为的人性论，认为康有为"在继承和发展前人的人性论基础之上提出自己的看法，并由此展开对政治秩序的构想"，强调康有为"人性论具有双重目标"，一是"为自己的'改制'和容纳西方的政治观念奠定新的逻辑起点"，二是"提出适应未来政治和社会秩序的'新人标准'"；康有为的"人性论"虽然"具有一定的现实意义"，但却给人一种"缺乏形而上的维度之印象"，且"有某种程度的制度决定人性之倾向"，在理论逻辑上产生了"一定程度的混乱"⑤。

---

① 颜德如：《孙中山贤能政治观之反思》，《学术界》，2017 年第 7 期。
② 丁明利：《何谓理想的政治？——徐复观视域中的政治哲学研究论纲》，《社会科学》，2017 年第 7 期。
③ 黄丽生：《仁而自由平等：徐复观的儒家民主论》，《宜宾学院学报》，2016 年第 1 期。
④ 黄丽生：《仁而自由平等：徐复观的儒家民主论》，《宜宾学院学报》，2016 年第 1 期。
⑤ 干春松：《康有为政治哲学的人性论基础——以〈孟子微〉为中心》，《人文杂志》，2017 年第 4 期。

五、历史透视与话语分析：2018年中国政治思想史研究述论

中国政治思想史作为一种学科化知识，开始于西方政治学知识进入中国之后，但这只是中国政治思想史学科产生的一个外部必要条件，而中国政治思想史作为一门学科开始的内在依据，却是中国政治面向现代化的发展驱动①。中国政治的现代化发展，一方面需要克服来自几千年传统的惰性，并参照西方现代世界的先例进行政治上的启蒙；另一方面，中国政治的现代发展又不能完全照搬照抄西方政治，而必须有自己的个性与特色，其个性和特色却又只能在中国政治的历史发展中去找寻，中国政治思想史研究就是进行这种找寻的有效路径。不过，中国传统既然没有自己的学科化了的政治知识体系，那就意味着中国政治思想史的研究对象需要参照西方政治学知识在理论上进行重新建构②。不论是哪种风格或价值取向的中国政治思想史研究，都决然少不了这种重构研究对象的工作，但又无可讳言地在各自重构的程度上存在着差异。一般而言，政治学领域对中国政治思想史研究对象的重构程度要明显地大于历史学领域和哲学领域，并明显地受到美国等发达国家政治理论成果的影响。中国政治思想史研究即使在理论话语上如此地紧跟美国政治学领域的理论话题及实证风格，也很容易被当成科学性不够的政治知识，而遭遇发表上的困境。尽管有学者呼吁要在中国政治思想史研究中加大政治学的

---

① 葛荃：《认识与沉思的积淀——中国政治思想史研究历程》，郑州：河南人民出版社，2007年版，第429页。
② 张师伟：《中国政治思想史研究的百年回眸与学术省思——本土政治理论的概念检视与话语梳理》，《人文杂志》，2019年第2期。

存在感,以减轻历史学方面的过重影响①,但无可讳言的一个事实就是,中国政治思想史研究在国内政治学一流学科建设中的地位正在下降,并正在加速地被边缘化,政治学专业期刊上发表的中国政治思想史成果的占比相当小。但与中国政治思想史在政治学领域的边缘化相比,它在广泛的人文社会科学领域的表现却是越来越热。中国政治思想史研究在2018年即彰显了这种变化趋势,即中国政治思想史不仅越来越受到来自历史领域及哲学领域学者的关注,而且也在研究方法及著述范式上明显受到了历史学和哲学的影响。

虽然中国学术界近几年表现出了本土化的热议,中国风格、中国特色、中国气派的话语体系在各人文社会学科都比较流行,但在学术研究的实践中,西方话语仍然被包裹在科学的盛装下,问题导向、实证主义和科学主义日益居于统治地位。中国政治学存在着走向狭隘的政治科学的趋势,中国政治思想史不仅在研究对象的内涵及外延上远远超出了政治科学的狭隘范围,而且在研究方法、范式及结论上也与政治科学的要求相去甚远。中国政治思想史研究既不是西方政治科学意义上的实证化科学研究,也不能为实证化的政治科学研究提供什么理论工具或分析方法等,但它是不是就没有学科意义上的科学价值呢?实际上,中国政治思想史研究虽然从来都有强烈的经世情怀,但它的发展却主要受益于其他学科,如历史学、哲学等,它在政治学领域的存在及发展却常常由于中国政治学知识自身的限制而难以充分展开。中国政治思想史研究虽然在知识论的意义上服务于政治学②,但却不能忽略它作为学科存在的跨学科特征。中国政治思想史2018年研究状况表明,充分开展历史学、哲学等的跨学科研究,是中国政治思想史研究很好地服务于中国政治学知识体系建构与完善的必要条件。当然,中国政治学知识体系本土化建构的进程,在很大程度上,也决定着中国政治思想史知识体系合理化的程度,即只有研究者具备了较为完整的具有本土色泽的政治知识体系,才有可能在中国政治思想史知识体系的呈现上更上一层楼。

---

① 张小稳:《中国政治思想史编纂的现状、问题及新思路》,《许昌学院学报》,2018年第1期。
② 张师伟:《中国政治思想史的学科定位及学术使命——一种基于知识论视角的分析》,《天津社会科学》,2013年第1期。

(一) 中国政治思想史研究的编撰体例与典范反思

刘泽华先生是近 40 年来中国政治思想史研究的代表性人物,他的学术观点在学术界广受关注,他不仅形成了关于中国传统政治思想及社会的王权主义观点体系,而且还开创了被有些学者名之曰"王权主义学派"[①] 或"刘泽华学派"[②] 的学派,他的代表性研究成果《中国政治思想通史》(九卷本)还被有的学者称之为"中国政治思想史学科的百年典范"[③]。实际上,自 2014 年《中国政治思想通史》(九卷本)出版以来,学术界已经有学者结合该书,就中国政治思想通史的研究范式与编撰体系等,写了专门的论文,并被中国人民大学报刊复印资料《政治学》全文转载[④]。刘泽华先生主持编撰的《中国政治思想通史》(九卷本)实际上代表了一种中国政治思想史的研究范式,这种范式既体现了历史学的观察和审视维度,也具有明显的现代政治理论特质,它延续了萧公权历史学方法与政治学视角结合的传统,并在运用历史学方法上达到了新的高度,它在理论上的价值虽然首先是政治学意义上的,但在范围上却又远远超过了政治学所关注的范围。

1. 刘泽华先生及刘泽华学派

刘泽华先生的中国政治思想史研究在国内外广受关注,其学术影响覆盖了历史学、政治学及哲学等领域。李振宏、王学典等历史学界的学者近年来对"刘泽华学派"或"王权主义学派"的介绍,在一定程度上助推了学术界对刘泽华先生中国政治思想史研究观点的关注,"刘泽华学派"与"侯外庐学派"在"中国现当代马克思主义史学史上""格外引人注目"[⑤]。侯外庐学派传人之一的陈寒鸣先生在《刘泽华与"刘泽华学派"》一文中,详细系统地

---

① 李振宏:《中国政治思想史研究中的王权主义学派》,《文史哲》,2013 年第 4 期;李振宏:《在矛盾中陈述历史:王权主义学派方法论思想研究》,《河南师范大学学报》(哲学社会科学版),2017 年第 5 期。
② 方克立:《为"刘泽华学派"赞一个》,《天津社会科学》,2015 年第 2 期。
③ 杨阳:《中国政治思想史学科的百年典范——评刘泽华总主编的〈中国政治思想通史〉》,《政治学研究》,2018 年第 5 期。
④ 张师伟:《中国政治思想通史的贯通性理解与整体性呈现》,《南京师大学报》(社会科学版),2016 年第 6 期,中国人民大学报刊复印资料《政治学》,2017 年第 2 期。
⑤ 陈寒鸣:《刘泽华与"刘泽华学派"》,《衡水学院学报》,2018 年第 4 期。

呈现和阐释了"刘泽华学派"的学术特点、形成历程、理论贡献与学术影响力等。据陈先生追述,"刘泽华学派"的提法,可以追溯到1991年黄宣民先生在全国首届中国政治文化学术讨论会上的主题报告。黄先生在报告中肯定了"刘泽华先生是很有成就、很有思想的",并认为刘泽华先生与他的合作者的思路和研究成果"可归之于'侯外庐学派'",强调刘先生的政治思想史研究"自觉地运用、并且是发挥性地运用了外老的治学方法,发展或至少是引申了外老的学术思想",并认为刘先生等的学术成果"又具有了与外老、与外庐学派不甚相同的自身特色",表达了"期盼独具特色和个性色彩的'刘泽华学派'早日形成并发展壮大"的愿望①。陈寒鸣分析了刘泽华先生的早年学术经历,认为"刘泽华教授虽曾师从杨荣国先生,与'侯外庐学派'有'亲缘'关系,并深受外老研究方法和学说思想的影响,但他……的学说思想体系与侯外庐先生的学说思想体系有明显不同,……刘泽华教授的研究方法及其学说思想体系确具鲜明的个性特征"②。这里的鲜明个性特征就成为刘泽华学派得以形成的客观依据。

陈寒鸣先生在分析了刘泽华先生主要学术观点及形成过程的基础上,对刘泽华现实研究的方法特点进行了简要概括。他认为"刘泽华教授继承了外老会通社会史与思想史的研究方法"③,但又不同于外老注重"运用马克思主义特别是政治经济学理论,分析社会史以至思想史,说明经济基础与上层建筑、意识形态之间的辩证关系"④,而"以'王权支配社会'来考察、分析社会史和思想史"⑤。刘泽华教授以"王权支配社会"分析中国政治思想及其社会特点,坚持了会通社会史与思想史的原则性宗旨,一方面"从社会史角度深入探索'王权支配社会'",另一方面"更全面更深入地研究中国政治思想史和传统政治哲学与政治文化",最终形成"王权主义"的学说思想体系⑥。陈寒鸣教授在文章中追述了"刘泽华学派"的形成过程,认为"刘泽华学派"的形成经历了三个阶段,分别以三部集体著作撰述与出版为标志。刘泽

---

① 陈寒鸣:《刘泽华与"刘泽华学派"》,《衡水学院学报》,2018年第4期。
② 陈寒鸣:《刘泽华与"刘泽华学派"》,《衡水学院学报》,2018年第4期。
③ 陈寒鸣:《刘泽华与"刘泽华学派"》,《衡水学院学报》,2018年第4期。
④ 陈寒鸣:《刘泽华与"刘泽华学派"》,《衡水学院学报》,2018年第4期。
⑤ 侯外庐:《韧的追求》,北京:生活·读书·新知三联书店,1985年版,第327页。
⑥ 陈寒鸣:《刘泽华与"刘泽华学派"》,《衡水学院学报》,2018年第4期。

华先生主编并于1991年由吉林教育出版社出版的《中国传统政治思维》在客观上是"刘泽华学派"形成雏形的标志，这部书"亦可称之为'刘泽华学派'的发轫之作"；刘泽华先生主编的《中国政治思想史》（三卷本）于1996年由浙江人民出版社出版，这部书的撰写和出版是"'刘泽华学派'正式形成并获初步发展的标志"；刘泽华先生总主编的《中国政治思想通史》（九卷本）是"'刘泽华学派'发展至圆融之境的标志"[①]。"在'刘泽华学派'形成发展过程中，作为开宗立派者和学派核心人物的刘泽华教授为这个学派确立了基本的理论方向和学理基础"，"刘泽华教授的不少弟子和同道，为'刘泽华学派'的形成与发展做出了各自贡献"[②]。

2. 中国政治思想史学科的百年典范

中国政治思想史研究在中国经历了大约一百年的发展，其间的发展有目共睹，其中的跌宕起伏也颇为令人感慨。在百年当中，不同的学者因为学术背景及主观追求的不同，写出了不同撰述体例和不同观点体系的中国政治思想史研究著作。这些著作依照研究的方法及写作的动机，大体上分为两类：其一单纯地关注政治理论，以从西方获得的政治概念与理论为依托，根据自己对这些流行政治概念及理论的理解，寻找和整理出中国自己的政治概念体系与理论逻辑的发展线索，依照西方政治学的葫芦画出一个中国政治学的瓢，以此达成其经世的实践目的[③]。其二立足于综合运用现代社会科学体系的历史学，参照现代政治学的概念与理论，分析中国历史上的政治实践问题与政治理论问题，并试图从社会和思想相结合的维度上，以政治实践的问题为导引，分析和梳理古人的议题、话题、问题与命题等，呈现出一个历史维度上的中国政治思想内容体系，它在主观动机上继承了启蒙的传统[④]。另外，有的学者在研究中国政治思想史时，以西方近现代较为流行的政治概念与理论为模型参照，试图在中国古代历史上的政治实践与政治理论中找到西方政治概念与

[①] 陈寒鸣：《刘泽华与"刘泽华学派"二》，《衡水学院学报》，2018年第5期。
[②] 陈寒鸣：《刘泽华与"刘泽华学派"二》，《衡水学院学报》，2018年第5期。
[③] 张师伟：《中国政治思想史研究的百年回眸与学术省思——本土政治理论的概念检视与话语梳理》，《人文杂志》，2019年第2期。
[④] 张师伟：《中国政治思想史研究的百年回眸与学术省思——本土政治理论的概念检视与话语梳理》，《人文杂志》，2019年第2期。

理论的对应物，罔顾中国古代政治的独特性，将中国古代特有的政治制度、政治概念、政治理论予以西化的解读，在认识上将中国传统政治之鹿强指为西方之马①。

中国政治思想史研究领域关于研究范式与撰述体例的争论，实际上包含着彼此在关于中国政治思想现代价值上的重大分歧。有的学者强调中国传统政治理论中包含着一个完整的现代政治理论，他们不仅试图将中国政治思想史研究转化为经学的研究，而且试图在经学化的研究中实现政治复古②。有的学者则强调中国传统政治理论产生于传统时代，并服务于传统时代，这就要求运用历史学的方法和政治学的观点，呈现作为一种历史事实的中国政治思想。梁启超《先秦政治思想史》、萧公权《中国政治思想史》、萨孟武《中国政治思想史》等著作所以在学术界具有持久旺盛的生命力与影响力，就在于他们坚持了历史学方法与政治学视角的有机结合，特别是萧公权《中国政治思想史》更是在国外学术界具有持久影响力，它的英译本虽然只完成和出版了上卷，其余部分未完成英译工作，但仍然是一部不可替代的重要著作。刘泽华先生作为一个历史研究者，在中国的政治学等还被取消的阶段就开始关注中国政治思想史，并认为中国政治思想史研究是了解中国历史的重要方面，"不懂政治思想就难于触及历史的灵魂"③。他从认识中国历史出发，进行中国政治思想史的研究探索，从而带来了比较独特的历史学视角与历史学方法，而他的历史学视角与历史学方法中又带有马克思主义历史唯物论理论体系的政治知识体系，从而使他在某种程度上能够继承和延续萧公权先生历史学方法和政治学视角相结合的研究传统，在改革开放时代开创了历史学与政治学相结合的中国传统政治思想史研究范式，开宗立派，创立了中国政治思想史研究的"刘泽华学派"或"王权主义学派"。

刘泽华教授总主编的《中国政治思想通史》出版后，学术界多有评议，就《中国政治思想通史》的编撰等发表了若干评论，积极地评价了该著作的优点及贡献等。中国政法大学杨阳教授2018年在《政治学研究》发表《中国

---

① 张师伟：《中国政治思想史研究的百年回眸与学术省思——本土政治理论的概念检视与话语梳理》，《人文杂志》，2019年第2期。
② 张师伟：《中国政治思想史研究的百年回眸与学术省思——本土政治理论的概念检视与话语梳理》，《人文杂志》，2019年第2期。
③ 刘泽华：《中国政治思想史集》（第一卷），北京：人民出版社，2007年版，总序。

政治思想史学科的百年典范——评刘泽华总主编的〈中国政治思想通史〉》一文，将刘泽华总主编的《中国政治思想通史》放在中国政治思想史学科的百年历史中，进行了对比性的评述，高度评价了刘泽华教授关于中国政治思想史研究对象、研究方法、撰述体例及学术观点等方面的优点与贡献，并将其称为"中国政治思想史学科创建百年以来的典范之作""扛鼎之作"①。杨阳教授认为《中国政治思想通史》将"刘泽华关于中国政治思想史主旨的王权主义定位与各时期政治思想主题有机结合，以高度凝练出的问题意识，引领各分卷的内容厘定、体例安排、方法选择和叙事风格，实现了对中国政治思想史研究对象、研究方法、编纂体例和叙事方式的全面创新"②。《中国政治思想通史》拓展了研究对象，创新了研究方法。虽然政治学说关注的主要问题是国家政权问题，但他又因为本着"宁失之于宽，勿失之于狭"的原则③，其所确定的"各卷内容和叙事主题都远远超出了国家政权范围"，"将政治哲学、治国方略和政策、政策实施及政治权术理论等纳入政治思想史研究范围"，"在很大程度上重新厘定了中国政治思想史的研究内容"，并在"编撰体例和叙事方法方面产生重大创新"④。《中国政治思想通史》"改变了单一列传体的编撰体例和叙事方式，突出了问题导向"，"对思想家的个案讲解，大多围绕对某一时期政治思潮或政治思想演变趋向展开"，"大量增加了评述统治集团政治思想的篇幅"，"极大地修正了政治思想史研究中的主角错位问题，让真正的政治思想家占据了中国政治思想史的舞台"⑤。

3. 中国政治思想史编撰体例反思

张小稳从政治学与行政学本科专业教学用书的角度，对中国政治思想史著作编撰体例的问题进行了探讨，通过对已有通史性著作的比较分析，提出

---

① 杨阳：《中国政治思想史学科的百年典范——评刘泽华总主编的〈中国政治思想通史〉》，《政治学研究》，2018年第5期。
② 杨阳：《中国政治思想史学科的百年典范——评刘泽华总主编的〈中国政治思想通史〉》，《政治学研究》，2018年第5期。
③ 刘泽华：《中国政治思想通史·综论卷》，北京：中国人民大学出版社，2014年版，第6页。
④ 杨阳：《中国政治思想史学科的百年典范——评刘泽华总主编的〈中国政治思想通史〉》，《政治学研究》，2018年第5期。
⑤ 杨阳：《中国政治思想史学科的百年典范——评刘泽华总主编的〈中国政治思想通史〉》，《政治学研究》，2018年第5期。

了编撰存在的问题，并给出了解决问题的若干思路。他发表的《中国政治思想史编纂的现状、问题及新思路》一文，追述了自梁启超《先秦政治思想史》以来主要代表性著作的编撰情况，认为民国时期产生的作品"带有鲜明的时代特色，其侧重传统历史学的研究方法、半文言化的表达方式都已经不太适合今天教学的需要"，20世纪80年代和90年代的中国政治思想史作品"还带有马克思主义阶级斗争的痕迹"，"已经略显陈旧"，"很少使用"，刘泽华教授总主编的《中国政治思想通史》则卷帙浩繁不太适合"本科教学"①。张小稳在分析了曹德本主编的《中国政治思想史》、马工程版《中国政治思想史》及江荣海的《中国政治思想史九讲》的著作特色后，分析了"已有中国政治思想史著作存在的缺憾和不足"，主要的遗憾和不足有：在学科意识上重历史学轻政治学，这很难适合政治学专业本科学生的需求；缺乏政治学本土化的意识，现有的著作中，普遍缺乏问题意识，缺乏与现实对话意识，缺乏回应西方政治理论的意识；重思想内涵而轻思想外延，对于政治思想的具体内容是什么、是怎么形成的，着力较多，而对某种政治思想在当时的政治、社会中所起的作用是什么，并不十分清晰；对于中国古代政治思想的本质、结构及其近代转型的认识都是非常模糊②。

张小稳认为中国政治思想史著作的编撰，首先要摆脱"单纯的历史学思维方式，从现实出发，从现代政治学和政治学本土化的角度去审视、解剖中国传统的政治思想"，考虑中国政治思想的分期，不能"仅从思想的角度"考虑，而应从"政治思想和政治体制、社会结构相结合的角度提出分期"，将中国政治思想史分成殷商时期以祖先崇拜为核心的政治思想，周代以尊祖敬宗为核心的政治思想，以天人合一、王权主义为核心的政治思想，辛亥革命至今的政治思想四个时期③。其次要对中国政治思想进行结构性研究，提炼核心思想，构建有机框架，形成结构性的认识④。张小稳从本科教学需要来探讨中

---

① 张小稳：《中国政治思想史编纂的现状、问题及新思路》，《许昌学院学报》，2018年第1期。
② 张小稳：《中国政治思想史编纂的现状、问题及新思路》，《许昌学院学报》，2018年第1期。
③ 张小稳：《中国政治思想史编纂的现状、问题及新思路》，《许昌学院学报》，2018年第1期。
④ 张小稳：《中国政治思想史编纂的现状、问题及新思路》，《许昌学院学报》，2018年第1期。

国政治思想史著作的编撰,具有基础性工作的价值,但其所提出的评价性认识和如何编撰的具体观点主张,也多有观察不深入和分析不细致之处。比如对萧公权《中国政治思想史》的评述即失之于简单,因为萧著在诸多似是而非的重要问题上都有着极其清醒精准的理论判断,而且他的诸多论述都特别有利于我们在有西方政治学知识背景的情况下,准确地区别中国传统与西方现代[①]。作者对20世纪80年代以来作品的判断也有些草率,比如对曹德本主编的《中国政治思想史》及马工程版的《中国政治思想史》两者的指控就有点无的放矢,因为两者的政治学味道要远远大于历史学味道。作者提出的要对中国政治思想史进行结构性分析,有一定的道理,但在其他诸如分期问题上的主张则显然缺乏基于思想事实的合理分析。

《中国政治思想史》编撰体例既是一个具体的技术问题,又是一个超越了技术问题的研究范式问题,两者紧密结合,不可分离。一定的研究范式必然对应着一定的编撰体例,而一定的编撰体例又总是体现一定的研究范式。《中国政治思想史》的研究与编撰既是一个政治学领域的问题,也是一个历史学领域的问题,既涉及政治本身,又牵涉政治之外。这就在一定程度上要求中国政治思想史的研究者与著作编撰者一定要具有宽阔的学科视野,以便在研究和著作编撰的过程中能真正处理好中国政治思想史知识体系的详尽梳理和完整呈现,从而将政治思想现象描述、客观规律等的归纳与公允的评价结合起来。刘泽华教授总主编的《中国政治思想通史》作为一部学科典范的作品,体现了研究者学科视野及理论素养上的三通:即理论上的逻辑贯通,体现了完整的理论分析框架;时间上的古今连通,将中国政治思想史在不同历史时期的阶段性发展连通成一个绵延不绝的有主题的思想链条;空间上的派别融通,将某一个时代的共同思想命题提炼出来,能在纷繁芜杂的思想流派中识别出主流性的时代思潮等[②]。正因为如此,《中国政治思想通史》才做到了对中国政治思想史的完整呈现。这就要求研究者能够像刘泽华先生那样不"局限于某个学科,而是在问题导向的学术研究中逐渐自觉地走向了跨学科研

---

① 张师伟:《中国政治思想史研究的百年回眸与学术省思——本土政治理论的概念检视与话语梳理》,《人文杂志》,2019年第2期。
② 张师伟:《中国政治思想通史的贯通性理解与整体性呈现》,《南京师大学报》(社会科学版),2016年第6期;中国人民大学报刊复印资料《政治学》,2017年第2期。

究",并在"跨学科之间实现理论上的融会贯通"①。中国政治思想史在研究范式及编撰体例上,一是要尽可能克服单一学科思维,因为不仅单一的历史学科不能准确呈现历史上政治理论的完整逻辑,而且单一的政治学科也不能了解历史上政治理论的历史背景、历史内涵及历史影响等;二是克服以某个学派来遍观全局的弊端,尤其不能把丰富复杂的中国政治思想史内容过滤、简化,甚至以为中国政治思想史就是某家某派政治思想的发展,如此就难免因一叶障目而不见泰山。

(二) 中国政治思想史研究的事实呈现及历史透视

学术界对中国政治思想史研究对象的理解和表述,大多比较侧重从中国政治思想的内涵及内容上着手,突出政治学的理论视角,采取列举的方式,但也有相当多的学者在中国政治思想史研究对象的理解和表述上,较多地突出了它的历史属性。中国政治思想史的研究对象无疑只能是存在于特定历史阶段的具体政治理论,而那些特定历史阶段的具体政治理论则既是一种历史性存在,也是一种政治性存在。中国政治思想史作为政治学理论的一个分支学科,不仅其存在的目的具有知识论意义上的政治学属性,从而负有为政治学理论的创新发展提供系统性知识支持的责任,而且也必须要使用政治学理论的视角与分析方法,只有如此,才能比较准确地认识作为一种历史事实的政治理论②。中国政治思想史学科的历史属性也特别重要,毕竟作为中国政治思想史研究对象的政治概念及政治理论具有与时俱进的历史变易性。所以只有具备历史学的视角和运用历史学方法,进行恰当的历史学分析,我们才能准确地理解和解读某个历史阶段政治概念及政治理论。每一个时代的政治概念及理论都有特定的时代针对性,当它所要面对和解决的问题随时代变革而变革时,它就会发生时代性的巨大变革,政治概念的含义会今非昔比,政治理论的逻辑体系也会大幅度调整③。这就意味着中国政治思想史研究并不能完全以今天的政治概念及理论为准,在历史的长河里按图索骥,而必须要真正

---

① 葛荃、孙晓春、张师伟:《追思刘泽华先生》,《政治思想史》,2018年第2期。
② 张师伟:《中国政治思想史的学科定位及学术使命——一种基于知识论视角的分析》,《天津社会科学》,2013年第1期。
③ 王楷模、张师伟:《政治思想一般性质的哲学分析》,《宝鸡文理学院学报》(社会科学版),2004年第3期。

使用历史学的方法，对概念、命题、判断及理论体系等进行实事求是的历史学分析，立论要"基本来自归纳法，所有的材料都是从'母本'中梳理出来的，而且在解释和运用时也都以'母本'的整体性为前提"，"绝不抓住一两句话，离开'母本'体系，推导和演绎出现代性的政治观念或理论"，这样才能使得出的结论"更接近历史的本来面目"①。只有从历史的维度进行分析，完整地分析政治思想家的言论等，才能真正搞清楚古今中西之间的实质区别，将《管子》中的"以法治国"准确定性为"人治"②。2018 年，中国政治思想史研究的历史学分析较为突出。

1. 政治概念史研究中的含义还原

中国政治思想史的研究对象是存在于传世文献中的政治概念及理论等，其中许多关键的概念及重要的理论等，不仅都经历了漫长历史时期的诸多阶段性的变化，而且还在接受现代政治学概念及理论体系观照的时候，出现了基于现代的诸多理解与解释的偏差，甚至于出现了概念解释中的比附。这种比附自中国政治思想史作为一个学科以来就存在，而且即便有些学者做过精细的辨析，也还是难以阻遏比附性解读中国传统政治概念的现象，其中最重要的比附就是以民本来比附民主③。比附之外还有曲解，曲解就是委婉曲意地理解与解释传统时代的概念与命题等，以便能够在传统的概念中梳理出一个现代的政治概念谱系与理论结构来。不仅自由、民主、公民、法治等现代性政治概念都被在传统的古代找到了，而且还在中国上古时代找到了类似于西方现代政治制度的儒家制度。有些学者则从现代政治概念与理论的关键词入手，以此为准，在中国传统时代寻找相同的词汇，并将两者的含义直接贯通，强调现代政治概念很早就出现在中国历史上。这实质上也是变相地将中国传统政治概念在理解和解释上进行了现代化的曲解，比如法治概念的被曲解④，

---

① 刘泽华：《中国政治思想史集》（第一卷），北京：人民出版社，2007 年版，再版弁言。
② 萧公权：《中国政治思想史》，北京：新星出版社，2005 年版，第 137 页。
③ 汪荣祖：《中国政治思想史·增订版弁言》，见萧公权：《中国政治思想史》，北京：新星出版社，2005 年版，增订版弁言。
④ 段斌：《我国传统法治思想及当代价值研究》，《黑河学院学报》，2018 第 10 期。

自由概念的被曲解①，共和概念的被曲解②，就具有相当的代表性。

在这种背景下，研究者中关注政治思想史历史属性的工作就显得特别有价值，因为他们的工作就是要夯实中国政治思想史发展过程中的事实基础。宁镇疆在《历史研究》2018年第2期发表《也论"余一人"问题》一文中，对中国上古殷周时期的"余一人"称谓进行了立足于第一手文献的扎实分析，文章运用语义分析方法，对胡厚宣先生依据文献给出的意义解释，进行了商榷，不同意胡先生给出的在学术界较为流行的"余一人"称谓代表专制、独裁的观点，而主张将"余一人"称谓作为王的"谦称"，"余一人"称谓彰显了王在国家治理负责方面的"势单力孤"。作者分析了大量的一手文献，用语义分析的方法，对商周时期的第一人称自称进行分析，将"余"作为较为普遍的第一人称自称，将"一人"作为王及诸侯等的特指，并且依据文献分析结果指出"余一人"确为王专用③。作者还分析了"余一人"所使用的三种不同语境，并认真分析了其具体含义，但在解释"余一人"何以为王的谦称问题上，却过于拘谨于文本的语义解释，且又过于突出了王作为国家治理负责的"势单力孤"少数，强调了王治理国家需要辅弼的需求。作者在文章中将"余一人"的称谓与春秋战国时期诸侯王的称孤道寡相比较，也有相当的启发意义。但谦辞的说法来自儒家经学著作《白虎通》，以汉代才流行起来的经学来解释上古政治词汇，难免也有不尽妥当之处。王者"余一人"称谓即使有自谦的成分，也是在至上神及祖先神面前，而在其他人面前的自称则更多地体现了至高无上的自觉意识，"余一人"是只有最高统治者才能使用的自称，本身就凸显了其专制独裁的政治特质。晁福林教授认为殷周时期"万方有罪，维予一人"，"百姓有过，在予一人"，这类话应当是"君王自罪、自责的习语"，但这类"言辞所表现的担当精神，透着'天下英雄，舍我其谁'的气魄，显示出的是人的自信，是作为天下领袖的强烈责任感。……'殷先哲王'不总是俯伏在地的弱者，而是有强烈责任感的伟人"④。这个观念在很大程度上就是一种君主专制的观念。

---

① 金小方：《现代新儒家对儒家自由观的接契与转型》，《河南社会科学》，2015年第7期。
② 林明、樊响：《中国古典共和观及其传承价值》，《文史哲》，2015年第6期。
③ 宁镇疆：《也论"余一人"问题》，《历史研究》，2018年第2期。
④ 晁福林：《从甲骨文"咼"字说到殷人的忧患观念》，《文史哲》，2018年第4期。

一百多年来，特别是近四十年来，中国在政治学领域向西方学习，引入了很多西方的政治概念及理论，但这些概念及理论又都进行了翻译的处理，这些经由翻译西方而来的中文新话语似乎就成了一种典型的新事物，虽然它们在名词上或许并不新，而完全使用了中国的古典词汇。不过如果细加梳理，就不难发现中国古典的政治话语中却并不缺乏与名词相对应的思想。卜宪群在《政治学研究》2018年第3期发表《中国古代"治理"探义》一文，对中国古代的"治理"进行了含义分析，有效地纠正了学术界对中国是否存在本土性的"治理"理论的不恰当看法。作者首先对那些认为中国历史上只有统治而无治理及治理只是当代国家的产物等看法表示了反对，而后对"治"与"理"的本义进行了梳理。他指出"'治'的本义是水的名称，……对国家政事管理的'治'，是由'治'水名演化、延申而来。……春秋时期的'治'……与'乱'相对"，"国家管理得有条理、有秩序，才可以称之为'治'"，"战国时期'治'的使用更加普遍，继续沿用了春秋时期的含义"。"'理'的本义是指攻玉的方法，……先秦时期"理"由攻玉演化出三种含义：一为正土地疆界。……二为职官。……三为按照事物规律、道理行事。……战国晚期，治与理二字合二为一，形成了'治理'一词，……指国家管理应按照某种规律、规则行事之义。……秦汉以后……，'治理'一词也沿袭了其在战国时代的含义，普遍出现在文献中"①。同时，作者在文章中还梳理了中国古代的"治道"话语，认为中国古代的治道理念出现在春秋战国时期，秦汉以后更多地被引入政治领域，其基本的含义就是治理之道②。作者认为中国古代的治理思想与治道政治文化传统，既有自上而下的治理思想，也有注重民间社会参与的治理思想，"中国古代的治理思想由于时代的局限性，其具体内涵当然不是全部适合今天的社会。但其中追求法治、廉平、教化、任贤、民本、向公、俭约及社会参与等基本治理精神，对今天的国家治理仍然具有借鉴意义"③。虽然国家治理的概念产生较晚，但中国传统的历代王朝也都有自己的国家治理，既有自己的国家治理理念，也有自己的国家治理制度，并且在国家治理的诸多方面还取得了一定的成就，造成了几个著名的盛世。当然，中国传统历朝历代也都有国家治理渐行衰弱的历程，其在观念层面的体现也非

---

① 卜宪群：《中国古代"治理"探义》，《政治学研究》，2018年第3期。
② 卜宪群：《中国古代"治理"探义》，《政治学研究》，2018年第3期。
③ 卜宪群：《中国古代"治理"探义》，《政治学研究》，2018年第3期。

常具有理论意义，值得密切关注和深入研究。

2. 特定历史阶段的主流政治观念梳理

作为历史学重要组成部分的中国政治思想史，虽然在其自然发展的过程中具有无可置疑的历史连续性，但作为中国政治思想史研究对象的具体资料则又具有选择性。这既是因为政治思想发展史客观存在着概念等的新陈代谢，不论是概念本身，还是概念的含义，都存在着一些跨越时代的重要变化，也因为某些历史阶段的政治概念等具有特别重大的影响力，以至于政治思想史发展中的一些重要思想资料被后起的资料所遮蔽。中国政治思想史的自然发展过程既然总是离不开对曾经的政治思想进行梳理、选择与加工等，那么我们就不能依照后人梳理和加工过的结果来认识中国政治思想的自然发展史，而必须要尽可能地进行中国政治思想史研究的还原性认识。这就要求中国政治思想史的研究者首先要具备历史学的素养和视角，运用历史学的方法，努力还原和呈现中国政治思想发展过程的原始政治思想事实，只有以政治思想事实为依据，才可能得出较为可靠且科学的中国政治思想史研究结论。中国政治思想史研究中出现的原始政治思想事实，本身就不是很充分，特别是其形成和发展早期，许多重要概念还需要在事实层面依托新的材料，进行进一步仔细的思想事实还原，前述关于殷周"余一人"的概念解读即属于此类。另外，原始政治思想事实的不足甚至是缺失，还会在一些特别的时代显得较为明显。这样的情况，或者是因为某个时代的政治思想事实被后来人的描述给遮蔽住了，以至于当时的思想事实却被冷藏了起来，比如秦王朝的诸多政治思想事实即被汉以后的描述所遮蔽了，以至于有著名学者认为秦在中国的历史文化传统中毫无地位，因为秦信奉法家，"道"从"势"出，"历史文化传统对他们而言是没有真实意义的"[①]；或者是因为还没有被学术界系统地整理过，以至于被研究者屡屡给忽略掉了，比如南北朝时期的诸多政治思想事实，特别是关于北方少数民族政权的政治思想事实，还没有充分地反映在中国政治思想史著作的叙述中。刘泽华先生主编的《中国政治思想史》（秦汉魏晋南北朝卷）及其总主编的《中国政治思想通史》（魏晋南北朝卷），也都完全没有涉及胡人政治观念与政治思想方面的问题。魏晋时期的政治思想研究

---

① 余英时：《士与中国文化》，上海：上海人民出版社，1987年版，第110页。

较多，而南北朝时期的政治思想则研究较少，断代史特别是断代文化史研究的理论成果还没有引起魏晋南北朝时期政治思想史研究者的应有关注。

刘泽华先生在研究中充分关注了秦王朝的政治文化，依据《史记》的传记及刻石等材料，展示了秦王朝政治文化的主要内容、内在结构及其思维特点，高度评价了秦王朝的皇帝制度及皇帝观念在中国政治思想史上的重要地位，将秦始皇看作是中国皇帝制度及皇帝观念的祖师爷①。学术界在评价秦统一六国的功绩及其影响时喜欢采用"大一统中央集权帝国"的表述，但"大一统"的表述却并不是秦王朝自身的惯用表述，而是西汉独尊儒术后儒家经学的表述。孙闻博在《史学月刊》2018年第9期发表《"并天下"：秦统一的历史定位与政治表述——以上古大一统帝王世系为背景》一文，不仅对秦王朝的"并天下"表述进行了历史还原的呈现，而且还对"大一统"表述代替"并天下"表述进行了一定的解释。作者认为"'大一统'这一理念的提出，最初主要在标举以周天子为核心所确立的'天子—诸侯'政治模式，且侧重政治理念与政治文化的层面，即周天子声教'辐射'诸侯与诸侯尊奉王室而'会聚'四周的'一统'"②。自西周初年出现"天下"用语以来，东周时已经普遍采用，而作为与"天下"几乎同义的"禹迹""九州"借助于商人、周人的史诗，也可上溯到更早的传说时代，天下"一统"的上古帝王世系历经殷商、西周、春秋及战国而逐渐建构起来。大一统的帝王世系"对秦统一的政治表述产生了直接影响"③，"秦的统一，首先包含对上古君王特别是周室政治成就的继承"，"天下一统""法令一统"等说法的"一统""包含着接续五帝、三王的政治成就"，然而"秦并不满足于承续前代并再次实现'一统'"，而是"更远溯五帝，宣扬帝国成立所具有的跨越式、变革性政治成功"，从而更强调"并天下"的政治表述④。秦王朝再造天下的"一统"，"尽并兼天下诸侯"，"以诸侯为郡县"，"'并天下'或许更能凸显秦统一的军事

---

① 刘泽华：《中国政治思想史集》（第二卷），北京：人民出版社，2007年版，第1页。
② 孙闻博：《"并天下"：秦统一的历史定位与政治表述——以上古大一统帝王世系为背景》，《史学月刊》，2018年第9期。
③ 孙闻博：《"并天下"：秦统一的历史定位与政治表述——以上古大一统帝王世系为背景》，《史学月刊》，2018年第9期。
④ 孙闻博：《"并天下"：秦统一的历史定位与政治表述——以上古大一统帝王世系为背景》，《史学月刊》，2018年第9期。

成就与帝国建立的政治伟绩"①。秦王朝追求的"并天下",体现了中国上古政治大一统的强大影响力,这个传统在很大程度上被后来的王朝继承,并成为中华历史发展的主流所在,天下一统在很大程度上影响着芸芸众生的政治认同。

中国自古就是一个多民族统一国家,自殷商时期,甲骨文献中就出现了"禹迹"与"九州"等,西周初年"天下"观念开始出现,并逐渐风行,以上古帝王世系的大一统古史叙说为基础的政治文化等,成为秦汉以后统一国家的重要支撑。虽然天下一统的观念在独尊儒学后日益盛行,但统一国家内部的民族甚至是部族构成却从来都是多样的。不仅许多不同的民族共同生活在统一的政治国家中,而且这个国家中还在存在多元文化的基础上发生了以夏变夷的政治变化。中国传统意义上的国家并非西方现代意义上的民族国家,而是古典意义上的文明国家,正是因为不断发生的民族融合,才会有众多少数民族接受华夏文化而融入华夏主流民族中,也才会有华夏文化在传播过程中不断地吸收少数民族的文化因素而日益发展起来。中国政治思想史的自然发展过程就伴随着这种多民族统一国家内部的民族文化交流与民族融合而不断发展。作为帝国内部的少数民族,他们如何在政治文化上华夏化,并将哪些新鲜的要素带进了国家主流政治文化,就是一个相当重要的内容。南北朝时期,北方少数民族统治者及其部众的政治观念如何,以往的研究成果在这方面着墨不多。这在一定程度上影响了人们对中国政治思想史进行准确地理解和合理地解释。

雷戈教授在《文史哲》2018年第5期发表《变夷从夏——五胡政治观念-实践分析》一文,对五胡十六国时期的胡人汉化的政治观念变迁进行了较为深入的讨论。作者认为胡人观念在学术界受到了忽略,"学人喜欢用一种华夏主义的眼光来安置和评价胡人在中国历史上的位置和特性,却忽视了胡人的历史特质以及对汉人观念的冲击乃至颠覆","虽然胡人思想使用的是汉人话语,但其思想仍有其特异者","尽管胡人历史早已进入中国历史,但我们仍需在中华思想的谱系中仔细辨认胡人思想的脉络、踪迹和特征"②。作者在详细分析了五胡政治观念的汉化历程及个性内容后,指出"胡人似乎在短

---

① 孙闻博:《"并天下":秦统一的历史定位与政治表述——以上古大一统帝王世系为背景》,《史学月刊》,2018年第9期。
② 雷戈:《变夷从夏——五胡政治观念-实践分析》,《文史哲》,2018年第5期。

短一个世纪,就完成了汉人从春秋战国到秦汉数百年的观念演进。无论胡人帝王的名号,还是胡主登基所需要的图谶、符命、祥瑞,以及德性论证和程序规定,比起汉帝,一样不少","胡帝的政治实践和观念迅速成熟","胡人观念与汉人本质无别","虽然难免有汉化的塑造作用,但它主要受制于胡族自身的历史特性"及其所"展示出来的政治特质","历史特性和政治特质共同指向于皇权专制主义"①。作者的研究结论认为虽然"胡人确实没有给中国历史贡献一个所谓的思想家","在传统意义上的思想史谱系中,绝对找不到一个胡人思想家的名字","但这不等于说胡人没有自己的思想,或他们的思想毫无价值","只是说,胡人思想更多属于一种实践性观念,往往通过一种具体的行为、措施、政策、仪式、制度等表现出某种独特的价值诉求"②。胡人在接受汉人政治观念的同时,还以实践的方式补充了汉人原有的观念系统。这方面内容的史料还比较分散,进一步收集、整理和研究的空间还很大,是中国政治思想史研究的一个重要生长点。雷戈对《诗》《书》所载时代政治思想的解读也具有历史事实还原的价值,不仅强调"《诗》《书》时代就是王权时代,《诗》《书》时代的思想就是王权主义思想",而且还对《诗经》中的关键词诸如天、帝、德、命、道、神、王、民、人等进行了文本语义分析③。

3. 中国传统关键政治哲学概念的历史解读

中国传统时代经历数千年的发展,形成了一套自成一体的政治哲学体系。尽管这个体系具有极为顽强的生命力,在中国传统政治的一次次修复和日渐巩固中发挥了重要的作用。但自从清末西学东渐以来,中国传统政治哲学作为一个完整体系却又无可避免地走向了衰落,虽然在整体上衰落了,崩毁了,但又在中国现代政治哲学体系的形成中发挥了整体性的影响力。中国政治哲学从传统到现代的变迁,具体而微地体现在了一些关键性的政治哲学概念的时代转变上,民主、自由、公民、共和等概念的现代转换就具有典型的样板

---

① 雷戈:《变夷从夏——五胡政治观念-实践分析》,《文史哲》,2018 年第 5 期。
② 雷戈:《变夷从夏——五胡政治观念-实践分析》,《文史哲》,2018 年第 5 期。
③ 雷戈:《〈诗经〉文体与王权秩序——〈诗〉〈书〉时代的思想史研究之一》,《史学月刊》,2018 第 12 期。

价值。一些思想家或者着眼于中国传统时代在很早就产生了诸如民主①、自由②、公民③、共和④等概念，并试图以此为依据，将现代政治哲学中的民主、自由、共和等政治概念的含义直接诉诸于中国的古代，误以为中国古代就已经拥有了现代意义上的民主、自由与共和等。这种观点的形成，既受到了西学东渐过程中外来观念汉化翻译过程中使用了中国传统概念的影响，以中国古典概念盛装西方的政治观念内涵，这就给了人们一种错误的印象，似乎两者确实相同；也是因为有的研究者对现代意义上的民主、自由及共和等有一定的了解，他们按照西方政治哲学观念的内容标准，理解和解释中国古典政治哲学概念，其目的无非是想要证明中国古典中存在着一种独立于西方的现代。有些学者强调中国传统中存在着一种超越具体历史阶段和地域限制的普遍观念⑤。但实际上，这不过是一种美丽的错觉，因为他们的解读缺少了一种来自历史维度的语义分析和发展变迁的过程分析，并忘记了任何概念及观念都是一种历史性的存在。概念及观念在任何情况下都首先是具体的历史的存在，它首先是解释和解决当时的问题，脱离时代具体问题的概念及观念难以获得必要的理论上的生命力。

现代学者对中国古代政治哲学观念的理解，也不能完全通过描述的方法和予以分析的方法就可以达到目的，而必须在一定的程度上借助于现代政治哲学，这就如同用比较先进的仪器来测量对象，用解剖人体的方法来解剖猴体，可以在含义的解释和分析上更趋于准确合理。王博在《哲学研究》2018年第10期发表《"然"与"自然"：道家"自然"观念的再研究》一文，运用现代哲学的语义分析法，对道家思想史上的"自然"概念进行了分析，梳理了从老子开始到魏晋玄学时期"自然"概念的语义内容，呈现了魏晋玄学时期的"自然"概念。作者认为"作为体现道家传统核心价值的观念，'自然'

---

① 任锋：《"作为天理的民主"：从〈政道与治道〉到政治儒学的开展》，《天府新论》，2015年第3期。
② 刘固盛：《中国传统文化中的自由精神与现代启示》，《长安大学学报》（社会科学版），2016年第3期。
③ 王苍龙：《"公民式君子"抑或"君子式公民"——重新思考君子与公民》，《天府新论》，2018年第1期。
④ 姚中秋：《政府的原型：中国第一政府之治道经义》，《中国政治学》，2018年第1期。
⑤ 姚中秋：《可普遍的中国信仰—教化之道——基于〈尚书〉之〈尧典〉〈舜典〉的解读》，《西南民族大学学报》（人文社科版），2018年第1期。

经老子提出之后,一直受到后来解释者和研究者的关注"①。作者分别解释了"自"和"然","从整体的思想史来看,道家传统中'自'字构成的一系列词汇突出的是:(1)道作为本原的自觉;(2)排除了外在强制状态的万物的存在方式;(3)拒绝一个外在的标准和价值来评判事物存在的合理性"②。"然"字包含存在和价值两方面的意义,"存在意义上的'然'指事物自己如此的状态,价值意义上的'然'则是对此状态的认识和评判","'自然'的意义也应该在存在和价值两个角度来把握","在存在的意义上,'自然'肯定事物自己如此的状态,并要求从事物内部寻找事物如此存在的根据,由此发展出以无为中心的本原理论,并导致对造物者的否定","在价值的意义上,'自然'倾向于肯定每一个事物的意义,要求从事物自身出发来肯定其如此存在的合理性,由此发展出以无名为中心的政治哲学,主张事物的自我命名"③。中国传统语境中的自然与西方语境中的自然在具体内容上差异很大,简言之,中国传统的自然,更多用来指个人超越于社会的内容,西方的自然则是准备好了进入主体间社会秩序的个体条件。

丁四新在《哲学研究》2018年第7期发表《严遵〈老子指归〉的"无为""自然"概念及其政治哲学》一文,分析了西汉后期黄老道家代表人物严遵主要著作《老子指归》中的"无为"和"自然"概念及其政治哲学体系。作者在进行关键概念语义分析的时候,充分观照到《老子指归》的思想体系,立足于思想体系的整体性,来分析"无为"和"自然"的概念,就很好地将思想体系的历史性内容融进了关键概念的理解与解释中,避免了关键概念理解与解释中因过于抽象而带来的内容空洞。作者的分析具有明确的历史时代意识,注意到了西汉时期复兴后新的儒家思想在思想领域的强势影响,充分关注了严遵思想体系所具有的儒道并存的思想特征,并注意到作为时代强势思潮的儒家思想对严遵理解和解释"无为"与"自然"概念的框架性影响,从

---

① 王博:《"然"与"自然":道家"自然"观念的再研究》,《哲学研究》,2018年第10期。
② 王博:《"然"与"自然":道家"自然"观念的再研究》,《哲学研究》,2018年第10期。
③ 王博:《"然"与"自然":道家"自然"观念的再研究》,《哲学研究》,2018年第10期。

而有利于作者对相关概念做出合乎历史情境与语境的理解与解释①。作者在整体性方面分析了严遵政治哲学体系后，呈现分析了严遵政治哲学的三个层面："第一个层面是继承了老子的'无为''自然'概念，并作出了一定的创新性解释"，"进一步阐发了'自然'的'自为''自得''自化''自生'等含义，……由此深化了道家哲学"；第二个层面是重视阴阳五行的理论和所谓常道，严遵将阴阳五行的理论和常道作为统治手段，是"无为""自然"概念在政治方法上的具体落实；第三个层面在内容上吸纳了儒家元素，并对之"作了道家化的改造和重新定义"，在此基础上建构了"政治人格系统和皇、帝、王、伯（霸）观念及其历史观"②。在研究的结论上，作者充分意识到了某个历史时代的共性特点，认为《老子指归》的概念解释及政治哲学体系特点，"既是汉代黄老思想在发展中的特点之一，也是儒家思想在当时影响黄老、影响严遵思想的结果"③。中国传统政治思想中的主流流派之间在思想内容及理论主张上，既有明显的区别，这使得我们比较容易判别出不同思想流派间也存在密切的联系，不同的流派及学派往往互相渗透，以至于某个学派的主要概念也会受到其他学派的影响，道是儒家的核心概念，但这概念却是由道家创造出来的。在汉代，道家自然概念受儒家影响也在情理之中，毕竟儒家是西汉时期的主流理论形态。

（三）中国现代重要政治概念形成和发展的历史审视

自晚清以来，中国传统政治思想就渐趋于衰落并日益碎片化，而中国现代政治思想则在这个过程中逐步发育、形成和发展起来。作为中国政治思想史发生迅速新陈代谢的一个重要阶段，关键性政治概念及相关理论的代谢过程尚没有得到充分且清晰的梳理，特别是在不同价值倾向的学者看来，中国重要政治现代概念何以形成、怎样形成和形成了什么，充满了争议。金观涛、刘青峰的《观念史研究：中国现代重要政治术语的形成》在这方面作了一些

---

① 丁四新：《严遵〈老子指归〉的"无为""自然"概念及其政治哲学》，《哲学研究》，2018年第7期。
② 丁四新：《严遵〈老子指归〉的"无为""自然"概念及其政治哲学》，《哲学研究》，2018年第7期。
③ 丁四新：《严遵〈老子指归〉的"无为""自然"概念及其政治哲学》，《哲学研究》，2018年第7期。

重要的工作,但其研究的对象及叙述的内容并不具有特别明显的政治性,其工作更多地属于广义思想史的研究范式。在研究方法上也更侧重于定量研究及统计分析,将有关概念的相关资料收集起来并予以统计分析,从而在话语的层面上进行了一定程度的历史还原,但在话语所包含概念的解释上则明显地缺乏解释方法的充分应用,从而未能较充分地还原中国现代重要政治术语的历史事实。中国政治思想史领域的观念史研究,一般来说已经有了一定的开展,刘泽华先生从《先秦政治思想史》开始,就进行了这样的话语、话题、概念及命题等的研究①,其后在《中国的王权主义——传统社会与思想特点考察》中也有相关研究,特别是对韩愈、柳宗元表奏的话语分析②,更具有观念史典范的价值。观念史研究方法在中国近现代政治思想史研究中也有了一定的应用,取得了相应的研究成果,如邓丽兰的《域外观念与本土政制变迁:20世纪二三十年代中国知识界的政制设计与参政》就具有一定的代表性。中国政治思想史研究在2018年对近现代重要政治概念的研究,有较大的深入。

1. 清末民初重要政治概念的分析与解读

中国现代政治思想的孕育、形成及发展是在一个古今中西文化大混杂、大交锋和大融合的历史环境中进行的,其中的重要政治概念虽然在思想内涵上毫无疑问地具有了西方现代政治概念的成分,但却又不是西方现代政治概念的移植,而必然是混杂了古今中西思想内容的一种复杂存在。值得注意的是,中国现代重要政治概念在内容上几乎都经历了西方政治概念的渗透性影响与含义改造,它们在含义及彼此间的逻辑关系上也具有与西方政治思想相类似的外观,但中国传统政治思想体系虽然在日趋于碎片化,却仍然在整体性的维度上影响了中国现代政治思想的形成,不论是在重要政治概念的含义濡染上,还是对理论逻辑的潜在性改造上,传统政治思想都对现代政治思想产生了重大的影响。中国现代政治思想在内容上确实引入了许多的新概念,特别是重要政治概念几乎都是引入的,但在概念的名词层面却又大多使用了中国传统的老概念,以传统老概念来盛装现代新含义,其亦中亦西的特点也

---

① 刘泽华:《中国政治思想史集》(第一卷),北京:人民出版社,2007年版,再版弁言。
② 刘泽华:《中国的王权主义:传统社会与思想特点考察》,上海:上海人民出版社,2000年版,第263-279页。

因此而不可避免①。一方面，老概念并不能在含义上真正被掏空，从而使得它在盛装新含义的时候，就难免发生新旧共存、新旧混杂的现象；另一方面，新含义在被装入老概念中的时候，就已经在含义的理解与解释上发生了异化，即它早已经不同于其在西方的原始含义，已被政治思想者所具备的老概念及其概念体系濡染和改造过了②。在思想者的意识中，未经他所具有的老概念及概念体系濡染和改造的新含义，很难进入其有意注意的领域，从而也就不可能被引入，而被思想者在意识中注意和引入的新含义则必定已经被老概念及概念体系濡染和改造过了。

中国传统虽然有丰富的自由思想，但自由在传统政治思想中的地位并不突出，自由在政治思想中的地位变得重要起来是在晚清西学东渐之后。中国传统时代的自由与现代的自由，虽然词汇未曾改变，但其中的含义却是明显地今非昔比了。张师伟在《文史哲》2018年第3期发表的《西学东渐背景下中国传统"自由"思想的现代转换及其影响》一文中，对中国传统自由思想在西学东渐背景下发生的现代转换及其思想影响，进行了较为系统深入的分析。作者认为"自由"的概念最初出现在汉代儒家的经学著作中，作为一个思想概念，它在儒家思想体系中是一个地位比较低的贬义词，指人违反了纲常礼制的尊卑贵贱约束。"自由"思想在儒家中的积极含义表达为"由己"，指人体具有的道德意志的自由③。道家自由思想特别是庄子自由思想在含义上也是指"由己"，但却赋予了它一种基于"自然"本体的正当性。先秦法家的自由与遵守体现在必然与法律有关，遵守法律就有自由，可以"由己"，并获得利益，不遵守法律就会被制裁而不能"由己"，并要遭受利益上的损失④。作者认为现代中国语境下的"自由"概念，一方面在"含义上受到了西学的明显影响"，因为现代的自由以"中国传统词汇容纳西方含义"的"liberty"，另一方面"虽然中国传统自由观并无现代意义上的自由含义"，但

---

① 张师伟：《中国传统自由观与西方自由主义的相遇——严复自由话语建构的过渡性特征》，《探索与争鸣》，2017年第6期。
② 张师伟：《濡染与改造：现代民主思想中国化过程中的民本观念》，《文史哲》，2016年第3期。
③ 张师伟：《西学东渐背景下中国传统"自由"思想的现代转换及其影响》，《文史哲》，2018年第3期。
④ 张师伟：《西学东渐背景下中国传统"自由"思想的现代转换及其影响》，《文史哲》，2018年第3期。

却又在根本上制约着自由概念的"现代"程度，因为中国传统时代的自由旧含义"濡染和改造"了西方"liberty"的汉化翻译，"中国现代政治意识谱系中的'自由'，……在骨子里……包含着来自传统中国'自由'含义的整体性影响"，存在着"不同程度的对现代自由的'误读'"①。作者还认为中国近现代政治思想史上"西学东渐中的'自由'含义绕不开中国传统自由观对它的过滤、濡染与改造"，而"自由"的含义也就在古今中西的"互动过程中变得亦中亦西、中西混杂"②。

共和既是中国现代政治思想中的重要概念，也是百年来中国先进分子选择的体现先进发展阶段的政体名称，习惯于以进化论来考虑政体进化问题的不少著名数学家都将共和列为最先进的政体。但共和一词却源于中国上古，它在现代的含义是否与古代相似或相同，却存在不同看法。从现代共和概念的源流上看，虽然它经历了日本的含义改造，但还是有人以今天的共和含义来理解上古的共和概念，甚至还有人试图在古代找到现代共和的制度③。但如果不追溯共和概念在中国近现代传播及演变的历史过程，就很难真正理清楚共和概念的确切含义。桑兵在《史学月刊》2018 年第 1 期发表的《梁启超与共和观念的初兴》一文中，梳理了共和观念在近现代的含义变迁历程，呈现了梁启超在现代共和概念初步输入中国和在中国产生广泛影响过程中的作用。作者总结前人研究结论概括指出，"共和一词的涵意古今有别，后者始于幕末日本人对译 republic"，"中国最早使用今义共和一词，为 1879 年黄遵宪的《日本杂事诗》"，黄遵宪对"共和"的理解更接近中国古代的共和，推崇"封建世家之利"，康有为早期使用的"共和"接近日本学者狭间直树，用来指君主立宪的制度④。作者分析了当时共和概念的使用情况，指出中文中的"共和"一词"直到 20 世纪初，主要用于指他者即外国之事，几乎与己无关"，"所谓他者之事，一是外国的历史，二是外国的现况，三是外国的思想学说，尤其是法理政治学说"，这个时期的中国人在主观上也对"共和"多

---

① 张师伟：《西学东渐背景下中国传统"自由"思想的现代转换及其影响》，《文史哲》，2018 年第 3 期。
② 张师伟：《西学东渐背景下中国传统"自由"思想的现代转换及其影响》，《文史哲》，2018 年第 3 期。
③ 姚中秋：《政府的原型：中国第一政府之治道经义》，《中国政治学》，2018 年第 1 期。
④ 桑兵：《梁启超与共和观念的初兴》，《史学月刊》，2018 年第 1 期。

"持排拒态度"①。梁启超等在20世纪初曾一度热衷于倡言革命,"今义'共和'学说以及相关观念的引进",以及"共和思潮的初步涌现并产生广泛影响",正是"由于流亡海外的梁启超等人……,以《清议报》和《新民丛报》为依托,进行坚持不懈的宣传的结果"②。革命派无暇进行的理论研究及舆论宣传,主要由改良派进行,进一步彰显了两者在历史过程中的特殊关系。

中国近现代接受在政治体制的选择上趋于"共和",是否如上所说乃是接受外来"共和"观念的结果?中国传统遗留下来的政治观念在走向共和的过程中是否也发挥了某些方面的作用呢?唐文明在《文史哲》2018年第4期发表的《摆脱秦政:走向共和的内在理由》一文中,对清末士人接受和选择"共和"的"内在理由"进行了较为系统的梳理。作者较为关注中国传统遗留下来的政治观念在清末士人接受"共和"方面发挥了什么影响,突出了中国自身所固有的政治文化条件在政治思想创新发展的地位与作用。作者将清末士人选择和接受"共和"的"内在理由"归结为"摆脱秦政"③。实际上,中国历史上对"秦政"的非议自西汉以来就一直存在,可谓是由来已久,虽然也存在个别思想家如柳宗元肯定郡县制的"秦制"优越于分封制的"封建",但也对"秦政"的弊端毫不讳言。清末维新派谭嗣同将中国君主专制政治视同为"秦政",并予以批评,要求冲决网罗以摆脱"秦政"。作者受谭嗣同说法的影响,遂以"摆脱秦政"作为中国士人在清末选择走向"共和"的"内在理由"。从作者对清末以来相关话语的分析看,他分别把三代、大同、无君、进化论等作为"摆脱秦政"的表现④。作者在研究结论上认为"晚清士人对共和制的接受有着极其重要的内在理由",这个"内在理由"就是"基于传统思想中理想的政教典范"展开的"对秦以来君主制政治的批判","大同、小康与无君这三种传统政教理想,虽然旨趣各异,但在后世的继承者那里都被用来反对秦政,因而在晚清都能发挥批判现实政治的力量","尤其是经过宋儒特意阐发的大同、小康理想,在中国走向共和的现代历程中影响巨大"⑤。作者也看到了传统政教理想的魅力在走向共和的过程中有缩小趋势,

---

① 桑兵:《梁启超与共和观念的初兴》,《史学月刊》,2018年第1期。
② 桑兵:《梁启超与共和观念的初兴》,《史学月刊》,2018年第1期。
③ 唐文明:《摆脱秦政:走向共和的内在理由》,《文史哲》,2018年第4期。
④ 唐文明:《摆脱秦政:走向共和的内在理由》,《文史哲》,2018年第4期。
⑤ 唐文明:《摆脱秦政:走向共和的内在理由》,《文史哲》,2018年第4期。

思想家们由以传统政教理想为依据而接受共和,转变到为接受共和而悄然地改变对传统政教理想的理解与态度。中西政治思想间"格义的诠释结构"彻底改变,"从原来的以中格西翻转为以西格中"①。

2. 中国近现代的民族意识与中华民族观念

中国政治思想从传统到现代的转换具有体系转换的整体性特质,其中虽然有不少传统的词汇在近现代仍然被使用着,但其含义却发生了翻天覆地的巨大变化,而且他们在思想体系中的地位也发生了重大变化,从一个较为普通的政治词汇转变成了一个重要甚至是重大政治词汇。自晚清以来,伴随着中国政治的现代转型,新名词的输入铺天盖地,它们在人们言语交谈中脱口而出,但所谓新名词主要是指名词的新含义,而新含义所寄托的词汇却很可能是旧词汇,如民族。当然,在新名词输入的同时,也有一些经过创造性组合形成的重要词汇,如中华民族。中国的国家形态在这个过程中发生了重大变化,西方民族国家的概念传入中国,激发了中国大地上的民族意识与民族国家意识,并逐步地替代了传统时代的天下王朝意识,而成为中国现代国家的重要政治意识形态基础。黄道炫在《史学月刊》2018年第5期发表的《战时中国民众的民族意识》一文,对抗日战争时期民众的民族意识进行了诸多事实层面的梳理和理论分析。作者认为"抗日战争是一场近代国家进行的民族保卫战争","日本的侵略及侵略战争伴随的暴力激发了中国民族意识的成长,是中国民族国家形成的重要催化剂"②,"中国民族国家的长期延续,使超越地域的共同体意识在精英层甚至在普通民众中或多或少存在","20世纪前后,近代意义上的民族主义开始在中国发酵",抗战时期"日军的侵略及其伴随的暴力对中国民族精神的成长形成巨大的催化作用,中国政府尤其是中共在敌后的抵抗努力则保证了其持久存在、成长"③。

黄兴涛在2017年出版了一部书名为《重塑中华:近代中国"中华民族"观念研究》的专著,运用概念史研究方法,以历史发展脉络为线索,对"中华民族"观念在清代的酝酿及其在现代的确立、传播、演化、普及的社会化过程做了历史性的考察,通过典型文本的解读,进行重要概念的剖析,呈现

---

① 唐文明:《摆脱秦政:走向共和的内在理由》,《文史哲》,2018年第4期。
② 黄道炫:《战时中国民众的民族意识》,《史学月刊》,2018年第5期。
③ 黄道炫:《战时中国民众的民族意识》,《史学月刊》,2018年第5期。

了"中华民族"观念的"诸多历史面向"。作者强调中国现代的"中华民族"观念"一直伴随着中西思想的遇合与古今观念的交会，表现出了民族与国家的纠结与互动①。杨念群在《近代史研究》2018年第5期发表《重建"中华民族"历史叙述的谱系——〈重塑中华〉与中国概念史研究》一文，"围绕最近出版的《重塑中华》一书中提出的若干论题"，"分别讨论作为'中华民族'观研究背景的神话起源与英雄谱系的争论史、'中华民族'观产生的时代背景及其内涵演变"等。作者认为"'中华民族'这个概念在古代典籍中找不到相同的表述，由此可以推断它完全是近代的发明"，因为民族主义是个近代的事物，中华民族是民族主义在中国的表现，所以关于中华民族观念的起源问题，建构论的解释远比根基论的解释更具有历史层面上的事实合理性。"'中华民族'概念之所以在近代被当作'建构'的产物，就是因为'中华'和'民族'两个词义在古代典籍中始终是分离的，在近代才合为一体"，具有政治建构的特质，即"'中华民族'概念的形成确实是政治形势支配的结果，甚至也无妨看作中国建立现代国家有意安排的意识形态设计"②。作者在研究结论中还强调概念史研究要避免"从概念到概念封闭式地处理词语变迁史"③。章永乐结合近年来围绕国际学术界关于"何为中国"叙事分歧，评述了黄兴涛《重塑中华：近代中国"中华民族"观念研究》的专著，对晚清以来"中华民族"的概念变迁及不同理解做了较为细致的梳理，有利于人们更加深入地理解黄著的议题④。

中国从晚清开始开启现代国家建构的按钮起，就走向了现代民族国家的建构道路，并确立了以"中华民族"作为民族国家建构的民族基础。因为政界与学界对"中华民族"含义理解的不同及其含义在不同历史阶段所发生的明显变化，以至于人们在中国到底是一个多民族国家还是一个单一民族国家的问题上也是意见纷纷。陈建樾在《清华大学学报》（哲学社会科学版）

---

① 黄兴涛：《重塑中华：近代中国"中华民族"观念研究》，北京师范大学出版社，2017年版，第7页。
② 杨念群：《重建"中华民族"历史叙述的谱系——〈重塑中华〉与中国概念史研究》，《近代史研究》，2018年第5期。
③ 杨念群：《重建"中华民族"历史叙述的谱系——〈重塑中华〉与中国概念史研究》，《近代史研究》，2018年第5期。
④ 章永乐：《探寻中华民族自觉兴起之历程——评黄兴涛〈重塑中华：近代中国"中华民族"观念研究〉》，《史学月刊》，2018第10期。

2018年第5期发表《单一民族国家还是多民族国家：近代中国构建现代国家的解决方案之争》一文，对自清末以来"如何以及怎样在中国建立现代国家"的不同"解决方案"进行了历史情况的"初步整理和概括呈现"。作者认为"中国从历史到现实都是一个统一的多民族国家，如何认识历史国情和现实国情，是近代以来如何建构现代国家的主要争议焦点，也是选择不同的基本政治制度和民族政策的分水岭"。甲午战争之后，中国各阶层普遍地感到了一种亡国灭种的巨大威胁，如何改变国家的形态由此成为"近代中国志士仁人的一个共同观念"①。梁启超认为中国的关键问题在于"使满族以外各族均具有'国民资格'并据此建构以汉族为中心的、具有国族意义的'大民族主义'"，但他的这种国族主张却被主张"一族一国"的"种族革命"话语淹没②。"如何建构多民族的现代国家，是清末民初的一个重要的讨论议题，而效法西方建立单一民族的民族国家，则成为讨论中的一个'时代强音'"，在这种情况下，孙中山主张将国内"少数民族同化为一个民族，并据此建立'一族一国'的现代国家"，在中国国民党的语言表述中，"中华民国，是由整个中华民族建立的"，中华民族是联合"汉满蒙回藏……组成一个整体的总名词"③。中国共产党在抗日战争时期，不仅在政策语言中作出了"国内各个民族"及"团结各民族为一体"的表述，而且还对"统一多民族国家的多民族架构提出了初步的厘定"，明确了"中国是一个多民族的国家"，强调了"中华民族是代表中国境内各民族之总称"的观点④。

3. 中国共产党新民主主义时期政治话语研究

中国共产党在政治概念及政治话语上自成一体，既具有与西学东渐潮流相吻合的世界化的特征，体现了面向现代、面向世界和面向未来的价值诉求，更具有将马克思主义与中国传统政治思想资源相结合的特征，一方面表现了

---

① 陈建樾：《单一民族国家还是多民族国家：近代中国构建现代国家的解决方案之争》，《清华大学学报》（哲学社会科学版），2018年第5期。
② 陈建樾：《单一民族国家还是多民族国家：近代中国构建现代国家的解决方案之争》，《清华大学学报》（哲学社会科学版），2018年第5期。
③ 陈建樾：《单一民族国家还是多民族国家：近代中国构建现代国家的解决方案之争》，《清华大学学报》（哲学社会科学版），2018年第5期。
④ 陈建樾：《单一民族国家还是多民族国家：近代中国构建现代国家的解决方案之争》，《清华大学学报》（哲学社会科学版），2018年第5期。

中国传统面向科学社会主义的现代转换;另一方面表现了将马克思主义予以中国化的积极努力。但在中国政治思想史研究中,中国共产党在新民主主义革命时期的政治概念及政治话语还没有应有的关注和充分的研究。2018年时逢俄国十月革命一百周年纪念,俄国十月革命对中国政治思想的影响,特别是对中国共产党政治概念及话语的影响,在中国政治思想史研究中受到了一些关注,出现了一些颇有价值的研究成果。王成、邓倩在《毛泽东思想研究》2018年第2期发表《被动输入和主动吸收:多维视角下十月革命与中共早期革命话语建构(1917—1937)》一文,在多维的视角下,对俄国十月革命在其后二十年范围内对中国共产党早期革命话语建构的影响进行了历史的过程梳理。作者认为"十月革命本质上是对人类社会一切革命形式的革命,是世界范围内第一次社会主义运动的真正胜利,为中国共产党革命话语的建构提供了合理依据",中国共产党借助十月革命否定了中国资产阶级革命的必然性,肯定了无产阶级革命的合理性,为实现从"资产阶级革命向无产阶级革命"的转换,提供了现实基础①。中国共产党在借助十月革命建构其早期革命话语的时候,很注意发挥十月革命的成功样本佐证作用,一方面十月革命作为一个成功的样板,它在国情与俄国相似且民众对苏俄政府有好感的十月革命后的中国,就具有特别的佐证力;另一方面以十月革命来诠释、论述和展望中国的工作,也做得扎实有效②。

在中国共产党早期的政治概念中,"封建"和"反封建"是一对很重要的概念,其中如何界定"封建"乃是一个非常基础性的工作,界定了"封建",也就明确了什么是"反封建"。翁有为在《中共党史研究》2018年第5期发表《"五四"前后陈独秀对"封建"意涵的探索——中共"反封建"话语的初步形成与发展》一文,通过整理和分析陈独秀"五四"前后关于"封建"的话语,呈现和分析了中共早期"反封建"话语的初步形成与发展。作者认为作为新文化运动后转为共产主义者知识分子的核心人物,陈独秀在"'五四'前后十余年间关于'封建'意涵的探讨和'反封建'思想理论的构建",在中共早期的理论发展中具有重要意义和特殊价值,逐步形成了"封

---

① 王成、邓倩:《被动输入和主动吸收:多维视角下十月革命与中共早期革命话语建构(1917—1937)》,《毛泽东思想研究》,2018年第2期。
② 陈金龙:《十月革命与中国共产党早期革命话语的建构》,《历史研究》,2018年第4期。

建"和"反封建"话语的"初步的理论支点"①。作者认为陈独秀所使用的"封建"概念发生了由传统到现代的转变,中国传统的"封建"是先秦时期分封的"封建制度",而现代的"封建"则是指"西欧资产阶级革命中的'封建'概念和俄国资产阶级革命及十月社会主义革命中的'资产阶级''封建'等概念"②。现代欧洲话语意义上的"封建"指"当代权势阶层",陈独秀"用这一分析框架来分析辛亥革命后的中国权势状况","封建"一词"除具有与欧洲资产阶级相对立的'专制'意涵外",也被用来指民初的"'割据''落后'等意涵"③。陈独秀在后来的政治话语中,逐步地明确了民国初年各个军阀的"封建"性、"半封建"性、乡村地主豪绅的"封建"性与"半封建"性,他由此而"对中国革命的对象、性质等重要理论问题作出了可贵探讨"④。"'封建'一词,是中共革命理论体系建构过程中具有核心意义的概念",它的"意涵随着革命理论与实践的探索不断丰富与发展"⑤。"封建"一词"意涵的逐步演变"无疑"有吸收国际共产主义运动理论资源的因素,但主要是靠中共自身探索形成的"⑥。

中国共产党早期政治话语所使用的"阶级"概念,在大革命失败后发生了含义等的重要变化,与此相适应,"阶级"在政治话语中的地位和作用也发生了很大的转变。"阶级"概念的含义源头无疑是马克思主义经典著作,但作为其含义载体的"阶级"词汇无疑是从日本学术概念体系中引入中国的,并在接受日本学术话语影响的学界和政界具有一定的普遍性,并不局限于当时中国的马克思主义理论话语,一些非马克思主义的学者和政治家也使用"阶级"概念。但作为一个含义来自马克思主义经典著作的概念,"阶级"在中国

---

① 翁有为:《"五四"前后陈独秀对"封建"意涵的探索——中共"反封建"话语的初步形成与发展》,《中共党史研究》,2018年第5期。
② 翁有为:《"五四"前后陈独秀对"封建"意涵的探索——中共"反封建"话语的初步形成与发展》,《中共党史研究》,2018年第5期。
③ 翁有为:《"五四"前后陈独秀对"封建"意涵的探索——中共"反封建"话语的初步形成与发展》,《中共党史研究》,2018年第5期。
④ 翁有为:《"五四"前后陈独秀对"封建"意涵的探索——中共"反封建"话语的初步形成与发展》,《中共党史研究》,2018年第5期。
⑤ 翁有为:《中共民主革命理论建构中的"封建"意涵之演变》,《近代史研究》,2018年第5期。
⑥ 翁有为:《中共民主革命理论建构中的"封建"意涵之演变》,《近代史研究》,2018年第5期。

共产党的早期政治话语中也有重要的地位，只是中国共产党的"阶级"概念在大革命中和大革命失败后存在着根本的不同①。陈红娟在《中共党史研究》2018年第4期发表《中共革命话语体系中"阶级"概念的演变、理解与塑造（1921—1937）》一文，对中国共产党话语中"阶级"概念的演变及"阶级"概念的理论及组织作用，进行了基于话语分析的历史事实梳理。作者认为中国共产党在不同时期"对'阶级'的理解并不相同，总体而言，存在一个由是否参加劳动、资产多寡等表层现象向经济结构、政治压迫等深层问题发展的过程"，"阶级"概念"经历了从服务于国民革命话语体系到成为中共革命话语体系核心的转变"，它的政治功能亦实现了从"阶级联合"到"塑造敌我"的变迁；中国共产党用"阶级"来辨识革命中的敌我，通过"革命阶级"的"共同利益""规训革命成员的阶级意识和身份认同"，由此形成的"阶级革命的话语逐渐渗透到革命的日常生活，转变为革命动员的政治力量"②。中国社会从一部分先进的知识分子接受马克思主义的概念开始，就存在着马克思主义概念在理论上逐步普及开来和占据优势的趋势，伴随着新民主主义革命的胜利，马克思主义概念获得了主流和主导的地位，并在这个历史过程中实现了马克思主义概念的中国化。马克思主义概念的中国化在一定程度上宣告了历史选择理论体系在过程上的结束，改造中国的中国近代学在此有了一个成功的成果。

在中国共产党的政治话语中，"帝国主义"的地位也相当突出，"'帝国主义'是中共革命意识形态中的核心概念"，"中国共产党人通过将帝国主义概念运用到革命意识形态的建构中，一方面展现了帝国主义时代的世界图景，另一方面制定了革命的行动指南"③。毕玉华在《近代史研究》2018年第5期发表《建构与调适：中共革命意识形态中的"帝国主义"概念》一文，在较为广泛的视野中梳理了"帝国主义"概念的由来及其含义的变迁，并重点梳理了中国共产党"帝国主义"概念的渊源及其在不同历史时期对"帝国主

---

① 陈红娟：《中共革命话语体系中"阶级"概念的演变、理解与塑造（1921—1937）》，《中共党史研究》，2018年第4期。
② 陈红娟：《中共革命话语体系中"阶级"概念的演变、理解与塑造（1921—1937）》，《中共党史研究》，2018年第4期。
③ 毕玉华：《建构与调适：中共革命意识形态中的"帝国主义"概念》，《近代史研究》，2018年第5期。

义"概念的含义理解,分明了"帝国主义"概念在中国共产党革命意识形态中的作用与地位等。作者在分析了"帝国主义"概念的有关文献资料后,指出:"帝国主义"概念起源于19世纪中期的法国,其含义主要是指拿破仑三世对外侵略政策,具有批判作用,英语中的"帝国主义"源自法国,在含义上与英国的海外殖民扩张联系了起来,汉文的"帝国主义"表述最早出现在日本,由英语翻译而来,受日本影响,"清末新知识界大多接受帝国主义的强权逻辑,批判的声音较弱",第一次世界大战后,中国思想界"批评帝国主义的强权逻辑渐成趋势",帝国主义概念的内涵"基本转向负面","中国共产党在创建之初就接受了列宁的帝国主义概念",大革命时期,"中国共产党人对帝国主义的认识已基本成形"①。作者认为中国共产党的"帝国主义"概念基本上以列宁的帝国主义论为理论基础,它的含义"主要有三点:其一,帝国主义是资本主义的新形态,……。其二,帝国主义的侵略扩张以获取经济利益为目的。……。其三,帝国主义之间矛盾重重,为争夺殖民地而互相冲突,最终走向世界大战"②。中国共产党的"帝国主义"具有突出的革命指向,在含义的重点上体现了中国革命的特色,与列宁突出"帝国主义"的垄断资本特性及论证无产阶级革命不同,中国共产党"更重视帝国主义海外扩张的侵略特性"及其"在政治经济方面对殖民地的掠夺与压迫","中国共产党人对帝国主义概念的认识与运用具有很强的策略性",即"为适应革命形势的变化,其内涵又不断有所调整"③。

---

① 毕玉华:《建构与调适:中共革命意识形态中的"帝国主义"概念》,《近代史研究》,2018年第5期。
② 毕玉华:《建构与调适:中共革命意识形态中的"帝国主义"概念》,《近代史研究》,2018年第5期。
③ 毕玉华:《建构与调适:中共革命意识形态中的"帝国主义"概念》,《近代史研究》,2018年第5期。

六、研究回顾与理论前瞻：2019年中国政治思想史研究述论

中国政治思想史研究领域在2018年及2019年两个自然年度，发生了两件撼动学科共同体的重大事件，作为中国政治思想史研究领域标志性人物的刘泽华先生和在中国政治思想史研究领域有重大影响的徐大同先生，先后作古①。学术同行在悼念两位学术大师的驱动下，进行了深入系统的学科历史回顾及学术反思，形成了一些以回顾、总结和反思为题材的研究成果。刘泽华先生和徐大同先生在中国政治思想史领域代表了两种不同的学术风格，并具有范式化的价值与意义。刘泽华先生作为侧身于历史学领域的中国政治思想史研究者，因其研究视野、方法及著作范式等具有历史学科的特质，而被学界一些人看作是中国政治思想史研究领域中的历史学范式的代表②。徐大同先生则因主编的《中国古代政治思想史》较多地使用了当时的政治概念等，被看作是中国政治思想史研究领域的政治学范式的代表③。实际上，刘泽华先生的中国政治思想史研究，也具有政治学的理论视角，其不断地引入政治学新概念，开拓着中国政治思想史研究的领域，如关于政治文化的研究，而且其政治学的视角还具有一定的历史超越性，较少地受到教条的政治学理论的束缚，"政治的含义大于阶级"在20世纪80年代就具有非常大的理论突破作

---

① 刘泽华先生于2018年5月8日在美国西雅图逝世，享年83岁；徐大同先生于2019年6月9日在天津逝世，享年91岁。笔者在此再次缅怀和悼念两位先生，并向他们致以崇高的敬意！
② 张师伟：《中国传统政治哲学研究的方法论反思》，《东南学术》，2009年第2期。
③ 杨阳、郑义：《马克思主义方法、政治学视角与现实关怀——徐大同中国政治思想史研究的三重维度》，《政治思想史》，2019年第3期。

用。当然，就两人在中国政治思想史研究领域的著作影响力及学术贡献等而言，刘泽华先生要明显地占据优势地位。这不仅是因为刘泽华先生长期集中精力于中国政治思想史研究领域，出版了数量较多和影响较大的学术研究成果，而且也因为刘泽华先生在研究中创造了中国政治思想史研究领域的"王权主义学派"[①]。学术界同仁对中国政治思想史研究的历史回顾、成就总结及理论反思等，大多与刘泽华先生有密切关系，或者是围绕他总主编的九卷本《中国政治思想通史》的大部头著作展开，或者由学术界悼念和纪念他的活动所激发或驱动。天津人民出版社出版的十二卷本《刘泽华全集》，入选2019年度最受政治人欢迎的专业著作之一。中国政治思想史研究的百年历程，改革开放四十余年的中国政治思想史研究，就这样进入了学者们的学术视野，并在这样的理论视野下评价刘泽华先生的著作及学术思想，回顾既往，缅怀先生，面向未来，筹谋发展。

中国政治思想史研究自诞生以来，就在价值偏好上贯穿着民主与科学的时代主题，研究宗旨明显地偏于向批判旧政治文化，并从旧政治文化中走出来，实现从传统到现代的重大转变[②]。从传统中走出来，就要批判旧的政治文化，但也并不排除对旧政治文化中优秀成分的吸纳，古为今用作为一个原则，在中国政治思想史研究的一些著作中也有所体现，试图在中国政治思想宝库中寻找有利于解决政治实践难题的内容。但在中国社会持续快速发展及国际地位迅速提高后，国内学术界日益自觉地追寻自己的特色，试图在理论体系、学科体系及话语体系等方面自成一体，别具特色，中国政治思想史研究领域的价值偏好逐步地偏向于发掘和弘扬传统。2019年，中国政治思想史研究的态势更加凸显了这种价值偏好，一方面，中国政治思想史研究在研究方法上凸显了哲学的色泽，中国政治思想史研究成果中的政治哲学内容占比较大，而绝大多数的中国政治哲学研究成果，都表现出来试图从政治哲学的高度来把握中国政治思想的传统精华；另一方面，中国政治学界在追求政治学知识及理论体系本土化的过程中，也将中国传统政治理论作为一种宝贵的理论资源，试图在理论上系统地吸取传统精华，依托悠久的历史及灿烂的文化，创生出历史政治学[③]，展现出了中国政治思想史研究反思的另一个理论视角。

---

① 李振宏：《中国政治思想史研究中的王权主义学派》，《文史哲》，2013年第4期。
② 刘泽华：《中国政治思想史》（先秦卷），杭州：浙江人民出版社，1996年版，小序。
③ 任锋：《中国政治传统研究与历史政治学的可能性》，《学术月刊》，2020年第1期。

(一) 中国政治思想史研究的历史回顾与范式反思

中国政治思想史研究在经历了近百年的发展之后，再一次面临着何去何从的历史选择。这固然是因为中国政治思想史研究在价值偏好及研究方法、范式上出现了多元化的态势，而不同偏好、方法及范式的研究总要在理论上阐明自己的存在理由及基本优势，但更主要的理由则是中国经过连续几十年的高速发展后，国家综合国力及国际影响力都已经今非昔比，中国特色的道路在客观上也要求着中国特色的理论[1]。中国政治思想史研究就成为在政治理论上寻求中国特色的一个理论窗口，既试图通过中国政治思想史研究寻找中国之所以为中国的根本，也试图将中国政治思想史的内容进行转化或吸收，推动中国特色政治学理论体系及学科体系、话语体系的形成。虽然中国政治学界已经有学者提出了知识生产方式的话题，并且中国政治思想史研究领域也有知识化取向的研究倡议[2]，但中国政治思想史有关的研究仍然没有摆脱实践导向的致用特质，或者服务于意识形态性的话语建构，要求确立经学化的意识形态[3]，或者服务于某种呈现中国特殊性的理论建构[4]，以特殊的理论来解释特殊的实践固然义不容辞，但理论研究也不能由此忽略了政治的根本共性。

1. 中国政治思想史研究的百年回顾

中国政治思想史作为一个学科，孕育于清末，形成于新文化运动后，迄今已有百年历史。刘泽华先生出版了其总主编的《中国政治思想通史》后，学术界在评价其成就及影响的时候，就已经在学科发展史的视角下，展开了有关刘泽华先生研究中国政治思想史的论述。最早在学术评论上受到学界关注的内容，是他的研究开创了一个王权主义学派，而学派的开创在近几十年的中国学术史上几乎没有他例。中国政治思想史研究领域的王权主义学派或

---

[1] 刘云山：《建设中国特色中国风格中国气派的哲学社会科学——学习〈中共中央关于进一步繁荣发展哲学社会科学的意见〉的体会》，《求是》，2004 第 11 期。
[2] 张师伟：《中国政治思想史的学科定位及学术使命——一种基于知识论视角的分析》，《天津社会科学》，2013 年第 1 期。
[3] 姚中秋：《重建中国政治思想史范式》，《学术月刊》，2013 年第 7 期。
[4] 杨光斌：《什么是历史政治学》，《中国政治学》，2019 年第 2 期。

刘泽华学派，近几年频繁在学术评价中被提及①，很大程度上凸显了王权主义学派在中国政治思想史研究领域的学术生产力及学术影响力。学术界在评论王权主义学派或刘泽华学派的时候也展现了一个比较研究的视角，主要以中华人民共和国成立以来的中国政治思想史研究作为背景，比较性地分析王权主义学派。有的学者结合刘泽华先生总主编的《中国政治思想通史》的评论，运用比较分析的方法，分析了中国政治思想史通史研究与编撰如何贯穿"通"的原则，并结合《中国政治思想通史》的著述及编撰情况，剖析了其如何示范性地展现了它对中国政治思想史的贯通性理解和整体性呈现②。当然，有的学者在回顾和反思中国政治思想史研究历程的时候，也彰显了另外一种传统如何在现代延续的主题，不满意于萧公权等以西方政治知识为背景来解读和理解中国政治思想的情况，试图在一定程度上摆脱西方政治知识的影响，而直接从中国古典的政治话语中梳理出一个中国政治思想的历史脉络③，有的学者甚至直言中国政治思想史就是发掘出经学著作中的普遍真理，并以此作为学科的使命④。

杨阳教授在《政治学研究》2019年第6期发表《历史、现状与未来——中国政治思想史学科发展的百年回顾》一文，回顾了自20世纪20年代以来的中国政治思想史研究百年历程，强调萧公权的研究彰显了中国政治思想史研究政治学分支学科的属性，20世纪80年代以来则又强调要充分考虑中国政治思想史的特殊性，刘泽华先生总主编的《中国政治思想通史》，则堪称"中国政治思想史学科创建百年以来的典范之作""扛鼎之作"，虽然他积极肯定了《中国政治思想通史》的典范性，但又认为中国政治思想史知识还"未能彻底消解其与现代政治学知识体系间固有之张力""中国政治思想有机融汇于现代政治学知识体系，仍需做出更多的探索和尝试"⑤。张师伟教授在《人文

---

① 陈寒鸣：《刘泽华与"刘泽华学派"》，《衡水学院学报》，2018年第1期；陈寒鸣：《刘泽华与"刘泽华学派"二》，《衡水学院学报》，2018年第5期。
② 张师伟：《中国政治思想通史的贯通性理解与整体性呈现》，《南京师大学报》（社会科学版），2016年第6期；中国人民大学报刊复印资料《政治学》，2017年第2期。
③ 杨肇中：《近百年来中国政治思想史研究范式之检讨》，《湖北经济学院学报》，2017年第4期。
④ 姚中秋：《重建中国政治思想史范式》，《学术月刊》，2013年第7期。
⑤ 杨阳：《历史、现状与未来——中国政治思想史学科发展的百年回顾》，《政治学研究》，2019年第6期。

杂志》2019年第2期发表《中国政治思想史研究的百年回眸与学术省思——本土政治理论的概念检视与话语梳理》一文，试图从中国政治思想史研究者所使用的不同政治概念和话语体系入手，分析中国政治思想史研究成果的理论品质①。作者认为中国政治思想史研究在近百年的时间里在绝大多数情况下都受制约于研究者所掌握的概念与话语等的限制，政治学知识不足及主要立足于公共舆论中政治常识展开的研究成果较多，因而不少中国政治思想史研究成果的理论品质并不高，常常不能正确地区别民主与民本，相对来说，一些学者将历史学方法和政治学视角结合起来的研究成果，具有较高的理论品质②。

季乃礼、李雪超的《中国政治思想史研究的政治学范式》一文所进行的范式反思，则不限于百年的历程，而是强调中国政治思想史研究存在一个20世纪10年代以前的阶段，并将这个阶段命名为传统的研究范式阶段。这就与上述两位教授所认为的西学进入中国后才可能有中国政治思想史的学科不同。作者所说的传统的研究范式实际上并无范式，因为作者也承认这个阶段虽然有中国政治思想史的研究，但并无中国政治思想史的学科。作者以范式的不同来划分中国政治思想史研究的不同阶段，以"西学的研究范式阶段"来概括中国政治思想史研究的20世纪20年代到40年代，以"马克思主义的研究范式阶段"来概括中国政治思想史研究的1949年到1978年，1979年以后则为上述三种研究范式并存的阶段。作者对中国政治思想史研究范式的类型概括既比较简单，许多的范式未能被纳入视线，范式类型的划分也有些模糊、混乱，比如文章既以南开大学历史系作为1979年以后传统研究范式的代表，又以刘泽华先生作为政治学研究范式的代表之一。文章的亮点是提出中国政治思想史研究的"制度思想理论"，试图以此"探讨政治制度与政治思想之间的互动"，以突破"以前中国政治思想史的研究"，主要表现为突破中国政治思想史研究的内容，增加了中国政治思想史研究的维度，修正以前中国政治

---

① 张师伟：《中国政治思想史研究的百年回眸与学术省思——本土政治理论的概念检视与话语梳理》，《人文杂志》，2019年第2期。
② 张师伟：《中国政治思想史研究的百年回眸与学术省思——本土政治理论的概念检视与话语梳理》，《人文杂志》，2019年第2期。

思想史研究的一些观点①。季乃礼教授在这里提出的"政治制度思想"与其说是对以前中国政治思想史研究的突破，毋宁说是对以前中国政治思想史研究的补充，这种补充既有利于将以前的中国政治思想史研究在题材上延伸到制度层面，关注一种政治原则、政治理念如何落实在制度上，关注原则与理想等的制度化呈现，也有利于关注具体政治制度等所体现的政治指导思想，从而在内容上极大地丰富中国政治思想史的研究对象。

2. 中国政治思想史研究四十年回顾

中国政治思想史研究近百年的历史中间经历了约 30 年的断裂，虽说仍然有学者在研究中国政治思想史，但毕竟作为建制化的学科平台不复存在，从而只能如有些学者所说的那样被边缘化了②。20 世纪 80 年代初，伴随着政治学等学科的恢复，中国政治思想史研究才真正又获得了学科化的建制平台，开始了它自改革开放以来的发展旅程③。这个阶段，中国政治思想史研究获得了长足进展，取得了许多重要的研究成果，回顾和反思中国政治思想史研究，实际上主要就是回顾民国时期及改革开放时期的著名研究者、研究方法及范式等。回顾和反思民国时期的中国政治思想史研究，主要是追溯中国政治思想史作为一个学科化知识体系的源头，特别是寻找中国政治思想史研究与现代政治学知识传入中国之间的学术联系，而回顾和反思改革开放以来的中国政治思想史研究，则是在考察近四十年的学科发展历程，总结取得的成绩，反思中国政治思想史研究的视角、范式及方法等，以寻找中国政治思想史研究进一步发展的扎实的学术基础。2018 年又恰逢改革开放四十周年，在中国社会进入新时代的舆论氛围的带动下，学术界开展了诸多领域的四十年回顾和反思，中国政治思想史研究领域也出现了这样回顾和反思的成果。

孙晓春教授在《政治思想史》2019 年第 1 期发表《改革开放以来中国政治思想史研究的反思》一文，文中回顾了改革开放初中国政治思想史学科"以教材建设为起点"在短时间内就得以恢复和重建起来的事实，分析了它在研究方法上突破了以往对中国政治思想的僵化分析，从而比以往更为深刻地

---

① 季乃礼、李雪超：《中国政治思想史研究的政治学范式》，《中共宁波市委党校学报》，2019 年第 4 期。
② 刘泽华：《刘泽华全集·八十自述》，天津：天津人民出版社，2019 年版，第 223 页。
③ 孙晓春：《改革开放以来中国政治思想史研究的反思》，《政治思想史》，2019 年第 1 期。

理解了中国政治思想。作者在文章中回忆和总结了改革开放以来中国政治思想史研究领域在教材建设方面取得的主要成绩，介绍了这个领域诸多代表性教材的编撰情况，列举了许多耳熟能详的著名专家及其所编撰的教材成果，强调了教材编写的学科基础地位，指出教材编写培养了学科队伍，促进了人们对中国政治思想史的内涵、特点及学科规律的认识，促进了人们对中国政治思想史主题的发掘。文章还分析了改革开放以来中国政治思想史领域在研究方法上的变化，作者认为中国政治思想史学科在恢复之初，并无自己的研究方法与分析框架，并且不可避免地带有那个时代较为普遍的研究方法僵化的特点，经过几十年的发展，那套僵化的分析方法已经退出了学术舞台，人们对研究方法的理解已经多元化了①。作者在文章中还对中国政治哲学的研究进行了关注，并认为中国政治思想史研究变化的一个重要表现就是中国传统政治哲学得到了深度的解读，文章强调中国传统政治哲学"是中国传统政治思想的核心结构""解读中国传统政治哲学是在深层的意义上理解中国传统政治思想的关键"②。作者追述了中国传统政治哲学研究的发展历程，肯定了刘泽华先生在这方面的开拓之功，在学术上肯定了这个领域的代表性著作，并指出了"中国传统政治哲学还有许多问题没有解决"③。

张师伟教授在《政治思想史》2019年第2期发表《范式争鸣与方法反思——改革开放四十年来的中国政治思想史研究》一文，对改革开放四十年来中国政治思想史研究的不同范式进行了总结，对不同的研究方法进行了反思。文章认为改革开放以来中国政治思想史研究存在着三种基本范式，即反思传统的启蒙范式、继承传统的经世范式和马克思主义政治学运用后形成的批判继承范式。作者认为中国政治思想史研究的不同范式，根基于不同的政治价值偏好，并在研究方法上各不相同。马克思主义政治学影响下的研究范式，反映了马克思主义正统意识形态的价值立场，强调阶级分析在研究中的应用，并在研究内容上表现为梳理不同阶级的国家观，而在研究宗旨上则

---

① 孙晓春：《改革开放以来中国政治思想史研究的反思》，《政治思想史》，2019年第1期。
② 孙晓春：《改革开放以来中国政治思想史研究的反思》，《政治思想史》，2019年第1期。
③ 孙晓春：《改革开放以来中国政治思想史研究的反思》，《政治思想史》，2019年第1期。

兼顾中国政治思想史发展历史规律的总结和古为今用的批判继承，它在研究方法上的不足主要是在历史维度上体现得不够。启蒙价值影响下的研究范式，在来源上也出自马克思主义，只不过是更加注重五四以来启蒙价值对中国传统政治的批判，而在研究方法上则比较注重历史学分析方法的应用，既注重收集第一手的中国政治思想史资料，又注重对历史上具体政治议题及概念、命题等的呈现、解释和分析，揭示中国传统政治思想的主题，批判中国传统政治思想的君主专制本质，追求从历史中走出来，它在研究方法上的不足则在于不能有效地解释中国传统的现代转化。经世价值影响下的范式，则源自中国大陆近几十年来复兴的儒学，较为聚焦于以儒学的复兴来经世济用，在研究方法上凸显了中国哲学的抽象分析方法，多数研究成果都只是在文本的基础上，进行了概念的含义解释与命题的语义分析，其主张多集中在继承和弘扬传统儒学的观点，其中的较为激进者则直接主张中国政治思想史研究的使命就是发掘儒家经学著作中的普遍政治真理，它在研究方法上的不足，就是研究者的主观投射太多，而研究过程中的材料也往往被过度解释了[1]。

颜德如、李过在《政治思想史》2019年第1期发表《中国近代政治思想史整体性研究的回顾与前瞻——基于四十年来中国近（现）代政治思想通史性著作的考察》一文，对改革开放以来中国近现代政治思想研究中的通史性著作进行了分析。作者认为，改革开放四十年来中国近代政治思想的整体研究经历了起步、转变及进一步发展诸阶段，并特别强调了邵德门的《中国近代政治思想史》，其作为改革开放后以"中国近代政治思想史"命名的第一本著作，对中国近代政治思想史的整体性研究具有典范意义，该书对于"研究对象、研究主题、研究意义、研究方法"的探讨，特别是研究内容上强调以进步政治思想为重点，在"相当长时间里形塑着同类著作的思路"，但也无可讳言"邵著""全书运用阶级分析的方法，论述与评价各个派别与人物的政治思想"，"呈现出浓厚的意识形态色彩"[2]。作者认为中国近代政治思想史的整体性研究在20世纪90年代呈现出了一些新特点，这既表现为研究者对"近代"的理解发生了变化，"近代"在时间上包含了原先的"近代"与"现

---

[1] 张师伟：《范式争鸣与方法反思——改革开放四十年来的中国政治思想史研究》，《政治思想史》，2019年第2期。

[2] 颜德如、李过：《中国近代政治思想史整体性研究的回顾与前瞻——基于四十年来中国近（现）代政治思想通史性著作的考察》，《政治思想史》，2019年第1期。

代",中国近代政治思想史研究的时间上下限变成了1840年和1949年,也表现在这个阶段中国近代政治思想史研究的意识形态色泽有所淡化,其中宝成关教授等的《中国近代政治思想史》在近代化的视角下审视中国近代政治思想史,并以是否有利于近代化来作为衡量政治思想史是否进步的标准,还表现在研究者革新了论述结构,将政治思潮和社会思潮结合起来进行论述①。作者强调一些中国近代政治思想史的整体性研究在进入21世纪后进一步褪去了意识形态的色彩,更加突出了以政治学的理论与方法来论述中国近代政治思想史。改革开放四十年来,中国近代政治思想史的整体性研究所取得的成绩,一方面表现为意识形态色彩的不断淡化,研究中的论述与评价不断趋于理性、客观与多元,多种方法和多个角度的使用,拓宽了研究的空间,真实丰满地呈现了政治思想的内容;另一方面表现为新观点的涌现,中国近代政治思想史的整体性研究注入了新的活力。但作者也认为中国近代政治思想史的整体性研究仍存在不足,主要有"写作体例比较僵化""研究涉及的人物和思潮局限于主流""还缺乏深入的专题性研究""尚未建立起独立的、完整的学科规范""著作皆采用史学方法编著而成"等②。

3. 中国政治思想史研究的名家回望

自20世纪20年代,中国政治思想史作为学科化的知识体系存在开始,就吸引了学术界名家如梁启超等的投入,梁启超也以其《先秦政治思想史》而成为中国政治思想史研究领域的著名学者,从那个时候开始,在这个研究领域走出来不少在学术上卓有建树的著名学者,他们的著作及观点至今仍然具有重要的学术影响力。自中国政治思想史学科恢复重建以来,国内外学术界关注的中国政治思想史领域的著作也多出自名家,如萧公权、吕振羽、萨孟武等。一个领域的名家名著往往具有基础性的地位与影响力,他们在学科领域的影响力与他们对学科的基础性贡献有关,一个领域的发展需要不断地夯实基础,而夯实基础的一个重要方式就是反复地与名家名著对话,而回望名家恰恰就是进行这种对话的良好方式。中国政治思想史研究领域不断出现

---

① 颜德如、李过:《中国近代政治思想史整体性研究的回顾与前瞻——基于四十年来中国近(现)代政治思想通史性著作的考察》,《政治思想史》,2019年第1期。
② 颜德如、李过:《中国近代政治思想史整体性研究的回顾与前瞻——基于四十年来中国近(现)代政治思想通史性著作的考察》,《政治思想史》,2019年第1期。

回望名家的总结和反思性研究成果，在一定程度上反映了中国政治思想史研究前行的步伐。有的学者在与名家对话的过程中进行了商榷性对话，对名家进行学术研究的视角与方法提出质疑，比如有人质疑萧公权立足于西学概念研究中国传统政治思想的可靠性，从而以名家的论述为起点，要求中国政治思想史研究要关注中国传统政治概念等的特殊性①。有的学者则在与名家名著的对话中强调了名家的理论贡献，评价了名家名著的学术合理性，并找到了名家名著的不足，合理地定位和定性了名家名著的地位、作用与影响等②。

南开大学出版社于2019年再版了刘泽华先生的《先秦政治思想史》，新版的内容及版面等并无变化，而葛荃教授所写的《〈先秦政治思想史〉导读》则堪称再版所添加的一个新内容。葛荃教授的《导读》对读者了解刘泽华先生的学术思想及《先秦政治思想史》的学术价值提供了一个很好的导引。葛荃教授介绍了刘泽华先生在学术上的建树，强调先生的学术建树主要有著作等身、开创学派和知识创新③。文章列举的刘泽华先生关于中国政治思想史的著作大多都已经为学术界耳熟能详，如《先秦政治思想史》、《中国传统政治思想反思》、《中国古代政治思想史》、《中国政治思想史》（三卷本）、《中国的王权主义：传统社会及思想特点考察》、《中国政治思想史集》（三卷本）、《中国政治思想通史》（九卷本）等④。刘泽华先生在长期学术研究中形成了"中国政治思想史研究的王权主义学派"，王权主义学派形成，"并非有意为之，更非刻意求之，而是在长期的指导、引领与合作中自然形成的"⑤，当然学派的形成"成就于学界共识"⑥。刘泽华先生在中国政治思想史研究方面的知识创新，一方面是中国政治思想史理论架构和知识体系创新，他对中国政治思想史研究对象的界定，"拓宽了中国政治思想史的研究领域，具有原创

---

① 杨肇中：《近百年来中国政治思想史研究范式之检讨》，《湖北经济学院学报》，2017年第4期。
② 杨阳：《历史、现状与未来——中国政治思想史学科发展的百年回顾》，《政治学研究》，2019年第6期。
③ 葛荃：《〈先秦政治思想史〉导读》，见刘泽华：《先秦政治思想史》，天津：南开大学出版社，2019年版，《导读》第1—14页。
④ 葛荃：《〈先秦政治思想史〉导读》，见刘泽华：《先秦政治思想史》，天津：南开大学出版社，2019年版，《导读》第2—3页。
⑤ 葛荃：《〈先秦政治思想史〉导读》，见刘泽华：《先秦政治思想史》，天津：南开大学出版社，2019年版，《导读》第4页。
⑥ 葛荃：《〈先秦政治思想史〉导读》，见刘泽华：《先秦政治思想史》，《导读》第6页。

性，为构建中国政治思想史知识体系奠定了基础"①，"他以'王权主义'概括中国古代社会、政治与思想，对中国政治思想史做了整体性判断"，形成了"对中国传统社会的政治、社会与思想文化的结构性认知"②，"形成了独具个性的学理逻辑"，从而"构成了一个认知范式"③。另一方面，刘泽华先生在中国政治思想史研究方面还有诸多的观点创新与研究方法的创新，前者如王权支配社会、政治文化化与文化政治化等，后者如思想与社会互动研究方法、价值研究方法等④。

杨阳教授与博士生郑义发表在《政治思想史》2019年第3期的《马克思主义方法、政治学视角与现实关怀——徐大同中国政治思想史研究的三重维度》一文，也具有缅怀徐大同先生的宗旨，此即文章所谓"重温先生遗作，略述其微言大义，庶几可慰先生在天之灵乎！"⑤ 文章强调了徐大同先生的"学术贡献不限于西方政治思想史领域"，"他将相当的精力放在对中国政治思想史的研究和思考上"，"对改革开放后中国政治思想史学科的重建也有开创之功"⑥。文章认为徐大同先生的中国政治思想史研究，以历史唯物主义作为他方法论及价值坐标系的来源，以政治学的视角作为他进行中国政治思想史研究的"内容选择和议题设置"的依据，他的中国政治思想史研究还表现出了对中国和民族的现实关切的维度，在研究的归宿和目的上则彰显了"洋为中用"和"古为今用"的"中国意识"和"现实关怀"⑦。作者强调徐大同先生的中国政治思想史研究始终贯穿着三条原则：以马克思主义为指导、从政治学学科的角度出发、为我国的社会主义建设服务，在此基础上，他将政治思想的特点概括为"阶级性与社会性、时代性与继承性和民族性与交汇性

---

① 葛荃：《〈先秦政治思想史〉导读》，见刘泽华：《先秦政治思想史》，《导读》第8页。
② 葛荃：《〈先秦政治思想史〉导读》，见刘泽华：《先秦政治思想史》，《导读》第9页。
③ 葛荃：《〈先秦政治思想史〉导读》，见刘泽华：《先秦政治思想史》，《导读》第10页。
④ 葛荃：《〈先秦政治思想史〉导读》，见刘泽华：《先秦政治思想史》《导读》第10–14页。
⑤ 杨阳、郑义：《马克思主义方法、政治学视角与现实关怀——徐大同中国政治思想史研究的三重维度》，《政治思想史》，2019年第3期。
⑥ 杨阳、郑义：《马克思主义方法、政治学视角与现实关怀——徐大同中国政治思想史研究的三重维度》，《政治思想史》，2019年第3期。
⑦ 杨阳、郑义：《马克思主义方法、政治学视角与现实关怀——徐大同中国政治思想史研究的三重维度》，《政治思想史》，2019年第3期。

三对两两相对的辩证关系"①。徐大同先生意识到大部分中国政治思想史著作的政治学色彩不够突出,他强调"从政治学学科的视角出发","坚持将国家作为政治思想史的主要研究对象",坚持"以西方政治思想为参照,强调要在比较中把握中国古代政治思想的特点和演变线索"②。徐大同先生研究中国政治思想史的宗旨,体现在他的现实关怀上,即徐大同先生"对中国政治思想史的思考和研究,最根本的目的既不是为了批判传统政治的专制主义之恶,也不是为了铺陈或炫耀数千年的政治智慧和救世良方,而是为了提炼和总结中国政治文化传统,服务于中国当下的社会发展和政治建设"③。

(二) 中国政治思想史研究的哲学方法及热点问题

中国政治思想史研究的学科归属尽管是政治学,但又毫无疑问地具有跨学科的属性。这既造成了中国政治思想史研究在政治学作为一个学科被停止存在情况下的零星存在,从而在一定的意义上保留了学科的火种;但也无可避免地造成了中国政治思想史研究的身份认同危机,不同学科背景的学者纷纷将中国政治思想史研究归入自己所在的学科,尤其是在政治学与历史学之间,更是形成了令人难以决断的均势,迄今为止,历史学归属之下的中国政治思想史研究仍然在研究的深度上占有明显的优势;同时还在一定程度上造成了中国政治思想史作为一个学科的开放性,促使它能够在借鉴、吸收和消化其他学科视角与方法的基础上,丰富中国政治思想史的研究内容,拓宽中国政治思想史的研究领域,发展中国政治思想史研究的分析方法等。值得注意的是,中国政治思想史在体制内的学科划分上虽依然属于政治学,但政治学界的中国政治思想史研究却相对比较凋零,特别是在政治学在国内的发展趋势越发实证化、定量化的情况下,中国政治思想史研究的学科阵地日益萎缩,从事的学者及培养的学生都在渐趋缩小,政治学刊物发表的中国政治思想史研究成果也越发地减少。历史学界从事中国政治思想史研究的情况则可

---

① 杨阳、郑义:《马克思主义方法、政治学视角与现实关怀——徐大同中国政治思想史研究的三重维度》,《政治思想史》,2019 年第 3 期。
② 杨阳、郑义:《马克思主义方法、政治学视角与现实关怀——徐大同中国政治思想史研究的三重维度》,《政治思想史》,2019 年第 3 期。
③ 杨阳、郑义:《马克思主义方法、政治学视角与现实关怀——徐大同中国政治思想史研究的三重维度》,《政治思想史》,2019 年第 3 期。

能更糟,刘泽华先生去世后,作为中国政治思想史研究重点基地的南开大学历史学院在这方面已经风光不再。与政治学及历史学界相对淡化的中国政治思想史研究兴趣相比,中国哲学研究者的中国政治思想史研究兴趣却日渐增长。2019年的成果发表情况显示,中国哲学在中国政治思想史研究中的学科影响力正在迅速地提升,从而中国政治哲学史的研究成了中国政治思想史研究的内容热点。

1. 中国政治哲学史概述

中国政治哲学史作为知识体系显然也具有跨学科的性质,它在内容上无疑是政治思想史中的哲理部分,因而它自然也属于政治思想史的范畴,兼具了政治学与历史学的学科属性,但它的哲理性又造成了它具有形而上的哲学属性。虽然中国政治哲学或中国政治哲学史研究,在学科建制上归属于哲学中的其他分支学科,但它的内容却不能回避政治学及历史学的视野及方法,并且也不能不在知识内容上从属于中国政治思想史的范畴。中国政治哲学史研究在四十年之前并不能自立门户,它实际上在中国政治思想史研究中也并不占有突出的位置,其内容被关注较多的就是人性论。中国政治思想史学科在改革开放后恢复存在的时候,刘泽华先生就提出中国政治思想史研究要把政治哲学作为它的研究对象,并且指出了政治哲学实际上就是政治思想中的哲理性内容,它在很大程度上反映了时代的精神,决定着政治思想的理论水平[1]。刘泽华先生的中国政治思想史研究向来就包含中国传统政治哲学的研究,并且还就政治哲学与社会整合的关系进行过系统的探讨,出版了专著《中国传统政治哲学与社会整合》。中国哲学原本有自己关注的核心问题,如本体论、认识论、价值论等,并不太关注政治议题,但也有学者将哲学的概念、范畴等用于研究中国政治理论,梳理出了中国传统政治哲学的理论体系,有的理论体系具有明显的哲学学科特点[2],有的理论体系则以论述政治家的治国方略为主[3]。有的学者研究中国政治哲学立足于当代,其政治哲学的标准来自西方政治哲学,以"公平""正义""自由""平等"等为主题词,他眼中

---

[1] 刘泽华:《先秦政治思想史》,天津:南开大学出版社,1984年版,前言。
[2] 参阅周桂钿:《中国传统政治哲学》,石家庄:河北人民出版社,2007年版。
[3] 参阅王引淑:《中国传统政治哲学:十大思想家的治国方略》,北京:华语教学出版社,2001年版。

的中国政治哲学研究开始于20世纪90年代后期①。

吴根友、方旭东两位教授关于"何谓政治哲学"的对话录，发表在《哲学分析》2019年第1期，两位教授围绕吴教授的《政治哲学新论》一书展开，主要讨论了中国传统政治哲学及其在今天的遭遇问题。吴根友教授的政治哲学观超越了西方当代的局限，不同意当代中国一些政治哲学研究者主要是以西方近现代个人的自由意志和个人权利作为整个理论的前提"讨论国家与政治的建构""以及其他的一系列的政治哲学问题"的做法，他认为这个前提是有问题的②。吴教授结合了悠久而丰富的东西方政治哲学内容，得出了较为独到的结论，强调"政治的本质或核心其实就是权力"，政治哲学就是对政治活动的本质进行反思性思考的结果，它"主要思考的是权力来源的正当性、权力行使的正当性、权力转移的正当性、'理想国'的构造或理想蓝图的设计这样四个问题"③。吴教授对政治哲学的思考观照了古今中西的政治哲学内容，并且也清楚地区别了儒家"王道"等政治哲学与今天国际正义等的根本不同。吴教授认为中国传统的"天下"观念就"像一个巨无霸"，"从某个中心出发向周边无限的扩展，所有人类政治都可以囊括其中"，西方"从古希腊的城邦政治到罗马的帝国政治，再到今天的国际社会"，"特别强调的是作为民族国家的政治实体'之间'（inter）的所谓正义"④。天下观念与国际正义虽然不同，但作者仍然认为中国天下观念在今天的世界上也不失为一种可以选择的政治观念，"它在一定程度上可以化解国际政治中因为每个国家作为政治实体所带来的暗含的国际竞争等矛盾"，不过天下观念在政治实践中实际"毫无现实的操作性"，从而就仅具有政治文化概念上的"参考价值"⑤。

有的学者较多地关注了中国传统政治哲学的共性，将关注点集中在某些个关键的时代。付洪泉在《求是学刊》2019年第5期发表《先秦诸子政治哲

---

① 姚大志：《中国政治哲学研究的起步》，《江海学刊》，2019年第2期。
② 吴根友、方旭东：《何谓政治哲学？——吴根友、方旭东教授对谈录》，《哲学分析》，2019年第1期。
③ 吴根友、方旭东：《何谓政治哲学？——吴根友、方旭东教授对谈录》，《哲学分析》，2019年第1期。
④ 吴根友、方旭东：《何谓政治哲学？——吴根友、方旭东教授对谈录》，《哲学分析》，2019年第1期。
⑤ 吴根友、方旭东：《何谓政治哲学？——吴根友、方旭东教授对谈录》，《哲学分析》，2019年第1期。

学之复古主义辨析》一文,在整体上对先秦诸子中的儒墨道法等各派政治思想的复古主义,进行了分析,既指出了儒墨道共同的复古主义倾向,又指出了各派复古主义的不同特点。作者认为"先秦诸子的政治学说中常有复古主义的言论","但迄今为止对先秦诸子复古主义思想的关注大多分别附缀于对诸子学说的阐释之中,没有以复古主义为视角对诸子学说的总体特征进行综合的考察"①。文章在对先秦诸子政治哲学的复古主义进行综合性考察的基础上,得出一个基本的结论,这就是复古主义是先秦诸子政治哲学的一个"基本特质",比如道家"所复之古既有社会治理理念上的'为无为'之古,也有人类天性未经雕饰之真",儒家之孔子和孟子"所发明的议论在古代典籍之中大多有迹可循,其可被指摘的地方不在于不忠于古人,而在于其政治主张已不能被时代所接受",墨家的复古则空言六王而徒劳无功②。"中国传统学术"因为"缺少建构政治哲学的逻辑原点",从而就"不得不预设某种形式的历史典范作为理论基础",所以很"有必要从复古主义的视角对先秦诸子乃至中国传统政治哲学进行综合性的研究"③。这在一定程度上有利于揭示出先秦诸子在政治思维上较为普遍的复古特点,同时也有利于呈现他们所谓复古其实不过是托古。

有的学者结合具体的历史环境,讨论了特定历史阶段的政治哲学话语,并将其与当时的国家之兴亡紧密联系了起来。傅小凡在《天水师范学院学报》2019年第5期发表《三国时期政治哲学研究》一文,对三国时期魏、蜀、吴三国的政治话语进行了比较分析,从各自政治话语的内涵差异上,凸显了三国不同政治命运的观念秘密。作者所理解的政治哲学,既接受了西方政治哲学的影响,强调人们的政治哲学就是他们"根据善恶、正义与非正义等道德标准,对社会制度作出评价,指出什么样的社会制度是合理的,指导人们建设更美好的社会制度",又结合了三国时代魏蜀吴各自政治哲学核心概念等做出意义解释,作者分析的最核心政治哲学概念是"义"④。曹魏的政治哲学思想以曹操为最主要代表,其核心的内容是"以道御之""以义动"和"天下清";东吴的"义"主要是用来批评和指责对手,其"义"的观念渐渐流为

---

① 付洪泉:《先秦诸子政治哲学之复古主义辨析》,《求是学刊》,2019年第5期。
② 付洪泉:《先秦诸子政治哲学之复古主义辨析》,《求是学刊》,2019年第5期。
③ 付洪泉:《先秦诸子政治哲学之复古主义辨析》,《求是学刊》,2019年第5期。
④ 傅小凡:《三国时期政治哲学研究》,《天水师范学院学报》,2019年第5期。

虚伪；蜀汉的"义"主要是"兴复汉室"，其在实践中缺少充分的号召力①。作者认为："曹操政治上的成功，很大程度上取决于其政治理念指导；其最终的失败，则是由于自身难以克服的缺点，使其政治理念与某些军事活动相脱节"；东吴统治者的政治哲学观念显示，他们"只有维护自己利益的政治谋略，根本上缺乏追求更高的社会理想的政治哲学理念"，"他们是不可能完成全国统一大业的，即使完成了也是新一轮暴政的开始"，蜀汉的政治命运也决定了其"兴复汉室"的理念越来越毫无意义②。

2. 儒家政治哲学研究

中国政治哲学研究者大都以儒家政治哲学为研究对象，其中先秦的孔子及荀子在 2019 年尤为受研究者的关注。胡晓地在《新东方》2019 年第 5 期发表《〈论语〉政治哲学新探》，站在政治哲学的角度，对《论语》进行了政治哲学的理论发掘。文章认为《论语》包含了极为广泛的政治哲学内容，但却"一直未受到足够重视"，作者强调"在政治哲学语境下研读《论语》，洞悉其深层义理，把握其内在关联，提炼其中政治哲学蕴意作为中国本土政治学科重要思想资源，是我们亟需完成的基础性研究工作"③。作者从"重亲情、重教育、重德性、明义利等"方面，阐述了《论语》独特的政治哲学内容，文章首先认为"家庭亲情对基本政治人伦养成的正面促进作用，是《论语》政治哲学的原创性贡献，具有极高的学术价值"，强调"亲情是政治文明的底线""亲情是社会秩序的基石""亲情是政治事业的基础"④；其次也认为《论语》传承了"力求在平民日常生活中提炼有助建构良好社会秩序的基本习俗"的传统，强调"其中所隐含的政治哲学寓意值得探究"，认为"宴乐的尊卑礼仪强化政治上的等级观念""百姓宴乐能体现政通人和""宴乐和歌是对政局和顺的期盼"⑤；再次还认为"《论语》义利观所蕴含的深层政治哲学意义，更能理解中国传统治国理政思想的价值取向"，强调"施仁政需要明义利""施政有道需要义利有度""施政要追求义利兼得"⑥。胡晓地在《理论观察》

---

① 傅小凡：《三国时期政治哲学研究》，《天水师范学院学报》，2019 年第 5 期。
② 傅小凡：《三国时期政治哲学研究》，《天水师范学院学报》，2019 年第 5 期。
③ 胡晓地：《〈论语〉政治哲学新探》，《新东方》，2019 年第 5 期。
④ 胡晓地：《〈论语〉政治哲学新探》，《新东方》，2019 年第 5 期。
⑤ 胡晓地：《〈论语〉政治哲学新探》，《新东方》，2019 年第 5 期。
⑥ 胡晓地：《〈论语〉政治哲学新探》，《新东方》，2019 年第 5 期。

2019年第8期发表的《政治哲学视域下的〈论语〉歧义释解》一文，强调了《论语》的章句理解充满歧义，而从政治哲学层面释读其中有歧义的内容，"既可准确把握编者原意，做出合乎逻辑的分析，又可在更高层次上读懂《论语》，领会其对人类政治文明思想的贡献"①。作者的政治哲学释读其实并没有体现比较明显的政治哲学视角或方法，而更主要地强调了单纯的文本释读，即所谓"深入研读《论语》""把握其核心要旨""紧扣文本本身，贯通前后章句，追求语境顺畅、逻辑连贯背景下的文本主旨"，甚至说"除此之外别无良法"。实际上作者研究《论语》的目的，无非是"发掘其隐含的与人类文明演进相吻合的政治理念"②。

儒家的道义理论广受中国政治哲学研究者的关注，而研究者所关注的问题则主要聚焦在道义问题上。王磊宁在《理论与现代化》2019年第5期发表《道义优先于功利：先秦儒家义利、王霸之辨的政治哲学阐释》一文，对先秦儒家"道义优先于功利"的政治伦理思想，进行了整体性论述。作者认为中国"传统儒家的义利、王霸之辨是中国古代政治思想的核心主题之一，具有重要的理论价值和现实意义"，在先秦儒家的论述中，"道义是社会政治生活必须遵循的原则，也是政治评价的标准""道义成为国家存在的基础""道义作为衡量一个社会的政治状况的尺度""道义在人类的价值体系中具有绝对的优先性"，"义"是"绝对正当的价值准则"，"道义"是"社会生活的价值来源"，道义就是"排除了结果主义考虑"的"至善"，具有义务论的倾向③。作者认为"先秦儒家根据道义优先原则理解义利关系"，在先秦儒家看来，"道义作为至上的原则，不接受功利的权衡，也不允许妥协和后退""反对违背道义，以求利为最终目的的行为""以合乎道义的方式追求功利和政治上的成功，尤其要求统治者以合乎道德的方式对待民众"④。陈迎年的《荀子"义利两有"政治哲学辨正》一文讨论了荀子"义利两有"的政治伦理思想，强调"荀子政治哲学的突出特征就是二重性，兼心性、伪性、辨欲、义利等而

---

① 胡晓地：《政治哲学视域下的〈论语〉歧义释解》，《理论观察》，2019年第8期。
② 胡晓地：《政治哲学视域下的〈论语〉歧义释解》，《理论观察》，2019年第8期。
③ 王磊宁：《道义优先于功利：先秦儒家义利、王霸之辨的政治哲学阐释》，《理论与现代化》，2019年第5期。
④ 王磊宁：《道义优先于功利：先秦儒家义利、王霸之辨的政治哲学阐释》，《理论与现代化》，2019年第5期。

两有之",文章在此基础上追问"荀子的义利两有,究竟如何'有'",并由此而揭示荀子政治哲学的独特性。文章认为荀子的政治哲学主张"要从'利感'中生出'义感'"①。东方朔在《社会科学》2019年第12期发表的《"欲多而物寡"则争——荀子政治哲学的逻辑前提和出发点》一文,以"为何要建立秩序、由谁来建立秩序以及建立什么样的秩序"的政治哲学追问为引导,梳理了荀子政治哲学的内容体系,在观点上较多地体现了比较分析的方法②,但是文章在结论上则表现了较为浓郁地将荀子霍布斯化的倾向。荀子在政治思维上虽然体现出了与霍布斯类似的重视人的物性的特点,但在政治秩序的建构上却完全不同。与霍布斯期待人们基于自己的利害计算而自愿通过社会契约让渡出权利,并由此形成利维坦的集权不同,荀子根本没有给人们以基于利害的选择机会,而直接以圣人的化性起伪及隆礼重法等形成了君主的集权。

以董仲舒为代表的汉代儒学在2019年较为受人关注,学者们或对董仲舒的政治哲学体系进行了梳理和分析,或者对汉代儒家政治哲学在当时的社会影响进行了历史分析,所得出的结论颇有启发意义。杨清虎在《衡水学院学报》2019年第5期发表的《天、君、儒:构建神学政治思想基础的三角哲学》一文,细致梳理了董仲舒的理论体系,认为董仲舒在政治思想上建立了"天""君""儒"的三角关系哲学,并"以三角哲学为基础,神体儒用,熔炼百家,多重发展,最后形成了支撑汉代意识形态的神学政治思想体系"③。作者认为在董仲舒的三角哲学里,天具有至高的地位,不仅没有天就没有一切,而且天也主宰一切,"以天为本,君的权力就有所依存,源于天,至高无上","以董仲舒为代表的汉代儒士精心编织了一个包罗各种角色的神学政治蓝图",董仲舒的三角关系哲学,具有很深的神学色彩,并具有依托神学进行政治复古的特点,儒家的仁是其中的核心理念④。陈明在《政治思想史》2019年第2期发表《帝国的政治哲学——〈春秋繁露〉的思想结构与历史意

---

① 陈迎年:《荀子"义利两有"政治哲学辨正》,《邯郸学院学报》,2019年第1期。
② 东方朔:《"欲多而物寡"则争——荀子政治哲学的逻辑前提和出发点》,《社会科学》,2019第12期。
③ 杨清虎:《天、君、儒:构建神学政治思想基础的三角哲学》,《衡水学院学报》,2019年第5期。
④ 杨清虎:《天、君、儒:构建神学政治思想基础的三角哲学》,《衡水学院学报》,2019年第5期。

义》一文,批评了以往董仲舒政治哲学研究主要关注儒学与权力的关系、具有民主—专制的价值预设,不足以揭示董仲舒政治哲学的问题意识、逻辑结构与历史作用①。作者在文章中主要展现了董仲舒等边三角式的理论体系,认为董仲舒的政治哲学理论体系,"以儒教之天为信仰支撑,以圣为体天制度者、王为循制治事者"②。作者的分析在呈现董仲舒以天作为政治之源的方面较为准确具体,而在分析圣与王的关系上则缺乏充分的思想事实依据,以至于不太正确地解读了董仲舒理论体系中的关系。

曹婉丰在《哲学动态》2019 年第 10 期发表《西汉中后期的改制运动与儒家政治哲学的实践》一文,就西汉中后期儒家政治哲学在实践中的主张及其社会影响等进行了较为详细的探讨,作者以断代史的政治变迁为视角,全面综论了儒家政治哲学在西汉时期政治变迁中的地位及作用。文章认为从叔孙通开始,在"西汉一朝,由儒生们倡议、主导的改制运动成为贯穿始终的一项重要政治实践活动",特别是在汉元帝以后,儒生们以复古为基调,倡导民生与礼制等方面的改革,"努力实现儒家政治理念在国家政治生活中的贯彻与执行",儒家的政治哲学"从理论体系落实为政治制度的建构过程",儒家政治哲学的理论体系在实践面前也暴露了它的"理论缺失和实践局限"③。作者强调"西汉的儒生们一直致力于改造承秦而来的政治体系,试图在儒家政治哲学的指导下建立一套全新的汉家制度","试图对国家的政治生活作全盘变革",在内容及目标上集中表现为"恢复古制",而"这种一心恢复古制而忽略时势变化、不计变革成本更无视政治现状的做法,在某种程度上成为西汉儒生的通病",儒生们尽管"以极大的热情致力于圣王之制的恢复与重建",但在实践中仍面临难以克服的困难;困难之一是缺少足够的文献支撑,造成文献上的"礼文缺微";困难之二是"朝代更迭所导致的'古今异制'④。作者认为西汉中后期政治实践领域在制度上的"纷纷不定",就与当时儒生们一

---

① 陈明:《帝国的政治哲学——〈春秋繁露〉的思想结构与历史意义》,《政治思想史》,2019 年第 2 期。
② 陈明:《帝国的政治哲学——〈春秋繁露〉的思想结构与历史意义》,《政治思想史》,2019 年第 2 期。
③ 曹婉丰:《西汉中后期的改制运动与儒家政治哲学的实践》,《哲学动态》,2019 第 10 期。
④ 曹婉丰:《西汉中后期的改制运动与儒家政治哲学的实践》,《哲学动态》,2019 第 10 期。

心复古的政治哲学观念密切相关,一方面是"西汉儒生们对'古礼'本身难以说清,依据此种模糊的'古礼'来治国,其结果可想而知";另一方面是"西汉儒生们拘泥于经书古制,导致制度'纷纷不定',所带来的不仅有制度的混乱,更有政府信用的丧失"①。

3. 道家政治哲学研究

学术界较为关注道家政治哲学,2019年的道家政治哲学研究还带有一定的比较色彩,即以西方政治哲学的概念、命题及理论为背景,注重凸显道家政治哲学的独特内涵。郑开在《现代哲学》2019年第2期发表了《道家政治哲学发微》一文,该文所说的道家乃是一种广义的道家,包括"老庄、黄老(秦汉时期以此为道家主流),以及那些与道家(主要指黄老)思想交涉较深,思想边缘不怎么清晰的法家(特别是韩非、慎到等)、阴阳家等",作者强调"道家政治哲学的理论形态和理论语言都极具特色,殊不同于西方自古希腊以来围绕城邦、正义等主题展开的对话与讨论"②。早期道家哲学的阐释固然要参考西方政治哲学的思想资源,但却又不必"盲目适从""刻意附庸"西方某种政治哲学理论,这是因为西方政治哲学理论仅仅涉及道家的所谓"人道",而道家政治却不局限于"人道",还包括了"天道","道家哲学语境中的'道'往往是统一的","近现代以来的西方政治理论""由于它纠结且偏重于政治学理论而不能为道家政治哲学提供合适的参照系",道家政治哲学语境中的"政治"和"国家"具有超政治学的意义,而超政治学意义的"政治"和"国家","只能出现于政治哲学语境之中"③。作者认为"诸子时期哲学语境中讨论的'德',都脱胎于前诸子时期思想史的酝酿",儒家推崇"明德",道家追求"玄德","'玄德'恰与'明德'针锋相对",老子"玄德"的实质政治内容,就是统治者的"无为"和被统治者处在"自然"状态④。

黄老道家的政治哲学在2019年度也较受关注。郑开教授在《深圳社会科学》2019年第4期发表了《黄老政治哲学阐幽》一文,细致地梳理黄老思想

---

① 曹婉丰:《西汉中后期的改制运动与儒家政治哲学的实践》,《哲学动态》,2019第10期。
② 郑开:《道家政治哲学发微》,《现代哲学》,2019年第2期。
③ 郑开:《道家政治哲学发微》,《现代哲学》,2019年第2期。
④ 郑开:《道家政治哲学发微》,《现代哲学》,2019年第2期。

的发展源头，剖析了黄老政治哲学的独有内涵及其理论地位。作者在文章中首先强调黄老在政治哲学上特色鲜明，"既有别于老子无为政治哲学，也不同于庄子致力于浑沌与秩序之间的思考张力，更迥异于孔孟以来儒家德政理想"，它"聚焦于帝道"，"在王霸之外寻求新突破"，在道法之间的碰撞整合中，形成了黄老政治哲学的思想空间①。作者在文章中较关注的问题是黄老学如何回应时代问题的挑战、如何参与战国秦汉时期的政治社会之变革与转型，以及贡献了怎样独具特色的政治哲学理论等②。在梳理黄老思想发展的线索时，作者认为，黄老思想的端倪在春秋晚期，到战国中期，才形成了"兼容并蓄、错综复杂的黄老学思潮"，即黄老思潮的渊源，"虽然可以追溯到老子生活的年代之前，然而黄老学真正的发展契机还是老庄哲学"，老庄哲学乃是黄老学的理论基础③。作者认为黄老学派在思想脉络上，虽千变万化，但是千变万化都不离其宗，而它的宗就是"帝道"，"黄老政治哲学创发出来的'帝道'，不但开出了早期政治思想的新生面，而且推动了由王霸之道向帝王之道的思想转折，具有石破天惊的重要意义"④。郑开教授在《湖南大学学报》（社会科学版）2019年第2期发表的《试论黄老政治哲学的"内圣外王之道"》，强调"'内圣外王之道'集中体现了道家尤其是黄老政治哲学的根本宗旨"，认为"黄老圣人观念兼具政治意义和伦理意义两个层面"⑤。作者在这里比较准确地描述了黄老圣人兼具政治与伦理的双重特点，但却未能进一步梳理两者的关系，实际上两者之间在逻辑上具有源与流的关系，即以伦理的圣人为源，而以政治的圣人为流，政治的圣人乃是由伦理的圣人派生出来的，并受伦理的圣人的支配，即政治上的圣人必然是伦理上的圣人，否则就不具备成为政治圣人的前提条件。

魏晋玄学在理论上具有儒道结合的特色，就哲学层面的内容而言，魏晋玄学的政治哲学在基础上都是道家的，既使用着道家政治哲学的概念、命题等，也在思辨的方法上非常接近道家。王文军在《周易研究》2019年第1期

---

① 郑开：《黄老政治哲学阐幽》，《深圳社会科学》，2019年第4期。
② 郑开：《黄老政治哲学阐幽》，《深圳社会科学》，2019年第4期。
③ 郑开：《黄老政治哲学阐幽》，《深圳社会科学》，2019年第4期。
④ 郑开：《黄老政治哲学阐幽》，《深圳社会科学》，2019年第4期。
⑤ 郑开：《试论黄老政治哲学的"内圣外王之道"》，《湖南大学学报》（社会科学版），2019年第2期。

发表的《王弼〈周易注〉"无"思想的政治哲学解读》，从政治哲学的角度解读和解释了"贵无派"主要思想代表王弼在《周易注》中的"无"。作者认为王弼《周易注》所阐发的"以无为本"在理论目的上并非是要建构一种形而上学的体系，而是要在理论上建构一种理想的君主人格，"无"乃是君主人格的最高境界，在这个最高境界之下，君主凭借其"以无为本"的人格，"感通天下"，"以寡统众"①。王弼当然在形而上的层面上建构了"以无为本"，但是这个工作主要是在《老子注》中进行的，他在《周易注》中"更为注重政治哲学层面的探索"，作者在文章中试图从"无"的角度，系统地解读王弼《周易注》的政治哲学，探讨"无"在其中的政治内涵和理论诉求②。文章认为，王弼《周易注》所阐述的"以无为本"乃是一种政治本体，它在理论上的作用就是引出"以寡统众"的政治原则，而他所谓"圣人体无"的"无"，实际上就是君主人格的"本"，而"无"之君主人格本体又并非"无情"，王弼实际上主张"圣人有情"，因为圣人只有"有情"才能"感应于物"，"通于天下"，"以无为本"及"圣人体无"表现在政治实践中就是"无为"③。刘沁在《中国哲学史》2019年第2期发表了《论王弼"以无为用"与政治秩序的建立》一文，指出"'以无为用'在王弼哲学中是比'以无为本'更为常见的表述"，由此可见王弼较为注重的是"无"在"万物中的运用方式"，由此"建立一种普遍地肯定所有差异性事物的整体性秩序"，作者认为王弼的"以无为用"在政治上"对应于圣人与百姓的关系就是圣人'以无为为用'"，并强调这才是"王弼哲学最终的政治旨归所在"④。王弼等的政治本体寻找是相当真诚的，通过对道家哲学思想的理论阐发，呈现了"以无为本"的本体论，但他在理论上又不满足于纯粹的本体寻找，而试图在"无"本体的基础上进一步推动"以无为用"，落实在统治者理想人格及无为的统治方法上。

4. 中国政治哲学研究的其他要点

中国传统政治哲学中的法家政治哲学，在学术研究中也较受关注。胥仕

---

① 王文军：《王弼〈周易注〉"无"思想的政治哲学解读》，《周易研究》，2019年第1期。
② 王文军：《王弼〈周易注〉"无"思想的政治哲学解读》，《周易研究》，2019年第1期。
③ 王文军：《王弼〈周易注〉"无"思想的政治哲学解读》，《周易研究》，2019年第1期。
④ 刘沁：《论王弼"以无为用"与政治秩序的建立》，《中国哲学史》，2019年第2期。

元教授在《燕山大学学报》（哲学社会科学版）2019年第2期发表《先秦法家政治哲学的时代性》一文，鉴于学术界对政治哲学概念的界定具有宽泛性和开放性，也主张政治哲学所探究的是政治生活的永恒问题，追求对政治实质的认识，表达思想家的政治价值取向，阐释应然的政治理念。在界定政治哲学概念的基础上，作者认为"先秦法家政治哲学反映了先秦法家的主要代表有关政治问题的实质、政治价值取向、政治理念的基本认知"，法家政治哲学的核心话题就是"图强"，其主张具体表述出来就是"言'变'以图强""言'霸'以求强""言'耕战'以固强"，概括地说"先秦法家政治哲学是战国时期的强国哲学"①。作者认为先秦法家政治哲学在秦以后仍然在统治者的政治哲学中占有重要地位，尽管没有统治者高举法家的大旗，"但法家思想的精髓已深深浸透到统治者治国的血液中"，它在实质上成了"中国帝制时代的治国哲学"②。胥仕元教授还在《河北师范大学学报》（哲学社会科学版）2019年第4期发表《先秦法家政治哲学的价值取向》一文，认为先秦法家政治哲学在价值取向上的表现有"一断于法""主张威权政治""强国弱民"，其中"一断于法""反映了法家的正义理念和崇尚'法'之权威的倾向"；法家在政治哲学上推崇"威权政治""主张臣民绝对服从君主"讴歌"君主集权"，不仅表现在政治上极力推崇君主权威，主张君主至上，而且还表现在给君主提供了一套驭官之术；"强国弱民"是法家"极具个性的政治价值观念"③。

  中国政治哲学研究有进行比较研究的传统，或者进行政治哲学家层面的中西比较，或者进行重要概念层面上的中西比较。政治哲学家层面的比较在2019年的研究成果是王霞发表在《商丘师范学院学报》2019年第8期的《庄子与莫尔生态政治思想的共性——〈庄子〉与〈乌托邦〉之比较》一文。该文主要比较了庄子与莫尔的生态政治思想，认为两者"虽生活于不同时代、不同国家，但他们的生态政治思想却有着共性"，"都尊重自然，提倡人与自

---

① 胥仕元：《先秦法家政治哲学的时代性》，《燕山大学学报》（哲学社会科学版），2019年第2期。
② 胥仕元：《先秦法家政治哲学的时代性》，《燕山大学学报》（哲学社会科学版），2019年第2期。
③ 胥仕元：《先秦法家政治哲学的价值取向》，《河北师范大学学报》（哲学社会科学版），2019年第4期。

然之间保持和谐融洽关系",不仅是人与人之间和平共处,而且人与自然也和谐共生①。重要政治概念层面上的比较在2019年的研究成果表现为谢阳举在《山东社会科学》2019年第12期发表的《自然的政治与政治的自然——基于自然概念之语义和尺度审视中西政治精神》一文②。该文对中西方政治哲学中的自然与政治关系进行了深入细致的比较,在强调中西方政治哲学都从自然的角度来分析政治的基础上,区别了中西两种不同的自然与政治关系的认识。作者认为,中国传统的道家和儒家都很重视自然观念,在政治哲学上都强调"自然的政治","即在人性界定上总是自然性优先于政治性","中国主流政治哲学及政治思想是以自然的观念为导向","'自然即真'的意识成为政治意识中的无意识背景",自然性第一,政治性第二,倾向于"从'自然'的思路出发考虑政治问题";这就与西方政治哲学的传统在关于自然与政治关系的看法上有了明显差异;西方政治哲学在这个问题上的特色是强调"政治的自然",在人性的界定上强调了人是社会性的动物,"政治乃人性天然所有,于人性之界定至关重要",这是自古希腊以来西方政治哲学在人性问题上的主流论调③。

中国传统时代到了明清之际又一次遭遇了巨大的政治变故,明清易代既是朝代的更迭,也是中华大地上汉民族与北方民族之间政治关系的反转,它在很大程度上刺激了清初推崇种族夷夏论的汉族士大夫,并刺激了他们在政治上的批判和反省。因为这个时期或稍后的西方政治理论界进行的启蒙带有对中世纪传统的批判,而清初士大夫的批判也具有一定的普遍性。有些学者就因此而将中国在历史上由传统转向现代的起点确定在了这个阶段,并在政治哲学层面寻找中国由传统走向现代的标志。黄宗羲的政治思想就在这个情况下被看作是一个从传统民本走向现代民主的一个开端④,顾炎武"寓封建之

---

① 王霞:《庄子与莫尔生态政治思想的共性——〈庄子〉与〈乌托邦〉之比较》,《商丘师范学院学报》,2019年第8期。
② 谢阳举:《自然的政治与政治的自然——基于自然概念之语义和尺度审视中西政治精神》,《山东社会科学》,2019年第12期。
③ 谢阳举:《自然的政治与政治的自然——基于自然概念之语义和尺度审视中西政治精神》,《山东社会科学》,2019年第12期。
④ 李存山:《从民本走向民主的开端——兼评所谓"民本的极限"》,《华东师范大学学报》(哲学社会科学版),2006年第6期。

意于郡县"的观点也被看作是主张现代意义上的"地方自治"①。王夫之作为明末清初的一个儒家政治思想家,他在理论上对儒家展开的反思和总结也受到了学术界的关注。孙钦香在《江苏社会科学》2019 年第 5 期发表的《王船山对儒家政治哲学的反思与重建——以"理－分殊"重释《大学》"明德与新民"关系》一文,以王夫之用"理一分殊"解释《大学》中的"明德与新民"为切入口,分析了王夫之对儒家政治哲学的反思与重建。作者研究王夫之政治哲学的目的,并非仅仅是呈现王夫之反思和重建的过程,而更欲以"呈现儒家政治哲学自我更新的思想活力,从而有助于进一步探索儒家政治哲学的现代转化问题",为此,作者在文章中首先强调儒家政治哲学在明末清初经历了一个反思与重建的过程,而王夫之"以'理一分殊'来重释《大学》'明德与新民'之关系,正是这一历程的典型体现"②。作者认为王夫之在政治哲学上,"既有儒者传统的坚守",主张国家必须担负某种至善生活,"明确提出'君德为本'",但他又主张"教化之权下移",在一定程度上实现了国家与教化的分离,并提出王夫之"教化之权下移"体现了他摆脱国家或政府控制教化的期望,并强调这是王夫之"对儒家政治哲学做出的最具创造性的发展和转化"③。当然,作者只是呈现了王夫之政治哲学的一个侧面,而且其主旨也是呈现儒家自我更新的活力,从而也就不能比较完整地呈现王夫之政治哲学的理论框架及逻辑进路,其所得结论的片面性也是比较明显的。

(三)中国政治思想史研究"如何走向世界"

中国政治思想史学科经历了百余年的发展后,正逢中国的综合国力及国际影响力大增的时代,并受到中国话语体系建构及走出去的时代潮流的影响。学者们在回顾过去学科发展的历史及成就的基础上,也开始展望中国政治思想史面向世界的未来。中国政治思想史研究如果只是解释了中国的过去,呈现了以往的政治知识,而在理论上不能产生普遍性的影响,那么它作为政治

---

① 万昌华:《顾炎武居鲁时期国家政治体制思想的考察》,《鲁东大学学报》(哲学社会科学版),2014 年第 1 期。
② 孙钦香:《王船山对儒家政治哲学的反思与重建——以"理－分殊"重释《大学》"明德与新民"关系》,《江苏社会科学》,2019 年第 5 期。
③ 孙钦香:《王船山对儒家政治哲学的反思与重建——以"理－分殊"重释《大学》"明德与新民"关系》,《江苏社会科学》,2019 年第 5 期。

学分支学科的知识贡献就体现不出来，只有中国政治思想史研究的结果从中国走向了世界，在世界范围内产生了普遍的知识影响，它作为一门学科的科学意义与价值，才能充分地彰显出来①。但中国政治思想史研究自从它作为一门学科存在以来，就以西方传来的政治学知识的有效运用为前提，并且直到今天它还依然存在着政治学知识运用不足的情况②，而今天我们在中国政治思想史研究中所使用的政治学知识几乎还完全来自西方，即使马克思主义政治学也是无可置疑地来自西方。那么，中国政治思想史研究作为一门学科化的知识要走向世界，就必须先要充分借鉴、消化和吸收西方产生的政治学知识，即中国政治思想史研究在走向世界之前，必须要充分地吸纳世界。有的学者较为关注中国政治思想史研究走向世界的前提，着重论述中国政治思想史研究走向世界的诸多条件；而有的学者则急于让中国政治思想史研究参与中国化政治学话语体系的创造，并由此而使中国政治思想史研究产生了新的学术面向，注重从中国传统中发掘理论资源，创生政治学中的新知识体系，这个新知识体系就是所谓的历史政治学③。

1. 中国政治思想史研究走向世界

中国政治思想史研究走向世界，在学理上是什么意思？任剑涛在《天津社会科学》2019年第5期发表《置身"世"外的中国政治思想史之世界念想》，即明确地回答了这个问题。作者认为"中国现代政治思想研究如何走向世界"是一个"颇具雄心却需审查"的命题，它在字面上的意思是"'中国'国家范围内的中国政治思想史研究如何走向'世界'"，这就在理论上预设了一个隐含的意思，认为中国的相关研究置身"世"外，但实际上中国国家范围内的相关研究也是在"世界"之中的，只不过是"相关研究获得的世界承认非常有限"，"与'世界'有隔绝之感"，这在一定程度上表示中国政治思想史的相关研究还处在自闭状态④。作者强调"中国政治思想史研究走向世界"的"形式性的路径"，几乎否认了问题本身的意义，因为"只要以中国

---

① 孙晓春：《中国政治思想史研究何以走向世界》，《天津社会科学》，2019年第5期。
② 张师伟：《中国政治思想史研究的百年回眸与学术省思——本土政治理论的概念检视与话语梳理》，《人文杂志》，2019年第2期。
③ 任锋：《中国政治传统研究与历史政治学的可能性》，《学术月刊》，2020年第1期。
④ 任剑涛：《置身"世"外的中国政治思想史之世界念想》，《天津社会科学》，2019年第5期。

历史上出现的政治主张及其记载文献为据进行的相关研究，都属于中国政治思想史的研究成果"，但也并非完全否定了问题本身，毕竟"全球范围内的中国政治思想史研究"还存在着一个"相关研究的世界性充足与否的问题"，比如那些"使用英语写作的中国政治思想史研究作品""采用国际社会政治学学术共同体较为通行的表述辞藻、写作方式和阅读机制""接受并尽力以国际学术共同体内在构成部分的姿态"，比较容易"走向世界"，"甚或直接'构成世界'"①。作者强调"中国政治思想史研究走向世界"作为一个富有意义的命题主要体现在"实质性的路径"上，它意味着中国政治思想史研究要发生一个从置身"世"外到内在于世界的转变②。但是"走向世界"的"世界"本身也具有模糊的意思空间，作者认为中国人所谓"世界"有三个含义：一是"近代以来中国人意欲走向的理想世界"，这个世界不具有真实性，不过是一个"乌有之乡"；二是"西方人创制的现代世界"，这个世界是中国人必须"直面的真实世界"；三是"中国人创制""超越西方人创制的""新世界"，这个"世界"还在朦胧之中。"中国政治思想史研究走向世界"，也就是走向"西方创制的现代世界"③。

中国政治思想史研究走向世界，在任剑涛教授看来就是与西方主导的价值标准、学术范式等看齐，而不太可能在西方主导的价值标准及学术范式之外另辟蹊径。走向世界，在他看来就是结束自闭。但中国政治思想史研究如何结束自闭又凭什么走向世界呢？孙晓春教授在《天津社会科学》2019 年第 5 期发表的《中国政治思想史研究何以走向世界》一文，即着力回答了这个问题。孙晓春教授从学科知识积累的角度反思了中国政治思想史研究的任务，认为中国政治思想史研究的任务，并"不仅仅是以中国的概念研究中国问题，而是要在现代语境下使中国传统政治思想成为可以理解的知识，从而真正成为人类共同的思想遗产的一部分"④。这就在一定程度上揭示了中国政治思想史研究存在的前提，就是"在近代语境下对中国传统政治思想加以阐释"，在

---

① 任剑涛：《置身"世"外的中国政治思想史之世界念想》，《天津社会科学》，2019 年第 5 期。
② 任剑涛：《置身"世"外的中国政治思想史之世界念想》，《天津社会科学》，2019 年第 5 期。
③ 任剑涛：《置身"世"外的中国政治思想史之世界念想》，《天津社会科学》，2019 年第 5 期。
④ 孙晓春：《中国政治思想史研究何以走向世界》，《天津社会科学》，2019 年第 5 期。

具体的研究范式上,则表现为"以西方政治思想特别是西方近代政治思想为参照系,从中国政治思想中发掘那些能够与西方思想文化通约的主题,在比较的视角下来理解中国政治思想",并强调"近几十年来的中国政治思想史研究,基本是循着这一路径展开的"①。作者强调中国政治思想史研究要走向世界,因为"中国传统政治思想是人类共同思想遗产的组成部分,而且是至关重要的组成部分",而这部分内容"在中国传统思想文化传播所及的地区之外"还不为人所知,"还没有真正成为人类共同思想遗产的组成部分",但中国政治思想史研究走向世界又必须要世界化,即"用现代话语对中国传统政治思想加以阐释",只有这样,才能"使中国政治思想成为现代话语背景下可以理解的知识"②。这就要求中国政治思想史研究要具有"更加开阔的学术视野",既要在中西比较视角下,深刻理解中国传统政治思想,也要在现代政治话语背景下,"阐释中国传统政治思想","站在现代人的立场上对历代思想家的思想学说加以理解和评价","发现传统政治思想之于现实社会生活的意义"③。

葛荃教授在《天津社会科学》2019年第5期发表了《话语构建和走向文明:中国政治思想史研究断想》,该文虽然在标题上没有使用"走向世界",而使用了"走向文明",但在内容上却仍然是在讨论"走向世界",并且还在含义上凸显了"走向世界"在实质上就是"走向文明",而要"走向文明"也只有"走向世界",不论是"走向世界"还是"走向文明",中国政治思想史研究都需要通过话语的建构来实现④。作者首先强调"话语的形成受到社会语境的影响",而中国话语受社会环境的影响形成了语词涵容性的一词多义、需要深层的理解和感悟的体悟方式、比类逻辑三个特点⑤。作者认为中国政治思想史研究作为一套话语也是"近代以来形成的",已经受到了"西方话语的影响和介入",它与世界文明及西方话语的沟通,要"以价值观为中介,以政

---

① 孙晓春:《中国政治思想史研究何以走向世界》,《天津社会科学》,2019年第5期。
② 孙晓春:《中国政治思想史研究何以走向世界》,《天津社会科学》,2019年第5期。
③ 孙晓春:《中国政治思想史研究何以走向世界》,《天津社会科学》,2019年第5期。
④ 葛荃:《话语构建和走向文明:中国政治思想史研究断想》,《天津社会科学》,2019年第5期。
⑤ 葛荃:《话语构建和走向文明:中国政治思想史研究断想》,《天津社会科学》,2019年第5期。

治价值观的相互认同为沟通路径"①。作者强调"中国政治思想史与世界其他文明的沟通"前提，是彼此"在文化价值或理念层面找到互通的节点"，而"中国政治思想史的中国话语构建也要在文化价值及其相关理念互通的前提下形成"，这就要求研究者对中国传统政治思想进行"甄别和拣择"，去掉其中不包含"世界文明意义"内容，如君权至上、父权至尊、伦常神圣等，保留其中具有"普世性"的"合理部分"，如作为大智慧的中庸之道②。中国政治思想史研究的话语构建如何甄别普世合理呢？作者认为这个过程要以"世界文明作为参照系，提炼和概括其蕴含的价值准则"，如此就能甄别出"其中的合理理念"，"构建中国政治思想史的中国话语"③。

2. 中国政治思想史研究的新视角

中国政治思想史研究在进一步细化地运用政治学分支学科的知识及理论的过程中，产生了研究的新视角。地缘政治是国际政治中的重要现象，而地缘政治学也是国际政治学的一个研究领域，中国作为一个传统时代的大国，它的政治思想家们是否也思考过地缘政治问题呢？中国政治思想史研究以往不太关注这个方面，而中国传统时代是否存在及存在什么样的地缘政治思想的问题也就无从揭示。郭鸿炜在《管理观察》2019 年第 19 期发表的《中国传统文化中地缘政治思想梳理及当代启示》一文，即从地缘政治学的角度，梳理了中国传统文化中的地缘政治思想。作者认为"中国传统文化历经数千年的发展，……蕴含着丰富的地缘政治思想"，虽然"没有提出系统的地缘政治理论，但是注意到地理因素对军事、国家安全的制约关系，形成了系统的策略和思想"，其中儒家的地缘政治思想"在古代中国地缘政治思想的形成过程中起到了至关重要的作用"④。作者展示的理论观察视角，虽然体现了政治学分支学科地缘政治学的知识及理论传统，但在呈现和分析中国传统政治文

---

① 葛荃：《话语构建和走向文明：中国政治思想史研究断想》，《天津社会科学》，2019 年第 5 期。
② 葛荃：《话语构建和走向文明：中国政治思想史研究断想》，《天津社会科学》，2019 年第 5 期。
③ 葛荃：《话语构建和走向文明：中国政治思想史研究断想》，《天津社会科学》，2019 年第 5 期。
④ 郭鸿炜：《中国传统文化中地缘政治思想梳理及当代启示》，《管理观察》，2019 年第 19 期。

化中的地缘政治思想方面，仍显得较为粗疏甚至是有点粗糙，对儒家及其他各派地缘政治思想的内涵解读，不够确切，甚至也不够清晰。实际上，中国传统地缘政治思想，在秦汉以后，主要围绕着边疆问题展开，作者在文章论述的儒家的"服事观""以夷制夷、怀柔德化""和合"等地缘政治思想①，无不围绕着秦汉以后边疆问题中的夷夏关系展开。作者在文章中所论述的兵家、墨家及纵横家的地缘政治思想则主要涉及战国时期各诸侯国的国际战略，其在题材上更接近于今天的地缘政治学，但作者在文章中对兵家、墨家及纵横家的论述又没有充分地展开。中国传统时代处理边疆问题，不能不考虑地缘，但是这种考虑未必就是地缘政治思想，两者之间在内容上往往易于混淆②。实际上，中国传统政治思想史中的地缘考虑还表现为一种天下范围内的考量，这种考量既体现了人类层面上的普遍关怀，也体现在相应的天下秩序的建构，它体现在地缘层面上就是夷夏秩序③。

中国政治思想史研究在运用政治学分支学科知识及理论的情况下，不限于地域政治学，还有比较政治学，因为比较政治学在视域上几乎涵盖了人类的一切政治现象，从而非常有利于中国政治思想史研究领域的比较研究。中国政治思想史中的比较研究，固然是在历史的全过程和全方位上进行，但比较的重点领域却在中西之间，尤其是在西方的现代政治理论与中国传统的政治理论之间。西方现代政治理论发展固然取得了丰硕的成果，在国际政治学话语体系的比较中占有明显的优势，以至于有学者认为中国政治思想史研究走向世界，就是接近和接受西方政治话语；但在实践中，西方政治学理论在西方一些政治思想家看来也出了问题，并需要到中国的古代来寻找矫正的要素。这就是中国政治思想史研究领域出现"贤能政治"热的一个主要由头，它在中国古代找到了尚贤的思想，以应对和矫正西方民主一人一票的弊端④。

---

① 郭鸿炜：《中国传统文化中地缘政治思想梳理及当代启示》，《管理观察》，2019年第19期。
② 这一点在尹朝晖2013年发表在《太平洋学报》第2期的《中国古代传统地缘政治的思想评析与现代启示》一文中也有明显的体现，该文主要讨论的内容是"北守南融、以藩为屏、以夷制夷、合纵连横、屯垦戍边、富国强兵"，虽不无地缘政治的考虑，但这些思想的主要方面仍是处理边疆问题的策略。
③ 张师伟：《中国传统国家治理思想中的人类关怀与天下秩序》，《学术界》，2019年第10期。
④ 贝淡宁：《贤能政治是个好东西》，《当代世界》，2012年第8期。

中国语境中"贤能政治"的讨论大多局限在"中国"的视域下，其中又聚焦于"儒家"，有人倡导儒家的"贤能政治"①，有人反对提倡儒家的"贤能政治"②。张师伟教授在《行政论坛》2019年第1期发表的《视域差异与概念转换：比较政治学视域下的"贤能政治"语义分析》一文，运用比较政治学的研究方法，主张"比较不同贤能政治话语的产生背景，运用语义分析的方法，对诸种关于贤能政治的话语进行分析"③。作者的分析结果显示"中国与西方在表达贤能政治的词汇及在贤能政治具体内涵上的理解差异很大"，"但在提倡以具有优良政治道德及卓越能力的人治国上却深相契合"，中国虽然有崇尚贤能的精英治国思想，但并无"贤能政治"的现成词汇，"贤能政治"在词源上来自西方的"meritocracy"，"虽然'meritocracy'与儒家政治传统，在贝淡宁看来似乎是一致的，但二者之间的含义差距却甚为明显"④。

中国政治思想史研究必然是一个研究者与研究对象的对话，然而这种对话往往是跨越了时代的，甚至在某些研究者的研究中是跨越了地域的，即研究者站在今天几乎是全球化视域下，体现了全球性地域的视角与普世的立场，而他的研究对象却无疑是局限于中国传统时代的较为狭小的地域空间。两者之间的对话往往是不对等的，虽然名为对话，但实际上却不能不说这只不过是研究者想象中的对话，因为研究对象只能听任研究者按照他的意思去解释，却不能起死回生以作应答，所以研究者不同的解释也就体现了各自不同的理论视角。杨明佳在《社会科学动态》2018年第12期发表的《思想史的写作是跨越时空的对话——读张星久教授〈中国政治思想史〉（古代部分）》一文，在性质上是张星久教授《中国政治思想史》（古代部分）的评论，在作者视域下，张星久教授的著作就是这样的一个"跨越时空的对话"⑤。"跨越时空的对话"建立在"神入与超然"的方法基础上，所谓"神入"就是"进

---

① 孙磊：《民主时代的贤能政治——儒家贤能政治传统的现代意义探寻》，《天府新论》，2018年第4期。
② 黄玉顺：《"贤能政治"将走向何方？——与贝淡宁教授商榷》，《文史哲》，2017年第5期。
③ 张师伟：《视域差异与概念转换：比较政治学视域下的"贤能政治"语义分析》，《行政论坛》，2019年第1期。
④ 张师伟：《视域差异与概念转换：比较政治学视域下的"贤能政治"语义分析》，《行政论坛》，2019年第1期。
⑤ 杨明佳：《思想史的写作是跨越时空的对话——读张星久教授〈中国政治思想史〉（古代部分）》，《社会科学动态》，2018年第12期。

入思想家的背景、情境","移情式理解"文本的思想①；所谓"超然"就是"站在今天的政治学知识平台上，进行'概念化'处理"，"理解前人思想的地位和价值"②。"跨越时空的对话"并非是一堆散乱的对话录，而是"通过梳理不同朝代思想家对某些相似问题所进行的对话"，不仅在结果上形成了"具有传统中华文明特点的政治思想知识谱系"，而且还要"将中国古代政治思想置于全球化的知识体系中去比较与透视"，呈现"中国传统政治思想的普世性意义与结构性局限"③。有的研究者站在现代的视角，回顾传统儒家，试图从中寻求"儒家的现代性"，而几乎完全丢掉了思想事实的历史内涵，张少恩、杨子波在《广西社会科学》2019 年第 5 期发表的《论儒学现代性之寻求——以萧公权对孟子政治哲学的诠释为例》一文，即是着力寻找孟子的民主思想。该篇文章对萧公权学术观点的理解和使用不甚准确，有些内容的理解甚至与萧公权先生的原观点明显不符，如文章所说的"萧公权超越和摆脱西方学术模式，否定中国政治思想停滞论，以现代政治哲学视角来探索孟子思想的内源现代性"④，就缺乏明显的文献依据。

中国政治思想史研究新视角还体现在新资料的使用方面，并由此而开辟中国政治思想史研究的新领域。张星久、陈青霞在《江苏社会科学》2019 年第 6 期发表的《从族谱看传统政治思想的民间表达与实践》一文，即在研究实践中使用了新的史料类型，该文将族谱文献带入中国政治思想史研究领域，在一定的程度上体现了新资料使用的新视角。虽然研究者对中国政治思想史研究对象的界定都在思想的内容层面，但对作为直接研究对象的史料多样性并不排斥，并且只有多样化的史料才能落实广义的中国政治思想史研究。刘泽华先生倡导广义的中国政治思想史研究，主张在研究中使用多样的文献，强调要关注民间政治思想的研究，而他分析韩愈、柳宗元表奏中纲领性概念的方法，在广义的中国政治思想史研究中也非常有借鉴价值。但正如两位作

---

① 张星久：《中国政治思想史（古代部分）》，上海：复旦大学出版社，2017 年版，第 7 页。
② 张星久：《中国政治思想史（古代部分）》，上海：复旦大学出版社，2017 年版，第 7 页。
③ 杨明佳：《思想史的写作是跨越时空的对话——读张星久教授〈中国政治思想史〉（古代部分）》，《社会科学动态》，2018 年第 12 期。
④ 张少恩、杨子波：《论儒学现代性之寻求——以萧公权对孟子政治哲学的诠释为例》，《广西社会科学》，2019 年第 5 期。

者所言，中国政治思想史研究所使用的史料，仍然主要是政治思想家的"经典文本"，对民间政治思想文本的关注不够①。两位作者在研究中采用了地域社会史的观察视角，主要使用了族谱文本的文献分析方法，并辅之以统计学的方法，对120多部族谱进行了较为深入的研究，不仅呈现了族谱中与国家的认同、治理等有关的政治思想内容，而且还呈现出了国家如何在族谱中实现它的政治思想影响②。不过，作者们主要讲族谱所体现的政治思想作为精英们政治思想的实践层面，文章也是从这个角度来呈现族谱中的政治思想内容的，同时，文章对族谱本身所呈现的政治思想的内容理解较为狭隘，即族谱中的政治思想在内容上不限于国家认同、国家治理等，它具有广泛的内容，而且族谱所体现的民间政治思想在很大程度上乃是经典政治思想的社会基础，两者的一致性在学理上更值得关注，也更需要学理性的阐释。

3. 中国政治思想史研究的历史政治学面向

中国政治思想史研究固然要在政治学的维度上创造出一种可以理解的知识体系，但这个知识体系在不同的研究者看来，显然并不是一个存在。前文已经论述过的"中国政治思想史研究走向世界"③，或"走向文明"④，或呈现中国政治思想史的普世性内容⑤，都强调以现代政治学的概念、方法等为前提，并将知识体系的目标也定位为创造出西方仍然主导的国际学术标准的普遍或普世的知识体系⑥。与此同时，中国政治学界在构建中国特色社会主义政治学话语体系等的驱动下，立足于中国综合国力及国际影响力的现状，日益发现了西方政治学视域下创造出来的诸多概念、命题、判断及理论等在政治问题解释上的不足，"世界范围内流行的基于理性人假设的'政治科学'已经

---

① 张星久、陈青霞：《从族谱看传统政治思想的民间表达与实践》，《江苏社会科学》，2019年第6期。
② 张星久、陈青霞：《从族谱看传统政治思想的民间表达与实践》，《江苏社会科学》，2019年第6期。
③ 任剑涛：《置身"世"外的中国政治思想史之世界念想》，《天津社会科学》，2019年第5期。
④ 葛荃：《话语构建和走向文明：中国政治思想史研究断想》，《天津社会科学》，2019年第5期。
⑤ 杨明佳：《思想史的写作是跨越时空的对话——读张星久教授〈中国政治思想史〉（古代部分）》，《社会科学动态》，2018年第12期。
⑥ 任剑涛：《置身"世"外的中国政治思想史之世界念想》，《天津社会科学》，2019年第5期。

不能解释、不能回答西方国家和非西方国家的难题,当然更不能解释中国的政治发展"①,从而试图立足于中国的历史,发展出一套不同于西方政治学的学理体系,走出政治学发展的另一条路径,这条路径就是历史政治学的路径②。杨光斌教授认为,"历史政治学不仅具有认识论和方法论意义",更具有"重要的""本体论价值",以"回答的是各国政治价值、政治制度以及政治行为是怎么来的",为人们理解当下"中国政治与历史上的政治的关联性提供了清晰的解释"③。历史政治学关注历史的纵向,强调"历史不但是历史学研究范畴,也是政治学的研究对象",从而使得历史政治学"连接着中国历史与政治科学、世界历史与政治科学",成为"政治学学科的交汇区和知识增长点"④。杨光斌教授还分析了改革开放以来中国政治学的发展历程,参照西方政治学在"理性人"假设下走入死胡同的趋势,开始瞄准中国历史中蕴含的"丰富的政治学原理"及作为此"丰富的政治学原理"之载体的"发达的政治制度史和政治思想史",杨光斌教授据此指出"在研究路径或者方法论意义上,中国的政治学必然是历史政治学"⑤。作者指出了西方政治学在理论假设上的瑕疵,并由此看好中国历史中所蕴含的丰富政治学原理,但作者并未能在逻辑上清晰地呈现出中国的政治学何以必然就是历史政治学。

中国政治学的理论研究者从重点关注现实问题,转变到关注历史问题,试图发现中国历史中所蕴含的"丰富的政治学原理",这就在研究方法上突出了历史的取向,即强调"从历史出发去研究问题,或者说把问题置于历史之中,以证明或者证伪既有的理论命题,或者发现新理论",但又不是在研究方法上彻底回到历史学,而是要用政治学中"历史制度主义方法论中"的一些关键性分析概念,使得历史政治学的研究"更加科学化""更有针对性地回答因果机制,而不再是传统意义上模糊的因果关系"⑥。徐勇教授关于"祖赋人权"及"家户本位"等的研究,都被认为是"典型的历史政治学研究"⑦。徐勇教授实际上已经有自己的一套依托乡村政治调查研究得来的概念与方法,

---

① 杨光斌:《什么是历史政治学》,《中国政治学》,2019 年第 2 期。
② 杨光斌:《什么是历史政治学》,《中国政治学》,2019 年第 2 期。
③ 杨光斌:《什么是历史政治学》,《中国政治学》,2019 年第 2 期。
④ 杨光斌:《什么是历史政治学》,《中国政治学》,2019 年第 2 期。
⑤ 杨光斌:《以中国为方法的政治学》,《中国社会科学》,2019 年第 10 期。
⑥ 杨光斌:《以中国为方法的政治学》,《中国社会科学》,2019 年第 10 期。
⑦ 杨光斌:《以中国为方法的政治学》,《中国社会科学》,2019 年第 10 期。

这套概念与方法在学术上产生了数量众多的学术成果。但当他将自己的政治学研究进一步理论化的时候，就顺着乡村的线索在历史的纵向上反向追问，试图产生呈现"政治学的历史之维"，并认为"政治学的历史之维，不是对历史的简单叙述"，而是要解答"当下的政治形态从何而来""为何如此"等问题，深刻地理解"政治现象背后的支配性因素"，他基于中国"政治学自西方引进"、在学科的思维方式上"一开始就以现代为坐标""重横向描述""缺乏历史纵深感"等现状，认为历史政治学兴起来了，且方兴未艾①。徐勇教授强调历史政治学所以兴起，在于"当今中国政治发展远远超出既有的政治学的全部想象和知识体系"，"中国政治与政治学发展""需要借助历史政治学的发展"②。不过，徐勇教授在历史政治学上的具体研究成果，如《历史政治学视角下的血缘道德王国——以周王朝的政治理想与悖论为例》，虽然试图追寻中国政治之道德属性的历史之源，并以周代的"血缘道德理想型塑国家形态"为源头③，在内容上无疑属于政治历史学的范围，但也因更关注道德"至今仍然放射出理想的光芒"的属性，并强调它作为被克服了缺陷的基因的地位④，则显出了一点以历史解答当下政治的历史政治学的端倪。历史政治学与政治历史学的界限在此还略显模糊。

中国政治思想史研究作为以政治概念、命题、判断、原理及理论为分析对象的学科，在历史政治学研究中占据着重要的地位，从这个意义上说，历史政治学在中国的兴起需要中国政治思想史研究担当起应有的职责。任锋作为一个推崇钱穆政治学术的中国政治思想史研究者，既对历史政治学的兴起倍加推崇，又主张中国政治思想史研究要在范式上转型，以转变到历史政治学所需要的方向及范式上来。任锋教授在《学术月刊》2020 年第 1 期发表《中国政治传统研究与历史政治学的可能性》一文，讨论了中国政治传统研究与历史政治学在中国兴起的关系。作者首先梳理和批判了所谓的"新启蒙主义政治学"，他认为中国的政治学及政治思想史都体现了"新启蒙主义政

---

① 徐勇：《主持人话语：政治学的历史之维》，《云南社会科学》，2019 年第 4 期。
② 徐勇：《从历史变迁的视野研究政治学》，《中国社会科学报》，2019 - 12 - 18。
③ 徐勇、杨海龙：《历史政治学视角下的血缘道德王国——以周王朝的政治理想与悖论为例》，《云南社会科学》，2019 年第 4 期。
④ 徐勇、杨海龙：《历史政治学视角下的血缘道德王国——以周王朝的政治理想与悖论为例》，《云南社会科学》，2019 年第 4 期。

学"的"精神基调",强调了"中国的历史传统无助于国家的现代转型"及在国家转型中"主要发挥了阻碍和破坏的消极作用","新启蒙主义政治学"表现了"对于现代性的一元主义执念",新启蒙主义的中国政治思想史研究"在消极意义上展现为对于专制主义的批判,在积极意义上则是对于具有某种现代性意味的传统因子的艰难发掘"。在批评新启蒙主义政治学的中国政治思想史研究基础上,作者提出历史政治学研究命题,认为历史政治学的提出,提供了一个走出新启蒙主义政治学的范式转换的契机,强调中国政治思想史研究在"展开历史政治学范式意义的研究创新"上责无旁贷,而且在一定程度还响应了杨光斌教授所提出的从"思想史中的思想"到"历史中的思想"的转变。任锋在中国政治思想史研究范式的历史政治学转换下,推广了一种治体论的分析视角,从而以他本人所从事的治体论的中国政治思想史作为中国政治思想史的历史政治学范式,"关注治道、治法与治人",思考"秩序价值原理、统治和治理规则模式与政治主要行动者的互动"。虽然任锋的研究比较合理地指出了"新启蒙主义政治学"的政体论在中国政治思想史研究中的不适用性,但他所提出的"治体论"也并非出自中国政治思想的原始命题,而仍然是在西方政治学知识的作用下得出来的,其所关注的问题及分析的命题等都并不是中国政治思想史上的原始性问题及命题,而仍然只能是现代人站在自己的理论立场上想象出来的。实际上,中国政治思想史研究只能提供历史政治学所需要的素材,并不能提供一个现成的中国版本的历史政治学理论体系,虽然大多数中国政治思想史研究者并不自觉地担任起兴起历史政治学的使命,但真正立足历史学而又能贯彻政治学观点的研究成果,仍然是历史政治学在中国兴起能依赖的最宝贵的理论资源。

七、哲理探寻与传统转换：2020 年中国政治思想史研究述论

中国政治思想史的学科属性，在根本上决定着它的知识形态与理论功能，因为人们对中国政治思想史学科属性的判断明显不同，所以中国政治思想史的知识形态与理论功能也由此而有了多样化的表现①。作为中国历史学科的一部分，它在知识形态上比较明显地倾向于呈现历史事实，而在理论的功能上则强调有效解释历史规律；作为政治学理论科的一部分，它在知识形态上比较强调展现中国的政治理论，在理论的功能上颇倾向于古为今用，试图将中国政治思想史研究与现代政治理论体系建构紧密结合起来；作为中国哲学学科的一部分，它在知识形态上较为注重哲理性政治知识的发掘与呈现，强调中国在政治理论上的古今一贯性，在理论功能上则倍加推崇中国传统哲理性政治知识的现代价值，强调继承普遍性的政治哲理知识。不过，中国政治思想史研究的历史学维度和政治学维度在实践中都出现了明显的削弱。从中国历史研究领域的学科方法及知识形态来说，学者们普遍将社会科学方法应用于历史学研究，在较为细腻的层面上描述社会事实，并在某社会科学的特定范围内呈现经验性规律，而相对忽略了较为宏观整体地进行历史解释工作，政治思想史作为历史的一部分，在绝大多数历史研究者的视域中消失了，历史学维度的中国政治思想史研究在 2020 年不仅明显地有所削弱，而且理论性也有一定程度的降低。中国政治思想史作为政治学理论学科的一部分，乃是中国现行学术管理体制的规定，但即便如此也不能有效阻遏中国政治思想史

---

① 张师伟：《刘泽华中国政治思想研究范式的历史视域与史学方法》，《南开史学》，2020 年第 2 期。

研究在政治学领域中的弱化。这在相当大的程度上要归因于政治学领域在知识形态上的西方化倾向，或者满足于借用西方现成的政治学理论，将中国的政治学研究在相当程度上变成了西方政治学理论的验证场，或者以西方经验性政治研究的理论为范式，只是将直接建构供经验研究使用的政治理论范式之研究作为理论研究，而将应用政治理论范式分析经验现象的研究作为应用研究，中国政治思想史研究作为理论研究的地位在此被堂而皇之地取缔了。政治学专业权威刊物上刊发的中国政治思想史研究成果几乎都不用屈指来数，数量之少，几乎可以忽略不计。在这种情况下，中国政治思想史研究的哲学维度就得到了明显凸显，中国政治哲学及政治伦理思想研究在2020年有明显增强。

中国政治思想史作为传统时代积累起来的知识体系，在政治的价值解释及经验总结层面上具有重要的理论价值，它在中国特色政治学理论体系创造及其走向世界的过程中将扮演极为重要的角色。伴随着西方政治学理论体系在实践中所暴露出的诸多局限性，中国学术界越发自觉地认识到西方政治学理论体系的地域性局限，而在理论上否定了其所标榜的普遍性，并由此而呼吁中国的政治学研究要更多地关注本土资源，并自觉进行中国特色政治学理论体系的创造①。虽然中国政治思想史研究在近百年的历程中，发挥了批判旧政治、旧伦理及旧文化的启蒙作用，并且这方面的作用在当下的实践中也还有其主要的价值与意义，从传统走向现代，仍然在理论上有进一步强调的必要，否则中国特色政治学理论体系的创造很可能沦落为一种经学思维诱导下的政治复古②。但在思考、解释和解答有关政治问题方面，中国传统政治思想中又确实包含有其独特的理论视角、分析方法及观点、方案等，其中有些内容虽然包裹在陈旧时代的诸多话题中，但是又在一定程度上包含着普遍性的内容及超越旧时代的智慧。中国传统政治思想的现代转换由此而成为一个极为重要的研究领域，它与西学东渐及其中国化乃是同一个历史过程的两个方面，一方面，西学东渐后必须与中国传统理论相结合，发生中国化转变后才能适应中国情况；另一方面，中国传统政治理论又需要借助于西学东渐而发生现代转化，才能走出复古泥淖。这个议题在2020年的中国政治思想史研究

---

① 杨光斌：《以中国为方法的政治学》，《中国社会科学》，2019年第10期。
② 张师伟：《范式争鸣与方法反思——改革开放四十年来的中国政治思想史研究》，《政治思想史》，2019年第2期。

中也有较为突出的表现。

（一）中国传统政治哲学的广泛探讨与深入发掘

中国传统时代形成了自己独特的政治理论体系，在政治思想的哲理性上达到了高度的成熟，它既表现在主流政治哲学体系的理论形态完整，也表现在诸多政治哲学问题的探讨达到了相当的高度。中国政治哲学的主流无疑是儒家，它经历了数千年的积累与发展，在理论体系的发展过程中多次吸纳其他学派的内容，实现了综合性创新，并多次将中国传统政治哲学的发展推向更加成熟的层次，儒家政治哲学也由此而成为传统政治哲学的主流，它既承载着历史的诸多包袱，也包含着民族的宝贵精神遗产。学术界在政治领域中诸多古为今用的研究，都离不开儒家政治哲学的探讨，特别是在自觉创造中国特色政治理论体系的情况下，儒家政治哲学研究无可避免地成了学术界关注的热点，特别是有学者着力于分析其政治价值的优先排序问题①，颇为贴近当下的政治哲学议题。与此同时，儒家之外其他学派的政治哲学也因为富有高度的哲理性而受到了学术界的关注。这一方面源于儒家之外政治哲学在今天还具有重要的理论意义与实践价值，特别是在诸如法治及治理的领域中，有些思想家的政治哲学较受青睐，如老子②；另一方面也源于儒家之外政治哲学在传统时代所产生的影响与意义，有些思想家在中国传统国家治理实践中的地位与作用也不容忽视，如申不害③。

1. 儒家政治哲学概论研究

儒家曾经长期占据中国政治思想的主导性地位，学术界也普遍以儒家政治思想作为中国政治思想的主流。中国传统政治哲学研究也多以儒家政治哲学为探讨对象，一方面试图从政治哲学的层面把握中国传统政治思想的主体框架及思想高度，以便把握在中国传统政治思想的人本特色与价值维度，掌握中国传统政治思想的魂魄，深刻地理解中国传统政治哲学的独特性；另一

---

① 赵滕、王浦劬：《传统儒家政治哲学的公共性优先价值序列论》，《文史哲》，2020年第1期。
② 欧阳资沛、杨玉辉：《从"无为而治"到"上德不德"：老子政治哲学解读》，《社会科学家》，2020年第9期。
③ 孙晓春：《如何认识和评价申不害的"行政哲学"》，《中华读书报》，2020-04-15。

方面也试图从中国传统政治理论中寻找具有普遍意义的问题、议题与命题等，以实现政治哲学发展在古今中西维度上的历史榫结点，寻找古今中西在政治理论发展上的普遍共性，移古作今，古为今用。在这种情况下，学术界关于儒家政治哲学的概论性研究就必然要受到当代政治哲学问题、议题及命题的影响，立足于当代的政治哲学问题、议题及命题的内容，理解、叙述和解释儒家政治哲学的问题、议题及命题。因为当代政治哲学在问题、议题及命题上明显地受到当代西方政治哲学的影响，在政治哲学问题、议题及命题的把握上多以当代西方政治哲学的内容为准，如关于儒家分配正义的研究即是如此①。中国传统政治哲学研究关注的内容主要为概念与命题，较明显地凸显了哲学较为擅长的意义理解与命题解释，而较为缺少政治哲学考察的历史维度，既不能将特定的政治哲学概念与命题置于特定历史环境中进行思想与社会的互动研究，也没有将诸多政治哲学命题与特定历史时代的经验性政治议题结合起来，更没有凸显儒家政治哲学在漫长历史中的发展属性，将绵延不绝的儒家政治哲学的历史长河，抽象概括成了波澜不惊的深不可测的海②。儒家政治哲学在一定意义上成了一个脱离了时代的抽象性存在，而它实质上却不能不体现时代精神的精华。

有的学者较为关注普遍的政治哲学问题，并以为一切时代的政治哲学都只是在回答普遍的政治哲学问题，从而出现了立足于所谓普遍政治哲学问题进行中国政治哲学研究的作品。中国传统时代的儒家在政治哲学上自成一体，它既有自己独特的议题与问题，也有自己独特的概念体系，但当研究者立足于现代政治哲学的议题、问题与概念体系分析传统儒家政治哲学时，就不能不以今日之己度昨日之人，以今日之视角与理论框架呈现政治哲学的昨天内容。陆玉胜的《在个体生命意义与社会政治秩序之间——原始儒家的政治哲学思想探究》一文，在现代政治哲学视域下，对原始儒家的个体生命意义与社会政治秩序二者之间的本质关系加以当代审视③。作者首先肯定了个体生命

---

① 敦鹏：《儒家的分配正义思想及其现代反思》，《烟台大学学报》（哲学社会科学版），2019年第5期。
② 张师伟：《中国传统政治哲学研究的史学视域与归纳方法》，《人文杂志》，2020年第7期。
③ 陆玉胜：《在个体生命意义与社会政治秩序之间——原始儒家的政治哲学思想探究》，《太原师范学院学报》（社会科学版），2020年第3期。

意义与社会秩序的关系问题，在先秦时代具有政治理论方面的普遍性，"原始儒家、墨家、道家和法家的思想家都积极构建新型的个体生命意义与社会政治秩序之间的关系"，其中"原始儒家和原始墨家强调人性善与德治，原始道家强调人性自然与无治（无为而治），而原始法家则专重人性自为与法制"①；在这个判断的基础上，作者进一步强调"在先秦政治哲学思想中，原始儒家的政治哲学思想占有主导地位，因此考察原始儒家的个体生命意义与社会政治秩序二者之间关系的思想，等于抓住了中华传统政治哲学思想的主体"②，进一步凸显了本问题研究的重要价值；在具体结论上，作者认为孔子政治哲学思想体现了"个体生命意义与社会政治秩序关系的一致性"、孟子政治哲学思想提供了由个体生命意义到良好社会秩序的"自然过渡"、"荀子的个体生命意义与社会政治秩序问题专注王霸杂用、礼法双行"、"原始儒家的个体生命意义与社会政治秩序之间没有必然的联系"③。从个体生命意义的发掘到良好社会秩序建构，在政治哲学的逻辑上体现了西方的理论传统，西方政治哲学在这方面远胜原始儒家，作者在结论上也强调"与现代的这种个体生命意义与社会政治秩序之间的关系问题相比较，原始儒家的这种个体生命意义与社会政治秩序之间的关系更加显得空灵玄虚、绵绵乏力，可以说，在很大程度上，它们是境界性的"④。从这个意义上讲，追问原始儒家政治哲学在个体生命意义追问与寻找良好社会秩序之关系方面的问题，是否具有历史及理论上的合理性，颇为令人疑虑。

敦鹏立足于政治哲学的分配正义话题，分析了儒家分配正义思想，并特别强调了儒家分配正义思想相对于现代分配正义理论的不足。作者认为中国政治哲学研究所以要关注儒家的分配正义思想，一方面是因为"自古以来，分配正义问题一直备受关注，始终是社会的核心问题"，"一个社会如何以基本制度的形式兼顾各方利益，确保社会成员获得其所应得，避免成员为了私

---

① 陆玉胜：《在个体生命意义与社会政治秩序之间——原始儒家的政治哲学思想探究》，《太原师范学院学报》（社会科学版），2020年第3期。
② 陆玉胜：《在个体生命意义与社会政治秩序之间——原始儒家的政治哲学思想探究》，《太原师范学院学报》（社会科学版），2020年第3期。
③ 陆玉胜：《在个体生命意义与社会政治秩序之间——原始儒家的政治哲学思想探究》，《太原师范学院学报》（社会科学版），2020年第3期。
④ 陆玉胜：《在个体生命意义与社会政治秩序之间——原始儒家的政治哲学思想探究》，《太原师范学院学报》（社会科学版），2020年第3期。

利进行毁灭性争斗,对社会的存在和发展来说尤为重要,同时这也构成了分配正义的主题"[1];另一方面是因为"以儒家为代表的思想家群体对何为分配正义、社会分配的原则是什么以及如何实现分配正义等问题进行了广泛而深入的思考","儒家学说及其分配正义思想在两千多年的传统社会中发挥了重要作用,对现代社会仍具有深远影响和启发意义"[2]。作者在肯定分配正义是普遍性政治哲学话题的基础上,强调中国传统几千年的思想界不可能没有思考过这个问题,并由此而着力于分析儒家作为主流学派关于分配正义话题的思想内容。作者认为儒家分配正义的第一原则是"生存需求原则",该原则也称为人道原则,"保障普通民众的生存权",广泛实施"受教权",使民众"能摆脱兽性,发现人性"[3];儒家分配正义的第二原则是"以仁礼为基础的差等分配原则,又称贤能分配原则,其主要表现为贤者在位、能者在职"[4];儒家分配正义的第三原则是"机会开放原则",即"国家要在一定的范围内开放部分社会职位,每个人都有机会通过被教化、学习等方式提高自己的道德修养、知识水平和能力"[5],改善自己在差等分配中的现状。作者强调虽然儒家的分配正义观在历史上起了十分积极而巨大的作用,但是就总体上看必须承认,与现代分配正义观相比,儒家正义观还存在着诸如德行的错位与异化、差别与平等的矛盾、仁爱与正义孰先孰后等问题,现代中国还需要艰难地去补"正义之课"[6]。分配正义作为一个现代政治哲学的典型议题,既带有很强的西方政治哲学色泽,又具有特定的时代色泽,未必如作者所预料的那样具有古今中西的普遍性,以分配正义的内容拷问儒家思想,在内容上难免因历史维度的不足而有隔阂之憾。

---

[1] 敦鹏:《儒家的分配正义思想及其现代反思》,《烟台大学学报》(哲学社会科学版),2019年第5期。
[2] 敦鹏:《儒家的分配正义思想及其现代反思》,《烟台大学学报》(哲学社会科学版),2019年第5期。
[3] 敦鹏:《儒家的分配正义思想及其现代反思》,《烟台大学学报》(哲学社会科学版),2019年第5期。
[4] 敦鹏:《儒家的分配正义思想及其现代反思》,《烟台大学学报》(哲学社会科学版),2019年第5期。
[5] 敦鹏:《儒家的分配正义思想及其现代反思》,《烟台大学学报》(哲学社会科学版),2019年第5期。
[6] 敦鹏:《儒家的分配正义思想及其现代反思》,《烟台大学学报》(哲学社会科学版),2019年第5期。

赵滕、王浦劬的《传统儒家政治哲学的公共性优先价值序列论》以现代政治哲学公共性与个体性二分的理论视域，将传统儒家政治哲学引入到了自由主义与社群主义的争论中，强调儒家在政治哲学上具有社群主义，主张公共性优先于个体性的特征。首先，作者在文章中解释了传统儒家政治哲学中的"公"，认为"公"有国家治理的现实含义及形而上的玄学含义，其中国家治理的现实含义包含政治性、公开性及爵位的三重含义，形而上的玄学含义包含道德性规范、普遍性原则两重含义，由此作者断定，"传统儒家在形而上层面将以'道''理'"内容的'公'理解为既具备道德至上的正当性，又具备宇宙终极规律性的最高规范"①。其次，作者又强调"传统儒学认为，在形而上的层面，公共性相较于个体性是一种神圣原则"，公共性是宇宙层面的终极规律，具有道德伦理的至上的正当性，它是"超越一切的绝对标准，支配着世间万物之生灭"，"在传统儒家文化中，'公'对'私'的优先意义，主要体现在'理''义'对'欲''利'的道德优先性和支配性，体现为对'君子'人格的推崇，对'小人'人格的贬斥"。在儒家政治哲学中，公共性相对于个体性的优先性集中表现为崇义抑利、存理抑欲、以公心胜私心、尚君子排小人②。再次，作者进一步发掘了儒家政治哲学公共性优先于个体性在国家治理层面的表现，即"在以纲常伦理为核心内容的传统儒家国家治理体系中，现实地体现为无处不在的以实现公共性为至高目标的义务要求"，实现了"天下—国家—君主"的公共性优先地位③，儒家"公共性优先的价值潜移默化地渗透进人们生活的细节，使每一个人都在礼俗、礼法的公共性框架中界定自身，不自觉地消解自身的个体性，最终实现教化于无形的公共治理"④。作者对儒家政治哲学中价值序列的公共性优先进行了辩证的评价，既肯定了它在历史上的积极影响与后果，也指出了它在历史上的消极影响与结果，并承认它在现实中仍有值得继承的积极性内容。

---

① 赵滕、王浦劬：《传统儒家政治哲学的公共性优先价值序列论》，《文史哲》，2020年第1期。
② 赵滕、王浦劬：《传统儒家政治哲学的公共性优先价值序列论》，《文史哲》，2020年第1期。
③ 赵滕、王浦劬：《传统儒家政治哲学的公共性优先价值序列论》，《文史哲》，2020年第1期。
④ 赵滕、王浦劬：《传统儒家政治哲学的公共性优先价值序列论》，《文史哲》，2020年第1期。

2. 儒家人物的政治哲学研究

中国政治哲学研究的主要范式之一就是列传式的思想家政治哲学研究，因为儒家在中国传统政治哲学中的主流地位，儒家人物的政治哲学在中国传统政治哲学研究中较为令人瞩目。从儒家发展的各个历史阶段来看，先秦、两汉、两宋及明代的儒学人物都有时代性非常显著的政治哲学思想，学者们研究不同时代儒家人物的政治哲学，除了注重解读其时代性的特别内容之外，更注重儒家人物的政治哲学具有哪些方面的普遍性。2020年，儒家人物在政治哲学层面上受到关注的人物有孟子、荀子、董仲舒等，其中董仲舒、孟子受到的关注最大，成为2020年度中国儒家人物在政治哲学研究中的焦点。与儒家政治哲学的概论或概述性研究较多受到现代政治哲学观点及方法的影响不同，现代政治哲学的观点及方法在儒家人物之政治哲学研究中的影响及作用并不十分明显。从积极的一面来看，它在内容的呈现上不至于出现以现代之己度古代哲人的异化，避免了六经注我的明显弊端；但从消极的一面来看，则又在内容上淡化了政治哲学内容的政治学专业性，在政治哲学议题、问题、命题等的提炼及选择上往往既缺乏历史的特定时代性，也缺乏政治经验的具体性，明显地偏向了一般的伦理学或哲学史的研究，或比较重立心与立制的不同，或着力于分析政治哲学体系中的内容矛盾。

郑治文的《"立心"与"立制"——孟子仁政论与荀子礼治论的政治哲学比较》一文，在政治哲学的层面上对孟子与荀子进行了比较，并将两者的不同归结为立心与立制的差异①。首先，一方面作者在肯定两者都是先秦儒家重要思想人物的基础上，清楚地区分了孟子与荀子在儒家政治哲学思想方面的不同，比如"一显'仁'一显'礼'；一讲'性善'一讲'性恶'；一言'仁政'一言'礼治'；一主'仁义内在'一主'隆礼至法'"②，两者"无论在思想内容还是致思路向上都表现出了明显的不同"。另一方面，作者将孟子的政治哲学思想宗旨归纳为"基于仁学精神而展开的""德治（仁道）主义的政治哲学"，并指出"孟子德治主义政治哲学的要义是将政治道德化、将道

---

① 郑治文：《"立心"与"立制"——孟子仁政论与荀子礼治论的政治哲学比较》，《临沂大学学报》，2020年第5期。
② 郑治文：《"立心"与"立制"——孟子仁政论与荀子礼治论的政治哲学比较》，《临沂大学学报》，2020年第5期。

德内在化（心性化）"；将荀子的政治哲学思想宗旨归纳为"基于礼学精神而展开"的"礼治主义的政治哲学"，"礼治主义政治哲学的要义则是将道德政治化、将政治客观化"①。作者虽然在题目中给出了政治哲学比较的副标题，但研究的主要工作却集中在孟子及荀子不同治理主张上，在一定的意义上，只是为两者不同的治理主张，寻找一种政治哲学维度的支持，并为此而进行一定程度的政治哲学的解释。值得注意的是，作者并未将孟子与荀子在治理主张上的不同仅仅归结为政治哲学维度上的德治与礼治差异，而是进一步深入挖掘了两者主张不同背后的时代背景差异，指出孟子与荀子在政治主张上立心与立制的差异，"从社会历史的外缘条件下来看，则主要是战国中期和战国晚期的时代精神有别使然"②。

黄玉顺的《董仲舒思想系统的结构性还原——〈天人三策〉的政治哲学解读》一文，在研究的方法及范式上也主要是从政治哲学的维度解读传统的哲学史问题，但又在与历史相结合的程度上略好于一般的哲学史研究，不过也仍然主要属于哲学史研究，只不过是从政治哲学的维度上较为明显地呈现了哲学命题的矛盾性。作者以董仲舒的《天人三策》为文本基础，分析董仲舒思想体系的结构性特征，就此而论，其在文本范围的选择上存在着全面性的不足及典型性的偏颇，分析董仲舒思想系统的结构性特征，无疑需要进行更为全面的文本资料分析，因为思想系统的结构性特征必定具有一种整体性的特征，思想文本的任何重点都不能在结果分析上取代文本之整体。正是因为文本选择的原因，作者在董仲舒思想体系之结构性特征的把握上就以灾异说为中心了，强调"'灾异'说是理解董仲舒思想体系之整体结构的核心枢纽"③，而所谓核心枢纽则不过是因为作者将董仲舒的政治思想宗旨归纳成了"通过解释'灾异之变'现象来臧否政治"，并由此而把董仲舒思想系统归纳为三个板块及彼此间关系，即"一是降灾异者，即神圣界的超越之'天'；二

---

① 郑治文：《"立心"与"立制"——孟子仁政论与荀子礼治论的政治哲学比较》，《临沂大学学报》，2020年第5期。
② 郑治文：《"立心"与"立制"——孟子仁政论与荀子礼治论的政治哲学比较》，《临沂大学学报》，2020年第5期。
③ 黄玉顺：《董仲舒思想系统的结构性还原——〈天人三策〉的政治哲学解读》，《四川大学学报》（哲学社会科学版），2020年第5期。

是受灾异者,即世俗界的皇权;三是言灾异者,即作为前述两者之中介的儒家"①。作者虽然在整体上有一定的历史意识,对董仲舒灾异说的现实政治批判意图做了历史分析,强调灾异说的政治理想乃是"皇权帝国之'大一统'的完善"②,但也仍然流露出了哲学的遗憾,认为灾异说的政治理想解构了儒家作为灾异说神圣代言人的主体独立性,并由此而解构了"灾异"说本身③。作者认为恰恰是这种解构"促使后世儒家转向'内在超越'"④。但实际上,灾异说不过是天人感应学说的一个环节,而天人感应则又是天人合一的特定方式,董仲舒思想系统的结构性特征只有在天人合一的层面上才能得到较为完整的呈现,并得以避免为传统儒家失去"灾异说神圣代言人的主体独立性"而表示遗憾,至于儒家转向"内在超越"则拥有更为丰富复杂的原因,远非作者所说的解构所能解释。

　　有的学者在政治哲学层面聚焦于董仲舒的大一统王道思想,虽然在概念体系与方法的选择上受现代政治哲学的影响较小,但又确实关注了政治思想的政治哲学层次内容,并试图从中发掘出具有普遍性价值的内容,古为今用。杨柳新的《董仲舒"大一统"王道政治思想的文化诠释》一文,即着力于从董仲舒的王道政治思想中发掘出"德性文明意蕴"⑤。与一般研究董仲舒思想偏重于天人感应及天人合一等不同,作者将关注的焦点聚集在大一统问题上,强调"董仲舒儒学的主体和核心是"'大一统'王道政治思想",在结论上主张董仲舒的大一统观"秉持孔子及古圣先王的生命共同体主义,具有突出的德性文明传统特色"⑥。首先,作者站在儒家思想弘扬者的立场上肯定了道统之存在的客观性,而置韩愈创制出道统学说于不顾,在此基础上,作者将

---

① 黄玉顺:《董仲舒思想系统的结构性还原——〈天人三策〉的政治哲学解读》,《四川大学学报》(哲学社会科学版),2020年第5期。
② 黄玉顺:《董仲舒思想系统的结构性还原——〈天人三策〉的政治哲学解读》,《四川大学学报》(哲学社会科学版),2020年第5期。
③ 黄玉顺:《董仲舒思想系统的结构性还原——〈天人三策〉的政治哲学解读》,《四川大学学报》(哲学社会科学版),2020年第5期。
④ 黄玉顺:《董仲舒思想系统的结构性还原——〈天人三策〉的政治哲学解读》,《四川大学学报》(哲学社会科学版),2020年第5期。
⑤ 杨柳新:《董仲舒"大一统"王道政治思想的文化诠释》,《衡水学院学报》,2020年第2期。
⑥ 杨柳新:《董仲舒"大一统"王道政治思想的文化诠释》,《衡水学院学报》,2020年第2期。

"董仲舒《春秋繁露》所建立的思想体系"视为"古典儒学经历了秦汉之际的社会制度变革之后""诞生的第一个承续道统的'新古典'儒学思想体系"①；其次，作者就在道统传承的意义上强调董仲舒大一统王道思想"秉持孔子及古圣先王的生命共同体主义，唯道是从，唯天为大，贯通天地人三才之道于'大一统'，具有突出的德性文明传统特色"②；再次，作者特别强调了董仲舒大一统王道思想"非为一帝一朝而立，亦实非君主专制主义意识形态"，强调"'大一统'王道政治思想的精义呈现出多方面的现实价值"③。

3. 道家及其他学派政治哲学研究

学术界的中国传统政治哲学研究以儒家政治哲学为主要关注对象，特别是那些试图从中国传统政治哲学中找到现代政治哲学之普遍内容的研究，更是痴迷于儒家政治哲学话语的分析，甚至有以经学思维方式来进行阐述的志向，表现出了较为明显的回到经学的政治复古气象④。但正如李泽厚较早关注儒道互补所揭示的那样，中国传统政治哲学在理论上乃是一个多元一体的结构，其中道家、法家等在其中也扮演着极为重要的角色，研究中国政治哲学而罔顾道家及法家等学派的理论，无疑将在认识结果上造成明显的偏颇，并且也无从理解儒家政治哲学在时代性转变中的思想渊源，将两汉儒家相对于原始儒家在理论上的异化归结为思想者的媚权只能是一个肤浅的结论。原始儒家的政治哲学正是在吸纳诸子政治哲学的基础上转变成了两汉儒家，汉代儒学相对于原始儒学而言在政治哲学上达到了一种体系性的成熟，在这种体系性的成熟中，道家与法家的政治哲学也融入了其中⑤。2020年，学术界在关注儒家政治哲学之价值命题的同时，也较多地关注着道家及法家的政治哲学，既有总论和概述道家政治哲学的作品，也有专门探讨老子及自然观之变化的作品，还有专门探讨慎到、申不害等政治哲学的作品。

---

① 杨柳新：《董仲舒"大一统"王道政治思想的文化诠释》，《衡水学院学报》，2020年第2期。
② 杨柳新：《董仲舒"大一统"王道政治思想的文化诠释》，《衡水学院学报》，2020年第2期。
③ 杨柳新：《董仲舒"大一统"王道政治思想的文化诠释》，《衡水学院学报》，2020年第2期。
④ 姚中秋：《重建中国政治思想史范式》，《学术月刊》，2013年第7期。
⑤ 张师伟：《中国传统政治哲学的逻辑演绎》，天津：天津人民出版社，2016年，第214-215页。

欧阳资沛、杨玉辉的《从"无为而治"到"上德不德"：老子政治哲学解读》一文，拟以"无为而治"及"上德不德"为关键词，比较全面地解读老子的政治哲学，认为"'无为而治'是老子政治哲学的核心，'上德不德'则是对'无为而治'的进一步阐释，亦是其政治哲学的继续与延伸"①。作者在关注的对象上聚焦于老子的政治话题，既强调老子有一个完整的思想体系，又认为老子的思想体系在形而下层面上有政治哲学和人生哲学两方面的展开，"蕴含了治国与治身的思想"②。作者认为老子的政治哲学在主题上就是"君人南面之术"，它"以侯王为中心，"探讨统治者应当如何治理国家，才能实现长治久安"，而"君人南面之术"的基础则是人间社会秩序贯穿了天道中的自然，君主的无为就是将权力纳入天道的规范之下，从而能够无为而治，无为而治的治集中体现为"既保证了政治秩序的平衡和社会局面的稳定，又保护了君主自身的安危和地位的长久，同时也保障了百姓的自主与自由"③。作者强调君主的"上德不德"乃是"无为而治"的延伸和补充，其用意主要是提醒君主要对道德礼法和贤能教化保持高度警惕，解除道德礼法和贤能教化对百姓自然的妨碍，维护社会的稳定。在结论上，作者强调老子的政治哲学只是想为君主提供一个"成本最小效益最大的政治方案"，以实现"'我无为而民自化，我好静而民自正，我无事而民自富，我无欲而民自朴'的目的"④。作者对老子政治哲学的解读，比较偏重于统治哲学，强调了作为治术的层面，阐述了其在科学层面上的合理性，并以西方哈耶克的"自发秩序"及诺奇克的"最小国家"相对比来阐述老子关于国家治理下社会的自然状态，其在丰富上固有方便于人们理解的一面，但也容易使人忘记了老子所谓自然状态下的个体状态迥然不同于哈耶克及诺齐克的事实。

刘笑敢的《"自然"的蜕变：从〈老子〉到〈论衡〉》一文，就道家的自然概念进行了历史维度的解读，在重点梳理了《老子》的"自然"之后，作

---

① 欧阳资沛、杨玉辉：《从"无为而治"到"上德不德"：老子政治哲学解读》，《社会科学家》，2020年第9期。
② 欧阳资沛、杨玉辉：《从"无为而治"到"上德不德"：老子政治哲学解读》，《社会科学家》，2020年第9期。
③ 欧阳资沛、杨玉辉：《从"无为而治"到"上德不德"：老子政治哲学解读》，《社会科学家》，2020年第9期。
④ 欧阳资沛、杨玉辉：《从"无为而治"到"上德不德"：老子政治哲学解读》，《社会科学家》，2020年第9期。

者又梳理了先秦两汉重要子书，如《庄子》《荀子》《韩非子》《吕氏春秋》《春秋繁露》《淮南子》《文子》《论衡》对自然概念的使用及其演变情况，凸显了《老子》与其他著作在自然概念解释上的不同，理清了自然概念的含义变迁史，"展现自然从整体义到个体义、最高义到普遍义、价值义到客观义的蜕变"①。作者认为学术界关于老子"自然"的理解与解释主要是造词义和语词义，或者从造词的角度解释"自然"，以"自"+"然"解释"自然"，或者从语词自身含义进行解读，将"自然"解释成"自己如此""自己而然"，但老子"自然"概念的含义解释，却更应该着重于《老子》"原文中自然所蕴含的最高义、整体义和价值义"，其中所谓最高义，集中展现为"人法地，地法天，天法道，道法自然"；所谓整体义，主要就是强调自然的"整体状态"；所谓价值义，就是凸显了"自然是一种值得推崇的价值"②。作者主张最高义、整体义及价值义构成了老子自然的体系义，但在老子之后，《庄子》《荀子》《韩非子》《吕氏春秋》《淮南子》《春秋繁露》《文子》《论衡》等对自然的理解和使用却"忽略和遗忘了""自然的体系义"，"自然"的含义在流变中可以归纳为内在自然、外在自然和社会性自然③。崔晓姣在《"刑名"与"自然"：黄老政治哲学的内在理路探析》一文中，对黄老政治哲学中的"自然"进行了解释，作者以"刑名"作为"构筑黄老政治哲学的关键思想范畴之一"，"刑名"，既"在物理或现实层面上为事物的存在确立了切实的规定性"，也"在认识论层面上为认知者提供了明晰的认知标准"，还"在政治哲学层面上为君主提供了确切的赏罚准则"，更"为大臣及百姓设立了清晰的行为规范"，但是作者又强调"'刑名'的确立是从事物内部'自然而然'引申出的，其最终目的在成就万物之'自然'"，"自然"在黄老政治哲学中的含义集中体现为刑名④。

马飞的《以道尊君与诠法——慎到政治哲学再阐释》一文，对慎到的诸多法家主张进行了道家的形而上学溯源，既将慎到的政治思想置于道家与法家的思想联系中进行较为完整的考虑，也展现了慎到的道家之道如何支撑了

---

① 刘笑敢《"自然"的蜕变：从〈老子〉到〈论衡〉》，《哲学研究》，2020 年第 10 期。
② 刘笑敢《"自然"的蜕变：从〈老子〉到〈论衡〉》，《哲学研究》，2020 年第 10 期。
③ 刘笑敢《"自然"的蜕变：从〈老子〉到〈论衡〉》，《哲学研究》，2020 年第 10 期。
④ 崔晓姣《"刑名"与"自然"：黄老政治哲学的内在理路探析》，《江汉论坛》，2020 年第 3 期。

其法家的诸多政治主张,还凸显了慎到比较特别的法家主张具有何等特别的道家形而上根源①。作者认为"慎到从对老子之'道'的重新诠释和法道实践进路的选择开始建构自己的政治理论"②,首先,他扩展了老子之"道"的思想内涵,"不仅把道视为万物之母及一切事物存续的充足理由",而且还把"个别事物的特性及事物间自然结成的关系样态"也先验地包含在了"道"中,并由此而产生了一种"完全排斥人的主观认识和建构的客观存在",它在客观上"具有普遍性、稳定性和永恒性的特征"③;其次,作者认为慎到在"道"的基础上还提出了"理"的范畴,用以"指称道落实于具体事物层面而使天地万物获得的自然特性以及事物之间自然形成的关系样态"④,人们的意志不能违背作为道的物之理,慎到还把"传统上存续了很长时间的依靠礼制维护的封建等级君主制视为体现了社会政治之理自然而成的理想秩序"⑤;再次,作者认为慎到在理论上"通过类比推理和理性思辨,将道家形而上学与他留恋的封建等级制接上了头,从形而上的层面论证了封建等级政体的正当性",并由此而得出了以道尊君和以道诠法的结论⑥。孙晓春的《如何认识和评价申不害的"行政哲学"》一文,主要针对2019年翻译出版的美国汉学家顾立雅所著的《申不害:公元前四世纪中国的政治哲学家》,发表了批评性的评论意见。作者对顾氏著作的《申不害史料考述》《〈申子〉辑佚》和《申不害佚文》等给出了很高的评价,认为顾氏"对有关申不害的史料、《申子》佚文的系统考订,具有极高的史料价值",但也指出了顾氏"由于自身的知识背景和生活经历所限",而使该著作在"中国传统思想文化的理解"上有诸多可商榷之处,比如在申不害的学派归属、申不害与道家的关系、申不害与中

---

① 马飞:《以道尊君与诠法——慎到政治哲学再阐释》,《北京行政学院学报》,2020年第5期。
② 马飞:《以道尊君与诠法——慎到政治哲学再阐释》,《北京行政学院学报》,2020年第5期。
③ 马飞:《以道尊君与诠法——慎到政治哲学再阐释》,《北京行政学院学报》,2020年第5期。
④ 马飞:《以道尊君与诠法——慎到政治哲学再阐释》,《北京行政学院学报》,2020年第5期。
⑤ 马飞:《以道尊君与诠法——慎到政治哲学再阐释》,《北京行政学院学报》,2020年第5期。
⑥ 马飞:《以道尊君与诠法——慎到政治哲学再阐释》,《北京行政学院学报》,2020年第5期。

国古代专制政治之间的关系等方面,作者均明确地指出了顾著在理解上所存在的明显问题①。

(二) 中国政治伦理思想史研究的切实推进及意义发掘

政治伦理思想史作为政治思想的一个专门领域,具有特别的学科视域,更加关注政治思想中关于价值、理想、道德、目的等方面的问题,虽然在研究的范围上有所缩小,但在学科层面的意义与价值却更加凸显。政治伦理思想史的研究在很大程度上直接拉通了历史与现实的理论通道,以现代政治伦理学观照历史上的专题政治思想,以历史上的专题政治思想启迪和丰富现代政治伦理学。中国政治伦理思想史的专题研究在中国特色社会主义政治学学科体系及理论体系的建设及发展方面,具有特别重要的意义和价值。它一方面可以在专题的意义上深化中国政治思想史研究,进一步拉近现代政治学知识体系与传统政治思想的理论距离,并得以凭借更加细腻的政治学分支学科概念、命题与丰富等进一步发掘出中国政治思想史的丰富内涵;另一方面,它也可以进一步将中国传统政治思想的内容予以学科化的梳理,学科化的脉络越是清晰,中国政治思想史的理论意义与价值就越是明显,就越有利于中国特色社会主义政治学在理论体系、学术体系及话语体系的发展上充分吸纳传统政治思想的理论养分。中国政治伦理思想的内容在以往也并未被完全忽略,研究者在进行中国政治思想史研究的时候也会触及诸多政治伦理方面的内容,比如政治理想、政治人格、政治道德、政治价值等,但在缺乏政治伦理学学科视域的情况下,政治伦理思想的研究在专题的完整性及深刻性上总有明显的不足。中国政治伦理思想史研究成果在近年的较多出现,在很大的程度上要归因于 2016 年国家社科基金重大项目的立项推动。2020 年,中国政治伦理思想史研究出现的较多成果即与国家社科基金重大项目的阶段性研究有密切的关系。

1. 中国政治伦理思想史研究的总论

中国政治伦理思想史的研究对象,无疑就"是历史上的思想家有关政治

---

① 孙晓春:《如何认识和评价申不害的"行政哲学"》,《中华读书报》,2020-04-15。

伦理问题的认识结晶"①，但是关于政治伦理认识的结晶作为认识的对象，究竟该如何把握，在研究者的实践中并不是一个可以自然而然解决的问题，将此类认识的结晶在主题上归结为关于"社会政治生活的正当性"②，固无不可，但即便是获得了此类问题导向的研究对象定位，也仍然要面对什么样的话题、问题及命题等可以划入中国政治伦理思想史研究范围的问题，即中国政治伦理思想史的研究对象问题也还是不够明晰。李建华在《如何把握作为通史研究对象的"政治伦理思想"》一文中，就试图"通过对政治、伦理、道德、思想、观念、理念等概念的辨析"，以"确定'政治伦理思想'的基本内涵"，并由此而较为清晰地界定中国政治伦理思想史的研究对象③。在作者看来，正因为"中国政治伦理思想通史研究是一个复杂的系统工程，其前提性工作是对基本概念的把握和研究资料的取舍"，所以确定中国政治伦理思想史的研究对象，就并不是提出一个核心的政治伦理问题，而是要在辨析相关概念的基础上，确定中国政治伦理思想史研究所要分析的资料范围和理论对象，即哪些资料中的哪些概念、命题等能够成为中国政治伦理思想史研究的分析对象④。作者解决问题的方法注重辨析相关概念，核心则是"准确理解'思想'的内涵"，从思想内涵的清晰性来看，就是"要区分思想、观念、理念、理论概念，了解其递进关系，注重区分观念史与思想史的差异性"，从思想内涵的材料依附性看，就是"要找到'思想'的栖身之地，即思想一般会'在哪里'，或者说，到哪里去寻找思想"⑤。作者主张"对政治伦理思想的把握必须'全面出击'，方可呈现'整体'境像"，但在具体研究工作中又还是坚持了"思想史无非就是思想家的思想史"的基本判断，以"思想家的政治伦理思想作为主要研究对象"⑥。

李建华、牛磊的《中国传统政治伦理思想发展规律初探》一文，试着从

---

① 孙晓春：《中国政治伦理思想史研究初论》，《思想战线》，2018年第1期。
② 孙晓春：《中国政治伦理思想史研究初论》，《思想战线》，2018年第1期。
③ 李建华：《如何把握作为通史研究对象的"政治伦理思想"》，《浙江师范大学学报》（社会科学版），2020年第3期。
④ 李建华：《如何把握作为通史研究对象的"政治伦理思想"》，《浙江师范大学学报》（社会科学版），2020年第3期。
⑤ 李建华：《如何把握作为通史研究对象的"政治伦理思想"》，《浙江师范大学学报》（社会科学版），2020年第3期。
⑥ 李建华：《如何把握作为通史研究对象的"政治伦理思想"》，《浙江师范大学学报》（社会科学版），2020年第3期。

整体上探讨中国传统政治伦理思想的发展规律，并以发展规律的特殊性展现了中国传统政治伦理思想的独特性及其合乎规律的发展趋势。作者认为中国政治伦理思想的发展历史虽然错综复杂，但它的萌芽、发展与变迁还是呈现出了一定的发展规律。具体而言，作者所指出的中国政治伦理思想史的发展规律主要有：中国传统政治伦理思想的发展与中国社会历史的发展几乎是同步的，中国传统政治伦理思想在整个传统思想文化演进过程中呈现为某种优势，中国传统政治伦理思想表现出官方与民间协同发展的特点，中国传统政治伦理思想是众多思想碰撞的结果，中国传统政治伦理思想在历次文化大碰撞、大变革中实现了开放式发展①。作者关于中国政治伦理思想发展规律的总结，从理论上看，既合乎历史唯物论的基本原则，强调了思想与社会的互动态势，凸显了社会存在决定社会意识的原理；也强调了中国传统社会的政治主宰特征及较强伦理属性，政治与伦理的结合成为传统思想文化的主要特色；还显示了中国传统政治文化中精英文化与大众文化的协同性及协调性；更强调了中国政治伦理思想发展的多元格局及开放发展态势。但就中国政治伦理思想的具体内容及社会功能而论，作者所得出的诸多发展规律却明显缺乏政治伦理思想内容方面的，而关于中国政治伦理思想内容的规律揭示明显不充分则在很大程度上表明作者对有关规律的把握还比较模糊笼统，从而还需要在理论上做更进一步的探讨。

张师伟的《中国传统政治话语中的国家起源及其政治伦理》一文，结合中国传统政治话语中的国家起源话语，分析了国家出现于历史舞台上的政治伦理基础，呈现了特定内容的国家政治伦理内容②。首先，作者认为各种关于国家起源的不同政治话语在政治伦理的内容方面，存在着明显不同，即各种关于国家起源的作者话语，提供了"不同国家需要遵循的伦理原则及服务的伦理目的"，一切国家都是在自身政治伦理充分的基础上形成的③；其次，作者认为在中国的国家起源早期话语中，充分地呈现出了独特的以"德"为代

---

① 李建华、牛磊：《中国传统政治伦理思想发展规律初探》，《中原文化研究》，2020 年第 3 期。
② 张师伟：《中国传统政治话语中的国家起源及其政治伦理》，《江苏行政学院学报》，2020 年第 3 期。
③ 张师伟：《中国传统政治话语中的国家起源及其政治伦理》，《江苏行政学院学报》，2020 年第 3 期。

表的政治伦理观念,中国早期国家的形成即具有以"德"为主要内容的充分的政治伦理基础①;再次,作者还借分析中国政治话语中国家起源的政治伦理基础,呈现了中国传统时代政治伦理的基本内容及主要特征,强调以"德"为代表的政治伦理观念,"不仅伴随并决定了中国上古时期国家的诞生过程及国家的具体形态,而且也在根本上决定了中国传统时代国家形态的核心部分,决定了中国传统时代理论家论证国家存在之政治伦理正当性及合理性的基本逻辑"②。作者从中国传统时代国家起源的政治话语中也梳理出了国家的政治伦理前提与政治伦理使命。一方面,国家在政治伦理上的充足条件就是圣人的出现,"圣人赋有天命,博爱施仁而又能力突出,成就非凡,并改善了民生,赢得了威望,由此而在人群中突出了开来",圣人因积累了充分的政治伦理优势,"获得至尊政治地位,成为至尊圣王"。另一方面,国家无非是圣人养民及教民的工具,圣人通过国家将民众带往政治伦理上的至善境界,如此既体现了圣人即国家对民众的伦理之爱,也使民众彼此之也建构起了伦理上的互爱,从而实现了伦理维度上的政治终极目的③。

何君安、闫婷的《从"天下大同"到"人类命运共同体"——兼论中国世界主义政治哲学》一文,立足于中国的世界主义政治哲学,讨论了中国政治伦理中的大同理想问题,发掘了中国政治哲学中的普遍主义政治伦理传统,梳理了一条从"天下大同"到"人类命运共同体"的思想发展线索,既追问了"人类命运共同体"的传统政治伦理基础,也拷问了"天下大同"政治伦理在当代的价值④。首先,作者认为在中国传统的政治哲学内容中存在着一个"身—家—国—天下的逻辑",而世界作为天下"必然成为其视野范围内的重要一环",其基本内容就是强调世界范围内有国家⑤;其次,作者认为中国传统政治哲学中的"天下大同"并不仅仅是指公天下的"天下为公",而是

---

① 张师伟:《中国传统政治话语中的国家起源及其政治伦理》,《江苏行政学院学报》,2020年第3期。
② 张师伟:《中国传统政治话语中的国家起源及其政治伦理》,《江苏行政学院学报》,2020年第3期。
③ 张师伟:《中国传统政治话语中的国家起源及其政治伦理》,《江苏行政学院学报》,2020年第3期。
④ 何君安、闫婷:《从"天下大同"到"人类命运共同体"——兼论中国世界主义政治哲学》,《东南学术》,2020年第5期。
⑤ 何君安、闫婷:《从"天下大同"到"人类命运共同体"——兼论中国世界主义政治哲学》,《东南学术》,2020年第5期。

"立足于世界的统一性、共有性、道德性、差序性想象",它"赋予了中华文明鲜明的开放性、包容性精神"①;再次,作者认为中国当代的"人类命运共同体"是"新时代中国特色世界主义政治哲学的核心理念",它传承了传统"天下大同"的"世界之不可分性、资源和人类命运之共同性、人类具有共同的道德本性等信念",但又抛弃了传统"天下大同"的差序性特征,从而构成了"天下大同"理想在当代的"创造性转化和创新性发展"②。

2. 先秦时期政治伦理思想研究

中国政治伦理思想在源头上有着特别的路径,理解其独特的内容体系及思维方式在很大程度上必须要追根溯源,追溯到关于国家形成的早期政治话语中,在关于国家存在之充分伦理基础的论述中,存在着中国政治伦理思想内容体系及思维方式的深层次根本性要素。张师伟在《中国传统政治话语中的国家起源及其政治伦理》一文中,对中国早期关于国家起源之政治话语进行了分析,并在此基础上分析了中国政治伦理思想体系的内容独特性,既呈现了作为中国伦理型政治国家诞生所必需的政治伦理话语基础,如果缺乏这样的政治伦理话语基础,伦理型国家之诞生就缺乏必要条件,也剖析了中国早期国家的伦理政治属性所要求于执政者的诸多伦理素质及伦理性职能,缺乏伦理意义上充分的圣人素质,就会造成国家在伦理职能上的重大缺失,并由此而失去了国家存在的必要伦理正当性,还分析了中国早期国家在政治伦理方面所必须要追求和达到的目的,即政治国家的存在及运行必须要达到使人皆止于至善的终极目的③。张师伟在《中国先秦时期的政治变迁及其政治伦理自觉》一文中,将中国先秦时期政治伦理思想的发展在理论上概括为政治伦理思想的自觉。首先,作者认为中国的伦理政治形态具有悠久的历史渊源,最晚在传说中的五帝时代就已经形成了伦理政治的形态框架及基本特征,"秦汉以后的政治体制,乃是先秦时期政治发展漫长积累的产物,其基本的形态

---

① 何君安、闫婷:《从"天下大同"到"人类命运共同体"——兼论中国世界主义政治哲学》,《东南学术》,2020年第5期。
② 何君安、闫婷:《从"天下大同"到"人类命运共同体"——兼论中国世界主义政治哲学》,《东南学术》,2020年第5期。
③ 张师伟:《中国传统政治话语中的国家起源及其政治伦理》,《江苏行政学院学报》,2020年第3期。

特征及伦理属性特质，具有悠久的历史渊源"①；其次，作者将先秦诸子建构政治伦理思想的努力，看作是政治伦理在理论上的自觉，这"既在很大程度上有益于人们进一步认清中国传统时代政治形态的伦理特质"②，熟悉中国在政治上的独特伦理共性，"也在很大程度上有益于人们认清中国传统人文主义思潮以政治伦理为焦点问题的独特性"③，政治核心任务在于达到伦理至善的终极目的；再次，作者还概括了先秦诸子在政治伦理自觉上所要表述的基本内容，凸显了对伦理政治特质的自觉理论把握，把伦理作为政治的核心价值、伦理作为政治之工具及伦理作为政治之根本目的等基本要点④。

中国传统政治的伦理特质之所以能够在整体上展现为一种政治形态，在很大的程度上就是因为政治现象的存在依据完全在于伦理，以合乎伦理而正当，以违背伦理为不正当，即使是至上神也不能不依赖于自身的伦理善性而获得正当性。在先秦时期，中国在政治上曾经历了神学政治阶段，并以至上神之天作为政治在伦理上正当的依据，西周初年，周公的天命论即是如此。黄玉顺的《周公的神圣超越世界及其权力话语——〈尚书·金縢〉的政治哲学解读》一文，关注周公与孔子的不同，在突出孔子开辟了内在性超越的同时，将周公在政治伦理上诉诸于天的做法归结为外在性超越⑤。首先，作者认为周公有两个同等重要的世界，"一个是以'礼'为核心的血缘宗法的世俗世界；另一个则是以'天'为核心的外在超越的神圣世界"，"周公的神圣超越世界虽然也是一个'众神'的世界"，"其中最重要的是至上神和祖先神"，周公两个世界相互为用，彼此的关系是"以世俗权力来操控神圣超越者的'天意'，再反过来以神圣超越者的'天命'来论证世俗权力"⑥。其次，作者

---

① 张师伟：《中国先秦时期的政治变迁及其政治伦理自觉》，《东方论坛》，2020年第6期。
② 张师伟：《中国先秦时期的政治变迁及其政治伦理自觉》，《东方论坛》，2020年第6期。
③ 张师伟：《中国先秦时期的政治变迁及其政治伦理自觉》，《东方论坛》，2020年第6期。
④ 张师伟：《中国先秦时期的政治变迁及其政治伦理自觉》，《东方论坛》，2020年第6期。
⑤ 黄玉顺：《周公的神圣超越世界及其权力话语——〈尚书·金縢〉的政治哲学解读》，《东南大学学报》（哲学社会科学版），2020年第2期。
⑥ 黄玉顺：《周公的神圣超越世界及其权力话语——〈尚书·金縢〉的政治哲学解读》，《东南大学学报》（哲学社会科学版），2020年第2期。

认为殷周之变的一个重要方面，就体现在政治的超越上，殷商时期的超越凸显了巫的地位，至少是王巫合一，王者而兼为巫之长，西周时期的王不再是群巫之长，巫反而成为王之臣下，并由此导致巫作为"神圣界的世俗代言人"，"并没有真正的神圣话语权"，"而只是世俗'礼'世界的权力系统之下的臣属"，从而"必须执行权力的意志"①。再次，作者强调周公影响神圣世界的方式并不是内在的修德，而是以礼影响神圣世界来进行外在的超越，具体而言就是"世俗权力凭借两种话语，即祭祀与龟卜，请托祖先神，最终影响操控至上神的'天意'"，并由此而强调儒家"'圣'与'王'的分离、神圣超越者的内在化"乃是"抗衡权力、争夺神圣话语权的必然选择"②。

黄玉顺上述关于周公外在超越的阐述，体现了政治伦理思想研究的哲学视域，在一定程度上乃是为了强调孔子相对于周公在超越方式上的突破，并以此作为强调儒家内在超越的历史必然性，凸显儒家在内在超越方面的独立性及相对于王的优先性，确立儒家作为政治权力之约束者及道义之源的重要地位，以展现所谓"道高于君"的政治逻辑。为了凸显儒家对道占有的主题，作者不得不强调孔子相对于周公的重大突破，并为此而不得不将周公归入外在突破的范围，而既置周公强调"德"的言论于不顾，也置孔子反复强调自己对周公的尊崇于不顾。这在很大程度上暴露了尊孔的儒家立场，在先秦政治伦理思想研究方面的理论局限性，并在研究方法与范式上显露出了较为明显的不足。一方面，作者淡化了历史分析方法的使用，从而在殷周之变的理解上过于关注政治之伦理超越的不同，忽略了殷商及西周在政治伦理之超越方式上的诸多共同点。实际上，殷商与西周都处在神学政治阶段，他们对政治正当性的理解与解释都还离不开至上神，如果说两者之间存在政治伦理超越方式上的差异，那也只能说西周时期的至上神相比殷商时期带有浓郁的伦理色泽，但并不因此而减少了它的神性，也并不能改变西周神学政治的本质，只能说相对于殷商的神学政治，西周神学政治带有明显的伦理色泽，世俗权力在根本上仍然要依附于至上神，依赖于至上神而获得必要的政治伦理意义。另一方面，作者在研究范式上过于哲学化，忽略了儒学自身在伦理超越上的

---

① 黄玉顺：《周公的神圣超越世界及其权力话语——〈尚书·金縢〉的政治哲学解读》，《东南大学学报》（哲学社会科学版），2020年第2期。
② 黄玉顺：《周公的神圣超越世界及其权力话语——〈尚书·金縢〉的政治哲学解读》，《东南大学学报》（哲学社会科学版），2020年第2期。

有关表述,且不说孔子既未以相对于周公的超越突破自期,也未闻要在伦理超越上甩开尧、舜、文、武,虽然儒家以弘道为己任,但在政治伦理上得道的王者却总是在儒家之外,儒家从未真正获得关于超越的神圣代言地位,表示伦理超越的神圣代言者只能是得道的圣王。所谓内在超越,并不是否定外在的至上神,而是指政治及人生的超越,既不以取悦于至上神为目的,也不以谋求来世的善果为目的,而仅以实现政治与人生的伦理内容为目的。黄玉顺在研究中试图赋予儒家以内在超越所必需的神圣代言人的独立地位,在实践中缺乏应有的依据,在理论上则缺乏充分的说服力。

先秦儒家的政治伦理思想也受到了学者的关照,出现了一些有代表性的研究成果。孙晓春、王磊宁的《圣王故事与先秦儒家的政治哲学》一文,就先秦儒家在政治哲学上推崇圣王问题进行了深入探讨,其核心内容涉及先秦儒家的政治伦理思想,且对春秋战国时期政治伦理思想转变的趋势也做出了不同解释。作者认为"先秦儒家有关圣王的叙事是儒家圣王崇拜观念形成的重要环节",其中的圣王故事并"不是对历史事实的复述,其中掺有许多主观杜撰的成分",圣王故事的内容就是把圣王描述为"道德完美的理想化人物",先秦儒家通过讲述圣王故事,陈述了"对道义、至善的理解","形成了有关应然的社会政治生活的判断",圣王故事提供了"先秦儒家全部政治学说的理论依据"[1]。作者还认为春秋战国时期并不存在刘泽华先生所说的"从重神到重人"的转变,因为"在很长的历史时间里,对自然神灵的崇拜和对圣人的崇拜并存","崇圣观念所以能够形成于春秋战国时代,其根本原因就是古代中国人没有像希腊人那样发达的神的观念"[2],并特别指出了"国之将兴,听于民,将亡,听于神",不过是"中国古代社会神的观念不发达"的证据[3]。作者在解释先秦时期儒家崇圣原因时注重了中西比较的视域,弥足珍贵,但也存在一定程度的以古希腊为标准来解释先秦的偏向,中国思想的特点还是要注重分析中国自身的史料,刘泽华先生关于重神到重人的转变,比较合理

---

[1] 孙晓春、王磊宁:《圣王故事与先秦儒家的政治哲学》,《政治思想史》,2020年第1期。
[2] 孙晓春、王磊宁:《圣王故事与先秦儒家的政治哲学》,《政治思想史》,2020年第1期。
[3] 孙晓春、王磊宁:《圣王故事与先秦儒家的政治哲学》,《政治思想史》,2020年第1期。

地解释了圣人崇拜及圣王崇拜的深层次原因,仍然具有较强的解释力和说服力。郑治文的《道德理想主义与政治现实主义的统一——论荀子政治哲学的思想特质》一文,专门讨论了荀子政治哲学的思想特质,其中涉及荀子的若干政治伦理思想。作者认为荀子政治哲学在延续了孔子及孟子的以道德转化政治之理想追求的同时,又"强化了儒学经世应世的治政品格,由此而呈现出一种道德理想主义与政治现实主义相统一的思想特质"①。这种思想特质保证了荀子政治哲学上"道德理想主义与政治现实主义"的"统一",而"正是依托荀子所建构的道德理想主义与政治现实主义相统一的儒家政治哲学,儒学在汉代才可以一跃而成为王官之学,并由此成为秦汉以后历代治国理政的重要价值依循"②。

3. 两汉以后儒家政治伦理思想研究

儒家在先秦只是诸子百家中的一个派别,其关于政治伦理的主张虽然远接传说中的尧舜,但毕竟只是诸子百家诸多学说中的一种,其政治伦理思想颇有明显的学派化个性色泽,在内容上较为注重礼乐仁爱。虽然后世推崇儒学的学者将孔孟等视为道的传承者,甚至把先秦儒学作为中华文明普遍共性的载体,即强调中华文明以儒学为魂魄,而儒学则以先秦儒学作为标准,秦汉以后的儒学被看作是一种政治化了媚权的儒学。实际上,儒学在秦汉以后的诸多变化,才成就了儒学作为传统社会主流意识形态的地位,并由此而成为知识领域的最高权威,产生了儒学的经学形态。秦汉以后的儒学不仅在儒学发展史上具有重要的地位,先秦儒学正是在吸纳了先秦诸子百家的理论养分后,才成为一种体系完整的理论,并足以提供现实政治对它的理论需求,成为中国传统社会理想秩序、理想人格、必然关系等的理论支撑者;而且在中国政治伦理思想史上也具有重要的地位,秦汉以后之儒学在中国政治伦理概念及命题的提供上具有特别的意义与价值,汉代经学、魏晋玄学、宋明理学等不仅是中国哲学发展史上的重要思潮,而且也是中国政治伦理思想发展的重要阶段。2020 年,中国政治伦理思想史研究关于秦汉及以后儒家政治伦

---

① 郑治文:《道德理想主义与政治现实主义的统一——论荀子政治哲学的思想特质》,《东岳论丛》,2020 年第 9 期。
② 郑治文:《道德理想主义与政治现实主义的统一——论荀子政治哲学的思想特质》,《东岳论丛》,2020 年第 9 期。

理思想的研究主要集中在汉代、宋代及明代，重点关注了宋代的周敦颐、陆九渊及明清之际的王夫之、晚清的康有为等。

季乃礼在《永恒的秩序：汉代"天"的重新建构与社会秩序的论证》一文中，就汉代知识体系中社会秩序的伦理之源进行了探讨，强调了汉代重构"天"的概念在社会秩序之正当性方面产生的重大影响。作者认为汉代与秦代政治命运的不同并不在于统治策略上是否"文武并行"，而在于汉代统治者意识到了"军事力量和法律的不足"，懂得了"教化的重要性"，并务求使"人们从内心接受其统治"①。在此基础上，汉代统治者为了"论证君主专制、社会秩序以及秩序伦理等的合理性"等，从先秦时期提出了"天"的概念，并对"天"的概念进行了含义重构，赋予了"天""神性、义理、自然等多种性质"，在理论上既"论证了君主专制"，也"论证了君臣关系与其他社会关系存在的拟宗法化性质"，还在实践中"对君主权力做出了限制，从而保证了汉室的长久存在"②。汉代在统治思想上尊儒而兼容道家、法家等，其政治伦理思想在奠定传统社会秩序之伦理基础及巩固君主神圣地位之余，也在统治结果的伦理衡量上进行了探索，集中表现在经济政策上就是如何处理效率和公平的关系。任俊华在《汉代的效率与公平之争——〈史记·平准书〉经济伦理思想新探》一文中，就专门讨论了《史记·平准书》中关于经济政策之争论的伦理思想。作者认为司马迁的《史记·平准书》比较完整地记录了两千多年前发生在西汉时期的关于效率与公平的争论，对西汉初年到汉武帝时期重要的经济政策内容进行了历史复原，从中可以窥见西汉时期人们关于经济政策之伦理的不同主张与观点等，其中卜式与桑弘羊的争论尤为具有代表性③。

陈力祥对两宋时期政治伦理思想的研究取得了明显成绩，他于2020年发表了3篇分别论述宋代范仲淹、周敦颐、陆九渊等政治伦理思想的专题论文，比较详细地陈述和分析了上述思想家的政治伦理思想。陈力祥的《先忧后乐：

---

① 季乃礼：《永恒的秩序：汉代"天"的重新建构与社会秩序的论证》，《武汉科技大学学报》（社会科学版），2020年第3期。
② 季乃礼：《永恒的秩序：汉代"天"的重新建构与社会秩序的论证》，《武汉科技大学学报》（社会科学版），2020年第3期。
③ 任俊华：《汉代的效率与公平之争——〈史记·平准书〉经济伦理思想新探》，《哲学与中国》，2017年春季号。

范仲淹的民本主义政治伦理思想探幽》一文,从政治实践和价值教化两个层面讨论了范仲淹的政治伦理思想,既强调了范仲淹的政治伦理思想,在实践层面上,"秉奉儒家政治理想,倡导经世致用",又强调范仲淹在价值教化层面上以"义理融通的方式极力宣扬儒家的价值观念",凸显了范仲淹在政治伦理观上把弘道和行道统一起来的特点,集中展现为他以"先忧后乐"作为政治伦理上的"精神鼓舞与为政准则"①。陈力祥和陈平的《周敦颐因太极而立人极的政治伦理思想》一文,认为周敦颐立足于北宋初期面临的深层次社会危机,总结了历史兴衰及治国安邦的经验教训,提出了一套政治伦理思想体系,他强调周敦颐的政治伦理思想体系在理论上从"太极"的"本体论"出发,沟通了"'天''地''人',三才",从而为"圣人之道"寻找到了"本体论"的普遍依据,在周敦颐的理论框架中,圣人"通过制礼作乐,以'中正仁义'和'诚'教化万民,让社会回归到正常的人伦秩序当中,从而达到'万民顺'的理想状态",作者强调周敦颐因太极而立人极的政治伦理思想进一步发展了传统的"天人之辩",回归了儒家人文传统,它既是"对北宋社会危机的反思,对于缓解北宋社会矛盾有着深远的借鉴意义",也"对王船山的政治伦理思想有着重要的影响"②。陈力祥的《论陆九渊"本心"为政的政治伦理思想》一文,立足于其心学的基础,集中讨论了君主应有的政治伦理思想,阐述了以君主之本心为政治之本的政治伦理观念,强调君主本心之展开要"敷于教化政事",其目标则在于"实现三代之政以济斯民于大和",作者认为陆九渊政治伦理思想"凸显政治主体性意识、责任意识、担当意识",彰显出他在政治伦理思想上的"本心"特色③。

明清时代的政治伦理思想研究在 2020 年取得的主要成果有两篇,其中一篇研究王夫之的政治伦理思想,另一篇则研究康有为的政治伦理思想。周谨平、公敬的《王船山的政治伦理思想探微》一文,认为王夫之作为"宋明理学的代表性人物",有着"系统化的政治伦理思想"。作者强调王夫之是一个

---

① 陈力祥:《先忧后乐:范仲淹的民本主义政治伦理思想探幽》,《船山学刊》,2020 年第 4 期。
② 陈力祥、陈平:《周敦颐因太极而立人极的政治伦理思想》,《中原文化研究》,2020 年第 6 期。
③ 陈力祥:《论陆九渊"本心"为政的政治伦理思想》,《内蒙古师范大学学报》(哲学社会科学版),2020 年第 4 期。

"具有启蒙伦理色彩的哲学思想家",他的政治伦理思想就寓于其"阐旧邦以辅新命"的哲学思想体系中,这既表现为王夫之在哲理上"极大地提高了道统的地位,使治统处于道统之下",凸显"治统以道统为合理依据",主张"二者和合为贵",也表现在王夫之的主张,"以天道为基础,人道为归依,提出理气不仅包含天道,更包含人自身的规律",在哲理上凸显了人是天地间"秀而最灵者",并由此而"取精于天""依人建极""肯定人的主体性,探索人们安身立命的根据",更表现在他以"依人建极"为依据,关注民生,一方面"使民有恒产,并禁止土地兼并、减轻赋税",另一方面"以法治、德治与人治相结合来教导百姓"①。唐凯麟和唐苇熠的《康有为戊戌之前的政治伦理思想研究——基于〈康子内外篇〉的考察》一文,依托于《康子内外篇》,考察和分析了康有为在戊戌维新之前的政治伦理思想。作者认为康有为在戊戌维新之前已经建构了一套基于"自然主义的人性论"的政治伦理思想,在理论上抛弃了传统人性的善恶二分模式,而将人性的内容归结为生存本能,即"在自然人性的层面,爱恶与仁义本无差别,都是人自我保存本能的呈现,既无所谓性情之分,也无所谓善恶之别"②。康有为所谓"先天具足之性发源于人自我保全的爱恶之心,代表着'欲望'及其天然的合理性,反之,社会所要求的道德规范恰恰是'造作'的表现",强调了对人性进行"后天政教施展"的必要性③。康有为认为"先天之性与既定资源之间的必然冲突,自然也就决定了后天之教的不可或缺",而自然人性的改造也是无往而不利的,儒家的"圣人之教"则"是拯救彼时内忧外患之中国的最佳选择"④。

(三) 中国现代政治思想研究的热点与理论旨趣

中国现代政治思想在内容上广泛地联系着古今中西,学术界关于中国现代政治思想的研究,一方面着力于分析中国现代政治思想的内容渊源,试图

---

① 周谨平、公敬:《王船山的政治伦理思想探微》,《浙江师范大学学报》(社会科学版),2020年第3期。
② 唐凯麟、唐苇熠:《康有为戊戌之前的政治伦理思想研究——基于〈康子内外篇〉的考察》,《湘潭大学学报》(哲学社会科学版),2020年第6期。
③ 唐凯麟、唐苇熠:《康有为戊戌之前的政治伦理思想研究——基于〈康子内外篇〉的考察》,《湘潭大学学报》(哲学社会科学版),2020年第6期。
④ 唐凯麟、唐苇熠:《康有为戊戌之前的政治伦理思想研究——基于〈康子内外篇〉的考察》,《湘潭大学学报》(哲学社会科学版),2020年第6期。

从中找到古今中西政治思想的对应要点，找到中国现代政治思想内容的古今中西之内容要素；另一方面着力于分析中国现代政治思想作为古今中西政治思想汇集在一起的理论结果与理论特质，以理解和解释中国现代政治思想不同于中国之古代及西方之现代的特殊性。中国现代政治思想史研究立足于古今中西的思想碰撞与汇通，在主题上探讨着传统的现代转换与现代该如何继承传统，既要把握传统与现代的传承与创新规律，又要把握中国现代政治思想的发展趋势，还要合理评价及批判继承现代政治思想家的理论遗产。2020年，中国现代政治思想的研究热点仍然集中在主要人物及主要政治思潮上。所谓主要人物就是中国现代政治思想史上主要思潮的代表性人物，如康有为、严复、孙中山及钱穆等，其中康有为政治思想尤为受到学者们的关注，产生了较多的研究成果。所谓主要政治思潮就是在中国现代政治思想史上有重要地位和产生了重要影响的政治思想潮流，其中自由主义政治思想及新儒家的政治思想又居于主要的地位，马克思主义作为政治思潮也在研究中受到了关注，形成了相应的研究成果。

1. 中国现代政治思潮的主题性总论

中国现代政治思想在核心政治概念及基本政治理论上受到了西学东渐的明显影响，其中特别是一些传统时代闻所未闻的概念及理论更是经历了从无到有的引入、学习和积累的过程。张春林的《中国近代国家权力思想的形成论析》一文对国家权力思想在现代中国的形成进行了专题探讨①。中国近代的国家权力的思想虽然未必完全来自西方，但站在现代国家建构的层面上看，国家权力思想的主要内容基本可以断定是来自西方，因为作为国家权力思想之基础的主权概念及主权理论均来自西方。一方面，作者认为中国近代经历了从天下王朝到现代国家的深刻转变，国家政治权力也从专制王权转向现代国家权力，而现代国家权力的核心则是国家主权，国家主权的观念不仅支撑了现代国家权力的合法性与公共性，而且也支撑了作为现代国家权力制度的分权和制衡内容②；另一方面，作者又认为中国现代国家权力在思想和实践层

---

① 张春林：《中国近代国家权力思想的形成论析》，《福建论坛》（人文社会科学版），2020年第6期。
② 张春林：《中国近代国家权力思想的形成论析》，《福建论坛》（人文社会科学版），2020年第6期。

面存在着明显的不同步性,"现代国家权力思想在近代中国政治发展中更多地体现为观念和学理上的建构",现代国家权力建构在实践中并没有完成①。作者指出中国思想家对国家权力思想的阐述相对零散,没有形成完整系统的学说体系,虽然如此,但是中国"受到西方国家的殖民侵略,在捍卫民族利益的过程中,朝野萌发了国家主权意识,随着民族危机的加剧,国家主权意识进一步高涨,奠定了近代国家权力形成的思想基础"②;中国在西学东渐的过程中接受了西方的权利观念,而"'权利'观念的出现"则既提供了"现代国家权力合法性与正当性的理论根源",也"为现代国家权力的合法性提供了间接理论依据";"现代国家思想日渐成熟",国家权力由此获得了公共性,成为"现代政治共同体","民族国家成为民族力量凝聚的核心","对外实现主权独立、对内实现主权在民"③。

  中国现代国家思想所以不同于传统国家思想的一个重要的基础性概念,就是主权。主权是现代政治不同于传统政治的关键所在,因为在很大程度上,正是主权概念支撑了现代国家理论,确立了现代国家权力的重要法理基础。中国自古并无主权的概念,即使在西方,主权概念也是在让·博丹之后才出现的一个新概念。中国的主权概念及主权理论皆来自西方,对西方主权思想的接受在根本上改变了中国的国家形态及其正当性的法理基础。侯德彤的《中国近代国家主权思想的兴起与演进》一文,专门讨论了中国自鸦片战争以至于辛亥革命时期国家主权思想的萌芽、兴起及演进线索,划分了中国近代国家主权思想发展的三个阶段④。首先,作者在文章中分析了国家主权作为一个国际关系及国际法的核心概念在西欧近代民族国家建立过程中的产生历程,梳理了西方政治思想家如让·博丹、格劳秀斯等在国家主权概念产生及发展、成熟过程中的理论贡献,呈现了作为理论成果之国家主权概念的基本内容。其次,呈现了中国在鸦片战争时期如何萌芽了国家主权思想的历史情境与发展细节,重点梳理了林则徐在了解西方国际法知识过程中萌芽了国家主权思

---

① 张春林:《中国近代国家权力思想的形成论析》,《福建论坛》(人文社会科学版),2020 年第 6 期。
② 张春林:《中国近代国家权力思想的形成论析》,《福建论坛》(人文社会科学版),2020 年第 6 期。
③ 张春林:《中国近代国家权力思想的形成论析》,《福建论坛》(人文社会科学版),2020 年第 6 期。
④ 侯德彤:《中国近代国家主权思想的兴起与演进》,《东方论坛》,2020 年第 6 期。

想的环节,但国家主权思想在鸦片战争时期只能说开始了萌芽行程,林则徐还未产生明确的国家主权思想①。再次,作者分析了国家主权思想发展的三个阶段:洋务运动时期的渐趋自觉情况,强调了国家主权思想是在维护国家权利的外交实践中萌生的,"洋务大员及洋务思想家透过国际法(万国公法)对照不平等条约,开始认识到中国国家主权遭受严重侵害的事实,并开始萌生出较为明确的国家主权意识",其核心就是"挽利权"②;"戊戌维新时期国家主权思想比起洋务运动时期有了很大发展",明确"提出以保全国地、国民和国家之政权","表现出明显的现代民族国家观念和主权意识","从戊戌维新开始,国家主权观念开始快速被中国民众所接受"③;20世纪初,中国新知识界具有了关于国家主权的系统化、理论化认识,国家主权思想深入民间,"成为一种社会共识和思潮"④。

中国现代政治思想史上的女权理论颇为引人注目,思想家关于女权的思考及观点固然受到了西方女权理论的影响,但也体现了中国特有的视角,体现出了诸多时代性的独特内容。翟晗的《国家想象之镜:中国近代"女权"概念的另一面》一文,从现代国家建构过程的特有视角,审视了中国近代诸多关于女权的观点,呈现了中国近代"女权"概念的丰富内涵,比较了中西方近代在女性权利思考方面的不同认知结构,指出了中国近代"女权"概念在认知结构层面上对中国性别话语的深层影响⑤。作者认为中国近代的"女权"概念并不是在男性与女性二元对立的认知结构下产生的,而是在精英们追求国家富强的动机下,在现代国家想象的认知结构下产生的,从而女性并不是在反抗男性的过程中实现其权利等的主张,而是将女性权利等的实现寄托于现代国家的建构,从而使得"中国女性的能力、权利和地位与国家想象产生直接联系"⑥。在文章中,作者分析了中国女权思想在自身历史中的内生根源与特点,虽然认为"男女平等思想萌芽大约出现于晚明的人文主义思

---

① 侯德彤:《中国近代国家主权思想的兴起与演进》,《东方论坛》,2020年第6期。
② 侯德彤:《中国近代国家主权思想的兴起与演进》,《东方论坛》,2020年第6期。
③ 侯德彤:《中国近代国家主权思想的兴起与演进》,《东方论坛》,2020年第6期。
④ 侯德彤:《中国近代国家主权思想的兴起与演进》,《东方论坛》,2020年第6期。
⑤ 翟晗:《国家想象之镜:中国近代"女权"概念的另一面》,《政法论坛》,2020年第4期。
⑥ 翟晗:《国家想象之镜:中国近代"女权"概念的另一面》,《政法论坛》,2020年第4期。

潮",但又在梳理了自晚明以来二百多年的发展历程后指出了"一直没有形成完整的男女平等理论"的事实。作者认为康有为和梁启超在中国近代思想史上初步勾勒了"理想女性面貌",不过两者在女性面貌的勾勒上也有较为明显的不同,即康有为比较倾向于在大同理想的层面上强调男女在民权上的平等,并以此平等作为人类文明化的必然表现,梁启超则较多地考虑了国家富强的最终目标,"基于女性与国家未来的紧密联系,梁启超认为国家强弱与女性的强弱成正比"①。作者认为马君武与金天翮提出了"开始彰显女性之'权'"的观点,"马君武初步阐发了'女权'之'权'的规范含义,并由此主张女性参与政治","女性与国家之间的关联在翻译中被深描",而"金天翮则将女性教育与强国指向之间的智识关联进一步强化","金天翮呼女权、鼓革命,意在为了国家未来而重塑中国国民"②。

2. 马克思主义政治思想的专题研究

马克思主义作为中国现代政治思想史的重要组成部分,在中国现代政治思想的发展过程中占有极为重要的地位,它的引入不仅形成了中国现代政治思想在新旧民主主义阶段划分中的分水岭,而且也在根本上改变了中国现代政治思想的发展方向与理论结果。在马克思主义传入中国并开始极大地影响中国命运近百年之后,学术界在理论上重新梳理马克思主义传入中国的过程及其在理论上所产生的重大影响,就具有了特别重要的理论反思和隆重纪念的价值。赵荣的《论马克思主义在近代中国的传播》一文,梳理了马克思主义在近代中国的初步传入及广泛传播过程,认为马克思主义在中国的传播,"虽然中间遇到了一些问题,但是整体上来说马克思主义在近代中国的传播是一个不间断的过程",在分析了马克思主义在中国传播所经历的"三次论战"之后,呈现了马克思主义在近代中国传播的影响与意义,强调了马克思主义在中国的广泛传播不仅具有"重要的历史意义",而且对解决当代中国问题仍具有重要的理论意义和实践意义③。作者在文章中所分析的马克思主义的传播发生在俄国十月革命以后,从而也就并不是简单梳理马克思主义理论知识在

---

① 翟晗:《国家想象之镜:中国近代"女权"概念的另一面》,《政法论坛》,2020年第4期。
② 翟晗:《国家想象之镜:中国近代"女权"概念的另一面》,《政法论坛》,2020年第4期。
③ 赵荣:《论马克思主义在近代中国的传播》,《现代商贸工业》,2020年第7期。

中国的传播历程,而是重点梳理作为完整主义的马克思主义理论在中国近代的传播问题,呈现了马克思主义从北京的李大钊和上海的陈独秀两个传播中心点,广泛传播到全国的过程,凸显了"国内各个地方以及在国外的受过五四运动思想熏陶的积极分子"在其中的重要作用,强调了马克思主义所经历的"三次论战"在促进马克思主义广泛传播到全国的重要影响力①。从分析马克思主义传入中国的完整过程的角度来看,这样的分析显然存在着分析内容不完整的缺陷,但又在分析的内容上突出了重点,因而这样的分析也就具有了一定的理论合理性。

中国的先进分子接受马克思主义乃是基于它的科学性,即它能够指引中国走向正确的道路,中国革命及中华民族复兴、国家现代化等都因马克思主义的传入而发生了根本变化,"面貌焕然一新"。郭荣浩的《走向现代化的唯一道路——近代中国选择马克思主义的再认识》一文,即从中国现代化道路选择的角度,阐述了中国选择马克思主义的重大意义②。作者认为"马克思主义之所以能被历史和人民所选择",首先是因为马克思主义打破了中国近代在社会、政治、经济的僵局,其次则是因为马克思主义在俄国的成功实践让"中华儿女看到了国家的出路",再次也是因为马克思主义为"近代中国的社会革命提供了强大的政治领导和理论武器"③。作者在分析中以中国走向现代化的道路选择为核心议题,深入分析了为什么说马克思主义是引导中国走向现代化的且唯一道路。中国在近代从被迫打开国门的时候开始,就开启了学习西方和走向现代化的路程,在很长的时间里,学习西方都是中国走向现代化的不二选择,但正如作者在文章中所说,在接触和接受马克思主义之前,中国走向现代化的努力却遇到了"政治和经济的双重困境",形成了"僵局",而要走出困境和突破僵局却必须要经历"一场彻底和非妥协的社会革命,而马克思主义正是打破中国社会僵局的思想引领"④。中国的先进分子在清末就注意到了马克思及其相关的理论知识,之所以直到俄国十月革命后才

---

① 赵荣:《论马克思主义在近代中国的传播》,《现代商贸工业》,2020年第7期。
② 郭荣浩:《走向现代化的唯一道路——近代中国选择马克思主义的再认识》,《山西青年职业学院学报》,2020年第4期。
③ 郭荣浩:《走向现代化的唯一道路——近代中国选择马克思主义的再认识》,《山西青年职业学院学报》,2020年第4期。
④ 郭荣浩:《走向现代化的唯一道路——近代中国选择马克思主义的再认识》,《山西青年职业学院学报》,2020年第4期。

开始被马克思主义所吸引，就是因为马克思主义的理论力量在俄国的革命中得到了证明，这就是作者在文章中所说的"十月革命胜利的事实给了国民以信心"，"马克思主义以其革命性和科学性的理论唤醒了普通民众和知识界参与革命"的积极性[①]。西方资产阶级共和国的方案不能引导中国走向现代化，因为中国近代条件下的现代化，既要求一个"具有权威的领导政党"，以"能够最大限度地团结社会各阶级、广泛动员社会各种资源，带领中国走向现代化"，以马克思主义为指导的中国共产党就是"带领中国走向现代化的唯一权威领导"[②]；也要求对中国进行以"彻底的、非妥协的科学理论"指导下的彻底的"改造"，马克思主义就是这样用来指导中国之彻底改造的一种彻底的、非妥协的科学理论，它指导中国"从新民主主义社会进入社会主义社会，从近代化向现代化转向"，实践证明"马克思主义深刻地改变了近代中国，是近代中国走向现代化的唯一正确选择"[③]。

马克思主义作为中国走向现代化的唯一正确选择，自然是已经得到了实践的强有力证明，在中国现代化已经取得举世瞩目成就的今天，这个结论的正确性已经显而易见，但在马克思主义被中国的先进分子接受以前，它却是一个亟待提出的新命题。自鸦片战争以后，中国的先进分子就走上了学习西方的道路，试图"师夷之长技以制夷"，不断拓展学习的内容，从器物层面开始学西方，最后升华到了学习西方的政治制度，并以资产阶级共和国作为学习西方政治的集大成，但西方资产阶级共和国的方案在中国水土不服，运行不畅，问题多多，即使在这个情况下，中国的先进分子也仍然试图走资产阶级共和国的道路，并为此而深挖文化方面的弊端。中国的先进分子何以会接触和选择马克思主义，使自己从激进民主主义者转变为马克思主义者呢？张师伟的《中国现代先进知识分子的马克思主义化与中国共产党的成立》一文，就试图解答这个问题。作者认为，中国自鸦片战争后就面临着面向现代的转型，而知识分子在现代转型的过程中又扮演着重要的角色，发挥着重要的作

---

① 郭荣浩：《走向现代化的唯一道路——近代中国选择马克思主义的再认识》，《山西青年职业学院学报》，2020 年第 4 期。
② 郭荣浩：《走向现代化的唯一道路——近代中国选择马克思主义的再认识》，《山西青年职业学院学报》，2020 年第 4 期。
③ 郭荣浩：《走向现代化的唯一道路——近代中国选择马克思主义的再认识》，《山西青年职业学院学报》，2020 年第 4 期。

用，中国先进的知识分子先是在西学的影响下发生了资本主义化，掀起了向西方学习政治的高潮，在中国建成了资产阶级共和国，但资产阶级共和国的制度在中国只剩下一副空招牌①。面对这样的情况，中国的先进知识分子又接受了西方批判资本主义政治的思想内容，成了各种各样的社会主义者，在俄国"十月革命"的影响下，"中国的激进民主主义者开始自觉地接触和宣传马克思主义，并由此而发生了激进民主主义者的马克思主义转化，出现了中国最早的一批马克思主义者"②。中国先进知识分子中一部分人的马克思主义化就是指他们"服膺于马克思主义理论知识的彻底的科学性，从而在理论分析及实践指导上完全遵从马克思主义理论知识的基本原则和理论逻辑"，马克思主义化的中国先进知识分子为中国共产党的成立奠定了最重要的知识前提和社会基础③。

中国先进分子选择马克思主义固然具有复杂的原因，而相信马克思主义能够有效地救亡图存和实现国家的富强无疑在其中具有重要的作用，从相信马克思主义可以实现国家的富强到以马克思主义为指导实现国家的富强，马克思主义与中国的富强之间在中国马克思主义者的意识中具有内在的理论一致性。武传鹏、才航仁增的《近代知识分子确立富强观念的思想进程——兼论先进知识分子转向马克思主义后的自我超越》一文，就较专门地讨论了马克思主义与中国先进知识分子的富强观念之间的关系，既在国家富强的具体维度上展现了马克思主义对中国先进知识分子的吸引力，也呈现了马克思主义指导下国家富强观念在人类层面上相对于资本主义国家富强的超越性。作者认为，"富强是中华民族千百年来的美好夙愿"，特别是在鸦片战争以后，面对着西方列强带来的内忧外患，受到西方人权、民主、进化等思想的影响，中国近代的先进知识分子"走上一条效仿西方寻求富强的道路"④；中国先进

---

① 张师伟：《中国现代先进知识分子的马克思主义化与中国共产党的成立》，《学术界》，2020年第4期。
② 张师伟：《中国现代先进知识分子的马克思主义化与中国共产党的成立》，《学术界》，2020年第4期。
③ 张师伟：《中国现代先进知识分子的马克思主义化与中国共产党的成立》，《学术界》，2020年第4期。
④ 武传鹏、才航仁增：《近代知识分子确立富强观念的思想进程——兼论先进知识分子转向马克思主义后的自我超越》，《青海民族大学学报》（社会科学版），2020年第4期。

"知识分子在寻求国家富强的过程中,起初都以西方国家的崛起历史作为参考",接受了西方的民主、人权观念,激烈批评中国传统的封建礼教和专制制度,但在结果上中国先进的知识分子却未能如其所愿,"不可能使中国走向富强"[①];马克思主义理论将"近代中国出现的问题放在整个世界范围内无产阶级和资产阶级的矛盾的大环境下、整个人类历史发展进程中进行考量,显然具有重要的科学性及说服力","更容易为诉求中国主权独立、政治民主的先进知识分子所接受",马克思主义的传入给陷入强权与公理困惑中的中国先进知识分子,带来了摆脱矛盾的"希望的曙光"[②],中国先进知识分子从苏俄实践中看到了"'实现自身国家的富强'和'实现世界范围内的公理'相统一的实例";中国的马克思主义者追求的自身国家的富强与世界范围内的公理并不矛盾,而中国的富强还可以"为整个世界的发展做出贡献"[③],只有马克思主义的理论,才能在实现国家富强的同时兼顾民生,满足中国"近代知识分子对于人人平等社会的美好憧憬"[④]。

3. 中国现代自由主义政治思想总论

中国现代自由主义作为一种政治思潮,虽然有一定的本土思想资源作为依托,但却仍然不能是近现代中国人学习西方政治的历史结果。作为古今中西思想汇集而成的一种政治思潮,它必然具有既不同于中国传统又不同于西方自由主义的理论特质与思想特征。张师伟的《汇通与杂糅:中国现代自由主义的"亦中亦西"理论特质》一文,从古今中西文化交流中的汇通与杂糅出发,探讨了中国现代自由主义在理论上的"亦中亦西"特质。作者认为,自由主义是中国在十九世纪接触和学习西学时所遇到的西方主流政治理论,

---

① 武传鹏、才航仁增:《近代知识分子确立富强观念的思想进程——兼论先进知识分子转向马克思主义后的自我超越》,《青海民族大学学报》(社会科学版),2020年第4期。
② 武传鹏、才航仁增:《近代知识分子确立富强观念的思想进程——兼论先进知识分子转向马克思主义后的自我超越》,《青海民族大学学报》(社会科学版),2020年第4期。
③ 武传鹏、才航仁增:《近代知识分子确立富强观念的思想进程——兼论先进知识分子转向马克思主义后的自我超越》,《青海民族大学学报》(社会科学版),2020年第4期。
④ 武传鹏、才航仁增:《近代知识分子确立富强观念的思想进程——兼论先进知识分子转向马克思主义后的自我超越》,《青海民族大学学报》(社会科学版),2020年第4期。

在西方各国具有压倒性的优势,自由主义在很大程度上被先进的中国人作为西方各国所以富强的主要决定性要素,"中国在民族危亡日甚一日的情况下向西方寻求救国真理,不约而同首选自由主义,由此产生了中国现代自由主义"①。但中国的先进知识分子并不是在毫无政治知识前提的情况下接触和移植了西方的自由主义,而是在已经具备较为完整的中国传统政治知识的基础上接触和学习西方之自由主义的,所以"中国现代自由主义并不是简单地移植了西方自由主义",而中国现代自由主义也"只能是中西思想传统汇通与杂糅的结果"②。古今中西之间客观上确实为自由主义进入中国提供了一定内容的思想榫结点,从而提供了西方自由主义与中国传统政治思想进行接触和结合的现实可能性,否则西方"自由主义就无法在中国找到思想落足点"③,但西方自由主义进入中国社会又客观上受到了中国传统政治理论知识的限制与濡染,前者导致自由主义理论不能一次性就完整地传入中国,而只能是碎片化地进入中国,后者又导致进入中国的西方自由主义不能保持其理论原貌,而在理论的"内容上形成了'亦中亦西'的特征"④。

中国现代自由主义在传统中并无相似的理论内容,而其传入又受到传统政治理论的限制与濡染,传入后又要面对救亡图存的现实性使命。这就在相当大的程度上造成了中国现代自由主义的"先天不足"和"后天失调",而中国现代自由主义的历史命运也就由此而被决定了,它在中国的失败从根本上就源于它在理论上的"先天不足"和"后天失调"。颜德如的《现代中国自由主义的理论特点与历史命运》一文,即专门讨论了这个问题。作者认为,中国人从西方学得的自由主义,具有明显的"先天不足"和"后天失调"的问题,并重点讨论了其中的"先天不足"⑤。所谓"先天不足",就是指"中国的自由主义相比于西方的自由主义存在明显的学养、理论的供给匮乏问题,

---

① 张师伟:《汇通与杂糅:中国现代自由主义的"亦中亦西"理论特质》,《新视野》,2020年第4期。
② 张师伟:《汇通与杂糅:中国现代自由主义的"亦中亦西"理论特质》,《新视野》,2020年第4期。
③ 张师伟:《汇通与杂糅:中国现代自由主义的"亦中亦西"理论特质》,《新视野》,2020年第4期。
④ 张师伟:《汇通与杂糅:中国现代自由主义的"亦中亦西"理论特质》,《新视野》,2020年第4期。
⑤ 颜德如:《现代中国自由主义的理论特点与历史命运》,《新视野》,2020年第4期。

呈现出倚重思想文化建设、若即若离于政治角力场、政治自由难以生根和忽视民众的生计等特点或倾向"①;所谓"后天失调"则既表现"在文化基因上,自由主义与中国传统文化之间有着无法弥合的鸿沟,后者严重地排斥自由主义",也表现在社会基础上,"现代中国自由主义没有一个鲜明的、有实力的中产阶级来有力支撑",还表现在自由主义"应对中国问题的情境中,自由主义被当作手段或工具来使用",不得不"面临着工具理性与价值理性的冲突"②。中国现代自由主义的"先天不足",源自中国传统社会对西方自由主义的排异反应行为,并由此而导致"中国人和中国社会对自由主义进行选择性传播、选择性认可、选择性改造的'变异'",现代中国人将对中国和中华民族前途命运的忧思与真切关怀"烙印于自由主义的'异化'过程中",造成了"对自由主义的多样性解读,共同制造了自由主义的'中国风格'"③。基于"先天不足",中国现代自由主义既有自己独特的思想特点,也在理论中出现了诸多的"后天失调",两者共同为现代自由主义在中国的失败负责。

4. 康有为、钱穆、严复等的政治思想研究

伴随着中国综合国力的稳步提升,弘扬中国优秀传统文化的声音在学术界有明显的提升,具有文化保守主义色泽的学术研究也渐渐显赫起来,这表现在中国现代政治思想史研究中,就是大陆新儒学代表人物的政治思想受到了较多关注,其中康有为、钱穆等尤为受人关注,而其关注者也主要来自大陆新儒学中的康学派及钱学派。蒋孝军的《"变革"与"保守"之间——康有为孔教说之政治哲学考察》一文,对康有为的孔教主张进行了政治哲学的分析,分析了其在理论气质上的"变革"与"保守"的双重属性。作者认为,康有为在理论上既"以自身传统接纳现代生存观念",试图在传统礼乐制度坍塌后重建"中国人的生存理解与现代教化制度",又试图在"华夏社会政治新旧更替之际,建构中国人的民族精神文化认同",以"形成一个能够自我理解的民族国家"④。作者强调康有为的孔教是参照西方基督教而对儒学进行的革新,主张儒教要建立教会机构,拥有自己的宗教组织,表现出"以西援

---

① 颜德如:《现代中国自由主义的理论特点与历史命运》,《新视野》,2020年第4期。
② 颜德如:《现代中国自由主义的理论特点与历史命运》,《新视野》,2020年第4期。
③ 颜德如:《现代中国自由主义的理论特点与历史命运》,《新视野》,2020年第4期。
④ 蒋孝军:《"变革"与"保守"之间——康有为孔教说之政治哲学考察》,《齐鲁学刊》,2020年第5期。

儒""尽变儒学之模样"的外观,在早期有变革之名,并由此而引来了保守派的批评;辛亥革命后,当康有为试图以孔教来"解决人心大乱的问题"时,却使他成了"革新者嘲弄的对象",康有为也因孔教论而有了保守的名声①。作者主张康有为基于现代生活的感悟,以吸纳现代个体权利为前提,将孔教建立在自然人性的基础上,以孔教论革新了自荀子以来的传统"小康"儒学,从而具有了启蒙色彩;在理想层面上,康有为把孔教观念与人道、人性观念结合起来,从而"把孔教解释成一种普适性的世俗化大同宗教",在现实中,康有为又将孔教与现代国家联系起来,试图建构"一种国教制度","使孔教获得干预现代生活的功能",将孔教作为中国现代国家的文化象征②。作者强调康有为及其弟子的孔教,"并不像当时舆论批评的那么不堪,而是交织着'变革'与'保守'之时代困境",并断言"这种时代困境甚至依然是今天的困境"③。

中国政治思想史研究者中出现了着意于分析传统政治资源的现代转化的题材,那些试图从中国传统政治资源中寻找出具有现代政治价值之内容的学者也相应地受到了关注,并被作为正确处理中国传统政治与现代政治之关系的代表。钱穆作为对中国传统政治抱深切同情的学者,在如何建构中国现代政治制度方面颇为注意发掘传统制度的价值,并以为中国传统政治制度中就包含着现代政治制度的内容,强调中国在现代政治制度的建构上并不落后于西方,中国现代政治制度的建构需要超越西方的影响,并必须要继承中国传统优秀的政治制度。胡云的《风宪再造:钱穆政治思想中的监察权理论》一文,即主要分析了钱穆对中国现代监察权如何再造即怎么样对待中国传统监察制度等方面的观点。作者认为钱穆对中国现代作者建构的思考强调"历史纲维"和"累层递进",突出从"政治和社会的大框架中理解制度意义",中国传统政治注重"大群秩序与政治协和","权力、德性与道义皆为塑造和维护一体秩序的基础,权力分工体现为政治职分与责任之间的独立专营与配合

---

① 蒋孝军:《"变革"与"保守"之间——康有为孔教说之政治哲学考察》,《齐鲁学刊》,2020年第5期。
② 蒋孝军:《"变革"与"保守"之间——康有为孔教说之政治哲学考察》,《齐鲁学刊》,2020年第5期。
③ 蒋孝军:《"变革"与"保守"之间——康有为孔教说之政治哲学考察》,《齐鲁学刊》,2020年第5期。

互成",并不太看重彼此之间的竞争、制衡与对垒①。在这个背景下,作者强调了钱穆对中国传统监察权核心要义的理解,彰显了中国传统监察权的目的不是西方的制衡,而是"促进治人群体与治理之位、政治责任的匹配增益"②。作者认为钱穆的中国传统监察权理论,主张"中国传统政治中监察权的直接行使是通过开放性政权和政民一体的政治结构实现",既强调"谏议权与监察权相配合是中国传统监察政治的重要特征",也强调"维护元首与政府的一体相维是集权体制内监察政治的重要内容"③。

  中国传统拥有丰富的政治思想资源,在从传统到现代的政治转型之中,不同学派的政治思想资源都受到了关注,其中的儒家及法家尤为受人瞩目,产生了新儒家及新法家的政治理论。中国现代政治思想史上固然有一些自觉的新儒学思想家,但也有自己不自觉其为新儒学,而被后世研究者奉为新儒家的思想家,如康有为。严复作为一个思想家,在一定程度上也被后世的研究者奉为新法家,并由此而重点发掘严复思想中的所谓法律思想。宋洪兵的《严复的法家观及其政治思想》一文,在集中分析了严复对法家的认识之后,认为严复的政治思想与其法家观之间存在关联,并强调了严复在政治思想上的诸多法家特点。作者借多位严复研究者的论述,阐述了严复在政治思想上受到了法家明显影响的事实及依据,强调严复的政治思想和他对法家的看法之间存在着密切联系④。作者认为,根据严复对法家的总体看法,他的法家观可以分为前后两个时期:第一个时期的法家观受西方政治理论的影响,明显体现了孟德斯鸠的影响,主要强调了法家和中国专制政治之间的关系,集中批判了法家的专制政治属性,其核心乃是为发展民权政治服务,这个阶段对法家思想的批判也集中在其主张大一统压抑了民权;第二个时期的法家观则立足于民国建立之后的现实,体现了基于中国之国情对共和政体的反思,并进而试图以法家思想作为解决中国问题的依托,"大力提倡法家学说对于当时社会的现实作用",认为"辛亥革命之后中国的各种社会问题的出路在于法家,认为法家有救败之用",强调"必须要有一个法家式的政治人物才能真正恢复秩序",恢复秩序乃是实现富强的前提,而如果没有这个前提,中国的富

---

① 胡云:《风宪再造:钱穆政治思想中的监察权理论》,《政治思想史》,2020年第4期。
② 胡云:《风宪再造:钱穆政治思想中的监察权理论》,《政治思想史》,2020年第4期。
③ 胡云:《风宪再造:钱穆政治思想中的监察权理论》,《政治思想史》,2020年第4期。
④ 宋洪兵:《严复的法家观及其政治思想》,《管子学刊》,2020年第1期。

强就"形同空中楼阁,永无可能实现"①。作者认为严复在政治思想上受到了法家的影响,这主要表现为严复的国家"富强逻辑带有明显的国家主义色彩,这与中国传统政治学说中的法家富强理论,具有高度的相似性"②;严复关于国家富强的思维方式"依然在法家的富强理论框架内",严复仍然认为"法家的循名责实、移风易俗、秩序优先的政治理念,有助于中国摆脱困境,走向富强"③。

---

① 宋洪兵:《严复的法家观及其政治思想》,《管子学刊》,2020年第1期。
② 宋洪兵:《严复的法家观及其政治思想》,《管子学刊》,2020年第1期。
③ 宋洪兵:《严复的法家观及其政治思想》,《管子学刊》,2020年第1期。

八、价值弘扬与批判反省：2021年中国政治思想史研究新进展

中国政治思想史作为一个学科的历史已经充分显示了它的经世功能，自从它在清末民初诞生以来，就一直受先进中国人救亡图存意识的决定性影响①，不论是在中国政治思想史研究中沿袭了新文化对旧政治及旧伦理进行批评的启蒙传统，还是试图在中国固有传统中发掘或发现具有现代价值的普遍性内容，都在紧密围绕现实政治的改造需求而展开。伴随着中国特色社会主义事业的大发展及由此而来的国内外情况的重大变化，中国政治思想史研究基本上仍然致力于实现其惯性的服务于现实的研究目标，或致力于弘扬传统，或致力于对旧政治、旧伦理的批判反省，2021年中国政治思想史研究的态势大致如此。值得注意的是，虽然政治学界的有些研究致力于学理层面的深层研究，在研究中逐渐地细化了对传统政治思想的分析，在中国政治思想研究中实现了更进一步的学科细化。如有些学者已经注意到了要研究制度意识或制度思想②；有的学者还在研究中强调了制度思想史研究的"范式"意义③；有的学者集中于研究传统的政治伦理思想，集中于阐述传统政治思想中的价值或理想层面，并在研究中注入了当代学术思想中的政治伦理知识④；有的学

---

① 葛荃：《认识与沉思的积淀——中国政治思想史研究历程》，河南人民出版社，2007年版，第429页。
② 季乃礼：《政治制度、政治思想与政治制度思想——一种理论构建的努力》，《武汉大学学报》（哲学社会科学版），2016年第4期。
③ 许超杰：《制度思想史：中国政治思想史的另一种写法——〈秦汉之际的政治思想与皇权主义〉范式意义探析》，《史学月刊》，2015年第6期。
④ 孙晓春：《中国政治伦理思想史研究初论》，《思想战线》，2018年第1期。

者则立足于当代政治学研究中的热点或焦点问题,在政治思想史研究中进行相应专题内容的研究,致力于研究相应专题内容的现代转换或现代价值发掘,比如传统国家治理思想①、传统基层治理思想等②。但因为受制约于现有政治学理论知识仍然较多的以吸收和消化西学为主的状态,西主中附的思维方式在很大程度上影响了政治学界对中国政治思想史研究的关注。中国政治思想史研究与政治学理论发展本土化的联系虽然已经在学理上被提了出来,不过它在实践中还是较多地受到政治学研究的忽视,有的学者甚至以为如政治思想史这样的学术研究既没有理论价值,因为它不能给现实问题的研究提供有用的理论分析工具,也没有实践意义,因为它也不能给现实政治问题的解决提供有效的应用对策建议。在这种情况下,政治学界关心、关注中国政治思想史研究的学者仍然属于少数,而中国政治思想史研究的重点也就集中在了价值层面。中国传统政治哲学研究在中国政治思想史研究中的比重在 2021 年又有了新的增加,这在相当程度上表示中国政治思想史研究的哲学化趋势更进一步地得到了强化,而中国政治思想史研究在一些学者看来也就陷入到危机之中而亟待拯救③。

中国政治思想史研究在一定意义上处在转折时期。一方面,中国政治思想史研究中虽然一直存在着弘扬传统与深切批判传统的分歧,但在很长一段时期以来,批判批评的旨趣都占有较明显的优势,主流的作品在价值上始终主张从传统中走出来,走在现代化的方向上,但随着综合国力的增强及相应的理论自信的增长,中国政治思想史研究中立足于弘扬传统的声音开始逐渐强势起来,并出现了试图在理论上将优秀传统资源与现代政治理论发展的中国化紧密联系起来的观点。弘扬与批判之间的分水岭明显发生了偏移,历史上一度较受冷漠的弘扬传统的保守主义文化人物在现实中受到了较多关注,钱穆甚至被一些学者当作是中国化政治学传统的正道所在,提出"重建中国政治学的起点应是回到钱穆,承续其理性反思意识与传统维新精神"④。另一

---

① 张师伟:《中国传统国家治理思想中的人类关怀与天下秩序》,《学术界》,2019 年第 10 期。
② 薛凤伟:《中国古代基层社会治理思想、策略及目标探析》,《云南行政学院学报》,2020 年第 1 期。
③ 姚中秋:《以历史拯救政治思想史》,《中国政治学》,2021 年第 3 期。
④ 任锋:《立国之道的新和旧:钱穆与中国政治学的自觉》,《中国政治学》,2018 年第 1 期。

方面，虽然学术界出现了力主弘扬中国传统的声音，但弘扬者即使还坚信儒家传统政治主张中存在着普遍性的内容，也不再明白地提倡从儒家传统中发掘出一个内容丰富和形态完整的现代政治理论体系，不再把中国政治思想史的任务界定为发掘经学的普遍性内容，而是试图给经学的主张披上历史的外衣，以中国政治思想史研究需要贯彻历史思维来推送其中的经学化观点①。当然，在中国政治发展得不到西方政治理论的合理解释之后，它在客观上就需要中国化的政治理论进行解释，而在如何发展中国化政治理论的问题上，一些学者主张回到历史思维，虽然他们在回到历史或建构历史政治学方面还不能清楚地排斥经学思维，但这不过是他们不能在理论上清晰地进行彼此的区别，因为对历史思维、历史知识及历史分析方法的不熟悉，他们实际上还没有真正找到在政治学理论发展中弘扬优秀传统政治文化的恰当方法，中国政治思想史研究将自己的知识成果贡献于中国化政治学理论的事情，目前就处在这种已经启动但又缺乏可靠方法的转折阶段。

（一）中国政治思想史研究的立场、旨趣与方法讨论

中国政治思想史研究在理论上完全可以成为一种纯粹的学术研究，既可以在历史知识的意义上成为纯学术研究，也可以在政治知识的意义上成为纯学术研究。但因为中国政治思想史研究还没有真正走向世界，虽然它在理论内涵上完全具备走向世界的潜质，其内容之丰富、理论之深刻也完全可以对世界范围内如何思考政治产生一种智慧的启迪，不过在学术研究的实践中，中国政治思想史研究迄今为止仍然主要局限于中国学术圈，外文版中国政治思想史著作还非常少。萧公权所著的《中国政治思想史》目前还只有上半部英文版，缺少下半部；刘泽华主编的《中国政治思想史》（三卷本）有韩文译本；张师伟教授的《中国传统政治哲学的逻辑演绎》出版了英文译本及西班牙文译本。我国学者在将中国政治思想史研究带向世界方面当然要负有主要的责任，也应当有这样的使命意识，但鉴于中国后于西方列强走向现代世界，并且迄今为止仍然还处在走向现代世界的过程中，且不说政治学界目前还没有真正在理论上正视中国政治思想史研究的价值，即便是在中国政治思想史研究的队伍里，也因为对西学的不同态度，而产生了中国政治思想史研

---

① 姚中秋：《以历史拯救政治思想史》，《中国政治学》，2021年第3期。

究的不同立场、不同视角及不同方法。2021年是中国走向世界具有标志性的年份。这既是因为全面建成小康社会的大事,也因为中国学术界普遍存在的对百年以来历史的反思与身逢百年未有之大变局的自觉。姚洋的《中华政治哲学的人类价值》认为"站在建党一百周年的节点上,站在实现中华民族伟大复兴关键时期的起点上,是时候在理论层面认真对待中国传统了"①。中国政治思想史研究的立场、宗旨与方法讨论,也由此而具有了特别的意义。

1. 中国政治思想史研究的理论立场

学科不断分化的同时,又在不停地进行着新的综合,不同学科共同讨论某一个领域的问题虽然未见得就能形成交叉性学科,但交叉性学科的出现却也有利于不同学科在共同领域形成体系化的学理认识。当然,当不同学科在共同领域形成体系化的学理内容时,不同学科彼此之间的不同点难免就会产生分歧,形成基于各自特定理论立场的争鸣,而当该共同领域的学理内容体系与价值问题密不可分时,不同理论立场的背后还藏匿着不同价值偏好的纠葛。中国政治思想史研究就是这样一种典型的交叉学科,它在学科内容上涉及历史学、哲学、政治学及经济学、行政学等,不同学科门类的学科均关注并投身于政治思想史研究,而不同学科门类之间的学科在研究和阐述政治思想的内容及规律等时,却难免会各自言说,自说自话,从而产生了不同理论立场的争论②。张师伟教授在《中国政治思想史研究的知识取向与多学科方法》中,在强调了中国政治思想史研究要立足于知识积累和理论创新以外,分析了中国政治思想史研究的多学科展开情况,其中主要对哲学、历史学及政治学等学科视角下的中国政治思想史研究进行了分析,既指出了各个学科视角在研究中的合理性及其优越性,也指出了各自学科视角下的若干不足,主张知识积累和理论创新的需求对中国政治思想史研究中的不同学科提出了多学科融合的要求③。但这只是考虑到中国政治思想史研究在学科发展、知识积累和学术进步方面的需求,不过即便是如此,中国政治思想史研究也仍然要面对不同学科之间基于各自理论立场的争鸣,多学科融合所需要的学理内

---

① 姚洋:《中华政治哲学的人类价值》,《北京日报》,2021-08-09。
② 张师伟:《范式争鸣与方法反思——改革开放四十年来的中国政治思想史研究》,《政治思想史》,2019年第2期。
③ 张师伟:《中国政治思想史研究的知识取向与多学科方法》,《政治思想史》,2021年第1期。

容共识，只能在长期反复的理论立场争鸣过程中获得，既不能一蹴而就，也不会一劳永逸。伴随着中国政治思想史研究的深入展开，它所要面对的学科之间的理论立场的争鸣与讨论，也会更加地细腻起来，比如现在已经开展的政治伦理思想和政治制度思想之间就已经有了某种程度的理论立场的不同，前者关注政治生活的价值理想及道德规范，侧重揭示政治思想的普遍性，后者关注政治生活的现实规范，侧重揭示制度规范的指导思想。

中国政治思想史研究作为一种交叉学科存在的现状已经延续了很久，它培养硕士、博士的学科点分布在中国历史、中国哲学及政治理论的三足鼎立之中，政治学理论所培养的研究者在现有研究队伍中并不占优势。中国政治思想史研究队伍既然来自不同的学科，接受了不同的学科训练，具有不同的学科背景及学科视角，那么他们各自在学科立场上就难免有明显的差异，即使研究者自认为隶属于政治学取向的研究队伍，也终究难于摆脱其所源自的原有学科的实质性影响，而表现出其所受学科训练的理论立场。不论出于什么样的价值偏好，中国政治思想史研究队伍中具有马克思主义哲学或中国哲学背景的师资，倾向于关注和聚焦于政治思想中的形而上层面。有的学者如李建华教授在传统政治思想的形而上层面追问其中的政治价值、政治理想及政治道德问题，在研究中聚焦于传统政治伦理研究，并以此而将研究的主旨确定为揭示中国政治思想的伦理特征[1]。有的学者如孙晓春教授则在形而上层面反思和反省传统政治思想，在揭示其传统政治思想伦理属性的基础上，对传统政治思想进行了批判，力求要在价值上走出过去，走向现代，从而在一定的意义上坚守了新文化运动以来的启蒙传统[2]。有的学者则立足于弘扬儒学，在形而上层面解释儒家政治思想，努力发掘儒家政治思想中具有普遍价值的政治理论观点，并强调其具有恒久的价值。林存光、陈林在《政由谁出 政治何为——孔子政治哲学新论》一文中，强调孔子的政治哲学"所蕴涵的政治智慧迄今仍具有深刻而重要的思想启示与教育意义"[3]，彰显了抽象继承孔子政治思想的倾向。

---

[1] 李建华、江梓豪：《中国传统政治思想的伦理主义特质》，《中原文化研究》，2021年第5期。
[2] 孙晓春：《观念史视域下的中国政治思想史》，《政治思想史》，2021年第3期。
[3] 林存光、陈林：《政由谁出 政治何为——孔子政治哲学新论》，《孔子研究》，2021年第4期。

中国政治思想史虽然在学科体制上隶属于政治学理论，但在政治学领域却长期居于边缘，颇受冷落。中国政治思想史研究队伍中固然早有政治学视角的研究者，但也主要强调要以政治学的理论体系和问题意识等去研究政治思想，在政治思想史研究的结果能否有益于当代政治理论发展上，其中的多数研究成果并无明确表示，相比之下，此类研究对政治学的国际化或现代化，却有较明确的意思表示①。有的学者认为尽管研究者需要政治学的理论思维和概念体系等，不过中国现代政治理论却并不是传统政治思想的逻辑延续，中国现代政治理论在整体上乃是一个舶来物，"中国政治思想史研究的学术工作在根本上不可能完全脱离西方政治学的概念体系与方法"②。但伴随着中国学术领域中本土化声音的日益流行，政治学的本土化至少成了一个不亚于其国际化的学术话题。中国政治学的学术领域逐渐出现了重视政治思想史研究的声音，而且其之所以重视政治思想史研究，正在于追求中国政治思想史研究对于政治学本土化的学术贡献。中国传统政治思想在学术界得到的理论承认，一方面来自综合国力大幅度提升以后的理论信心的增强以及由此而来的学术话语权争夺，它既是看到了西方学术话语权在政治领域的强势不利于中国政治学发展的现实，从而要求摆脱理论上西主中附的局面；另一方面也是看到了西方的政治学理论与话语在解释与预言中国实践上所表现出来的无能，并由此而强调中国实践已经能够支持一个相应的理论体系，政治学本土化或中国化的理论要求由此而变得更加急迫。杨光斌教授提倡的历史政治学，虽然还不能形成学科范式及学理体系，但初衷却正在于想要推动政治学的本土化③。政治学本土化或中国化的一个重要方面，就是要通过对中国历史上政治学理的搜求和发掘来实现学理的中国化。徐勇教授在其研究传统政治的学术成果中实际上做了相当的政治思想史研究，既提出了一些新的理论概念来解

---

① 杨阳：《方法论自觉与学科主体性建构——再论中国政治思想史研究》，《政治学研究》，2021年第5期。
② 张师伟：《中国政治思想史研究的百年回眸与学术省思——本土政治理论的概念检视与话语梳理》，《人文杂志》，2019年第2期。
③ 杨光斌：《历史政治学的知识主体性及其社会科学意涵》，《政治学研究》，2021年第1期。

释传统中国政治,如关系叠加的国家①、血缘理性②、家户国家③等,也尝试从中国传统政治理论中发掘出具有现代价值的因素,以支持政治学中国化的努力,倾向于从传统中发掘具有现代价值的内容。

中国政治思想史研究因为受到了政治学中国化的理论牵引,就会产生出于特定政治学理论需要的政治思想史研究反思。以历史政治学的研究为例,它在很大程度上代表了中国政治学在概念体系与理论逻辑上追求本土化的趋势。因为要在概念体系和理论逻辑上明确区别于西方,所以才着意于发掘和呈现中国政治思想史的特定理论内容,以服务于历史维度或历史视域的中国化政治学概念体系与理论逻辑。从研究范式来看,历史政治学视域下的中国政治思想史研究更为关注作为一种具有普遍价值之理论要素的内容,并且往往将这种理论要素直接从历史语境中提纯出来,作为亘古不变的中国因素,但却往往因此而背离了政治思想史研究的历史属性,有些研究甚至在理论上提出了颇有些悖论的概念,如"民本主义民主"④,有些研究则将民本作为中国现代民主的中国要素⑤。研究者如果站在服务于政治学中国化理论发展的角度来看,就会有中国政治思想史研究在理论上颇有些不那么管用的印象,至少是不能满足理论发展的要求,并由此认为中国政治思想史研究陷入了危机,而需要历史学科的拯救⑥。但这里所谓拯救,不过是主张中国政治思想史研究要满足历史政治学的学理建构需求,并主张以历史政治学的需求来引导中国政治思想史研究。实际上,中国政治思想史研究的成果中绝大多数都没有丢掉历史思维与历史分析方法,反而是提出"以历史拯救思想史"的研究者需要强化历史思维与历史分析方法。因为中国政治思想史研究在多学科融合的趋势下已然解决了如何以历史思维来服务于理论发展需求的问题。有的研究,如张师伟的《中国早期国家诞生的政治伦理基础——兼与徐勇教授商榷》一

---

① 徐勇:《中国的国家成长"早熟论"辨析——以关系叠加为视角》,《政治学研究》,2020年第1期。
② 徐勇:《祖赋人权:源于血缘理性的本体建构原则》,《中国社会科学》,2018年第1期。
③ 黄振华:《家户制与家户国家:中国国家形态的一个解释框架》,《东南学术》,2021年第5期。
④ 杨光斌:《让民主归位》,中国人民大学出版社,2015年,第264-266页。
⑤ 刘伟、陈寒鸣:《从民本到人民民主——现代平民儒学话语转换之扬榷》,《燕山大学学报》(哲学社会科学版),2021年第1期。
⑥ 姚中秋:《以历史拯救政治思想史》,《中国政治学》,2021年第3期。

文，基于充分的历史事实，既解释了中国传统国家形态的历史之所以然与社会之所必然，也剖析了历史深处所蕴涵的民族政治的普遍性或共同性，并分析了中国政治思维迥异于西方的内容在当代的世界性价值①。

2. 中国政治思想史研究的理论旨趣

中国政治思想史研究在学科管理体制上的归属是确定无疑的，作为一门理论学科，它的研究旨趣何在，却并不是一个有着高度共识的议题。因为研究者立足于不同的学科背景，具有不同的学科分析视野及研究方法，各自对中国政治思想史研究旨趣的认识也相应地存在着明显的不同。为什么要研究中国政治思想史及研究中国政治思想史要达到什么样的理论目的，学术界的认识存在相当分歧。有的学者立足于哲学，着眼于弘扬传统，他所认可的中国政治思想史研究旨趣就是要发掘和发现"通过与历代思想家的对话，唤醒那些对于我们这个时代仍有意义的思想主题，通过对这些思想主题的认识和理解，构建属于我们的时代的价值体系"②。有的研究者立足于历史学，着眼于认识事实，他所认可的中国政治思想史研究旨趣就是客观呈现中国政治思想史在不同历史阶段的诸多思想事实，并结合思想事实在历史上的客观影响与作用，实事求是地评价其历史价值，"不研究政治思想史，则很难解析中国历史"③。有的学者则立足于政治学，着眼于当下中国政治学话语体系的积极建构，并试图将中国政治思想史的内容融入政治学话语体系的建构过程，甚至将服从和服务于政治学话语体系的建构作为中国政治思想史研究的旨趣，倡导"历史政治学视野下的思想史研究路径"④。中国政治思想史研究的理论价值越是凸显，它的理论旨趣就越是多样化，它在理论创新中的影响与作用也就相应地得到了强化。

中国政治思想史研究该如何分析传统政治，所给出的判断究竟是属于价值判断，还是属于事实判断，在概念体系的选择上该如何面对近代中国从西方学到的内容，在近年的研究中无疑是一个热门的议题。这个议题的核心内

---

① 张师伟：《中国早期国家诞生的政治伦理基础——兼与徐勇教授商榷》，《探索与争鸣》，2021年第5期。
② 孙晓春：《观念史视域下的中国政治思想史》，《政治思想史》，2021年第3期。
③ 刘泽华：《八十自述：走在思考的路上》，北京：生活·读书·新知三联书店，2017年版，第269页。
④ 秦际明：《历史政治学视野下中国思想史研究路径的省思》，《学海》，2020年第4期。

容是中国政治思想史研究如何妥善处理本土化与国际化的关系问题。孙晓春的《超越西方中心主义的现代化视角与知识建构》，虽然并不是一篇专门讨论中国政治思想史研究旨趣的文章，但作者在文章中列举了许多中国政治思想史研究的个案，而中国政治思想史研究实际也不能不处理相关的问题，即如何站在现代化视角下研究中国政治思想史，并进行知识建构，也是中国政治思想史研究必须要面对的问题。这实际上在理论旨趣上强调了中国政治思想史研究要参与到现代化视角下的知识建构中的观点。作者在文章中指出，"超越西方中心主义不是简单地推翻现有的学科基础，也不是回归传统的知识体系和话语体系"，强调"超越西方中心主义、建设中国特色的话语体系的唯一可靠的理由只能是现代化"[①]。中国政治思想史研究在理论旨趣上也与此无异，也是应该在现代化视角下进行研究，而不能"回归传统的文史哲不分家的学科分类"，或在研究中用"'王道'之类的传统术语替换现有的学术话语"[②]。中国政治思想史研究也要在学科基础、知识体系和话语体系基础上进行，而不能"推翻现有的学科基础"，这既是因为"回归传统话语是不可能的事情"[③]，也是因为现有学科基础、知识体系与话语体系本身也是现代化过程的产物，具有现代化的普遍属性。中国政治思想史研究中的话语选择要体现现代化的视角，并为此而不必以为"专制"等词汇的使用是在抹黑传统中国，因为"专制"一词，既是来源悠久，也出自中国先进分子进行中西比较后的认识[④]。这就在研究方法上明确表示了要遵循现代化的基本视角，并进一步表明现代化视角的采纳并不意味着会曲解传统概念。比如，专制作为一个古老的汉语词汇，它虽然不是表示一种政体，但就其表示了权力集中于一点的意思而言，君主专制的概括在法理上并没有曲解中国传统政治体系。

杨阳在《方法论自觉与学科主体性建构——再论中国政治思想史研究》一文中，强调了与孙晓春同样的理论旨趣，即中国政治思想史研究要立足于

---

① 孙晓春：《超越西方中心主义的现代化视角与知识建构》，《人民论坛学术前沿》，2022年第2期。

② 孙晓春：《超越西方中心主义的现代化视角与知识建构》，《人民论坛学术前沿》，2022年第2期。

③ 孙晓春：《超越西方中心主义的现代化视角与知识建构》，《人民论坛学术前沿》，2022年第2期。

④ 孙晓春：《超越西方中心主义的现代化视角与知识建构》，《人民论坛学术前沿》，2022年第2期。

现代化视角,并参与到当代中国政治学理论体系和话语体系的建构中。在此基础上,杨阳在中国政治思想史研究的理论旨趣上,更强调了要凸显政治学的学科主体性,彰显研究成果对政治学的学科辨识度①,即中国政治思想史研究所形成的研究成果要能够明白地被纳入政治学的知识体系,至少是在政治学的知识体系中获得明确的承认。虽然中国政治思想史研究自 20 世纪 20 年代就开始了学科化进程,并在民国时期产生了一些具有重要影响的标志性成果及代表性学者,但它在一开始就面临着研究者在政治知识方面的不完整及不充分,以至于不少研究成果缺少政治学的学科主体性与学科标识,不过其中的一些佼佼者却有着明确的政治学学科主体性诉求,其成果也具有较强的政治学的学科标识,如萧公权的《中国政治思想史》即是如此,该书明确表示了"采政治学之观点"的原则②。但是因为中国政治学的学科历史几近中断了 30 年,政治学的学科在 20 世纪 80 年代初才得以恢复,而当中国政治思想史研究在不绝如缕地坚持了 30 多年后才得以恢复时,它的学科主体性自觉及其成果的学科标识度,也就带有相当的模糊性。中国政治思想史研究在"学科复建之初,对哲学史和一般思想史的借鉴",使得它在"叙事内容和议程设置等方面呈现政治学学科属性弱化的特点"③,它不能长期徘徊在这种状态,而必须要强化其政治学的学科主体性,并凸显研究成果的政治学的学科标识度。中国政治思想史研究在理论旨趣上融入政治学知识体系的归宿,要求它在研究中要用政治学术语解读传统概念,避免概念复古主义,遵守概念界定规则,运用现代概念工具,建立中国政治思想史学科规范,在学科内以主观互证实现知识优化和不断积累④。

  有的学者从当代中国政治理论发展开宗立派的旨趣出发,试图把中国政治思想史研究作为发掘和呈现所谓政治历史理性的媒介,它的实质是试图将中国政治思想史研究纳入所谓历史政治学的理论建构之中。姚中秋在《历史政治理性的成熟:作为中国思想之基本取向和方法》一文中,就把中国政治

---

① 杨阳:《方法论自觉与学科主体性建构——再论中国政治思想史研究》,《政治学研究》,2021 年第 5 期。
② 萧公权:《中国政治思想史》,沈阳:辽宁教育出版社,1998 年版,凡例。
③ 杨阳:《方法论自觉与学科主体性建构——再论中国政治思想史研究》,《政治学研究》,2021 年第 5 期。
④ 杨阳:《方法论自觉与学科主体性建构——再论中国政治思想史研究》,《政治学研究》,2021 年第 5 期。

思想史研究的主旨确定为"以历史政治学方法""揭示历史政治理性""成熟之因与果"①。这个理论旨趣实质上来自历史政治学所强调的政治理论的历史维度，即以历史的方式来进行政治问题的思考和政治理论的建构，这在本质上被认为是中国与西方在政治理论建构及政治理论特质的根本不同所在。正是因为有了历史政治学的政治学理论建构诉求，作者才在前人所强调的中国传统历史理性的概念基础上，将其改造成历史政治理性，凸显其政治思考是历史的，而历史则是政治的，既强调"历史政治意识在中国发端甚早，传世文献的记载则表明，自觉地运用历史以解决重大政治问题的历史政治理性成熟于周公"，又强调"周公之历史政治理性形塑了此后中国之政治观念、历史观念和史学观念"，更强调了孔子在历史政治理性定型方面的贡献，认为"孔子运用周公之法，收集、整理虞、夏、商、周四代历史文献，尤其是周公之书，铸史为经，历史政治理性定型为中国政治和学术之基本取向和方法"②。作者认为新时代要"自觉接续历史，以历史智慧解决现实政治问题"，完整表达历史政治理性的取向和方法，具体举措就是"呼吁政治学转向历史、历史学转向政治，激活历史政治理性传统"③。中国政治思想史研究的旨趣在此也聚焦于政治学理论建构的需求，只不过它具体的任务主要着眼于历史政治理性的挖掘与整理，呈现中国思想的历史政治理性取向④。值得注意的是，作者所谓历史政治理性的历史以儒家经学中的历史意识为基本内核，表面上看是历史理性，实质上却是指经学中的历史意识，而经学化了的历史意识就已经不是历史学意义上的历史了，其对历史的态度更多是经学的，而非历史的。这种对历史的经学而非历史学的理解与把握，使得历史政治学所倡导的中国政治思想史研究，在范式渊源上，就可以追溯到前几年的"经学范式"，该范式强调中国政治思想史研究的任务，就在于从儒家传统的经学文献中发掘出

---

① 姚中秋：《历史政治理性的成熟：作为中国思想之基本取向和方法》，《天府新论》，2022年第1期。
② 姚中秋：《历史政治理性的成熟：作为中国思想之基本取向和方法》，《天府新论》，2022年第1期。
③ 姚中秋：《历史政治理性的成熟：作为中国思想之基本取向和方法》，《天府新论》，2022年第1期。
④ 姚中秋：《历史政治理性的成熟：作为中国思想之基本取向和方法》，《天府新论》，2022年第1期。

一套普遍的政治学理论体系①。

3. 中国政治思想史的研究方法

研究方法与范式的思考在任何学科中都是一个永恒的话题，学术创新在发展过程中，既表现为研究方法与范式的创新，也依赖于研究方法与范式的创新，在诸多话题的学术讨论与争鸣中，研究方法与范式的争鸣往往更有利于学术研究的深入开展及学术创新的广泛展开。中国政治思想史研究方法与范式的争鸣与讨论，自政治学恢复以来，就几乎没有中断过，其间的许多争论都在方法上丰富了中国政治思想史研究，拓宽了政治思想史的研究范围，丰富和深化了政治思想史研究的内容体系。近年来，中国政治思想史研究因为学科意识的自觉与学科主体性的追寻而更加自觉地追问研究方法问题，试图在研究方法与范式上强化中国政治思想史研究的学科主体性，在现有的学科体系中找到自己合适的定位②。但因为研究者所受学术训练的差异及各自所擅长的领域不同，学者们在中国政治思想史研究的方法与范式上存在着诸多不同的看法，其中不乏有倾向于人文与倾向于科学的明显不同，彼此在思想事实的普遍性与特殊性上各自的侧重不同。具有人文倾向的研究范式比较强调思想事实作为历史事实的独一无二的特殊性，在研究方法上较为强调理解和阐释的思想具有特殊性，需要研究者"神入"其中，才能准确理解③；具有科学倾向的研究范式则比较强调思想事实在学科层面的普遍共同性，在研究方法上则倾向于进行概念、命题、判断等的理论意义发掘，而在结论上则多以古作今，甚至以古为今。

中国政治思想史研究的直接对象是传世的历史文献，其中所包含的诸多思想能否被研究者所理解，一直是一个研究方法上难以绕过的问题。面对承载古人思想事实的诸多文献，往往有多种不同的理解与解读，而理解和解读的结果又往往差异较大。这就不能不让人怀疑研究者真的可以理解其研究对象吗？如果答案是否定的，那么中国政治思想史研究本身就成为一种不可能开展的事业；如果答案是肯定的，那么肯定的方法依据又是什么呢？研究者

---

① 姚中秋：《重建中国政治思想史范式》，《学术月刊》，2013年第7期。
② 杨阳：《方法论自觉与学科主体性建构——再论中国政治思想史研究》，《政治学研究》，2021年第5期。
③ 张星久：《从"神入"到"外部审视"——政治思想史研究中的理解与评价》，《政治思想史》，2021年第3期。

在这个问题上缺乏自觉追问，就会在研究中陷入一种独断论的陷阱，而如果要在这个问题上得出肯定的答案，则又颇费周折。张星久《从"神入"到"外部审视"——政治思想史研究中的理解与评价》就在上述问题上得出了肯定的回答，并给出了充分理由。作者首先强调了"准确理解思想史文本"的重要性，强调要正面回答"我们是否有能力理解、读懂古人的思想"问题，并由此而主张"在政治思想史研究与讲述中，应以理解情境为中心"，"神入"或"移情"地"理解思想家所处的各种情境，去发现思想家针对这些情境所要回答的问题"，只有如此，才能在此基础上"进而理解文本的意义"①。这种主张借用了美学的语言，较为形象地提出了研究方法的具体主张，它实际上体现了一种历史主义的思维，即将呈现客观的思想事实作为政治思想史研究的基本前提，它的另一种比较形象的说法就是回到"历史现场"②。

中国政治思想史研究就其研究对象的历史属性而言，无可回避它的历史学属性，而它在研究目的上也就不能完全回避历史知识属性，在准确理解文本的基础上，还原政治思想史的诸多历史事实，认识其中的客观规律，评价其历史影响。但它同样承担着研究者所处时代的理论使命，因而其研究方法如果停在理解层面就不能很好地满足其服务于理论创新的需求。这就在研究方法上提出了新要求，以今知古，即立足于当代特定的理论知识基础，认识和评价中国政治思想的诸多思想事实。孙晓春的《观念史视域下的中国政治思想史》强调虽然"中国政治思想史是由不同历史时期的思想家的思想学说和主张构成的"，但是"我们不能仅仅把中国政治思想史看作是思想家的言论记录，思想史研究不仅仅是要弄清以往的思想家在特定历史条件下说了些什么话，提出了什么样的政治主张"③。作者强调应把中国政治思想史看作是"我们民族观念演变的历史"，认为中国政治思想史"反映的是每个历史时代的人们对于社会政治生活的理解方式和理解水平，承载着每个历史时代的人们所拥有的价值观念"④。作者在主张"中国政治思想史所体现的就是不同历

---

① 张星久:《从"神入"到"外部审视"——政治思想史研究中的理解与评价》,《政治思想史》, 2021 年第 3 期。
② 许超杰:《制度思想史:中国政治思想史的另一种写法——〈秦汉之际的政治思想与皇权主义〉范式意义探析》,《史学月刊》, 2015 年第 6 期。
③ 孙晓春:《观念史视域下的中国政治思想史》,《政治思想史》, 2021 年第 3 期。
④ 孙晓春:《观念史视域下的中国政治思想史》,《政治思想史》, 2021 年第 3 期。

史时期的人们的价值观念"的同时,又倾向于强调思想家所关注问题等的跨时代属性,在此基础上,作者进一步把政治思想史研究看作是古人与今人的价值观念对话,不赞成把政治思想史研究当作是向前人的学习①。作者认为"思想史研究对于解决现实问题是无能为力的",因此作为对话的中国政治思想史研究,更多是学术取向的,而并不是实践资政取向的,"不可把思想史研究看作是向前人学习的过程"②,更不可把中国政治思想史研究当作"中国传统政治思想史中发现某些原则来指导当代中国的治理实践"③。

  中国政治思想史研究的实践应用取向由来已久,虽然学术界对中国政治思想史研究的实践价值有颇多疑虑,有些学者甚至否认其在学科体系中的理论地位及理论贡献,但近年来也颇有些人执着于以现实的理论需求为导向来开展中国政治思想史研究,试图从中发掘和呈现所谓的历史政治理性。这种导向的研究在实践中已经形成一定的范式,这就是所谓历史政治学的范式,但还缺少研究方法的自觉反思和反省,可能缺少这种反省恰恰是它存在的必要条件,如果开展了认识论和知识论层面的反省,它对中国政治思想史的诸多理解可能就难以坚持。中国政治学要在知识体系上加速本土化,并由此而急于将自己和西方的政治知识体系区别开来,在新儒家学者的引导下,中国政治学知识体系区别于西方的根本不同被界定为历史思维。有的学者凸显了中国政治理性的历史维度,试图在中国政治思想史研究中重建经学化的政治理性,甚至恢复所谓知识体系的经史传统,提倡新经史之学,其中主要的代表就是姚中秋,他在《经史传统抑或文史哲传统》一文中公开提出了这一点④。有的学者关注中国古代政治制度史上的某些内容,试图从历史合理性的角度来论述某些传统政治概念在政治制度安排正当性论证方面的合理性,在学术逻辑上回应了历史政治学以历史进行政治思考的理论特点。马雪松《大一统与辨正统:历史政治学视域下的中国传统政治合法性论述》一文,即以传统政治思想中的大一统与正统观念为题材,分析了他们在合法性论证方面的作用,在研究逻辑上既有对大一统及正统观念进行历史政治学分析的内容,

---

① 孙晓春:《观念史视域下的中国政治思想史》,《政治思想史》,2021年第3期。
② 孙晓春:《观念史视域下的中国政治思想史》,《政治思想史》,2021年第3期。
③ 孙晓春:《观念史视域下的中国政治思想史》,《政治思想史》,2021年第3期。
④ 姚中秋:《经史传统抑或文史哲传统》,《开放时代》,2021年第1期。

也在客观上对已有的大一统及正统论认识产生了一定的冲击①。这篇文章具有较为典型的历史政治学的范式与方法特点，理论逻辑的引导性胜过了历史事实的客观性，历史学研究视域及方法的运用明显不足，在对历史的理解上，趋近于经学的历史意识，但又与姚中秋经学化的历史意识有一定的不同，相对缺少了对儒家经学文献中义理的推崇，而较多地表现出了以现代政治理论的问题与逻辑来重新梳理传统文献的倾向。

中国政治思想史作为一种负有一定理论创新使命的跨学科研究领域，在研究方法与范式上难以"定于一"，研究范式的多样化乃是一个客观事实②。虽然它作为一个整体应该既是认识和理解历史的学科，也是要从历史上汲取思想材料以创新理论的学科，并且在知识体系和理论形态上还要考虑其不同方面及不同层次构成的整体性，但作为一个研究者却很难如此周全地整体性对待中国政治思想史，从而必然会出现不同方法的侧重点及不同宗旨的研究成果。作为一种学术研究成果，中国政治思想史研究以任何方法进行都会取得有意义的成果，不过也难以回避由方法带来的诸多局限性。中国政治思想史研究作为一个学科领域和学术阵地，它的学科面向及方法使用必然是多样的，而多样的学科及方法之间也应该有一个彼此的衔接和协调。张师伟的《中国政治思想史研究的知识取向与多学科方法》一文，认为学术界关于中国政治思想史的研究具有较多实践指向与经世意识，而在政治知识积累的科学价值方面则表现不足，并基于此而提出了中国政治思想史研究需要有真正的知识取向的研究，强调中国政治思想史在客观上无疑是一种在历史过程中积累起来的政治知识体系，并在理论上具有一定的普遍价值，是今天政治学理论创新的重要思想资源③。作者认为中国政治思想史研究在方法上就学科而言必定是多样的，不仅要综合使用多学科分析方法，而且还要在研究中实现多学科方法间的融会贯通④。从研究方法上说，作者强调了政治学视角与方法，

---

① 马雪松：《大一统与辨正统：历史政治学视域下的中国传统政治合法性论述》，《江苏行政学院学报》，2022年第1期。
② 张师伟：《范式争鸣与方法反思——改革开放四十年来的中国政治思想史研究》，《政治思想史》，2019年第2期。
③ 张师伟：《中国政治思想史研究的知识取向与多学科方法》，《政治思想史》，2021年第1期。
④ 张师伟：《中国政治思想史研究的知识取向与多学科方法》，《政治思想史》，2021年第1期。

认为中国政治思想史研究者要充分关注研究对象的政治知识属性，高度重视作为研究前提的政治学知识基础，如此才能准确界定政治思想史的研究对象及其理论内涵；也高度评价了哲学分析方法及历史学分析方法的作用，哲学分析方法的应用既有利于认识政治思想史中的抽象性普遍内容，也有利于从政治思想史中汲取理论精华，历史分析方法则既提供了一种历史主义地看待事物的视角与方法，在研究中坚持实事求是，也提供了一种收集和分析文献的科学方法，并且还提供了一种历史研究所特有的经验主义的归纳分析方法①。作者认为多学科方法在中国政治思想史研究中的应用各有其发挥作用的空间，并由此而各有其合理性，但只有多学科方法在使用中进行融会贯通，"才能在获得政治知识的准确性与完整性上满足政治知识增长的起码要求，才能在合理评价中国政治思想史的政治知识及批判继承其合理性内容上，获得有普遍性理论价值的政治知识增量"②。作者认为中国政治思想史研究虽然应该着重在学理上分析和梳理政治学知识，但又强调研究梳理出来的政治学知识仍然是特定历史阶段的政治知识，其中固然包含有现代价值与意义的内容，不过其中的内容却也并不能直接成为现代政治理论的一部分，而仍然必须要经过现代政治学理论的选择与加工，传统非经现代转换就不能产生现代价值。

（二）中国政治思想史的多学科研究与现代意义发掘

中国政治思想史研究的深度展开，一方面依赖于研究者所拥有的学科视域及理论工具，即中国政治思想史研究必定受制于研究者所处时代的政治学的学科分化与理论发展；另一方面又依赖于研究者对历史上不同时代政治思想内容的了解，了解越是接近政治思想的实践，就越是有利于了解不同历史时代的具体政治问题、政治议题与政治命题，就越有利于政治思想史的深度展开。从学科分化的角度来看，有的学者提出了开展政治制度思想史研究的倡议③，有的学者则进行了政治伦理思想史的研究实践④，近年来兴起的历史

---

① 张师伟：《中国政治思想史研究的知识取向与多学科方法》，《政治思想史》，2021年第1期。
② 张师伟：《中国政治思想史研究的知识取向与多学科方法》，《政治思想史》，2021年第1期。
③ 许超杰：《制度思想史：中国政治思想史的另一种写法——〈秦汉之际的政治思想与皇权主义〉范式意义探析》，《史学月刊》，2015年第6期。
④ 孙晓春：《中国政治伦理思想史研究初论》，《思想战线》，2018年第1期。

政治学也在实践中影响了某些研究者的中国政治思想史研究宗旨、范式与方法等①。从深度了解政治思想史的历史事实来看，研究者在接触历史背景的过程中也逐步比较充分地接触到了政治思想史的诸多思想事实，从而能够站在较为具体的历史视域下来分析具体思想事实，而相对超越了立足于当下的普遍而抽象分析思想的局限，并由此而在事实层面而非在价值层面上深入推进了中国政治思想史研究。但在研究者队伍中，仍然有相当一部分学者立足于当下的普遍理论，并以当下之普遍理论来衡量和评价特定政治思想的事实，试图从中发现普遍而无所不在的政治问题，并以现代政治问题来聚集思想事实，发掘传统政治思想的现代价值。比如近年来有学者关于"大一统"的研究，即是如此②。

1. 现代政治理论视域下的历史政治问题

中国政治思想史研究离不开现代政治理论的视域，在某种程度上，恰恰是因为现代政治理论视域的确立，提供了中国政治思想史研究的必要学理基础，而且从总体上来看，中国政治思想史研究仍然面临着政治理论知识不够系统完整所造成的诸多问题。在这个意义上，一些研究者特别强调政治学的学科自觉或学科主体性，也就特别有理论价值和现实针对性。一方面，现代政治理论分支学科的发展，提供了深化中国政治思想的具体学理条件，并在客观上有利于现代人了解中国传统政治思想的复杂丰富内涵。比如李建华、江梓豪的《中国传统政治思想的伦理主义特质》一文，即立足于现代政治伦理学的知识体系与理论逻辑，揭示了中国传统政治思想在属性上的伦理主义特质，并着力分析了传统历史阶段的政治伦理化和伦理政治化的特点。"政治伦理化是指通过伦理道德的角度去理解与认知政治，而伦理政治化则是指伦理规则变成政治规则，两者之间一体两面"，"尽管政治伦理化与伦理政治化不能被割裂开理解，但当政治目的与伦理道德发生冲突时，伦理道德最终屈服于政治，沦为为政治服务的工具"③。文章认为道德或道德修炼的目的是政

---

① 秦际明：《历史政治学视野下中国思想史研究路径的省思》，《学海》，2020年第4期。
② 马雪松：《大一统与辨正统：历史政治学视域下的中国传统政治合法性论述》，《江苏行政学院学报》，2022年第1期。
③ 李建华、江梓豪：《中国传统政治思想的伦理主义特质》，《中原文化研究》，2021年第5期。

治，伦理道德则只是手段①。另一方面，现代政治理论又毕竟具有其时代的局限性，但理论自身却又自以为它是普遍的，这就导致学者在研究过程中容易出现按现代之图索历史之骥，出现研究结论脱离历史实际的情况。比如姚中秋的《领导性治理者：对士大夫的历史政治学研究》一文，就参照现代治理体系中的科层官僚制理论，对士大夫在传统治理体系中的地位与作用进行了分析，并把士大夫在治理体系中的角色定位为不同于"韦伯式官僚"的"领导性治理者"，因为士大夫"融官僚、政治家、教化者角色于一体"②。文章明确地表现出了传承士大夫政治的自觉性，认为"当代中国的'干部'与士大夫群体有构成上的传承性"③，正是基于这种传承士大夫政治的自觉性，作者在分析士大夫在治理体系中的地位与作用时，就比较清楚地参照了干部的角色，以今之干部度古之士大夫。古今毕竟在政治体系上大不相同，以今度古，难免就在结论上脱离了历史的实践，实际上传统国家治理中的领导者和主宰者只能是君主，官僚不过是其辅助者而已，中央及地方权力机构中大大小小的官僚，都只是君主的辅助者和派出者④。

实际上，历史上政治问题及政治理论问题，两者紧密结合在一起，恰如理论与实践不可分割一样。历史上的政治问题虽然是客观存在的，但它又总是反映在相应时代的理论家言论中，被总结、概括和提炼为政治理论问题，一切政治理论问题都有它的实践渊源，同时历史上的政治理论问题也要自觉反映其时代，脱离社会基础及时代问题的政治理论问题从来都不存在。这就要求研究者在进行中国政治思想史研究时，既要有政治理论的视域，否则就不能发现思想事实中的诸多政治内容，政治概念、政治范畴、政治命题等就不能很好地呈现在人们面前，也要有历史的视域，能够在分析政治问题、政治命题的时候，充分深入特定历史阶段的诸多议题讨论，坚持历史唯物主义及辩证唯物主义的基本原理，准确地认识作为历史事实及思想事实的中国政

---

① 李建华、江梓豪：《中国传统政治思想的伦理主义特质》，《中原文化研究》，2021年第5期。
② 姚中秋：《领导性治理者：对士大夫的历史政治学研究》，《江苏行政学院学报》，2021年第2期。
③ 姚中秋：《领导性治理者：对士大夫的历史政治学研究》，《江苏行政学院学报》，2021年第2期。
④ 刘泽华、汪茂和、王兰仲：《专制权力与中国社会》，长春：吉林文史出版社，1988年版，第15-20页。

治思想。张师伟的《中国传统民本思想的社会基础、理论逻辑与发展极限——基于王权主义理论视域的分析》一文，首先，坚持了历史唯物主义和辩证唯物主义的基本原理，在遵循社会存在决定社会意识的前提下，分析了作为民本思想决定者的社会基础，强调"中国传统民本思想作为一种历史产物，自然脱离不开特定的历史环境，不论是个体思想家的民本思想，还是民本思想的全部，都莫不如此，而自古以来的王权主义社会结构与政治制度框架又是其历史环境中起决定性作用的方面"[1]；其次，分析了民本思想的理论逻辑，呈现了民本的含义、依据及方式，认为民本思想属于统治思想，而并没有把民众置于统治地位，它始终强调的内容只是政治要为民、畏民及听于民等，但从未赋予民意以决定性的地位[2]；最后呈现并强调了民本思想作为完整政治理论体系组成部分的事实，指出了它在发展方面所遇到的巨大障碍即来自它身处其中的那个政治理论体系，"中国传统民本思想的理论逻辑，既然是被包含在了传统政治思想的理论体系中，它的理论逻辑如何进一步发展，在根本上取决于它所从属的传统政治理论如何发展，在一个完整的理论系统中，整体总是决定着部分，部分总是体现着整体"[3]。

中国政治思想在传统与现代两个阶段有着明显而根本的不同。传统政治思想虽然内容丰富并且内在地包含着思想的瑰宝，但毕竟不能整体性地搬迁到现代，现代与传统在政治价值层面存在着不可通融的冲突方面，不放弃传统的尊卑贵贱就不能接受现代的自由平等，不放弃传统的三纲五常君父伦理，就不能接受现代人权。研究者虽然自觉站在了当下的理论视角，又明确地意识到了中国现代政治理论必然要在一定范围及一定程度上吸纳传统的精华，否则就很难获得现代政治理论方面的民族特色与独到优势。比如随着全过程人民民主理论的提出，学界出现了给全过程人民民主理论追溯传统思想资源的趋势，正如在社会主义协商民主提出之后追溯中国传统中的协商民主思想资源。刘九勇的《全过程人民民主的传统思想渊源》一文，就站在"中华民

---

[1] 张师伟：《中国传统民本思想的社会基础、理论逻辑与发展极限——基于王权主义理论视域的分析》，《学术界》，2021年第5期。

[2] 张师伟：《中国传统民本思想的社会基础、理论逻辑与发展极限——基于王权主义理论视域的分析》，《学术界》，2021年第5期。

[3] 张师伟：《中国传统民本思想的社会基础、理论逻辑与发展极限——基于王权主义理论视域的分析》，《学术界》，2021年第5期。

族优秀传统文化的创造性转化和创新性发展"的角度来认识全过程人民民主。作者认为"全过程人民民主的传统渊源,不在于具体的民主机制、过程","而在于全过程人民民主的独特的政治思维和观念",文章强调全过程人民民主在政治思维和观念上,具有传统思想的明确渊源①。作者指出了可以作为全过程人民民主之传统思想渊源的内容,首先分析了传统天下观与全过程政治观的关联,认为传统的天下观由此可以成为全过程人民民主的一个思想渊源②;其次分析了全过程政治的价值内核也存在着可以追溯到传统的内容,其中又特别强调了在价值上可以作为现代民主的传统民本思想渊源③;最后分析了全过程政治在运行体制上的传统思想渊源,把传统的贤能政治理念作为全过程人民民主中党的领导的思想渊源④。作者在文章中所追溯到的思想内容不能说与全过程民主全无关系,但至少是不存在或没有发掘出可以作为思想渊源的紧密逻辑关联,甚至不能说追溯到了全过程人民民主的核心要素,天下观、民本思想及贤能作者等都只能用来说明全过程人民民主的一些特色,但并不能说明全过程人民民主的本质属性之所从来。全过程人民民主在理论上的渊源追溯,实际上主要还是来自马克思主义民主理论,中国传统并不能提供关于民主的思想资源与制度借鉴。因为近代中国的民主思想"是由传述西方思想及其政制为起点的",而不是由黄宗羲等人的反专制思想"直接孕育出来的"⑤。

2. 中国传统政治思想内容的现代解释

中国政治思想史作为客观存在的思想事实,既有历史的特殊性,又有理论的普遍性。作为中国历史的重要组成部分,中国政治思想史研究的认识论价值毋庸置疑,它是在理论上理解和解释中国历史的必要组成部分,不了解中国政治思想史,就很难真正了解中国历史⑥,所以中国政治思想史研究者中

---

① 刘九勇:《全过程人民民主的传统思想渊源》,《政治学研究》,2021年第4期。
② 刘九勇:《全过程人民民主的传统思想渊源》,《政治学研究》,2021年第4期。
③ 刘九勇:《全过程人民民主的传统思想渊源》,《政治学研究》,2021年第4期。
④ 刘九勇:《全过程人民民主的传统思想渊源》,《政治学研究》,2021年第4期。
⑤ 陈旭麓:《〈中国近代民主思想史〉序言》,见熊月之:《中国近代民主思想史》,上海:上海人民出版社1986年版,序言。
⑥ 刘泽华:《八十自述:走在思考的路上》,北京:生活·读书·新知三联书店,2017年版,第269页。

有一些人相当关注其作为历史事实的特殊性。但一切理论关切及追问都有其普遍性的视域，其概念及观点也就由此而具有了跨越特定历史阶段的普遍性，人类在理论上的探索与前行非常需要理论史的研究，恰恰就因为理论资源具有这种普遍性。中国政治思想史作为数千年积累起来的理论资料，无疑也具有这种理论上的普遍性，研究者从中发掘其普遍性理论价值的努力也就由此而具有了学理的合理性。中国传统政治思想史研究的现代解释首先是以现代概念及学理来解读传统思想，以客观反映和呈现历史上的政治问题、议题与命题等。余治平的《"存王者之后"以"通三统"——公羊家建构王权合法性的一个特殊视角》一文，就以现代政治理论的合法性概念与理论来解读董仲舒的"通三统"，把"通三统"解释成一种建构王权合法性的话语体系①。马雪松《大一统与辨正统：历史政治学视域下的中国传统政治合法性论述》一文，也是以现代政治理论的合法性概念与理论来解释传统政治思想的正统论与大一统论，并把正统论与大一统论作为传统政治合法性问题的论述话语②。这种理解和解释显然没有以中国政治思想史上原始的问题、议题与命题为基础，而是立足于现代政治理论的问题与逻辑，它在一定程度上是以古人的思想材料来回应现代政治理论的问题与逻辑，但古人未见得必须要面对和回答现代政治理论的某些问题，而现代政治理论的问题也未见得具有跨越历史的普遍性。如何把政治学的观点与历史学的方法结合起来③，在应用多学科方法实现融合，仍然是摆在中国政治思想史研究者面前的一个颇有挑战性的题目。"中国政治思想史研究在研究方法上不仅必然会要求使用多学科的方法，而且还要求在研究中要处理好多学科方法之间的关系，以便能够准确地理解和解释中国政治思想的有关事实，呈现中国政治思想中的理论逻辑"④。

中国传统政治思想史研究的现代解释，还试图在传统政治思想中发现或发掘其中具有现代理论价值的内容。有的研究者在传统政治思想中发现或发掘出的具有现代理论价值的内容则具有较大的抽象性，在一定的意义上属于

---

① 余治平：《"存王者之后"以"通三统"——公羊家建构王权合法性的一个特殊视角》，《衡水学院学报》，2021年第2期。
② 马雪松：《大一统与辨正统：历史政治学视域下的中国传统政治合法性论述》，《江苏行政学院学报》，2022年第1期。
③ 萧公权：《中国政治思想史》，沈阳：辽宁教育出版社1998年版，凡例。
④ 张师伟：《中国政治思想史研究的知识取向与多学科方法》，《政治思想史》，2021年第1期。

智慧或精神等层面的抽象发掘。姚中秋的《"和而不同"蕴含的政治智慧》就属于这一类，作者对传统的"和而不同"进行了一种抽象的解读，而并未在意其在思想史上的完整思想，将原命题中所包含的等级差异的意思置之不顾，而只是发掘其作为在"尊重其成员的基础上进行组织、协调、领导"及"必要的斗争"的意思，并试图在建构"世界新秩序"方面发挥其智慧性的内容①。黄海英、唐红、古力阿伊木·亚克甫的《为政以德领导模式的启示：基于孟子政治思想的思考》一文，则努力在孟子的民本思想中发掘仍然具有实践应用价值的思想内容，认为孟子的"民贵君轻、人性本善、浩然之气、内圣外王等理政之策和修身养性之论，对现今领导干部的政德涵养有着特殊的启示意义"②。文章强调孟子的"民是兴邦立国的重要因素""以民为本是领导者最高的德行""与民同乐思想"等观点，都可以在今天做出有现实价值的新解，比如把"与民同乐"诠释为"人民在共建共治共享发展中有更多获得感"，把孟子"不动心""反求诸己"等思想解释成"领导者反省内求的政德修养"③。肖俏波的《"道治天下"：明太祖〈御注道德经〉治道思想》一文，以《大明太祖高皇帝御注道德真经》作为研究文本，分析了其中所包含的明太祖的治道思想，文章认为明太祖"道治天下"的治道思想主要包括三个层面的内容，它"在本体论意义上，注重昭示道统合法性，强调治国理政要顺应人的天性，从三纲五常构建理想的社会政治秩序；在工夫论意义上，主张从学道、守道与道治天下三个方面运用精细的工夫，使统治者成为圣人，施行三皇五帝之道；在政治统治的过程中，利济万物、政权延续与国家昌盛是其目标，敬天命与重人命是其准则，禁贪婪与行节俭是其底线，在发用上呈现出一种周备的特点"④。有的研究者还立足于现有的政治学理论，分析了传统政治思想史中的相关内容，并给相应的思想内容也冠之以相应政治学理论的名目，如刘喜涛、宋明哲的《明朝东亚地缘政治思想及其在抗倭援朝战争中的体现》一文，就把明代有关抗倭的主张等纳入现代地缘政治学的理论

---

① 姚中秋：《"和而不同"蕴含的政治智慧》，《人民论坛》，2021年第24期。
② 黄海英、唐红、古力阿伊木·亚克甫：《为政以德领导模式的启示：基于孟子政治思想的思考》，《牡丹江大学学报》，2021年第7期。
③ 黄海英、唐红、古力阿伊木·亚克甫：《为政以德领导模式的启示：基于孟子政治思想的思考》，《牡丹江大学学报》，2021年第7期。
④ 肖俏波：《"道治天下"：明太祖〈御注道德经〉治道思想》，《政治思想史》，2021年第2期。

框架,并且正式名之为地缘政治思想。文章认为"中国古代地缘政治思想源远流长,并且对中国封建王朝的内外政策具有深远影响","明朝的东亚地缘政治思想"继承和发展了"前代地缘政治思想",其地缘政治思想可以概括为"守在四夷"基础上的"时谨备边"[1]。

中国传统政治思想史研究的现代解释,还表现在试图从中发掘出一个贯通传统与现代的政治思维方式,并为此而着力发掘中国政治思想史理解与解释的某种传统,其中钱穆对中国政治思想史的理解与解释在学术上受到了一些学者的较多关注,并由此而把钱穆看作在政治思维上沟通传统与现代的研究者。中国传统政治思想在概念、问题、议题、命题上无疑都有自己的独特性,这种独特性在现代也仍然具有某种重要的理论价值,但这并不意味着传统政治思想中包含了比较完整的现代政治理论内容,并由此而把现代政治理论成长的重点放在从传统政治思想中发掘具有现代价值的理论内容,甚至把着力于从传统政治思想中发掘现代理论内容的政治思想史研究者作为中国现代政治理论发展的"先知"[2]。任锋的《待解放的先知与被重构的传统——在现代脉络中辨识钱穆》一文,即体现了他一贯追求对传统政治思想进行现代新解的宗旨,认为"只有建立起钱穆思考与时代问题的有机联系,我们才能领会其思想的先知性启示"[3],而其中的核心意识就是在重新解释传统中延续传统,即"被历史传统印证的优良政治秩序('中国式家国天下')","在充满敌意的现代洗礼中如何赓续新命并得以扩展",文章要求重估"钱穆在现代思想和精神谱系中的意蕴和价值",充分挖掘其中的"知识富矿"[4]。在这个前提之下,有的研究者就试图沿着这个解释传统前进,"在中国社会科学诸多学科纷纷推进本土化发展的过程中",挖掘传统本土资源深层蕴积的儒学传统,提出"重估礼治的现代价值","重视大国礼治对于治理体系之秩序优化

---

[1] 刘喜涛、宋明哲:《明朝东亚地缘政治思想及其在抗倭援朝战争中的体现》,《长春师范大学学报》,2021年第11期。
[2] 任锋:《待解放的先知与被重构的传统——在现代脉络中辨识钱穆》,《中国文化研究》,2021年第1期。
[3] 任锋:《待解放的先知与被重构的传统——在现代脉络中辨识钱穆》,《中国文化研究》,2021年第1期。
[4] 任锋:《待解放的先知与被重构的传统——在现代脉络中辨识钱穆》,《中国文化研究》,2021年第1期。

乃至现代政治文明发展方面的贡献"①。从中国传统政治思想现代解释的角度来看，这种解释思路明显地反对了新文化运动以来的启蒙主义原则，忽略了礼在上下、尊卑、贵贱、亲疏、远近等方面的等级性价值倾向，自觉反对在"专制主义进路中"对传统的"批判和解构"而要求发掘传统"规范理论所包含的超越性和天下性"②。

（三）中国政治哲学研究现代价值讨论及其观点争议

中国政治思想史作为一个理论学科，在研究对象上涵盖了经验与超验两个层面的问题、议题与命题，两者原本构成了一个有机的理论体系，形而上的普遍抽象与形而下的特殊具体相互交融，不可分割。但在当代的政治理论体系及研究分工中，形而上与形而下却有了清晰的界限划分，政治哲学与政治科学的研究者各自划界，几乎很少有同时兼顾政治科学与政治哲学的研究者。从政治科学的角度来看，政治学研究的任务无非就是理解政治事实及分析政治规律，因为用以描述事实和分析规律的工具带有进化的性质，并且日趋完善，所以政治科学在理论与知识上并不太看重政治理论的历史。这在一定程度上也是政治思想史在政治学理论体系中日益边缘化的基本原因。但实际上西方忽视历史维度的政治科学理论也存在着诸多的局限性，正因为如此，才有学者试图从长周期的历史角度来考虑中国传统的政治理论问题，并试图对其做出有创见的政治理论解释③。尽管有的学者已经看到了政治理论建构的历史维度，强调政治思想史研究对于政治理论建构的必要性，但政治科学层面的理论建构在总体上仍然不太重视历史维度，在政治学领域日益边缘化的政治思想史研究中，哲学领域却得到了相当的重视，中国政治哲学不仅在中国哲学研究中的比重日益增大，而且相对于政治学领域的政治思想史研究也逐渐在议题设置及问题研究上取得优势。它一方面表现为中国哲学研究在旨趣上具有较多的经世意识；而另一方面它又表现了当代中国需要在哲理的层

---

① 任锋：《大国礼治何以重要？——政制崇拜、治体论与儒学社会科学刍议》，《孔子研究》，2021年第6期。
② 任锋：《大一统与政治秩序的基源性问题：钱穆历史思维的理论启示》，《人文杂志》，2021年第8期。
③ 徐勇：《中国政治统一体长期延续的三重共同体基础——以长周期政治为视角》，《华中师范大学学报》（人文社会科学版），2021年第1期。

面分析和看待中国传统的普遍共性，将传统政治哲学中体现民族精神的普遍内容传承下来，发展下去。

1. 中国传统政治哲学的现代价值

中国传统政治哲学是否具有现代价值在学术上并没有太大的争议，从整体上说，完全否认中国传统政治哲学的现代价值在判断上似乎过于独断，除非在现代化的思考上完全陷入西化的思维，否则就不论怎样批评甚至批判传统政治哲学都不能据此以批评批判者在完全否认中国传统政治哲学的现代价值。今人所以要开展中国传统政治哲学研究，并在研究中就政治观念的普遍层面开展对话①，就在于承认传统政治哲学在政治观念普遍层面的讨论中产生了有理论意义的成果。但中国传统政治哲学毕竟产生在传统阶段，并服务于传统社会的政治体系，所以也就不能完整地普遍适用于现代社会，而必须要对它进行一定的理论批判。中国传统政治哲学的现代价值包含两个方面，其中一个方面是它在现代中国的价值，这个方面的价值在 20 世纪以来一直被一些学者所强调，其中的现代新儒家尤为突出；另一方面就是它对于全人类的价值，这类看法在一些新儒家著作中也有些许表现，如梁启超、梁漱溟等皆曾有此看法。中国学术界近年来受国家发展成就及有关世界变局观点的影响，有的学者在观点上进一步强调中国传统政治哲学在现代世界的普遍价值，在一定程度上表现出了要将中国传统政治哲学的理论精华与政治智慧推向世界的倾向。姚洋的《中华政治哲学的人类价值》在很大程度上就表现了这种倾向，认为中国传统政治哲学中的务实主义、个人主义与秩序之间的均衡、贤能主义及德治等对于西方国家也有借鉴价值②。在这里，所谓有借鉴价值，就是说中国传统政治哲学中的上述内容有利于克服西方社会存在的自身难以克服和解决的问题。

中国传统儒家政治哲学的研究颇受重视，在已有关于某个学派政治哲学的研究成果中，儒家政治哲学的成果不论是数量，还是质量，都占有明显优势。孙一阳的《传统儒家政治哲学对法治现代化的价值》一文，在儒家政治哲学是否有利于现代法治的问题上，给出了肯定的回答。作者首先介绍了儒家政治哲学的主要特征，认为儒家传统政治哲学的主要特征包括注重宗法伦

---

① 孙晓春：《观念史视域下的中国政治思想史》，《政治思想史》，2021 年第 3 期。
② 姚洋：《中华政治哲学的人类价值》，《北京日报》，2021-08-09。

理、注重性善论、注重仁政思想等,认为儒家政治哲学对于法治建设具有积极和消极的两方面影响①。从积极方面来看,"在我国几千年的社会发展及国家建设中,儒家政治哲学发挥着重大作用,其有效地促进了我国法治社会的演化";就其消极的局限性来看,儒家政治哲学在法治建设方面的局限性主要是导致了"我国法律的公正性与公平性的原则缺失"②。不过现代法治也应借鉴儒家政治哲学积极的一面,即要高度重视个人道德在法治现代化建设中的作用,主张法治现代化建设中应发挥儒家道德教育和道德感化的作用,而在立法环节要充分考虑伦理、道德因素的作用,借鉴仁、义、礼思想,使法律具有人文性③。在和而不同的解释方面,现代政治哲学的解释也较为偏向于和,而对于其中的不同则相对淡化了其不平等的历史政治内涵。它在制度及秩序建构层面的影响,既有强调不平等的"不同"内涵,也有强调不平等各方要各自安于本分,才能"和"。姚中秋颇为倡导历史政治学,要在政治理论建构方面重视历史维度,但是他在解释"和而不同"的政治哲学概念时却并未遵循其历史政治的具体内涵,而是凸显其超越历史政治具体的"和"。他的《"和而不同"蕴含的政治智慧》一文就强调"和而不同"作为独特而重要的中国智慧,认为"和"是一种尊重不同基础上的组织、协调和领导,认为在构建世界新秩序方面有发挥其"和"的努力之必要④。

　　中国传统儒家政治哲学的内容究竟为何,在学术界向来有不同的视角,并由此产生了根本不同的看法。新文化运动影响下的学者,往往倾向于结合旧政治及旧伦理等对儒家政治哲学进行批评和批判,批评和批判体现了启蒙传统的中国传统政治哲学研究。但站在近年来弘扬优秀传统文化的视角下,有的学者则试图从儒家传统政治哲学中寻找其普遍的内涵和恒久的价值。林存光、陈林的《政由谁出 政治何为——孔子政治哲学新论》一文,就试图从中寻找"迄今仍具深刻而重要的思想启示与教育意义"的"政治智慧"⑤。在作者的视域下,孔子被当作是一位"有德无位"的"超级政治家",而孔子

---

① 孙一阳:《传统儒家政治哲学对法治现代化的价值》,《法治与社会》,2021年第7期。
② 孙一阳:《传统儒家政治哲学对法治现代化的价值》,《法治与社会》,2021年第7期。
③ 孙一阳:《传统儒家政治哲学对法治现代化的价值》,《法治与社会》,2021年第7期。
④ 姚中秋:《"和而不同"蕴含的政治智慧》,《人民论坛》,2021年第24期。
⑤ 林存光、陈林:《政由谁出 政治何为——孔子政治哲学新论》,《孔子研究》,2021年第4期。

所从事的政治也并非统治,而是一项以"化人"为根本目的的"教育性事业",其核心行为是"修己安人、以德致位"①。作者强调孔子政治哲学"开启了一种重新审视和看待人类政治事务的新方式",并认为正是这种新方式"对于我们来讲,具有非常深刻和重要的思想上的启示与教育意义"②。孔祥安、杨富荣的《儒家"为政以德"的政治哲学思想及其内在理路》一文则从实践需要的角度肯定了儒家政治哲学的现代价值。作者认为儒家洞察到了道德对于政治的巨大作用,提出了"为政以德"命题,强调了为政者"修德"的"极端重要性",认为"为政者的道德素养是解决政治问题的核心与关键因素"③。文章认为孔子"为政以德"的思想"经后世儒家的不断丰富与发展,逐渐形成一套独具特色的政治哲学思想体系","逐步发展为中国古代社会政治的主体意识","对中国古代社会的延续和发展以及民族心理和风俗习惯的形成,发挥了前所未有的巨大作用",儒家"为政以德"政治命题的核心理念、思想精华及其所蕴含的治国理政的政治智慧,在"积极推进国家治理体系和治理能力现代化建设"上还具有十分重要的意义④。

2. 儒家传统政治哲学的理论阐释

中国政治哲学史的研究在很大程度上就是研究者与研究对象在若干重大理论问题上持续开展的学术对话,虽然研究对象及其所创造的理论体系已经相对静止地处在人们的视域中,但不同的研究者往往能找到不同的对话点,其中一种重要的对话方式,就是研究者对研究对象进行的新解。所谓新解,主要出自研究者的创造性解释,而所要做出的创造性解释则出自研究者在理论上的普遍性诉求,即从传统政治哲学中理解和解释出具有普遍价值的理论观点。林存光、陈林的《政由谁出 政治何为——孔子政治哲学新论》一文,以新论设题,即在理论上借对孔子政治哲学内容的重新解释,表达了一种不

---

① 林存光、陈林:《政由谁出 政治何为——孔子政治哲学新论》,《孔子研究》,2021年第4期。
② 林存光、陈林:《政由谁出 政治何为——孔子政治哲学新论》,《孔子研究》,2021年第4期。
③ 孔祥安、杨富荣:《儒家"为政以德"的政治哲学思想及其内在理路》,《武陵学刊》2021年第6期。
④ 孔祥安、杨富荣:《儒家"为政以德"的政治哲学思想及其内在理路》,《武陵学刊》2021年第6期。

同于当代政治理论的新的政治观，区别于当代政治理论在权力与统治的意义上理解政治，作者借孔子的言论表达了一种教化的政治观①。当然，如果就教化政治观的存在及发展来看，实际上它曾长期是中国传统政治观的主流，研究者阐释教化论的政治观严格来说也就不能算是一个理论创新，但在当代中国重新提出教化论政治观却又有着明显的理论目的，至少是提出了一种重新理解政治的角度，并且在很大程度上凸显了中国传统的伦理政治导向及以人为本的思维特点。张一弘的《孔子政治哲学的三重向度》也站在政治哲学新解的立场上，解释了孔子政治哲学，他认为孔子是一个充满现实关怀的人，政治哲学是其哲学思想的重要组成部分，孔子的政治哲学凸显了"为政以德""为国以礼"及"天下归仁"，分别凸显了其德性政治、秩序政治及理想政治的向度，其中孔子"在道德导向、礼乐教化等方面的诸多思考对当今和谐社会的建设有着十分重要的理论贡献"，而"天下归仁""也对未来社会的建设方向提供了一种儒家式的发展路径"，并由此而强调"孔子的政治哲学不仅具有哲学史的价值，更具有现实意义"②。张智的《论儒家政治哲学中的德位关系》则更深入讨论了传统儒家关于"为政以德"所彰显的普遍意义与现实应用价值。作者认为"儒家这四种德位关系都强调德对位的优先性，其真正用心是以道德来规范限制权力"，并强调儒家对德的重视有利于矫正现代政治的"过度制度化、理性化所表现出来的人的工具化、功能化"问题③。

中国传统政治哲学的理论新解释，试图在政治思维方式及政治理论框架上进行理论创新，一方面是因为看到了现代政治理论在某些方面的不足，另一方面则又自觉弘扬传统中的某些方面。因为有些研究理论创新的方式是托古以创新，即从古人已有的理论内容中解读出新的普遍性的理论内容，所以它在学术形式上就表现为对中国传统政治哲学进行自觉的新阐释。有的研究者紧密结合现实，努力发掘和呈现儒家政治哲学的现代价值与普遍意义，甚至以儒家政治哲学为依据对西方体制进行理论反思，在这样的反思中，儒家政治哲学在重新解释中已经失去了其历史性，而只表现出了它的普遍价值。白彤东的《自由、良政与全球秩序——新冠疫情下对西方体制的儒家政治哲

---

① 林存光、陈林：《政由谁出 政治何为——孔子政治哲学新论》，《孔子研究》，2021年第4期。
② 张一弘：《孔子政治哲学的三重向度》，《长治学院学报》，2021年第6期。
③ 张智：《论儒家政治哲学中的德位关系》，《道德与文明》，2021年第1期。

学反思》一文,就立足于儒家政治哲学,对西方应对新冠疫情的体制进行了评述和反思,以己之长,分析西方体制之短,并进一步呈现了儒家政治哲学在全人类范围内的普遍价值。作者认为西方应对新冠疫情在体制上没有很好地处理公与私的关系,其公私对立的绝对性限制了体制之公对个人之私的作用,从而导致了疫情防控不力的结果,而儒家在公私关系上强调的公私连续性却提供了公关注私的合法理由,儒家的这个影响在中国的疫情防控中充分显现了出来①。有的研究者立足于现代价值内容,分析传统作者哲学中的相关概念,其实际上是对传统相关政治哲学概念进行现代意义上的理论新解释,发掘其中现代意义与价值。孟琢在《中国哲学视域中的自由平等:〈齐物论释〉的思想主旨与价值建立》一文,依托章太炎的《齐物论释》,对中国政治哲学中的自由平等观念进行了阐释,其中也包含着对章太炎在传统自由平等意识与现代解释方面的若干评价。文章认为章太炎在《齐物论释》中解读出了自由平等的内容,并主张章太炎在此就是立足于中国哲学的历史传统,建立起自由平等观念。作者肯定了章太炎"立足中国哲学传统建设普世价值的道路",并认为"齐物哲学对现代价值的建立与反思、对东西方文化的贯通与突破、对中国哲学本位的不懈坚持,都具有重要的思想意义"②。文章对章太炎《齐物论释》的分析在很大程度上也体现了作者在相关问题上的同情态度及同道立场,即作者也是赞同庄子《齐物论》中包含着具有现代价值的自由平等内容,中国现代价值的建构"需要从中华文明的底蕴出发","不断实现民族文化的自主性与普遍性"③。

中国传统政治哲学的重新解释也体现在立足于儒家政治哲学理论的叙述和解释来参与当代基本政治哲学问题的探讨,试图在当代政治哲学问题的探讨中揭示其中的理论不足,并提倡发挥儒家政治哲学在理论内容上的长处。张新的《正义与德性——荀子政治哲学新探》一文,就是结合当代关于正义理论的探讨,分析了以荀子为代表的儒家政治哲学在正义理论方面的价值与

---

① 白彤东:《自由、良政与全球秩序——新冠疫情下对西方体制的儒家政治哲学反思》,《浙江社会科学》,2021年第5期。
② 孟琢:《中国哲学视域中的自由平等:〈齐物论释〉的思想主旨与价值建立》,《中国哲学史》,2021年第5期。
③ 孟琢:《中国哲学视域中的自由平等:〈齐物论释〉的思想主旨与价值建立》,《中国哲学史》,2021年第5期。

意义。作者认为，虽然基于西方传统的正义观念在当下关于正义理论的探讨中居于支配地位，但也由此而带来了正义理论的局限性与狭隘性，儒家思想在当代正义话语中被排除则是"一个严重的错误"，可喜的是儒家正义观逐渐得到了英语世界学者的关注，并"出现了关于儒家正义观的系统性诠释与体系化表达"①。文章进一步认为荀子在儒家正义观上作出了创造性的推进，其中荀子关于分之义的分析尤其具有理论价值。人与人之间的分显示了荀子关于正义的两个方面思考，其一是消极层面的"去乱"，即"建构正义的分配与合作制度"，其二是"增加人类所欲求的基本善"②。作者强调了荀子"分义"观"有着明确的正义内涵"，既在目的上"体现出的是充足主义，即每个人应该有足够的经济资源与基础支撑，从而过一种有物质保障的、德性与能力可以获得发展的良善的生活"，也在实施上"体现出比例正义原则"，即"政治职务的分配、社会职业的分工与个体的德性与能力成正比"③。作者对荀子分义的理解和阐释具有非常明显的罗尔斯正义论的影子，其实质是依托于罗尔斯的正义论对荀子的理论进行了阐释，并在一定意义上把荀子阐释成了罗尔斯的同类。虽然就荀子政治哲学的历史事实来说，未见得准确，但其以理论阐释进行理论创新的目的却十分明显。孙旭鹏于 2021 年出版的《荀子"群居和一"的政治哲学研究》一书，也高度肯定了荀子政治哲学的现代价值，认为荀子政治哲学有利于法治社会建设、社会治理，尤为强调了荀子"和合"思想所具有的丰富现代价值④。邓梦军的《政治哲学视域下孟子王道思想研究》一文，虽然在理论创新的自觉上不那么明显，但在普遍层面上积极评价孟子王道思想，也体现出了较强烈的继承与弘扬的意识。作者把孟子的王道思想看作是"对最佳政制的追寻"，核心内容就是"以理想的政治之道建立理想的人间秩序"，"给人提供一种安全感和永恒感"，作者虽然承认了儒家王道思想在落实的过程中有它的弊端，但又认为它的弊端可以通过禅让和变革等来进行挽救⑤。在结论上，作者对儒家王道思想给予了高度肯定，强调"王道

---

① 张新：《正义与德性——荀子政治哲学新探》，《理论月刊》，2021 年第 6 期。
② 张新：《正义与德性——荀子政治哲学新探》，《理论月刊》，2021 年第 6 期。
③ 张新：《正义与德性——荀子政治哲学新探》，《理论月刊》，2021 年第 6 期。
④ 孙旭鹏：《荀子"群居和一"的政治哲学研究》，中国社会科学出版社，2021 年版，第 208 页。
⑤ 邓梦军：《政治哲学视域下孟子王道思想研究》，《孔子学刊》，2021 年第 00 期。

思想始终都像一盏明灯照亮整个历史进程","始终给予人们追求、向往美好生活的动力"①。

3. 中国传统政治哲学的整体性分析与价值评判

中国传统政治哲学研究在派别及思想家层面上拥有数量众多的成果,但把中国传统哲学当作一个整体性体系进行分析的研究也早已存在,20世纪80年代刘泽华先生在关于政治思想史研究对象的阐述中就提出了要按照问题、概念、命题等的超越学派性来进行政治哲学概念、范畴、判断及命题的研究②。张师伟的《中国传统政治哲学的逻辑演绎》一书也颇为关注中国政治哲学作为一个整体性的体系化存在,把中国传统政治哲学理论体系的整体性及其历史性变迁作为基本的论述内容,呈现了一个基于中国民族共性的政治哲学理论体系的历史变迁③。一般来说,政治哲学家的个性及理论的创造性在学术研究中会被优先关注,并被作为重点来研究,但如果要呈现理论发展在空间及时间上的延展性,就不能不关注特定时空中理论体系的整体性。尽管有的研究成果只是通过现代理论体系的运用才展现研究对象的逻辑体系,如前述孙旭鹏的《荀子"群居和一"的政治哲学研究》就是借助于现代政治哲学的理论体系,在认识过程中构建出了荀子政治哲学的理论体系,但实际上没有人可以脱离自身所处的时代赋予自己的理论话语内容及相应理论逻辑,即使只追求客观呈现研究对象内容的研究者,也不能摆脱当下理论体系在认识和分析过程中的建构性作用。萨孟武的《儒家政论衍义——先秦儒家政治思想的体系及其演变》一书,主要就是分别论述和分析孔子、孟子及荀子的政治思想,实际上也没有在理论体系上把三者联系起来,把先秦儒家政治思想呈现为一个连续的整体性理论体系④。李友广的《先秦儒家政治哲学的整体性思维架构及其理论特征》一文,在将先秦儒家政治哲学作为一个整体性体系上,提出了自己的独到见解,重点分析了先秦儒家在政治哲学上的整体性

---

① 邓梦军:《政治哲学视域下孟子王道思想研究》,《孔子学刊》,2021年第00期。
② 刘泽华:《中国政治思想史研究对象和方法问题初探》,《天津社会科学》,1985年第2期。
③ 张师伟:《中国传统政治哲学的逻辑演绎》,天津:天津人民出版社,2016年版,第61页。
④ 萨孟武:《儒家政论衍义——先秦儒家政治思想的体系及其演变》,台北:东大图书有限公司,1982年版,第1-8页。

思维建构及其理论特征。作者认为作为一个学派的儒家,其中的思想家在政治哲学问题思考上有着"伦理性与形上性兼具"的共性,体现了"宏阔而整体性的思维架构"①,并在"政治哲学整体上呈现为德性特质与政治伦理化、家庭主义与天下情怀、执两用中与改良立场这三大重要理论特征"②。

近年来,中国传统政治哲学研究在整体上趋向于弘扬优秀传统文化,许多的研究成果都在积极地发掘传统政治哲学的理论精华,其中对于儒家政治哲学的研究尤其如此。但在弘扬优秀传统文化的背景下,也还有弘扬道家政治哲学等的学者,对儒家政治哲学的有关内容进行了学理性批评。当然,不论是弘扬儒家政治哲学的研究者,还是弘扬道家政治哲学的研究者,他们所发掘和弘扬的优秀传统文化在内容上必定与现代政治价值或政治秩序相吻合。有的研究者站在弘扬道家政治哲学的立场上,对儒家传统政治哲学进行了有针对性的批评,其中主要立足于道家之自然观与西方自由主义自然观在尊重个性自由方面有共同点,以此批评儒家建构的整体性政治秩序缺乏对个体的自在及彼此的差异的必要尊重。郭美华、陈昱哲的《个体道德与普遍政治秩序的一体化及其缺失——〈大学〉的政治哲学解读》一文,就试图对政治秩序建构中的个体道德问题进行理论上的解释,它通过对《大学》及其朱熹的注进行理论新解释,就普遍政治秩序与个体道德的一体化理论问题展开了深入讨论,其主要观点与弘扬儒家政治哲学传统的学者有较为明显的差异。作者认为《大学》在政治哲学上"建构了一个教化—道德—政治一体化的世界","朱熹以天理为中心,将教化—道德—政治的一体化理解为普遍本质于个体道德与普遍政治的贯穿与一致;王阳明则以仁心感通为基础,将教化—道德—政治的一体化理解为个体道德与普遍政治甚至天地万物的浑然整体"③。作者强调个体道德与普遍政治秩序的一体化理论,在其内容逻辑上,"缺失了世界及其秩序的自在性与自然性,人类社会自身的自在性,他者的差异性和道德、教化与政治的彼此分界、相对独立,最终使得隐逸生存的可能性完全

---

① 李友广:《先秦儒家政治哲学的整体性思维架构及其理论特征》,《中原文化研究》,2021年第6期。
② 李友广:《先秦儒家政治哲学的整体性思维架构及其理论特征》,《中原文化研究》,2021年第6期。
③ 郭美华、陈昱哲:《个体道德与普遍政治秩序的一体化及其缺失——〈大学〉的政治哲学解读》,《周易研究》,2021年第1期。

丧失"①。它在实践中实际上有利于维护圣人权威,即如果以普遍化天理为基础的唯一世界,"被某一个圣人个体化,世界及其秩序就会丧失,无数差异性他者也相应地丧失",那么每个人自由自在地生存也就失去了理论前提②。虽然与弘扬儒家政治哲学的研究者颇为关注儒家君子的人格独立及公共精神等明显不同,但郭美华、陈昱哲对儒家政治哲学在个体道德与整体性政治秩序建构方面的内容的理解要更合乎儒家政治哲学的历史事实与理论逻辑。

中国传统政治哲学研究的价值评判还体现在中西比较的研究中,抛开中西思想家各自所处的不同时代背景,只是在核心概念理解与纯粹理论逻辑分析的层面上展开比较性分析,本身就是对研究对象的一种评价,其中又以较积极的评价为主,特别是在把中国古代思想家与西方近代思想家进行比较的时候,其比较的旨趣就暗含着肯定中国古代思想具有现代价值的倾向。朱旭宏、杨金的《庄子与霍布斯〈利维坦〉政治哲学思想之比较探析》一文,对中国古代思想家庄子与西方近代思想家霍布斯进行了理论比较的分析,其中用作比较尺度的概念主要来自西方,在一定程度上展现出了以现代理论的概念和逻辑来呈现古人思想的思路。比如作者在概念上使用了西方传统的"原初状态",以原初状态来解释庄子的自然状态③。这个概念在西方政治哲学理论中有着特定的含义,并在其理论逻辑中居于建构政治秩序及维系个体权利的前提地位,庄子对自然的解读当然包含有未被外界异化的人之初的意思,但自然也始终作为一个人所以为人的本质属性,保持人之自然即没有被异化,否则就是人被异化了;庄子的自然更是人所以为人必须要追求和坚守的内涵。自然在庄子那里包含着人之初始、人之本质与人的目的三重含义,而原初状态却只有其中的一种含义。"庄子主张对原初状态的回归,民众在对道德的自由追求中使社会淳然有序"④,这种理解与解释在概念与逻辑上都有着明显的西方政治哲学痕迹,而且其理论内容也未见得合乎庄子自然思想的实际。从

---

① 郭美华、陈昱哲:《个体道德与普遍政治秩序的一体化及其缺失——〈大学〉的政治哲学解读》,《周易研究》,2021年第1期。
② 郭美华、陈昱哲:《个体道德与普遍政治秩序的一体化及其缺失——〈大学〉的政治哲学解读》,《周易研究》,2021年第1期。
③ 朱旭宏、杨金:《庄子与霍布斯〈利维坦〉政治哲学思想之比较探析》,《理论观察》,2021年第4期。
④ 朱旭宏、杨金:《庄子与霍布斯〈利维坦〉政治哲学思想之比较探析》,《理论观察》,2021年第4期。

这个意义上说，比较性分析如果不能克服概念及理论逻辑上过于明显的现代色泽，那么就很难避免在结论上将古人思想现代化，从而误把古人当作现代人。

4. 中国近现代政治哲学研究的若干焦点话题

中国近现代政治哲学研究的一个重要内容就是探讨它的思想特征，其中的重点又是讨论近现代政治哲学发展中的传统与西方的关系。一般来说，中国近现代政治哲学在内容上既不完全同于传统，也不完全同于西方，而是古今中西混合在一起。但中国在政治哲学上能够区分出近现代与古代的本质内容究竟是源于古代，还是源于西方，却在理论上仍有较大的争议。有的研究者较为关注传统与现代的延续性与一致性，如同历史上的新儒家那样，试图在传统中发掘出有现代价值的内容，着力于发掘和弘扬钱穆关于"大一统"的观点，强调"大一统作为规范理论所包涵的超越性和天下性"，它"为反思世界政治的文明前景提供了更富生机的进路"①。顾家宁在《〈明夷待访录〉与传统政治思想的现代转型——以章太炎的评论为线索》一文中，以章太炎对《明夷待访录》的评价为分析对象，在呈现了章太炎关于《明夷待访录》在不同阶段的不同评价之后，通过分析章太炎对黄宗羲思想的继承与批评，"透露出传统政治思想的近现代转型轨迹，由此亦折射出传统政治思想现代转型的诸多特质"，"呈现出本土政治思想作为传统资源融入现代世界的轨辙"②。有的研究者则在研究中凸显了中国近现代政治哲学的现代属性来源于西学传播的观点，认为近现代政治哲学家群体在多大程度上接受和接近了西方近代政治哲学，也就获得了相应的现代属性，在客观上表现出了以西方近代政治哲学作为判断是否属于近代政治哲学的基本尺度的倾向，认为"人们在怎样的程度上理解了西方近代的价值理念，也就在怎样的程度上理解了民权"③。尽管研究者肯定"维新派的民权观是近代中国思想界向西方学习过程的重要环节"④，但也认为维新派不能不"把他们所肯认的东西放在传统的儒

---

① 任锋：《大一统与政治秩序的基源性问题：钱穆历史思维的理论启示》，《人文杂志》，2021年第8期。
② 顾家宁：《〈明夷待访录〉与传统政治思想的现代转型——以章太炎的评论为线索》，《哲学动态》，2021年第9期。
③ 孙晓春：《传统话语背景下近代维新派的民权观》，《文史哲》，2021年第6期。
④ 孙晓春：《传统话语背景下近代维新派的民权观》，《文史哲》，2021年第6期。

家话语背景下去印证",这导致他们所阐述的民权观念"无法摆脱的是中国传统价值观念的影响",并"不可避免地带有理论的局限"①,甚至于"在某种意义上说,维新派所阐释的自由、民权,已经不再是近代价值观念的本来面貌,这又在根本上阻碍了从传统向近代转变的思想进程"②。

现代新儒家是中国近现代政治哲学研究中的常见焦点话题。这一方面源于现代新儒家本身所讨论的理论问题仍然具有明显的理论意义,如何处理好现代与传统的文化关系依然有强劲吸引力,另一方面也源于学术界有自觉传承现代新儒家理论传统的自觉,着力于发掘传统儒学的现代价值。任新民的《熊十力政治哲学的旨趣:以〈原儒〉为例》一文,以熊十力晚年的著作《原儒》为分析对象,分析了熊十力的政治哲学理想,认为《原儒》并不是为规范现代政治而作,它实际上是继承了"孔子作《春秋》为万世制法的志向",强调熊十力在政治哲学上推崇着孔子天下为公的大道,并以为这才是"真正的民主"③。王聪的《唐君毅的自由观》一文,认为"唐君毅在形而上的层面对于'自由'的观念进行了立足儒学而又融汇西学的阐发,形成了较有特色的自由观"④。唐君毅的自由观强调"不能仅把自由的观念局限于政治领域",而要追寻其精神及意志上的形而上根源。这就不能不回到中国传统哲学对自由的理解与解释,因为"在中国哲学视域中,人的自由是对本心的自觉顺应,因此是不证自明的","真正的自由,必须是以'心之本体'为指向的向内而求",其核心内容是"人之自性"的"自由而无限的规定性"⑤。在自由的内容上,文中主要呈现了唐君毅自由观的三个层面,即以"心之本体"为指向的内求自由、以心灵为体的精神自由及以"人之自性"为原因的意志自由,在结论上,强调了唐君毅在自由问题上"归宗儒学的致思取向",认为唐君毅是"以儒家思想为旨归,以宋明儒者的内圣之学为依持,以继承并发扬宋明儒学内在而超越的特质为己任"⑥。黄燕强的《徐复观论孙中山的政治哲学》一文展现了徐复观视域下的孙中山政治哲学,呈现了徐复观所看到的

---

① 孙晓春:《传统话语背景下近代维新派的民权观》,《文史哲》,2021年第6期。
② 孙晓春:《传统话语背景下近代维新派的民权观》,《文史哲》,2021年第6期。
③ 任新民:《熊十力政治哲学的旨趣:以〈原儒〉为例》,《原道》,2021年第1期。
④ 王聪:《唐君毅的自由观》,《中国哲学史》,2021年第4期。
⑤ 王聪:《唐君毅的自由观》,《中国哲学史》,2021年第4期。
⑥ 王聪:《唐君毅的自由观》,《中国哲学史》,2021年第4期。

孙中山政治哲学与传统儒家政治哲学的相同点，一方面凸显了现代新儒学视域下的"孙中山有一种道统自觉"，另一方面也揭示了现代新儒家所看到的孙中山思想中的传统儒家内容，如孔孟之道根柢、中庸之道核心、和平与大同理想、儒家外王之学、内圣之道等①。

中国近现代政治哲学家在思考过程中无不身处古今中西的夹缝中，有的人始终护卫传统，而执着地拒绝向西方学习，如倭仁；有的人则在学习了一段时间之后，又回过头反对继续向西方学习，如戊戌维新时期反对变法的王先谦；有的人试图以传统的概念体系来承载新思想，旧瓶装新酒，如严复；有的人则认清了新思想传播必然伴随有新概念输入的学术趋势，并对新概念的输入作出了积极的回应，如王国维。实际上，中国近现代政治哲学研究迄今面临着理解与解释的双重困境，第一重困境是研究者在理解和解释上是否具备相应的中西政治哲学知识与素养，研究者能否在中国近现代政治哲学家的文本中比较准确地区分出其中的古今中西内涵，并由此而准确理解和评价研究对象的学说；第二重困境是近现代新思想的内容是否获得了适当的概念容器，即新思想在概念之名与实不符情况下必然要面对理解与解释的困难。在这个情况下，中国近现代政治哲学家尤其是那些有重大影响的人物，是否存在着从新到旧的反复，就成了一个不容易判断的问题。毋庸置疑，即便是那些积极传播现代政治理念的政治哲学家，如章太炎，也要借助于对传统文献的理解与解释，研究者们关注章太炎的《齐物论释》②，或分析章太炎对《明夷待访录》的评价③，都试图揭示传统理论在现代化过程中的延续，彰显传统中某些内容的现代价值。所谓传统在现代化过程中的延续，在很大程度上就是把现代的思想内容放入传统概念之中。严复作为一个近现代政治哲学史上的风云人物，他在思想上表现出来的阶段性变化趋势，比较明显地表现出了回归传统的倾向④。孙晓春、郭御龙的《从崇尚自由到回归传统——晚年严复的思想转向及其原因》一文，认为严复在思想上经历了从崇尚自由到回

---

① 黄燕强：《徐复观论孙中山的政治哲学》，《原道》，2021年第1期。
② 孟琢：《中国哲学视域中的自由平等：〈齐物论释〉的思想主旨与价值建立》，《中国哲学史》，2021年第5期。
③ 顾家宁：《〈明夷待访录〉与传统政治思想的现代转型——以章太炎的评论为线索》，《哲学动态》，2021年第9期。
④ 孙晓春、郭御龙：《从崇尚自由到回归传统——晚年严复的思想转向及其原因》，《南开学报》（哲学社会科学版），2021年第4期。

归传统的变化。文章所谓崇尚自由,就是指严复作为"中国近代向西方寻找真理的思想家之一","在中日甲午战争以后的几年间","在中国语境下对近代西方的自由观加以解读""极力推崇西方近代的自由、平等理念";而所谓回归传统则是指"晚年严复放弃了近代的自由观而回归儒家思想传统"[①]。

[①] 孙晓春、郭御龙:《从崇尚自由到回归传统——晚年严复的思想转向及其原因》,《南开学报》(哲学社会科学版),2021年第4期。

九、视角面向与方法商榷：2022年中国政治思想史研究新进展

学者们对国内外政治学知识体系的反省，一方面促使人们认识到了西方政治学知识体系的特定经验基础，理解了它之所以不能很好地解释中国现状与发展的知识论原因，从而希望能够立足中国实践来建构自己的政治学知识体系；另一方面也让中国学者意识到了西方政治学知识体系在主流上缺乏历史维度的不足，从而试图依托中国擅长的历史思维及丰富的历史文献，突出历史维度的政治学知识体系①。在这个学术背景下，中国政治思想史研究的视角面向与研究方法问题受到了广泛关注，引发了一定的学术讨论。学者们给中国政治思想史研究设定的不同视角面向，反映了各自不同的学术期许，并因学术期许的不同而在研究方法上也表现出不同的主张。许多研究成果虽然未明确讨论中国政治思想史研究的视角面向与研究方法，但也并非在视角面向和研究方法上没有选择，只不过许多研究者的选择方式是研究实践，坚持以自己的视角面向和研究方法研究具体问题，而非在理论上自觉探讨和反思自己研究活动的视角面向与研究方法。

（一）中国政治思想史研究的现状估计与方法反思

中国政治思想史研究已经存在了一百余年，自从现代政治学教学与研究出现在中国，它就成了中国政治学知识体系的重要组成部分，历来受到研究者的高度重视，产生了许多有重要影响的理论成果。即使在政治学作为一个学科被取消的特殊时期，中国政治思想史研究也维持住了它的存在。为什么

---

① 杨光斌：《历史政治学的知识论原理》，《探索与争鸣》，2022年第8期。

要研究中国政治思想史？中国政治思想史研究的理论意义和学术价值何在？中国政治思想史该怎样研究？如此等等的问题，中国政治思想史研究者尽管见仁见智，给出了多样化的回答，但在总体上并没有产生关于理论意义和学术价值的疑问。有的学者倾向于强调研究中国政治思想史的启蒙意义，即中国政治思想史不仅存在于几千年的历史中，也存在于当代社会实践中，中国从过去走出来，不能不清理现实世界中仍然存在的旧政治意识残余①。有的学者倾向于强调中国政治思想史研究的实践价值，突出古为今用，向古代学习治国理政的经验、理论与智慧等②。有的学者则倾向于以确立中国政治理论主体性为目的，进行中国政治思想史研究，强调现代中国政治理论与传统政治理论的历史连续性和理论继承性，注重发掘中国传统政治理论的现代特质、属性与内容等，彰显中国政治学的历史之维③。虽然改革开放以来，西方政治学知识的输入对中国政治学知识体系的恢复和发展产生了重要影响，中国政治思想史研究也在某种程度上得益于西方政治学知识体系的有关概念及理论，但在中国政治实践反证了西方政治知识体系在中国的局限性，并在客观上激发了中国政治学自主知识体系建构的理论需求后，中国政治思想史研究的学术评价却成了一个颇具争议的问题。

1. 中国政治思想史研究的所谓"困境"④

有的学者从理论如何有效服务现实的角度来考虑知识的价值。政治学知识体系的创新原本具有多样化的价值，即使完全不能用以进行实践的解释或表现不出其他的实践应用价值，也不能认为它就没有理论意义或学术价值，实际上即使仅仅能够提供知识积累方面的增量，也是有其理论意义和学术价值的，而且从学术发展的角度来看，越是现实应用性不明显的知识内容，才越有可能具有重大的理论意义和学术价值，最具有理论意义和学术价值的知识应该就是完全没有实用功能的知识。但中国政治学知识体系的建构在一些学者视域中却是一个实用性极为突出的工作，知识体系的理论意义和学术价

---

① 刘泽华：《中国政治思想史集》，北京：人民出版社，2008年版，总序。
② 田改伟、刘训练：《研究政治思想史要洋为中用、古为今用——徐大同先生访谈》，《政治学研究》2014年第4期。
③ 徐勇：《主持人话语：政治学的历史之维》，《云南社会科学》，2019年第4期。
④ 黄晨：《经验的归经验，规范的归规范——如何走出政治思想史的学科危机》，《政治学研究》，2022年第3期。

值也需要以它在实践中的效益为标准进行测度。在他们看来，政治学研究或者是运用既定理论来分析和解决实践问题，或者是创造可以用来分析和解决实践问题的理论工具，政治思想史在他们的视域中并不被认为是理论研究。不论是西方政治思想史研究，还是中国政治思想史研究，只要不能在概念提炼和理论发现上产生新东西，就不具有理论意义和学术价值。有的学者出于概念创新和理论优化的政治学研究动机，虽然强调了中国政治思想史研究作为一种历史研究，既不提供新的概念，也不提出新的理论，更不能为分析和解决实践问题提供直接的理论工具，但又确实不能否认中国政治思想史研究能够提供思想事实材料①，于是就在客观上贬低了其理论价值和学术意义，而仅以历史研究来定位中国政治思想史研究的理论意义和学术价值，所谓历史研究的理论意义和学术价值无非就是提供真的事实。中国政治思想史研究当然不只提供思想事实，它还具有自由、独立、丰富的理论使命和学术价值，但它被一些学者看作是一种仅仅提供思想事实的历史研究，确实体现了某些政治学者给中国政治思想史研究设定的视角面向，即呈现思想事实的视角面向，而相应的研究方法也就只有史料分析下思想事实的描述法了。中国政治思想史研究的政治学视角面向与研究方法，在这里几乎被完全排除了，其实际结果就是削弱了中国政治思想史研究的理论意义和学术价值，而只是把它放在了提供思想材料的搬运工位置上。中国政治思想史研究如果缺失了理论分析和辩证认识，那才是真正陷入了"困境"中。

一些学者视域中的中国政治思想史研究的"困境"②，首先表现在文章发表的困难上。一方面，现有学术期刊学科结构不够平衡，政治学专业期刊相对偏少，综合性期刊发表的政治学论文数量也偏少，政治思想史研究的学术论文在发表上确实比其他分支学科的研究成果难一些，数量也要少很多。另一方面，学术期刊发表的理论成果偏向于实践应用，运用既定理论观点分析和解决现实问题的经验研究较容易发表，为了有效分析和解决中国实践问题而着力于发现和创造解释力更强的概念的文章也相对容易发表。中国政治思想史研究的学术成果，既不能创新、创造分析和解决实践问题的新概念、新理论，也不能运用新概念和新理论来分析和解决中国实践问题，与学术期刊

---

① 杨光斌：《历史政治学的知识论原理》，《探索与争鸣》2022年第8期。
② 黄晨：《经验的归经验，规范的归规范——如何走出政治思想史的学科危机》，《政治学研究》，2022年第3期。

发表的实践面向及问题导向存在较大的距离，相对于创造新概念、提出新理论的理论研究和分析与解决实践问题的经验研究而言，中国政治思想史研究的学术成果发表确实存在着明显的困难①。但中国政治思想史研究的学术成果在理论意义和学术价值上，也得到了一定学术刊物的认同，政治学专业的权威期刊、社科综合期刊、学报等每年都发表一定数量的中国政治思想史研究成果。一些学者所说的"困境"虽然拿发表难和发表少说事，但也并没有止于此，而是以发表难和发表少为引子，引出了他们所谓的"困境"之所在。中国政治思想史研究的"困境"，恰恰来自它没有直接服务于中国政治实践的理论解释。在以西方政治学概念和理论解释中国实践的学术氛围中，中国政治思想史研究的学术成果，与分析、解释和解决中国实践问题的理论需求关联度不大。当西方政治学概念和理论不能再有效分析、解释和解决中国实践问题时，中国政治思想史研究的学术成果也依然不能独自承担起分析、解释和解决中国问题的重任。虽然处在"困境"中，却也并非没有出路，因为中国政治实践解释和问题解决的学术需求已经提出了建构政治学知识自主体系的要求，而从历史中汲取概念和提炼理论也逐渐在一些学者间取得了共识②。中国政治学自主知识体系建构的概念提炼和理论发现，虽然要通过回归历史事实来进行，但并不是由中国政治思想史研究来进行，而是由所谓的历史政治学来进行，中国政治思想史研究脱离"困境"的路径，只在于给历史政治学提供历史上政治概念等的真实事实③。

如果理论研究的目的，就是创新和优化实践问题的解释和解决的概念体系与理论学说，那么中国政治思想史研究恰恰就是梳理了中国几千年来创新和优化实践问题解释和解决的概念体系与理论学说。中国政治思想史研究发展演变的行程，就其本质而言，是一个概念体系和理论学说不断优化，并渐趋于定型、成熟乃至于烂熟的过程。它在传统时代具有完全的解释力和彻底的说服力。这样一套发展到烂熟的概念体系和理论学说，包含着一系列的规范性认识和规律性认识，而中国政治思想史研究也就由此对研究者的知识结构提出了要求。中国政治思想史研究如果说存在"困境"，那还在于研究者知

---

① 黄晨：《经验的归经验，规范的归规范——如何走出政治思想史的学科危机》，《政治学研究》，2022年第3期。
② 杨光斌：《历史政治理论序论》，《社会科学》，2022年第10期。
③ 杨光斌：《历史政治学的知识论原理》，《探索与争鸣》2022年第8期。

识结构存在明显瑕疵，不能以完整的知识结构和严谨的理论逻辑为依托，全面完整地呈现中国政治思想史的内容体系。有些学者站在历史政治学的视角给中国政治思想史研究提供的脱困建议，是所谓"规范的归规范，经验的归经验"①，其实质无非是让历史政治学矗立在政治思想史研究的基础上，以中国政治思想史研究供给所谓真实的历史事实，而由历史政治学来进行概念提炼和理论发现，以提供一套能够合理解释中国的政治学规范性知识体系。历史政治学和政治思想史之间的这种分工，貌似是提供给中国政治思想史研究以脱困的路径，其实却是降低了政治思想史研究的理论意义和学术价值，而把内容丰富和理论严谨的中国政治思想内容看作一堆散乱的思想事实，形同于博物架上可以随意拿取的展览品，概念之间的联系完全被忽略，理论学说也完全失去了原有的价值。中国政治思想史上诸多概念及理论的价值与意义完全取决于它们是否能被用来解释当下的中国政治实践，如果它们能够被有效合理地解释当下中国政治实践的理论体系所吸纳，且被吸纳进最优概念的行列，也就被纳入了合理解释当下中国政治实践的理论体系中，它们就是有价值的，否则就是无价值的。就此而言，"规范的归规范，经验的归经验"，不仅不是中国政治思想史研究的脱困路径，反而可能是使中国政治思想史研究陷入深度困境的路径。政治思想史研究的对象都曾经是理论结构完整的内容体系，认识这样的内容体系显然需要基本的理论分析，否则就不能准确解读其中的概念，也不能清楚呈现理论的结构逻辑。

2. 中国政治思想史研究的观念史架构

韩国龙仁大学张铉根教授长期从事中国古代政治思想史研究，曾积二十年精力将刘泽华教授主编的《中国政治思想史》（三卷本）译成韩文，在学术研究上可谓匠心独具，卓然有成。他的新著《观念的变迁：中国古代政治思想的演变》由叶梦怡女士译成中文，于2022年由浙江人民出版社出版。该书以精心选择的十二对概念为研究对象，梳理了各个概念含义的历史变迁，以概念研究方式呈现了中国古代政治思想的发展长卷，葛荃和孙晓春两位教授在该书中文版序言中给出很高评价，葛荃教授誉之为"一部'迈向观念史'

---

① 黄晨：《经验的归经验，规范的归规范——如何走出政治思想史的学科危机》，《政治学研究》，2022年第3期。

的扛鼎之作"①，孙晓春教授则许之为"在观念的层面理解中国传统政治思想"②。"迈向观念史"，"在观念的层面理解中国传统政治思想"，既在一定程度上反映了国内学者对中国政治思想史研究的反省和意向，也在很大程度上反映了中国传统政治思想的概念理解和解释成了学术界关注的焦点领域。中国传统政治概念是否已成了理论博物架上的摆件，任人择取，随意解释，以为己用？在努力建构自主政治学知识体系的历史政治学研究中，学者们该有一个对待中国传统政治概念的正确态度及恰当方式。观念史研究作为思想史研究方法，在中国政治思想史研究中早已受到关注和应用，观念史和概念史两者都以概念的内涵为分析对象，在国内学术研究中常常没有明确的区别，两者皆以概念为基本分析对象，旨在揭示概念之名下的含义变迁，但概念史还比较关注概念之名的时代性更迭，而观念史则始终关注概念之名的含义分析。张铉根教授的著作虽然名为观念史研究，但其直接的研究对象其实是概念，它基本的研究方法就是概念分析，也可称之为概念研究，而概念研究是中国政治思想史研究的基本方法。因为政治"概念和范畴虽然不是独立的存在，但一经出现，又有相对的独立性，并在认识中作为纽带把前代和后代联系起来。由于时代的变化以及每个人认识上的差别，所用的概念字面上虽然无别，但所表达的客观含义常常有很大的差异，在各自思想体系中的地位也很不同。因此对概念与范畴作总合的研究是剖析普遍的思想形式所不可缺少的"③，观念史研究的价值和意义不言而喻。

中国政治思想史研究中的概念研究并不少见，不论是学术著作形式，还是学术论文形式，都有大量的学者进行专题性概念研究。张铉根教授的研究成果之所以与众不同，在于他提供了一个观念史框架的中国政治思想史演进体系。作者立足于现代政治学理论，强调要"在传统中发掘现代价值"④，精心从中国政治思想史上选择了天命、心性、国家、君王、臣民、道德、仁义、

---

① 葛荃：《一部"迈向观念史"的扛鼎之作》，见[韩]张铉根：《观念的变迁：中国古代政治思想的演变》，叶梦怡译，杭州：浙江人民出版社，2022年版，序一。
② 孙晓春：《在观念的层面理解中国传统政治思想》，见[韩]张铉根：《观念的变迁：中国古代政治思想的演变》，叶梦怡译，杭州：浙江人民出版社，2022年版，序二。
③ 刘泽华：《中国政治思想史研究对象和方法问题初探》，《天津社会科学》，1985年第2期。
④ [韩]张铉根：《观念的变迁：中国古代政治思想的演变》，叶梦怡译，杭州：浙江人民出版社，2022年版，第386页。

礼法、忠孝、公私及华夷等至关重要的十二对二十四个观念作为分析的对象，研究了它们被赋予的基础性含义，并分析说明了这些观念的变迁①。一方面，作者的研究在概念分析上追根溯源，注意发掘现代政治概念西学含义背后的中国传统意义，提醒人们所接受的现代政治概念在含义解释上具有明显的西学倾向，其在政治根本性问题上的看法并不能较好地反映中国传统的思想事实，比如中国传统"政治"概念就远比现代"政治"概念在含义上更为丰富。"中国传统政治观念象征着端正自身，实现社会道德秩序，以及共同体良善秩序相关的所有事物"，"人们一辈子的生活样式"，"一切都被包含在了道德秩序的范围内，一举一动皆是政治"，然而"随着近代西方政治观念的输入，作为综合体的传统政治观念的内涵变得狭隘起来"，"政治"或者是被解释为"对社会稀有价值的专制分配"，或是被解释为"权力统治与服从的相互关系"②。另一方面，作者的研究也试图在结构上呈现中国传统政治理论的完整性和在内容含义上的丰富性，其所选择的政治观念密切结合了中国政治思想史的实际，而不拘泥于现代政治理论的命题结构，更不以现代政治理论的逻辑架构来割裂中国传统政治思想史，甚至也没有在概念含义的解释上"以西释中"或"以今释古"。作者试图以观念史框架完整叙述和整体分析中国政治思想史内容的初衷，在客观上得到了一定程度的实现。当然，作者的学术诉求并未止于完整叙述和整体分析中国政治思想史的演变，而有更进一步的理论追求，"接近融合了东西方思想的共同真理"③，这在一定程度上强调了中国政治思想史研究在人类政治知识体系完善方面的重要价值，也表示了政治学知识领域内是存在着普遍性的共同知识内容，此即张铉根教授所说的"共同真理"。

葛荃教授认为"观念史的研究具有一定程度的跨学科性质，可以视为思想与社会互动的产物"，它在论域上超越了"政治思想史的藩篱"④，涉及政

---

① [韩] 张铉根：《观念的变迁：中国古代政治思想的演变》，叶梦怡译，杭州：浙江人民出版社，2022年版，第12页。
② [韩] 张铉根：《观念的变迁：中国古代政治思想的演变》，叶梦怡译，杭州：浙江人民出版社，2022年版，第8—9页。
③ [韩] 张铉根：《观念的变迁：中国古代政治思想的演变》，叶梦怡译，杭州：浙江人民出版社，2022年版，第2页。
④ 葛荃：《一部"迈向观念史"的扛鼎之作》，见[韩] 张铉根：《观念的变迁：中国古代政治思想的演变》，叶梦怡译，杭州：浙江人民出版社，2022年版，序一。

治文化,从政治文化的视角研究某一政治观念,在学术界已经有了先例,产生了一些关于帝王思想、民本思想、统治思想研究的作品。但观念史的研究在国内却还没有全面展开,张铉根教授的观念史研究,"总体上吸纳了沃格林《政治观念史稿》的思路,走出政治思想史研究框架,将政治观念与社会政治史结合起来","具有了不同于传统政治思想史研究的致思逻辑,具有了独到的学术视野和研究论域",并因此而誉之为"一部'迈向观念史'的扛鼎之作"①。葛荃教授在评述张铉根教授著作的同时,也表达了他对中国政治思想史研究走向观念史研究的特定期许。观念史的发起者虽然是沃格林,但他的《政治观念史稿》在2009年才由华东师范大学出版社出版了中文本,而中国政治思想史领域的观念史研究则早在此前就已经展开了,虽然还只是零星展开的研究,也还没有走出政治思想史的致思逻辑,但中国学术界展开的观念史研究却有着重要的价值,体现了特定时期中国相关研究的学术积累和学术旨趣。葛荃教授梳理了中国政治思想史研究中已有的观念史研究,并特别提到了刘泽华先生中国政治思想史研究中的观念史研究内容。他认为刘泽华先生的政治观念研究,并不是政治思想史研究体系内的政治观念解读,而是融于社会生活层面的政治观念的解读,并特别举证了刘泽华先生所强调的"观念的制度化和制度的观念化",以此为例,他进一步表明刘泽华先生的政治观念"是社会政治层面上的基于相应的制度、社会政治组织和运作而形成的政治观念"②。虽然葛荃教授高度肯定了张铉根教授的作品,但两者对政治观念史研究对象的把握还是有一定的差距。张铉根教授关注的观念仍然是政治思想史框架内的观念,并以观念变迁为线索梳理中国古代政治思想史的演变;葛荃教授关注的观念则更强调了它的跨学科和"融于社会政治生活层面的政治观念"③,在一定意义上可以说,此类观念在政治思想史的框架之外,却又表现着政治思想对实践的明显影响。

孙晓春教授对张铉根教授"在观念层面上理解中国传统政治思想"给予

---

① 葛荃:《一部"迈向观念史"的扛鼎之作》,见[韩]张铉根:《观念的变迁:中国古代政治思想的演变》,叶梦怡译,杭州:浙江人民出版社,2022年版,序一。
② 葛荃:《一部"迈向观念史"的扛鼎之作》,见[韩]张铉根:《观念的变迁:中国古代政治思想的演变》,叶梦怡译,杭州:浙江人民出版社,2022年版,序一。
③ 葛荃:《一部"迈向观念史"的扛鼎之作》,见[韩]张铉根:《观念的变迁:中国古代政治思想的演变》,叶梦怡译,杭州:浙江人民出版社,2022年版,序一。

了高度评价，认为"在以往的中国政治思想史研究中，很少有人注意到政治观念的重要性"，强调张铉根教授的"这本书"使"我们不再有"忽视政治观念重要性的缺憾。政治观念史研究为什么重要？孙晓春教授提出了值得注意的几个观点：第一，政治思想史的本质就是"政治观念发展、演变、传承的历史"，而传统政治思想"不过是中国传统价值观念的载体"①，传统社会生活的方向往往由政治观念决定，其重要性不言而喻。从政治观念史研究者沃格林的角度看，政治观念在实践中的功能主要不在于引导人们认识它，而在于决定社会生活的方向。"每一历史时代社会生活中发生的事情，其深层原因都在于特定的历史时期流行的政治观念。"② 第二，政治观念是政治思想的基本要素，一方面，"对于每一个历史时代的人们来说，他们如何理解社会政治生活，其思想主张的意义如何，在根本上取决于他们如何定义他们所使用的概念"，如果不对政治思想家的概念进行含义分析，就不太可能理解他们以何种价值引导和规范社会政治生活；另一方面，政治观念也是思想家向社会大众输出的主要思想产品，比如"在传统的中国社会，儒家思想之于国家治理过程的作用，是在观念的层面上赋予国家治理过程以目的和意义，为基本的社会安排提供理论的支持"③。孙晓春教授对张铉根教授在作品中依托古文字学研究成果对政治观念进行的追根溯源及依托政治生活对政治观念含义的解释，给予了高度认可，并以"政治"概念的解释为例进行了说明。中国古代"政治"概念解释不能滞留在春秋战国语境中，满足于孔子的"政者，正也，子帅以正，孰敢不正"，而必须要以文字学的方法探寻其源头处的含义。张铉根教授对"政治"概念的研究，解释了上古政治生活实践赋予"政治"概念的特定含义。孙晓春教授由此强调："古代中国人在进入文明之初的经历，不仅决定了他们的生活样式，也在长远的意义上决定了人们关于政治的观念。"④ 但对在观念层面上呈现中国传统政治思想，孙晓春教授也提出了观

---

① 孙晓春：《在观念的层面理解中国传统政治思想》，见［韩］张铉根：《观念的变迁：中国古代政治思想的演变》，叶梦怡译，杭州：浙江人民出版社，2022年版，序二。
② 孙晓春：《在观念的层面理解中国传统政治思想》，见［韩］张铉根：《观念的变迁：中国古代政治思想的演变》，叶梦怡译，杭州：浙江人民出版社，2022年版，序二。
③ 孙晓春：《在观念的层面理解中国传统政治思想》，见［韩］张铉根：《观念的变迁：中国古代政治思想的演变》，叶梦怡译，杭州：浙江人民出版社，2022年版，序二。
④ 孙晓春：《在观念的层面理解中国传统政治思想》，见［韩］张铉根：《观念的变迁：中国古代政治思想的演变》，叶梦怡译，杭州：浙江人民出版社，2022年版，序二。

念史研究需要继续解决的问题，即如何理解和把握中国传统政治观念的逻辑体系，如何在观念史研究中准确解读文献，如何发现传统政治观念对于传统社会政治生活和现代社会政治生活的意义等。

3. 中国政治思想史研究方法反思

研究方法的反思在学术研究中具有基础性的地位，中国政治思想史研究的发展总是伴随着研究方法的反思。中国政治思想史研究在不同历史时期的研究方法反思，既是已有研究成果的系统总结和深度评析，也是学术研究继续发展的总体规划和蓝图布局。在中国政治学界进入建构自主政治知识体系的历史新阶段，回顾和回归政治思想史题材，以恰当的研究方法，实现学术研究为建构自主政治知识体系服务的目的，在中国政治思想史研究领域具有十分重要的意义，也广受研究者的关注。任何研究方法的反思都有预定的价值立场，而研究方法反思也总是站在特定的价值立场上对已有研究方法进行优劣得失的判断，并做出基于判断的研究方法选择。有的学者站在赓续中国传统政治理性的价值立场上进行研究方法反思，认为中国"现代思想学术在很大程度上偏离了历史政治理性传统"，"从西方引进包括政治学在内的社会科学体系，则有明显的非历史、去历史、反历史倾向"，强调"这种局面必须改变了——也有改变的可能"，"历史政治学呼吁政治学转向历史、历史学转向政治，激活历史政治理性传统"，"以历史发展政治学理论"，"构建中国式普遍的政治学理论体系"[①]。作者在这里虽然没有提出具体的研究方法，但明确表达了对社会科学方法中的非历史、去历史、反历史倾向的反对，其实质是通过研究方法的历史转向，把中国政治思想史研究转换成所谓的历史政治学研究。

有的学者结合典型政治思想家研究的学术史梳理，分析和讨论了中国政治思想史研究方法问题。顾家宁在《古今内外之间：黄宗羲与明清之际思想研究的方法与视角》一文中，结合侯外庐、岛田虔次、沟口雄三对黄宗羲政治思想的研究进行了政治思想史研究方法的检讨和反思。作者认为在中国政治思想史研究中"思想家个案研究与思想史脉络研究""相辅相成"，主张研究者"除了需要对个体思想文本有完整把握，也离不开一种中长距离的视角，

---

① 姚中秋：《历史政治理性的成熟：作为中国思想之基本取向和方法》，《天府新论》，2022年第1期。

在古今（近世近代转型）、内外（文本与理论、思想与社会）的问题结构中做一立体理解"①。在这一研究方法主张之下，作者对侯外庐、岛田虔次、沟口雄三的黄宗羲研究进行了研究方法的平移。他认为，侯外庐的"早期启蒙说"把近代转型视角系统引入明清思想研究领域，在马克思主义理论框架下，"对中国思想的古今之变进行了完整勾勒"，宏观理论脉络的勾勒是其强项，而"对于个体思想人物的把握""点到为止"及在文本解读上的"过度诠释"和"误解错读"，就是其弱项②。岛田虔次的中国思想史研究仍然依托于近代理论，在宏观脉络的梳理上"更加聚焦于精神思想层面的探讨"，通过对明清思想家与西方近代学者进行模式比较，得出了"明代儒学与近代思维终有一间之隔，强调儒家传统与彻底的近代精神之间横亘着一条难以逾越的鸿沟"③。沟口雄三则对欧洲近代理论模型抱着彻底的相对主义态度，"尝试从自身视角来考察中国的近代"，在研究方法上以思想史和社会史的贴合为原则，"刻画出中国近代历史与思想演进线索"，发现中国自身的近代原理，在这个理论模型中，黄宗羲从侯外庐、岛田虔次理论视域中的"早期启蒙者""近代萌芽"，而呈现为一个"中国前近代思想曲折演进中承前启后的一个标志性节点"④。在结论上，作者强调中国政治思想史研究要处理好两对基本关系，其一是文本与理论的关系，思想家个体文本解读是基础，文本解读又必须与理论脉络相结合，以使文本解读得到提炼和深化；其二是思想与社会存在的关系，思想发展虽有其内在逻辑，但又明显受到了社会条件的塑造⑤。

有的学者从中国政治思想史研究的本质属性高度反思了研究方法问题，尽管这个问题有些老生常谈，但学者们对中国政治思想史研究本质属性的不同认识仍然会带来研究方法及观点的明显创新，并由此确立其研究成果的学术个性。孙晓春教授在《政治学研究》2022年第3期发表了《关于中国政治

---

① 顾家宁:《古今内外之间：黄宗羲与明清之际思想研究的方法与视角》，《复旦政治哲学评论》，2022年第00期。
② 顾家宁:《古今内外之间：黄宗羲与明清之际思想研究的方法与视角》，《复旦政治哲学评论》，2022年第00期。
③ 顾家宁:《古今内外之间：黄宗羲与明清之际思想研究的方法与视角》，《复旦政治哲学评论》，2022年第00期。
④ 顾家宁:《古今内外之间：黄宗羲与明清之际思想研究的方法与视角》，《复旦政治哲学评论》，2022年第00期。
⑤ 顾家宁:《古今内外之间：黄宗羲与明清之际思想研究的方法与视角》，《复旦政治哲学评论》，2022年第00期。

思想史研究的几个问题》，表达了作者关于中国政治思想史研究的一系列独特看法，具有重要的理论意义和启发借鉴价值。作者把政治思想史研究看作是今人和古人在共同关心的思想主题上展开的对话，思想史研究既不能割断古今，也不能抱定宗旨，而要回归历史。作者强调在中国政治思想史研究中，"准确理解历代思想家的思想学说，是中国政治思想史研究的基础性工作"，而"对传统政治思想的准确理解首先应该从解读历史文献做起，应该完整地把握思想家的理论体系，切忌穿凿附会，望文生义"，在此基础上，中国政治思想史研究也有其在当代应该承担的历史责任，"在价值层面上深入挖掘历代思想家共同关注的思想主题，为社会主义核心价值观的建构提供理论支持"①。孙晓春教授在文章中结合近年来有关学术成果存在的问题，对怎样正确开展中国政治思想史研究，提出了重要的研究方法建议，主要有：第一，正确解读历史文献。正确解读历史文献应该是每一个中国政治思想史研究者的基本功，但近些年来，中国政治思想史研究成果对历史文献作出错误解读的情况却"并不少见"，比如作者注意到有研究者在理解韩非子"自然之势"与"人设之势"上就明显有文献解读不正确的问题。研究者只有"参考历代注家的注释"，并从中"择其善者而从之"，才有可能尽量少犯文献解读的错误②。第二，完整把握思想家的理论体系。中国历史上的政治思想家绝大多数都形成了自己的理论体系，"思想家使用的每一个概念、说过的每一句话、提出的每一个具体的思想主张，都应该将其放在其整体的思想框架内加以理解"③。第三，切忌望文生义，穿凿附会。作者以儒家自由主义主张者的认识为例，批评了思想史研究中概念理解和理论解释上的望文生义④。实际上不仅儒家自由主义主张者的研究存在望文生义的情况，新兴的历史政治学在概念理解和理论解释上也有望文生义的弊端，比如有学者望文生义地解释"大一统"，有意识地把"大一统"解释成"大统一"⑤。

（二）中国古代政治思想研究中的理论检视和意义发现

中国古代政治思想史研究作为本学科研究的主要领域，历来是学者们倾

---

① 孙晓春：《关于中国政治思想史研究的几个问题》，《政治学研究》，2022年第3期。
② 孙晓春：《关于中国政治思想史研究的几个问题》，《政治学研究》，2022年第3期。
③ 孙晓春：《关于中国政治思想史研究的几个问题》，《政治学研究》，2022年第3期。
④ 孙晓春：《关于中国政治思想史研究的几个问题》，《政治学研究》，2022年第3期。
⑤ 汪仕凯：《论政治大一统：内涵、本质和演进》，《学海》，2022年第5期。

注精力精心研究的重点所在。学者们研究古代政治思想史,固然要着力呈现古代政治思想史的诸多事实,理解文献,解读概念,解释理论,给学界提供一个完整、真实的思想事实,但又不止于提供关于古代政治思想的事实性知识,而要更进一步展现古代政治理论发展的趋势与规律,并在此基础上展现古代政治思想理论结构的渐进性量变和理论形态转变的突变,呈现古代政治思想在理论上如何渐趋于完善的细节,分析其在历史及现时代的影响,判断其理论意义和学术价值。这就意味着从事中国古代政治思想史研究的人也需要很高的理论素养,既要有相当的政治学理论素养,也要有较高的历史学理论素养,还要有相当的哲学素养,如此才能满足古代政治思想研究在概念理解和理论解释方面的客观需要[1]。中国古代政治思想史研究在很大程度上就是研究者对研究对象进行理论检视,其理论水平直接决定着研究成果的水平,而理论检视的目的却并非只是呈现事实,而是要在其中发现普遍性的意义,其在政治学上具有多大理论价值,代表学科发展在多大程度上真正受到了政治学理论的影响,从而真正成为政治学知识体系的一部分[2]。

1. 现代政治理论检视政治思想史

中国政治思想史的研究对象虽然是历史上的政治理论,受到诸多历史条件的限制与制约,但也具有历史研究的一般特点,在内容上毕竟是政治理论,研究它必然要运用政治概念、理论与方法。在一定程度上,政治理论在中国政治思想史研究中的地位和作用比历史理论还要重要一些。中国政治思想史研究实质上就是运用政治理论来理解、解释和分析特定思想内容,研究者对特定思想内容作出什么样的理解、解释与分析,在根本上就取决于他所掌握和运用的政治理论。在这个意义上,政治思想史研究实际上就是以现代政治理论检视政治思想史[3]。中国政治思想史研究百余年的发展在一定程度上就体现为用以检视政治思想史的政治理论在不断发展,而研究者在政治理论上的知识积累和理论发展成果,直接决定了中国政治思想史研究成果的水平。历

---

[1] 张师伟:《中国政治思想史研究的知识取向与多学科方法》,《政治思想史》,2021年第1期。

[2] 张师伟:《中国政治思想史研究的百年回眸与学术省思——本土政治理论的概念检视与话语梳理》,《人文杂志》,2019年第2期。

[3] 张师伟:《中国政治思想史研究的百年回眸与学术省思——本土政治理论的概念检视与话语梳理》,《人文杂志》,2019年第2期。

史政治学不满意于西方政治理论在中国遭遇的困境，而形成了一个强调历史方法的理论视角，中国政治思想史研究的理论在检视上呈现出了新动向，并由此而检视出了新的理论成果。卢春龙教授与合作者严挺在《政治学研究》2022年第5期发表了《比较历史政治视角下的中国政治文化探析》一文，立足于历史政治学的理论，对中国传统政治思想重要组成部分的政治文化进行了历史政治学的理论检视，得出了一些强调中国政治文化普遍性价值的结论。作者以"西方政治学在考量中国政治文化相关问题时遭遇了众多的'例外'并因此陷入解释的困境"为背景，强调了历史方法在中国政治文化研究中的重要性，展现了中国传统政治文化的大一统思想、追求政治稳定、民本观以及对权威和科层制敬畏四个核心要素，认为这些体现了中国的稳定性和特殊性，并强调这一价值观凸显了"中国或者中华文明与其他轴心文明不同"，中国或者中华文明与其他轴心文明的"这种差别代代相传，一直从轴心时代延伸到当代"①。"它们可以看作是中国政治文化的基因"，"可能是理解当代中国政治文化脉络的关键所在，也可以帮助我们更好地解释很多中国政治现象"②。

有的学者以现代政治理论的内容反观传统，追问传统政治思想中是否存在可以与现代政治观念相容的内容，其理论旨趣则是试图重新评价传统政治思想的现代价值，其研究方法则不能不以现代政治观念对传统政治思想进行检视。吴祖刚在《政治思想史》2022年第4期发表的《论荀子思想与权利观念的相容——基于对荀子"欲不可去"的辨析》一文，就是以现代政治理论中的权利观念审视荀子有关政治理论的观点，以评判荀子有关政治理论观点的理论价值与学术意义。作者在文章中率先抛出了一个理论议题，在"儒学现代化"前提下，追问"儒学能否与现代权利观念相容"，并认为这个问题"是儒学现代化过程中面临的一个重要问题"。作者的观点在文章标题中已经揭示得非常清楚，即认为荀子思想中存在着与权利观念相容的内容，而在文章中则更强调忽略了儒家思想与权利内容的相容，就不能"完整体现所有儒

---

① 卢春龙、严挺：《比较历史政治视角下的中国政治文化探析》，《政治学研究》，2022年第5期。
② 卢春龙、严挺：《比较历史政治视角下的中国政治文化探析》，《政治学研究》，2022年第5期。

家先哲的思想"①。以荀子的"欲不可去"为分析对象，作者试图从中找到与现代权利观念在内容上的相容性。吴祖刚认为荀子把人的欲看作是生而有之的，"欲不可去"意味着欲望"牢牢地镶嵌在'人'这一概念中"，与此同时，"欲不可尽"即"欲望永远也得不到满足"，"因欲望而产生的主体之间的广泛而激烈的冲突"，荀子以"分"作为冲突解决的手段，"一个人所拥有的'名分'或'职分'决定了他在资源分配中的所得"，值得注意的是作者从荀子对人性同一的判断中推导出了"从人之自然属性的平等过渡到了人之占有社会利益的平等"的结论②。在结论上，作者认为因为荀子的"欲不可去"和"欲不可尽"不仅肯定了存在着一个可以作为权利观念前提的"自主性个体"，而且荀子关于人欲的认识中包含了平等的内容，也并不缺乏关于个体的主张性内容，所以现代权利观念需要确立的三个观念前提就都存在于荀子的人欲论中，而荀子思想与现代权利观念相容的判断就此而得到确立③。作者为了论述儒家思想与现代权利观念相容的命题，以现代权利理论检视荀子的人欲理论，从中得出一个对现时代有意义而对荀子却无意义的结论，但即使论证了荀子思想与现代权利观念相容，也仍然不能回答儒家思想与现代权利观念是否相容的问题，毕竟荀子处在数千年儒家意识形态中的边缘位置，对儒家思想主流能否容纳权利观念没有决定性的影响力。

现代政治理论起源于西方，其中的一些内容带有西方近代理论的特殊性，而并不普遍地存在于世界上的任何时候和任何地方，一些概念在现代政治理论中很重要，但在中国传统中却并不存在，比如消极自由和积极自由。不过，一些研究者在以现代政治理论审视中国传统政治思想的时候，就恰恰选择了这样的理论视角，试图在中国传统政治思想中发现消极自由和积极自由的内容。徐硕和荆雨在《中国文化与管理》上发表了《由"消极自由"到"积极自由"——谈庄子对政治的规避与超越》一文，以现代政治理论的"消极自由""积极自由"作为分析工具，审视了庄子有关思想的变化，并作出了

---

① 吴祖刚：《论荀子思想与权利观念的相容——基于对荀子"欲不可去"的辨析》，《政治思想史》，2022年第4期。
② 吴祖刚：《论荀子思想与权利观念的相容——基于对荀子"欲不可去"的辨析》，《政治思想史》，2022年第4期。
③ 吴祖刚：《论荀子思想与权利观念的相容——基于对荀子"欲不可去"的辨析》，《政治思想史》，2022年第4期。

"由'消极自由'到'积极自由'"的趋势性判断结论①。作者认为"从政治哲学视角探讨庄子政治哲学,是促进道家政治思想以及中国古代政治思想研究领域的重大突破",以现代政治理论审视庄子的有关言论后,进而判断庄子对政治的疏远和规避实际上是不得已,"他所排斥的也是一种在他看来对他人无益的、被干涉的强制之政,而并非政治本身"②。在战国中晚期,作者视域里的庄子对干涉他人的"正人之政"进行了批判,并因为庄子以为老百姓依靠自己就可以成就其德性,所以就断定"从这点来看,庄子此观念与伯林的'消极自由'有相似之处"。与此同时,庄子还保持着"对自我本真的坚守",坚持了"更近一步对超越尘世的追求",这些都"体现了庄子对存在本性的重视,对'积极自由'的向往","相比'自正其正'的消极自由,庄子更追求'自适逍遥'的积极自由"③。庄子与伯林在政治思想上存在极大的悬殊,以伯林"消极自由"和"积极自由"的理论检视庄子对政治的态度,可能更好地展现了伯林的概念与逻辑,而对于庄子的概念及理论来说则有点勉强,毕竟庄子的理论并不关注人在权利上是否自由自主,庄子也没有得出关于政治自由的明确观点。

2. 现代政治理论议题的历史溯源

中国政治思想史研究者的现实处境及知识结构,对政治思想史研究的议题选择有明显的影响,不仅中国政治思想史内容体系在传统时代与现代研究者视域中呈现的内容有很大区别,现代学者在知识结构上的不同也会深度影响各自所呈现的传统政治思想的内容体系。面对同样的文本,研究者和作为研究对象的理论家也会有不同的解释。现代人研究古代政治思想史并不仅仅是展示其客观内容,还要在研究对象中寻找意义,或者是寻找具有普遍理论意义的概念及观点,或者是寻找古代政治概念、理论、命题等包含的普遍性价值。政治思想史研究作为一个古今之间围绕共同关注问题展开的对话④,对

---

① 徐硕、荆雨:《由"消极自由"到"积极自由"——谈庄子对政治的规避与超越》,《中国文化与管理》,2022年第2期。
② 徐硕、荆雨:《由"消极自由"到"积极自由"——谈庄子对政治的规避与超越》,《中国文化与管理》,2022年第2期。
③ 徐硕、荆雨:《由"消极自由"到"积极自由"——谈庄子对政治的规避与超越》,《中国文化与管理》,2022年第2期。
④ 孙晓春:《关于中国政治思想史研究的几个问题》,《政治学研究》,2022年第3期。

话双方的地位并不对等,其中研究者具有压倒性优势,他在对话上具有话题选择权,而作为对话对象的古人其实并不出场,研究者真正的对话对象实际上是理论家创作出来的思想文本。"作为中国政治思想史研究的第一步,对思想家留下来的历史文献的解读是否正确,决定着我们全部研究工作的质量。"①研究者在对话中的话题选择明显受到了当代政治理论热点的影响。伴随着中国综合国力及国际影响力的大幅度提升,中国学术界明确表现出了建构政治学自主知识体系的自觉,并基于这种自觉,开始反思西方政治学理论存在的问题,试图建构一套能够解释中国实践和表现中国优势的知识体系。一些学者开始面向古代中国,在政治理论的诸多论述中寻找有理论意义和普遍价值的思想成分,古为今用。研究者或者是试图以中国古代的政治概念、理论来分析和解决西方政治学理论给现实造成的冲突和矛盾,比如孟子革命性的天下观就"为现代民族-国家模式所造成的冲突指出了一条解决途径"②,并由此彰显中国古代政治理论对于现代世界的普遍性理论价值;或者是试图从中国古代政治概念和理论中发现能够有效解释中国制度优势的奥秘,"中国政治传统中的治体论为理解大一统国家的思想、制度和政治实践提供了中心性视野","有助于深入辨识传统资源在现代政治理论创新中蕴涵的丰富启示"③,并以弘扬优秀传统政治文化的方式巩固和扩大中国在政治上的制度优势;或者是试图在中国古代的政治概念中找到政治学规范解释的最佳概念体系,并从中发现可以用来建构中国政治学自主知识体系的理论观点④;或者是试图在古今共同关注的政治问题对话中,从古代政治思想研究中获得有益于良善政治生活的新价值内容⑤。

中国独特的政治实践越来越挑战着西方兴起的政治概念体系与理论命题。一方面,西方政治概念及理论在描述和理解中国实践时暴露出了它的概念不贴切和理论不适合,从而在理解、分析、解释中国政治现状及预测中国政治

---

① 孙晓春:《关于中国政治思想史研究的几个问题》,《政治学研究》,2022年第3期。
② 白彤东:《天下:孟子五讲》,桂林:广西师范大学出版社,2021年版,第89-96页。
③ 任锋:《现代转型中的礼法新说与治体论传统》,《江苏行政学院学报》,2022年第1期。
④ 黄晨:《经验的归经验,规范的归规范——如何走出政治思想史的学科危机》,《政治学研究》,2022年第3期。
⑤ 孙晓春:《关于中国政治思想史研究的几个问题》,《政治学研究》,2022年第3期。

发展走向时显得捉襟见肘,不断暴露其理论瑕疵,中国政治实践确实需要在概念体系和理论学说上进行必要的创新。另一方面,中国政治实践的制度特色与治理优势在西方政治概念体系与理论学说中得不到合理解释,从而必须基于中国政治理论传统进行必要的理论创新,在历史上政治概念与理论的启示、启发和帮助下进行概念体系和理论学说的创新。有的学者在比较了中西方政治实践的不同及政治思维方式的差异后,以治体论来概括中国政治实践及政治理论思维的特点,并以此为基础,将治体论的话题在中国政治思想史上进行溯源研究,提出了一系列的新观点。任锋教授在《江苏行政学院学报》发表了《现代转型中的礼法新说与治体论传统》一文,在中国政治思想史上发掘出了"治体论",认为"自汉初贾谊肇始,治体论经历两千多年演进,在近世政学实践中逐渐成熟,一直到晚清魏源编撰《清朝经世文编》,形成了源远流长的国家治理传统",并强调治体论相对于政体论,在解释中国政治特性方面具有明显的理论优势,"政体论强调法治,礼在其中仅为附丽,对于政治原则和政治主体的关注依附于制度与法律,而治体论对于治法的理解相对宽阔,礼涵括法又不限于法,对于政治原则和主体的理解也呈现出广袤视野"①。以治体论来概括中国传统政治思想的理论主题,在学术界还没有引发明显的回应,甚至还在理论对话中遭到了其他学者的批评,以为其过于拘泥于现代情境中的理论创新需求,而在很大程度上偏离了中国传统政治理论的实际话题、问题与命题,尽管任锋教授给治体论在中国现代政治学发展序列中找到了理论渊源,把严复、梁启超、钱穆等都看作是接续了传统治体论且将传统治体论在现代学术话语中激活的理论先驱②,但治体论在中国传统政治理论体系中是否真的客观存在还仍然难以确证。它可能在很大程度上还是现代政治理论在传统政治思想研究中的虚拟镜像。

中国政治现代化虽然受到了西方的影响,但并未对西方政治发展模式亦步亦趋,而是坚持了自己的道路,形成了独特的政治现代化内容体系。这个独特的政治现代化内容体系表现在国家形态上,就是延续了中华民族数千年来的优秀传统,不仅在国家整体形态上较为明显地延续了传统时代的大统一,

---

① 任锋:《现代转型中的礼法新说与治体论传统》,《江苏行政学院学报》,2022年第1期。
② 任锋:《现代转型中的礼法新说与治体论传统》,《江苏行政学院学报》,2022年第1期。

在中华民族命运共同体的基础上，实现了现代政治国家的大统一，也在基本制度构成上继承了优秀传统，形成了在世界范围内有自己特色的政治制度体系，展现了独特的制度优势。中国在现代世界的政治制度优势受到丰富的传统政治文化的滋养，学者们在研究中国政治制度优势和特色时会自觉发掘和梳理传统政治理论遗产，也会在研究传统政治理论时观照中国现代政治制度的优势和特色。有的学者对传统"大一统"议题的关注，就展现了立足现代政治制度特色与优势观照传统的立场，表现了在传统政治理论中进行现代政治议题溯源的研究诉求。姚中秋在《学海》2022年第5期发表的《以国家整合为中心的大一统理念：基于对秦汉间三场政治论辩的解读》一文，就是在国家形态的意义上关注和讨论"大一统"，虽然其讨论的内容也被包含在传统"大一统"的内容之中，但传统"大一统"的内容不仅比作者所讨论的内容丰富，而且内容重点也并不在于国家形态中的"大统一"。作者的研究主要就是进行一种价值性的宣示和表达，并把"大一统"作为一种普遍性的中国政治价值予以高度肯定。文章认为"大一统是中国的根本政治价值，对其进行研究不能局限于《春秋》公羊学的抽象义理，也不能局限于边疆问题或北方民族入主中原王朝的局部政治实践"，而要以历史政治学的方法，解读秦汉间三场政治论辩，从中得出"大一统理念以推进国家整合为中心"的结论，强调"大一统"所推进的国家整合"包含空间、政治结构、精神与社会、时间四个维度，体现为疆域一统、政治一统、文教一统、古今一统"四个方面①。"大一统是中国的根本政治价值"在客观上较为合乎实际，以敬天尊王为重要内容的"大一统"确实是传统时代的重大政治价值，把它置于根本的地位倒也是恰当的，但文章对"大一统"作为政治价值的内容进行了立足于现代政治议题的选择性解释，强调大一统"就是以国家一统为崇高价值"②，就丢掉了其尊君的核心内容，在结论上出现了"以偏概全"的弊端。

3. 中国传统政治思想的现代意义解释

众所周知，中国传统政治思想形成于前现代时期，它在前现代时期的意

---

① 姚中秋：《以国家整合为中心的大一统理念：基于对秦汉间三场政治论辩的解读》，《学海》，2022年第5期。
② 姚中秋：《以国家整合为中心的大一统理念：基于对秦汉间三场政治论辩的解读》，《学海》，2022年第5期。

义与价值已经在历史中得到了显示,但它对现代社会的意义却还在现实地发生着。中国传统政治思想之所以还没有完全成为过去式,就是因为:一方面,一代又一代中国人作为传统思想的载体,在实践中把传统政治思想的内容带到了当下的社会中,而其中优秀的部分又得到了人们自觉地传承和弘扬;另一方面,中国在当下及未来的发展中又需要从传统中汲取资源,古为今用,走自己特色的现代化发展道路。虽然中国传统政治思想客观上仍在现实地影响当下社会,但在理论上如何把握传统政治思想的现代意义仍然是一个较为困难的问题,而对传统政治思想进行现代意义的阐释在研究中也是一个颇有科学挑战的事情。尽管如此,学术界还在不断涌现出这样的研究成果。有的研究者直接从传统政治思想中发现具有现代价值的内容,并着力从中发掘现代意义。陈来教授在《海岱学刊》2022年第1期中发表《孟子政治思想的现代价值和意义》一文,在强调"孟子的政治思想是中华民族优秀传统文化的重要组成部分"的同时,也强调了孟子政治思想还是"涵养社会主义核心价值观的重要源泉",并以为孟子的"辨义利""重民本""申教化""倡王道""对于现代社会国家治理仍然具有重要的参考价值和启示意义"。作者认为"孟子虽然讲了先义后利的价值观",但他还是倡导应该努力开创并争取义利兼得、共赢的局面;重民本包含了"为人民服务"的思想,"'民贵君轻'的思想体现了'人民至上'的理念";孟子所言王道就是"行事不诉诸武力而诉诸道德"[1]。向晋卫在《中国社会科学报》发表的《汉代政治思想的当代价值》一文中归纳出汉代政治思想的精华:公羊"三世说"与历史进化论、人本和民本思想、"大一统"理想与"人类命运共同体"。在此基础上,文章指出"汉代是中国历史上大一统帝国的奠基时期,其所确立的诸多政治文明原则和精神文化气质凝聚着先贤对宇宙和历史的深刻洞见","对中华民族伟大复兴具有重要参考价值"[2]。

有的研究者从中国传统政治思想对域外制度形成产生的影响及对当下国家治理的启示中解释传统政治思想的现代意义。当然,研究者也很明白他们所挖掘到的传统思想的现代意义并不是传统政治思想原本就具有的,而是从它对现代政治制度形成的影响及在国家治理方面的启示中提炼出来的。宋辉

---

[1] 陈来:《孟子政治思想的现代价值和意义》,《海岱学刊》,2022年第1期。
[2] 向晋卫:《汉代政治思想的当代价值》,《中国社会科学报》,2022-03-21。

在《西安石油大学学报》（社会科学版）2022年第5期发表的《论老子的政治哲学对国家治理的启示》一文中，首先强调了老子作为伟大的思想家，"从天地大本大源的视角来观察和认识世界，把握的是自然和社会的一般规律"，"在一般性的意义上对社会政治运作的基本规律、原则和方法进行了深入思考"，强调老子关于社会政治运作基本规律的思考，"在今天也依然具有重要的理论和现实意义"①。作者在文章中把老子关于社会政治运作的思想归纳为："顺应民众意愿，坚持以民为本""追求公平正义，反对贫富对立""深化管理体制改革，保持政策和法律法规的连续性和稳定性""加强思想文化建设，筑牢思想文化根基""增强忧患意识，及时化解风险挑战"②。作者归纳出的老子思想要点都是出自今天国家治理的需要，并展现了作者对当今国家治理的原则性期盼，有关思想要点可能与老子的思考有些许关联，但归纳出来的思想要点却显然不是出自老子文本。美国王小良的《儒家政治思想与美国民主制度的形成》发表在《国际汉学》2022年第2期上，文章显示了作者特别关注美国开国元勋对中华文明积极因素的汲取及其对美国政体形成的影响，文章认为在美国政治制度建立之初，作为开国元勋之一的本杰明·富兰克林提出了社会进步理论，即"将儒家政治观念同西方社会进步传统结合起来"，"其他重要开国元勋如约翰·亚当斯和托马斯·杰斐逊都加入了富兰克林的行列，利用儒家政治理念创造出独特的美国政体"，而"儒家思想通过这些开国元勋在美国民主制度中留下了令人意想不到，却又难以磨灭的印记"③。值得注意的是该文使用了美国制度建构时期的许多珍贵一手资料，较为生动丰富地展示了儒家思想通过启蒙运动对美国制度建构产生的重要影响。

有的研究者则超越了政治思想的具体层面，不从具体政治思想中发掘现代意义，而追求从具体政治思想中发掘具有普遍意义的智慧。林存光与张嘉杰在《古典儒家政治哲学与治国理政的中国智慧》一文中强调了作为智慧传

---

① 宋辉：《论老子的政治哲学对国家治理的启示》，《西安石油大学学报》（社会科学版）2022年第5期。
② 宋辉：《论老子的政治哲学对国家治理的启示》，《西安石油大学学报》（社会科学版）2022年第5期。
③ 王小良著，孙婷婷译：《儒家政治思想与美国民主制度的形成》，《国际汉学》，2022年第2期。

统的儒学，其"政治哲学理念中无疑蕴涵着丰富的治国理政的中国智慧"①。文章虽然强调了儒学智慧的独特价值，但并未将其视为唯一的传统智慧，即文章"并不认为儒家是唯一能够代表中国智慧传统的一个学派，无论是在诸子百家的时代作为其中一家的儒家，还是后来占据了统治思想地位的儒家，都是如此"②。文章突出强调了儒家倾向于"从调节和化解社会矛盾与人际冲突，维持人类团结与社会和谐的角度，亦即维系人与人之间和谐与团结的角度"，理解国家制度和政权组织问题，"亦向我们展现了一种具有跨时代意义的'共同体智慧'"，其主要内容有："天地为大、仁义为本、正己为政、亲贤为急、民心为贵"③。崔志海在《山西师大学报》（社会科学版）2022 年第 6 期发表的《重建国际新秩序与儒家王道政治哲学》一文中，强调了中国传统儒家王道政治哲学在重建国际新秩序中具有多方面的思想资源价值。文章认为，儒家的"仁义""爱人""天下为公""无偏无党""四海之内皆兄弟""无反无侧"等思想，"为化解西方发达国家和广大发展中国家在人权与国权关系上的尖锐对立和分歧提供了许多有益的思想资源和启示"；儒家的"制民之产""与民同乐""仁民爱物""天人合一"等思想，"对于克服因经济全球化、市场化和自由化产生的弊端"，"构建一个更加公平、公正、合理的国际经济新秩序具有警示和借鉴意义"④。

（三）中国现代政治思想研究的议题选择特点

中国政治思想史的发展经历了两大阶段：第一个阶段是前现代或传统阶段，在这个阶段，中国政治思想史经历了数千年的发展，形成了富有民族特色的政治理论，该政治理论内容丰富，理论形态完整，逻辑结构严谨，完全满足了对传统社会政治生活进行规范解释的需求，但也由此在理论上走向了尽头。第二个阶段是转型向现代的阶段，在这个阶段，中国传统政治理论在

---

① 林存光、张嘉杰：《古典儒家政治哲学与治国理政的中国智慧》，《特区实践与理论》，2022 第 2 期。
② 林存光、张嘉杰：《古典儒家政治哲学与治国理政的中国智慧》，《特区实践与理论》，2022 第 2 期。
③ 林存光、张嘉杰：《古典儒家政治哲学与治国理政的中国智慧》，《特区实践与理论》，2022 第 2 期。
④ 崔志海：《重建国际新秩序与儒家王道政治哲学》，《山西师大学报》（社会科学版），2022 年第 6 期。

适应时代、吸纳西方政治理论的前提下，开启了从传统到现代的理论转型，并形成了一系列阶段性的重要政治理论，它们在内容上古今中西混杂，理论形态也不稳定，表现出了明显的过渡性特征，但也展示出了现代政治理论渐趋发展成熟的趋势。中国目前仍然处在现代政治理论趋于成熟定型的发展阶段，政治理论史研究在题材选择上受到了政治理论发展节奏的影响，尤其是在现代政治理论史的研究上，议题选择更是受到了当下政治理论发展节奏的明显影响。值得注意的是，伴随着中国共产党领导中华民族伟大复兴及中国式现代化的历史性推进，中国现代政治思想史研究的议题选择也较明显地突出了中国共产党的要素，中国现代重要政治思想家的理论特点、中国现代政治思想史形成中的本来与外来、中国共产党早期人物的政治思想等受到了研究者较多的关注，在一定意义上凸显了为中国式现代化寻找思想源头的自觉意识。

1. 中国现代重要政治思想家的理论特点揭示

1840年以后，中国进入了特殊的历史阶段，社会不得不转型及政治不得不转型的紧迫性越来越严峻，国家向何处去，政治该怎么办，政治理论家面对着严峻的形势与紧迫的问题，急匆匆地寻找着救国救民的理论，并由此在理论上形成了不同的特点。从总的态势上看，中国现代重要政治思想家在理论上很难一以贯之，而在一定的历史时期表现出了"变"的特点，研究者对这些重要思想家在理论上的变与不变也非常关注，特别是在历史变革的关键时期。潘喜颜在《政治思想史》2022年第4期发表《辛亥革命前梁启超政治思想的演变——以"侨易"经历为中心》一文，对辛亥革命前梁启超在政治思想上的演变进行了详细的分析和探讨。文章中所谓"侨易"的意思是"因'侨'而致'易'，简而言之便是由于物质位移而产生的精神质变"，作者以此来解释梁启超在政治思想上的多变，文章"围绕梁启超的侨易经历，由时间线索入手，观侨取象，考察辛亥革命前梁启超政治思想的演变与物质位移之间的相关关系"①。作者认为"戊戌变法前梁启超已有丰富的侨易经历"，"使他由一个追求科举功名的传统士子转变成一个经世救国的青年"，从1898年10月至1912年9月，梁启超断断续续侨居日本十余年，他的"思想发生

---

① 潘喜颜：《辛亥革命前梁启超政治思想的演变——以"侨易"经历为中心》，《政治思想史》，2022年第4期。

嬗变，从主张维新变法转向支持排满革命"，"北美侨易之旅所见所闻给梁启超带来了巨大的冲击"，去"美国之前梁启超向往美式共和政体，美国归来后认为共和政体有很多弊端，不适合当时的中国"①。作者在肯定梁启超思想多变方面并未有明显创见，但却试图以迁徙环境来解释梁启超的思想多变，虽然有一定的片面性，但也确实丰富了原先关于梁启超思想多变的解释。

中国现代政治理论家面对着复杂的世界和严峻的形势，在政治观念上总试图调和古今中西，虽然他们在理论上有独特的主张，但研究者对理论家思想内容特点的把握也并不容易，以至于一些理论家究竟是属于保守阵营抑或进步阵营都难以确定。刘富民在《齐齐哈尔大学学报》（哲学社会科学版）2022年第1期发表的《进步与保守的超越：刘锡鸿政治思想及其儒学基础新探》一文，就对第一代外交官刘锡鸿的思想特点进行了辨析，认为他在政治思想上超越了进步与保守，强调"刘锡鸿对洋务运动的支持与反对两种意见并非是矛盾的，而是他在儒家思想与当时的时代背景下做出的理性判断"，"以刘锡鸿为代表的儒家士大夫的政治思想为后来的救亡思潮酝酿了思想的萌芽"②。作者认为刘锡鸿对中外国家体制不同的认识具有一定的深刻性，强调他"似乎正确认识到了那个时代西方社会的实质，也就是资产阶级的统治"，正是在这个前提下，刘锡鸿要反对学习西方政治结构，主张不让商人参与政治，在这个意义上，刘锡鸿并不是保守，而他恰恰是了解中国政治制度的特殊性③。在刘锡鸿看来，中国与西方的差异既然是由不同的国情导致的，那么道路的不同就"应该充分的理解和尊重"，而且彼此的差异也不应该被概括为"进步和落后"。就刘锡鸿的思想内容来看，他对西方的某种先进性东西也有认同的地方，并非一味排斥，当然他看到的西方长处也是合乎儒家传统理想的，西方政治的优点恰恰在于它体现了儒家政治理想，其最理想的治理依然是三代之治，而西方则在某些点上体现了三代之治的原则。从思想立场来看，

---

① 潘喜颜：《辛亥革命前梁启超政治思想的演变——以"侨易"经历为中心》，《政治思想史》，2022年第4期。
② 刘富民：《进步与保守的超越：刘锡鸿政治思想及其儒学基础新探》，《齐齐哈尔大学学报》（哲学社会科学版），2022年第1期。
③ 刘富民：《进步与保守的超越：刘锡鸿政治思想及其儒学基础新探》，《齐齐哈尔大学学报》（哲学社会科学版），2022年第1期。

刘锡鸿显然无法摆脱儒学的知识背景，"他的眼光完全是儒家式的"①。

中国现代政治思想史的断代划分与通史相同，但又不能以鸦片战争的发生为界限，把思想活动延续到鸦片战争以后的理论家都纳入研究范围，而应以理论家的思想内容是否受到鸦片战争的影响来判断，即中国现代政治思想史应以1840年鸦片战争中的理论应变为起点。不过，在研究实践中，判断一个具体理论家的思想内容是否应纳入中国现代政治思想史的研究范畴，还是会引起一些学术上的争议，比如龚自珍在思想内容上是否具有现代性或近代性，就是一个很有争议的问题。萨日娜在《今古文创》2022年第24期发表《龚自珍政治思想及其"近现代性"研究》一文，认为龚自珍"站在中国传统社会与近代社会的交汇点"，"以今文经学微言大义的手法，促进了民主主义启蒙思想的发展，使近代思想史翻开了崭新的一页"，在此基础上，深入探究了龚自珍政治思想具有一定的"近现代性"问题②。作者认为龚自珍政治思想具有一定的"近现代性"主要表现在：第一，"龚自珍对封建社会的抨击和社会改革思想的提出表现出了政治思想的'近现代性'"；第二，"龚自珍对'经世致用'思想的创立表现出了政治思想的'近现代性'"；第三，"龚自珍的社会改革思想对中国近代变革运动产生了很大的影响"③。当然，就关注的内容焦点来看，作者对龚自珍政治思想的关注点并没有明显的变化，对龚自珍社会政治改革主张也缺乏深入系统的陈述和分析，没有分析和指出龚自珍的思想在何种意义上处于当时思想的最前沿，在政治理论上具有了近现代性。实际上，龚自珍当时尚未意识到世界格局的根本性变化对中国社会未来走势的影响，在政治理论上也并未出现新意。当时，时代思潮的引领者应该是魏源的"师夷之长技以制夷"，而不是龚自珍的"药方只贩古时丹"。

2. 中国现代政治理论发展中的本来与外来

中国现代政治理论不是传统政治理论的逻辑继续，它的产生及发展同西学东渐有着密切的关系，现代政治理论在中国的起点是林则徐、魏源等的"开眼看世界""师夷之长技以制夷"，但它又确实是在中国传统政治理论既

---

① 刘富民：《进步与保守的超越：刘锡鸿政治思想及其儒学基础新探》，《齐齐哈尔大学学报》（哲学社会科学版），2022年第1期。
② 萨日娜：《龚自珍政治思想及其"近现代性"研究》，《今古文创》，2022年第24期。
③ 萨日娜：《龚自珍政治思想及其"近现代性"研究》，《今古文创》，2022年第24期。

定成果的基础上开始的，传统政治理论的结构框架、价值立场等都在现代政治理论的发展中发挥着重要影响。中国现代政治理论在中国的发展，一方面离不开传统政治理论的本来，本来的政治理论始终在影响着现代政治理论发展的主体；另一方面也离不开西方政治理论的外来，没有西方政治理论的外来，中国传统政治理论就既不会在议题、问题及命题上产生根本性变化，也不会在概念体系及理论形态上产生整体性变化。在这种情况下，中国现代政治理论的发展就不能不妥善处理好传统之本来和西方之外来的辩证关系。范广欣在《中国哲学史》2022年第6期发表《民本与民约：刘师培对卢梭社会契约论的解读》一文，就着力于分析刘师培政治理论结构中的传统民本与现代民约。在卢梭社会契约论的影响下，刘师培等曾收集整理了中国传统的重民言论，汇集为《中国民约精义》，以卢梭之民约来解释中国传统的民本，且认为中国传统民本也有利于人们理解卢梭的社会契约。文章认为刘师培在《中国民约精义》中"促成卢梭社会契约论与中国民本传统的对话"，既"用卢梭理论来评判和重塑中国民本传统"，"也运用中国传统学说所提供的资源在解读卢梭理论时获得更丰富而深刻的理解"[1]。刘师培一方面用卢梭社会契约理论整理中国传统民本言论，以社会契约论的人民主权解释三代之治，强调"三代之治的核心理念就是人民主权，圣王不是人民的主人，而是人民的公仆"；另一个方面又"运用中国传统资源提出了对社会契约论的独特解释"，凸显"对卢梭理论做了比较激进的解释"[2]。中国本来的民本和外来的卢梭社会契约论，在刘师培的政治理论体系中出现了混合的形态，两者互相解释、互相濡染、互相改变，在古今中西的文本解释互嵌中形成了一种特殊的理论创新。

现代中国先进分子在以政治理论观照中国现实、分析中国问题及提出解决中国问题的对策时，虽然有部分政治理论家先取了激进主义的路径，在政治上或主张全盘西化，或完全拒绝向西方学习，但也有不少政治理论家游走在三代之治与学习西方之间，提出了一条"复古维新论"的道路。马猛猛在《政治思想史》2022年第3期发表《"回向三代"与泰西"立国本末"——晚

---

[1] 范广欣：《民本与民约：刘师培对卢梭社会契约论的解读》，《中国哲学史》，2022年第6期。
[2] 范广欣：《民本与民约：刘师培对卢梭社会契约论的解读》，《中国哲学史》，2022年第6期。

清"复古维新论"中的变革与立国》一文,就晚清出现的"复古维新论"进行了较为深入的探讨。文章认为晚清"复古维新论""围绕西方和三代之关系建构出涵括中西古今演进的普遍历史叙事","对中国三代及世界史进行重塑","把中国和西方整合进一个整全的人类文明进程中,试图在中国文化的经制典章和西方社会政治现实之间建立内在义理的一致性"①。"复古维新论"一方面受到了西方政治现实及理论的重要影响,比如"对秦制的根本性否定体现了变革思维范式",同时"对西方政教'本末源流''立国之本'等"进行了分析,表现了"对中国文化之主体性与根本价值的重新理解和确定"②。作者认为"复古维新论"的核心观点是"复古即维新","将'三代之治'与某种理想的政治模式和文明形态相关联,是中国近代思想文化中的重要思潮",它既与"托古改制"有一定的关联,但也有诸多不同于"托古改制"的理论观点,两者不同的关键在于历史意识的不同,"复古维新论""以中国传统的三代史观为基础","主张后世一切政治和学术上的努力都是要不断回向以致重返"三代③。实际上,"复古维新论"也是站在古今中西之间来进行理论思考,一方面它们立足于三代之治来思考中西方历史,梳理政治发展的序列,以三代为最高,同时认为西方政治在某些方面恰好近于三代之治;另一方面也以西方政治的优点来解释三代,其三代之治的解释中已经包含着部分西学的内容。当然,晚清中国的政治理论家在分析中外政治制度时依托于"三代之治",主要还是因为现代政治理论工具不够充分,所以不能不应用传统的"三代之治"。新文化运动以后,那些仍然立足于"三代之治"来叙述中西政治史和选择理想治理模式的政治理论家,就只有少数极端文化保守主义者了。

中国现代政治理论在发展过程中引进了一些西方的新概念、新理论,用以叙述和解释中国传统政治的特点,虽然这些概念和理论完全译自西方,但又被普遍地运用于分析中国传统政治,其在理论上是否合理,在学术界引发

---

① 马猛猛:《"回向三代"与泰西"立国本末"——晚清"复古维新论"中的变革与立国》,《政治思想史》,2022年第3期。
② 马猛猛:《"回向三代"与泰西"立国本末"——晚清"复古维新论"中的变革与立国》,《政治思想史》,2022年第3期。
③ 马猛猛:《"回向三代"与泰西"立国本末"——晚清"复古维新论"中的变革与立国》,《政治思想史》,2022年第3期。

了一定的争议。任锋及其合作者马猛猛在《社会科学》2022 年第 7 期发表《"中央集权"在中国：一个现代概念的历史生成及其理论检视（1899—1911）》一文，就对晚清的"中央集权"进行了典型分析。文章认为"'中央集权'概念在中国的传播和运用过程并不是一个自然而然的过程"，它"作为一个源生于西方的历史政治概念，最先通过日本学者对西方法政书籍的翻译引介而成为一个日语词汇，再通过晚清报刊、出版物等对日译西方法政书籍和文章的再转译，进入到中国学人的视野当中"，但也不难"发现中国思想传统"在"中央集权"概念中"仍然表现出坚韧的思想延续性"①。总的来看，"中央集权"概念兴起和晚清的历史时代背景密不可分，"清朝中央与地方督抚间的权力博弈、预备立宪以及官制改革都激起了时人对'中央集权'的讨论"，"1899 年至 1903 年是'中央集权'概念在中国思想界的发轫期"，"政学两界鲜有"具体论述，"1904 年至 1911 年则可被称为'中央集权'概念运用的兴盛期，从清政府要员的奏折和书信，到《东方杂志》《申报》等具有影响力的报刊媒介，乃至在私人日记当中都大量出现了对'中央集权'概念的使用和议论"，"梁启超借鉴参考了日本法政书籍对'中央集权'的理解，并将其用来创造性地解释中国古代的历史政治变迁，因此中央集权与专制主义开始在历史解释层面被高度绑定"②。"中央集权"概念在最初使用的时候，往往凸显其具体性，即用来分析、描述和定性晚清新政中与地方自治主张相反的内容，并由此"遭受到了来自多方面的质疑和批判，部分导致了'中央集权'概念的负面化印象"，但当这一概念被创造性地用来解释中国传统政治变迁时，也就"融合了传统中国政治自身的历史和思想解释逻辑"，"表达了中国大一统国家起源和形成的历史脉络"③。"中央集权"这个概念的引入及传播，在很大程度上体现了古今中西在政治概念层面的含义交流与意义融合，既很好地描述和解释了中国政治制度的核心特点，又以中国政治制度的核心特点丰富了概念的内涵。

---

① 任锋、马猛猛：《"中央集权"在中国：一个现代概念的历史生成及其理论检视（1899—1911）》，《社会科学》，2022 年第 7 期。
② 任锋、马猛猛：《"中央集权"在中国：一个现代概念的历史生成及其理论检视（1899—1911）》，《社会科学》，2022 年第 7 期。
③ 任锋、马猛猛：《"中央集权"在中国：一个现代概念的历史生成及其理论检视（1899—1911）》，《社会科学》，2022 年第 7 期。

3. 中国共产党早期重要人物政治思想研究

中国共产党在政治理论发展上的重大成就及实践效果，已经得到了充分的说明，在学术界日益自觉地探讨中国式现代化及中华民族伟大复兴的时候，中国共产党在政治理论上是如何开始的，越来越成为一个重要的理论问题。如果抛开具体的历史环境，那么中国共产党早期重要人物的政治思想演变就成了回答上述问题的关键之所在。在众多中国共产党早期重要人物中，李大钊政治思想备受关注。袁琪琪、何树远在《河南理工大学学报》（社会科学版）2022 年第 4 期发表《从自由主义到马克思主义——五四时期李大钊政治思想转变原因探析》一文，探讨了李大钊为什么会从一个自由主义者转变成马克思主义者，文章认为李大钊之所以会发生这种转变，一方面是因为他"逐渐认识到自由主义在中国并不具备厚植的沃土，进而坚定了从西方民主自由转向马克思主义的理想信念"，另一方面也是他"不断追求真理"，"立志实现民族独立和解放、追求中华民族伟大复兴"，"坚持人民至上、践行为中国人民谋幸福初心的必然结果"①。作者认为李大钊曾经是一个自由主义者，主张"'人'的自由发展"，"希望能够实现宪法上的自由政治"，但"在日本留学期间，李大钊初步接触到幸德秋水、安部矶雄等宣传的带有浓厚宗教和自由主义色彩的早期社会主义思想，为其接受马克思主义打下了一定基础"，而中国当时的政治现实戳破了他自由主义的理想。1917 年俄国二月革命爆发后，"李大钊的视线开始转向俄国"②，并最终演变成了一个马克思主义者。郭兆祥与张文彬在《唐山师范学院学报》2022 年第 5 期发表《李大钊早期学习西方政治思想对其后期"民"思想的影响——以穆勒、托尔斯泰为例》一文，从李大钊的"民"思想变迁的角度，展现了他从自由主义者到马克思主义者的演变历程。文章认为李大钊在早期较多地受到英国功利主义集大成者穆勒和俄国民粹主义思想家托尔斯泰的影响，李大钊"民"的思想从"惟民主义"发展到了"民主主义"，后来又在马克思主义指导下形成了"平民主义"思想，"他早期接受的穆勒、托尔斯泰的思想为他最终接受马克思主

---

① 袁琪琪、何树远：《从自由主义到马克思主义——五四时期李大钊政治思想转变原因探析》，《河南理工大学学报》（社会科学版），2022 年第 4 期。
② 袁琪琪、何树远：《从自由主义到马克思主义——五四时期李大钊政治思想转变原因探析》，《河南理工大学学报》（社会科学版），2022 年第 4 期。

义起到勾连和铺垫的作用"①。在这个思想转变的过程中，中国传统优秀文化及其所熏陶的文化品格也发挥了重要的作用。

毛泽东作为伟大的马克思主义者，在马克思主义中国化方面作出了突出的理论贡献，在中国现当代历史及政治发展中发挥了重要作用，且有不可磨灭的重要影响。他早期的政治思想史变迁轨迹，既具有典型意义，可以看作是众多中国共产党人政治思想演变的一个缩影，也具有重要理论价值，用以解释马克思主义是如何吸引和引导着先进中国人从一个民主主义者转变为马克思主义者。李卫政在《湘潮》2022年第10期发表《从主张"湖南自治"到建党先驱——建党前后青年毛泽东政治哲学的几个特点》一文，梳理和分析了毛泽东在中国共产党成立前后关于政治哲学的特点。文章认为"毛泽东一生坚持相信人民，走依靠群众的革命路线"，他"这种对'人民至上'的信仰，最早来自青少年时期的家庭生活所培育的对中国人民特别是底层人民的朴素感情"，"早在参与建党活动很久之前，他的思想和行动便体现了浓厚的平民主义色彩"②。1920年7月到10月，毛泽东以深信"群众行动中产生的群众政治力量"为前提，深度讨论了"湖南改造""湖南自治"问题，"提出了建立'湖南共和国'、实行'湖南门罗主义''湘人自治'、制定湖南宪法等一系列主张，但在湖南自治被实践证明只能是幻想之后，毛泽东"认识到资产阶级改良道路在中国行不通"，这"也成为他接受马克思主义的一个重要推动因素"③。在成为一个马克思主义者前，毛泽东就展现出了对平等的追求，既有对中国传统均平思想的继承，也有杜威实验主义、托尔斯泰泛劳动论、克鲁泡特金社会互助论、武者小路实笃新村主义等流派的影响，"接受马克思主义之后，毛泽东开始以一个马克思主义者的视野，从造成不平等的根源着手，努力建设一个能消灭各种不平等现象的社会"④。

瞿秋白作为中国共产党早期重要领导人，他的政治思想在中国共产党政

---

① 郭兆祥、张文彬：《李大钊早期学习西方政治思想对其后期"民"思想的影响——以穆勒、托尔斯泰为例》，《唐山师范学院学报》，2022年第5期。
② 李卫政：《从主张"湖南自治"到建党先驱——建党前后青年毛泽东政治哲学的几个特点》，《湘潮》，2022年第10期。
③ 李卫政：《从主张"湖南自治"到建党先驱——建党前后青年毛泽东政治哲学的几个特点》，《湘潮》，2022年第10期。
④ 李卫政：《从主张"湖南自治"到建党先驱——建党前后青年毛泽东政治哲学的几个特点》，《湘潮》，2022年第10期。

治理论发展史上处于承前启后的重要位置，在政治实践中产生了明显的影响，对中国共产党独立领导武装斗争和初期的政权建设等也有诸多积极的影响，"对瞿秋白政治思想开展研究，不仅有助于深化探究马克思主义中国化的源起，借鉴历史经验，推动当代马克思主义中国化、时代化和大众化深入发展"①。屈宏在博士学位论文《瞿秋白政治思想研究》中高度评价了瞿秋白政治思想的重要性，肯定了他的许多理论贡献，强调"在中国共产党和中国近现代思想发展史中，瞿秋白都是无论如何都绕不开的重要人物，他对马克思主义中国化的历史进程起到了奠基性作用，为毛泽东思想的形成做出了重要贡献，推动了中国共产党领导的早期工农运动的蓬勃发展，初步探索了新民主主义革命的理论和道路，做出很多具有原创性的贡献"②。瞿秋白作为中国共产党早期重要的政治理论家，不仅系统、全面、科学地宣传马克思主义与列宁主义，"使马克思主义在中国的传播逐渐系统化、完整化，并且有了哲学基础"，为"20世纪20年代马克思主义在中国的深入传播和深化理解，做出了特别重要的历史贡献"，而且在理论上探讨"把马克思主义理论和中国革命实际相结合，针对中国革命的特殊性、复杂性提出了许多真知灼见，形成了很多富有远见的政治思想"③。瞿秋白的政治思想虽然丰富，但大致分为两个基本层次：第一个层次是马克思主义的哲学基础，瞿秋白"深入阐释了列宁主义，阐释了列宁主义与马克思主义的关系"；第二个层次是中国革命的理论，在马克思主义主导下，瞿秋白"阐释了中国革命的动力、革命的性质、发展前途、武装斗争、党的建设、国家政权建设、民族等政治问题"，形成了马克思主义中国化的早期理论成果④。瞿秋白既是中国共产党早期的重要领导人，也是中国知识分子的代表，他的政治思想具有马克思主义中国化的鲜明特点，属于"马克思主义中国化的早期思想结晶"，"体现出理论性和实践性的高度统一"，并体现出"共产国际指导中国革命的深刻印迹"，当然也带有较为明显的中国传统"士"的情结，在理论上还受到了马克思主义"本本"的约束⑤。

---

① 屈宏：《瞿秋白政治思想研究》，大连理工大学，2022年博士论文，摘要。
② 屈宏：《瞿秋白政治思想研究》，大连理工大学，2022年博士论文，第1页。
③ 屈宏：《瞿秋白政治思想研究》，大连理工大学，2022年博士论文，第2页。
④ 屈宏：《瞿秋白政治思想研究》，大连理工大学，2022年博士论文，第67页。
⑤ 屈宏：《瞿秋白政治思想研究》，大连理工大学，2022年博士论文，第138-168页。

下 篇
方法检讨与范式反思

一、中国传统政治哲学研究的方法论反思

中国传统政治哲学研究发端于梁启超的《先秦政治思想史》，在萧公权、萨孟武等的《中国政治思想史》著作中也都包含了政治哲学层面的研究，只是涉足不多且不深。20世纪50年代初至70年代末，政治学被取消期间，中国政治哲学的研究就失去了独立的学科地位及意义，而附属于历史哲学层面的社会形态理论，主要运用阶级分析方法，选定思想家思想中体现阶级性及历史走向的部分议题为政治思想议题，其中就包含着政治哲学议题，譬如人性论及政治理想国等。改革开放后，随着政治学科的恢复及初步发展，中国传统政治哲学也逐渐被提上研究日程，围绕与中国传统政治哲学有关的问题，各种研究方法的运用产生了观点、意见颇为不同的学术成果。40余年来，中国传统政治哲学研究总是摆脱不了社会热点问题的讨论，其中尤其与讨论中国传统文化和现代化关系问题的文化大讨论息息相关，从而使中国传统政治哲学研究总是同各种各样涉及中国传统和现代化关系的讨论混杂在一起，其研究方法则主要有文化哲学、历史哲学、哲学及历史学的方法。不同研究方法围绕传统政治哲学的现代价值与意义，形成了价值取向及研究目的上的差异，并因相互差异而形成了较为激烈的学术争论，在实践中促进了中国传统政治哲学的研究，甚至可以说中国传统政治哲学的诸多研究成果主要是在争论中产生的。

就上述各种学科的研究方法在中国传统政治哲学研究中的应用来看，现有研究成果大致有两个基本的研究思路，依托不同的学科方法表现为若干种基本的研究范式。从研究的基本思路看，第一种研究思路较为看重中国传统政治哲学的普遍性特征，主要运用哲学的抽象分析方法，或致力于发掘现代政治的传统政治哲学基础，或论证现代政治的中国版所需的某些来自传统

政治观念的支撑，或竭尽全力论证中国传统政治哲学具有内在地转向现代政治哲学的可能性或已经有了某些现代政治哲学观念的雏形；第二种研究思路则较为看重中国传统政治哲学的特殊性特征，从思想与社会互动的角度，运用历史分析方法，着力于分析其历史性的具体内涵及曾经产生过的社会影响，特别注意分析政治观念、范畴等在传统思想中的原始含义，即从原始的概念、范畴等的解释中整理出思想家力图阐明的原始思想事实。第一种研究思路倾向于抽象地研究与继承传统政治哲学的普遍性内容，其研究结果多自认为发掘出了可以与现代民主观念衔接的普遍政治观念，甚至认为中国传统政治观念自然而然地发展也可以拥有自己的现代民主观念，当然也有极端观点认为中国传统政治观念完全适用于现代。第二种研究思路倾向于历史地、具体地对待传统政治哲学的特殊性内容，其研究结果认为中国传统政治观念就其历史内容而言并无趋向现代民主的趋势，在其已有的历史中也没有与现代民主和谐共存的经历，而在现实政治生活中仍然较多地发生着阻滞民主发展的消极作用。

（一）路径与特色：中国传统政治哲学研究的范式

中国政治思想史作为一门学科，其研究内容虽包含政治哲学内容，但大多中国政治思想史著作没有设置独立的政治哲学栏目，而系统的研究也自然无法开始。徐大同、陈哲夫、谢庆奎等于1981年出版的《中国古代政治思想史》在政治哲学层面的涉足，没有超过侯外庐《中国思想通史》的水平，不仅没有专门讨论政治哲学的篇目，而且在政治思想的外延上也不及《中国思想通史》，其关注的主要理论内容是历史上的阶级与国家的理论[①]。中国哲学史著作虽然有时也列有政治思想的栏目，但哲学视角的叙述多为泛泛的政治思想，经常阐述的政治哲学内容是人性论、理想国与天论，研究仍然缺乏系统性。刘泽华教授在《中国政治思想史研究对象与方法问题初探》一文中，比较早地提出了研究中国政治哲学，并指出了中国传统政治哲学的大概的内涵与外延，但直至刘泽华教授2000年出版《中国传统政治哲学与社会整合》《中国的王权主义：传统社会与思想特点考察》等书，才有了系统研究中国传

---

① 徐大同、陈哲夫、谢庆奎，等：《中国古代政治思想史》，长春：吉林人民出版社，1981年，2页。

统政治哲学的尝试。王引淑同志于1999年出版的《中国传统政治哲学——十大著名思想家的治国方略》，应是学界第一部以"中国政治哲学"为书名的专著，但在内容上与一般的政治思想史差别不大，缺乏对中国政治哲学诸范畴的专题探讨，其论述体例与流行的中国政治思想史著作颇为接近。周桂钿先生出版的《中国传统政治哲学》一书，第一次以通论的形式，集中讨论了天命论、经学、大一统论、纲常论、民本论、德治论及常变论等，指出了中国政治哲学的研究方向，不过未能深入系统地进行中国政治哲学体系的讨论，从而没有挖掘出足够的范畴与判断，并不能详述中国政治哲学的主旨及主要概念、判断间的必然性联系。

目前，国内学者对中国传统政治哲学的研究有三种基本范式。

其一是中国传统哲学的研究者从一般哲学的研究进入政治哲学的研究，比较注重概念和范畴等的解释和演绎，按照历史唯物主义的思想框架，对中国传统哲学中政治意义明显的概念、范畴与命题等进行了初步梳理，其主要的代表人物是周桂钿教授。周桂钿教授的《中国传统政治哲学》一书力图从范畴和命题的解释方面着手，研究了中国传统政治哲学中的几对主要范畴或命题，其贡献及局限一如前述。通过研究，周桂钿教授提出了三点最基本的看法，即儒学是中国传统哲学的主干，政治哲学是儒家的中心，民本论是中国政治哲学的中心①。从周教授的结论来看，他并没有对政治哲学的概念及研究对象与方法等进行哪怕是描述式的处理，而只是将传统哲学中的政治性内容进行了罗列或排比，既没有回到思想现场进行思想事实的发掘，也没有着力于主要概念、范畴、命题、判断及推理等的系统分析，结论虽缺乏政治哲学研究所要求的近乎苛刻的严谨与缜密，但作为一种研究范式仍具有重要的参考价值。

其二是结合中国社会近代化或现代化问题，主要从民族文化自尊和历史发展普遍法则的角度，对中国传统政治哲学中的某些范畴进行了历史哲学的解释，其主要的代表是张岱年、李存山等。张岱年、李存山等主要是通过民本与民主关系的讨论，对中国传统政治哲学的局部进行了重点探索，意在寻求中国政治民主的内在依据或源头活水，着力在中国古代寻求民主思想或民主思想的萌芽等。张岱年在《黄梨洲与中国古代民主思想》一文中指出："中

---

① 周桂钿：《中国传统政治哲学》，石家庄：河北人民出版社，2007年版，第11-24页。

国自殷商以来没有民主制度,但在学术史、思想史上也还是有民主思想的。在中国思想史上,讲民主讲得有典型意义的,要算是黄梨洲了。……中国在先秦时代就已有了民主思想的萌芽。"① 李存山坚持认为,在没有任何民主思想资源情况下,黄宗羲的思想是由"民本走向民主的开端","黄宗羲不仅把传统的民本思想发挥到极致,而且从传统的民本思想迈出了新的一步,……这一步正是从民本走向民主的开端"。李存山的结论至少有两个基本的片面性,一是研究黄宗羲政治思想的资料都来源于《明夷待访录》这个小册子,且只在其中选择有益于己的资料,其研究模式是"六经注我",他并不太关注黄宗羲等人的原始思想问题,更没有触及黄宗羲政治思想的纲领性概念,而过多地关注与同时期西方启蒙思想家的比较,或过多关注梁启超等人承认的黄宗羲思想对他们接受民主思想的所谓影响,从而毫无根据地认为民本一定可以冲破君主制而走向民主,而置中国民主思想产生过程的艰难曲折于不顾。二是对现代民主的发生与传播机制缺少必要的了解。一方面他不仅置民主观念的悠久历史于不顾,还在没有解释古希腊、罗马何以民主而中国何以民本的原因的情况下,就认为民主可以从民本发展出来,根本没有想到要追问古希腊、罗马的民主又是从哪里发展而来的问题。如果西方的民主不是从什么观念发展来的,中国的民主又何以需要从民本中发展出来?又何以能够从民本中发展出来?英国发展出的现代民主又是从什么观念发展出来的?难道也是从民本发展出来的?另一方面,把民主看作是任何民族都可以在某个阶段自然形成的,从而确定中国的民主也可以于某个阶段通过思想家的努力在没有任何民主思想资源及制度资源的情况下出现,因此认定民本可以自然而然地冲决君主制的束缚而走向民主②。这个结论不过是来自五种社会形态理论的一个历史哲学的逻辑推论,并不具有实证科学意义上的社会科学知识证据,虽然看上去材料颇丰富,但是它所关心的问题,既非古人的,就难免强迫思想家回答研究者的疑问,至于只关注批评性言论而导致的对建设性言论的不够关注,更导致其传统政治哲学研究根本没有触及传统政治思想中的核心或

---

① 张岱年:《黄梨洲与中国古代民主思想》,吴光主编:《黄宗羲论——国际黄宗羲学术讨论会论文集》,杭州:浙江古籍出版社,1987年版,第1页。
② 李存山:《从民本走向民主的开端——兼评所谓"民本的极限"》,吴光主编:《从民本走向民主——黄宗羲民本思想国际学术研讨会论文集》,杭州:浙江古籍出版社,2006年版,第112-129页。

纲领性概念，而只是翻来覆去地纠缠于一些自己着意找到的标语性文字或批判性的愤词。

其三是中国传统政治思想的研究者从政治思想的研究中逐渐衍生出政治哲学的研究，注重中国传统政治哲学的概念、范畴、命题和判断等的社会学或历史学解释，其主要的代表是刘泽华教授。刘泽华先生继承了萧公权的研究传统，在政治观上率先突破了僵化的阶级政治模式，从而能够"采政治学之观点，用历史之方法"①，就中国传统政治哲学的主要概念及范畴等进行了社会分析，并描述了主要概念之间的必然联系，揭示了重要政治判断的普遍社会影响力②，其中对纲领性概念的关注使之更接近政治哲学探讨问题的方式，从而能够得出既合乎历史实际又颇有政治哲学深度的结论。

国外和我国港台地区的学者研究中国传统政治哲学主要有三种范式。

其一是以日本学者沟口雄三为代表的历史哲学式的研究，注重挖掘晚明以来中国传统思想的近代意义，企图将中国思想或社会的近代化看作是传统社会主要成分的内在延续，其研究风格和旨趣与李存山等比较接近，旨在寻求东亚现代化的内在依据。他认为李贽是中国思想史上一个由传统到现代的重要过渡性人物，结合思想家议题及观点的时代演化，将近代思想在中国的展开描述为一定程度上肯定人欲的过程，并整理出了一个从李贽到孙中山的近代思想的发展线索，再结合他视域中明清之际以来反专制思想中的绅士主张的地方自治得出结论，认为中国的近代是可以在其文明的进程中内生，而不是西方事物东来的结果，也不必对现代西方亦步亦趋③。

其二是以牟宗三、杜维明等为主要代表的我国台湾、香港地区和海外新儒家的中国政治哲学研究，他们以儒家传统政治哲学的现代转化为题材，探讨了中国传统儒家政治哲学的现代意义，尝试将儒家传统政治哲学与西方政治哲学进行嫁接，提出了"返本开新""新外王"等理论，对于探索中国传统政治哲学如何焕发出新的生命活力，具有重要的借鉴价值④。杜维明等极力

---

① 萧公权：《中国政治思想史》，沈阳：辽宁教育出版社，1998，凡例。
② 刘泽华：《中国的王权主义：传统社会与思想特点考察》，上海：上海人民出版社，2000年版。
③ 参阅［日］沟口雄三：《中国前近代思想之曲折与展开》，陈耀文译，上海：上海人民出版社，1987年版。
④ 牟宗三：《从陆象山到刘蕺山》，上海：上海古籍出版社，2001年版，第176－180页。

推崇现代民主而反对传统专制政治，并认为儒家思想中确实存在着为君主专制服务的成分，因此在继承儒家的同时必须继承批判儒家的五四传统，唯有如此，才能找出儒家思想中与现代民主相适应的普遍部分，该普遍部分即宗教伦理层面的普遍性内容。杜维明认为宗教伦理层面的儒家学说具有超越历史的普遍性，不仅可以成为中国现代民主的伦理基础，确保民主政治的中国属性，而且对其他文明如西方文明解决伦理危机也有重要意义①。身处海外及我国港台地区的新儒家面对的是民主政治已经成功植入之后的民主政治与东方伦理的关系问题，着力寻找中国儒家伦理中能与民主政治相融通的部分，并且从有利于民主政治的方面发掘、解释和论证了儒家伦理的普遍意义。处理两者是否相融通的问题远比处理发生学意义上两者关系的问题简单，而且可以主要用逻辑分析的抽象分析方法从儒家伦理中抽象出具有普世价值的观念成分，因为毕竟中国不可能完全西化，特别是在宗教层面上。儒家伦理中的宗教层面如果确实在逻辑上与民主政治相融通，那么在观念上把两者逻辑地联系起来也不是绝对无益于社会，起码在民主政治已经确立的情况下可以让它更加民族化。

其三是美国和西欧的海外汉学家，其中包括部分华人学者，以现代化为主要问题，探讨了中国传统政治及政治哲学在现代化过程中的不良或不利影响，其主要代表有列文森等。列文森等注意到传统政治文化的形成受到儒家、道家及法家等的影响，但他否认了儒家等传统政治观念能够顺利生出现代政治观念②。

国内外的中国政治哲学研究在研究旨趣及目的上迥然不同，而使用的研究方法及体现的价值偏向也极为悬殊。尽管每种风格的研究都极为相信自己研究的必要性及正确性，但是各自得出的结论竟至于截然不同，甚至难以沟通、交流。究其原因，一方面是研究方法及价值取向的迥异，特别是在中国民主如何发生以及处理民本与民主的关系上，方法与价值取向对于结论的形成具有决定性影响。在没有民主实践与没有民主思想资源的情况下，中国的民主思想如何独立开始其形成的过程，是个颇为关键的问题，窃以为从思想到思想的文本研究及抽象推理难以得出合乎实际的结论，特别是当我们全过

---

① 杜维明：《儒家传统与现代民主》，见郭齐勇、郑文龙：《杜维明文集》（第5卷），武汉：武汉出版社，2002年版，第240-249页。
② [美] 约瑟夫·R. 列文森：《儒教中国及其现代命运》，郑大华、任菁译，北京：中国社会科学出版社，2000年版，第141-144页。

程地追踪了"民主"概念在近代中国的含义演变后,大概才能在民本与民主的关系上得出令人信服的结论①。另一方面,研究者关注的问题侧重不同,双方在定性中国传统政治文化为君主专制主义上并无太大分歧,在对传统政治文化的批判及反对态度上也颇为接近,一方关心的是民主在中国如何发生的历史发生学问题,以便进一步确认民主在中国发展的观念条件,立足于反对现实的封建主义;而另一方则在反对封建主义的基础上关注民主如何中国化的问题,关注民主扎根于中国本土所需要的本土观念基础等,并注意发掘传统政治文化中能够与民主融通的普遍内容,积极寻求中国思想的世界贡献。从国内中国政治哲学研究的现状来看,关注民本与民主的关系,力图说明民主怎样产生的发生学问题在研究中占有压倒性优势,而国外和我国港台地区的研究则比较关注传统政治观念在现代的适应问题,如新儒家,或比较关注中国政治观念如何在应对西方的挑战中克服传统观念的影响而形成现代政治观念的问题。民本与民主的关系成为中国传统政治哲学研究的中心议题,而此中心议题的解决必须以从政治哲学上清理传统民本思想中的核心纲领性概念的具体内涵及其相互逻辑关系为前提,即对中国传统政治哲学的纲领性概念进行逻辑清理,把握中国传统政治思维的整体性共同框架已经成了中国传统政治哲学研究的关键。实际上,"民主"一词原本就是一个儒家词汇,其基本的含义是"民之主",但在近代以来中西文化汇通的语境下,"民主"的含义逐步演化成了"民作主",如果不考虑具体词汇的历史语境,不梳理同一个名词在不同历史语境下的含义变迁,我们实际上就不能很准确地了解中国传统政治核心词汇的基本含义以及由此构建起来的民族性的思想体系。

(二) 观念史方法:从政治思想史到政治观念史

观念史作为一种研究方法,已经被引进国内学术界,形成了有一定影响力的成果。曹意强在《什么是观念史?》的文章中指出:"观念史追踪人类各种观念的起源、发展、衍变和相互影响,它与哲学史的区别在于哲学史关注诸如生活的目的、善与恶等一般思想的发展,而观念史则关注对这类思想的变化性思考历程。……观念史的任务是描述特定历史时期的思想假说,说明它们在相继时代的变异。……,人类历史是占统摄地位的观念模式的历史。

---

① 王人博:《庶民的胜利——中国民主话语考论》,《中国法学》,2006 年第 3 期。

观念模式，如同物质因素和历史变化一样，可以塑造并左右人们的行动、意识、政治、道德和思想情感以及审美态度。任何一个人类文明，其最具特色的生活方式和文化产品都是它特有的观念模式的镜像。若要理解某个文明的特性，就有必要在历史的框架之中辨析其主导性观念模式。"① 关于观念史的研究方法，曹意强结合观念史研究的发展简历进行了阐述，他认为以赛亚·伯林"比他所有的观念史前辈都更明确地阐述了自己的研究方法"，并将以赛亚·伯林的观念史研究方法概括为"科林伍德式内心重演理论与波普尔的情境分析的融合"②。"撰写观念史不可避免地要运用想象力去进入思想家的世界观与内心世界，这种移情［EinFühlung］努力，不论多么困难，多么不肯定，多么不精确，都是不可缺少的。当我论述马克思时，我试图了解马克思在柏林、巴黎、布鲁塞尔和伦敦是什么样子。我试着用他的概念、范畴和德文词汇去考虑问题。……他们的观念是怎样产生的？在什么特定时间、特定的地点和社会中产生的？……必须考问自己是什么东西在困扰他们，是什么东西使他们为这些问题而自我折磨？他们的理论与著作是怎样在他们的头脑中成熟的？"③ 罗杰·豪舍尔指出观念史"极有可能对其实践者提出比任何其他学科更为广阔而多样性的要求，或至少是一些更具体的、往往令人十分痛苦的要求"。"批判观念时所必需的概念分析的严格逻辑方法，博学多闻，与创造性艺术家相似的移情与再现的巨大想象力——即'进入'与自己完全不同的生活形态，从'内部'对其加以理解的能力——以及出于本能的几乎神秘莫测的预见力。"④ 这从一个侧面提出了观念史研究所必需的严谨的概念分析、移情、想象与预见等方法。以赛亚·伯林的观念史研究具有方法示范的重要意义，基于其观念史研究而得出的研究方法在某种程度上就是观念史研究的最主要的方法。

以赛亚·伯林作为20世纪西方颇有影响的著名思想家及学者，其研究政治观念的重要著作《反潮流：观念史论文集》不仅完善了已经存在的观念史的研究方法，而且将观念史研究方法引进政治思想研究领域，引起了政治思

---

① 曹意强：《什么是观念史？》，《新美术》，2003年第4期。
② 曹意强：《观念史的历史、意义与方法》，《新美术》，2006年第6期。
③ 曹意强：《观念史的历史、意义与方法》，《新美术》，2006年第6期。
④ ［英］以赛亚·伯林：《反潮流：观念史论文集》，冯克利译，南京：译林出版社，2002年版，序言，第5—6页。

想研究方法的重大变革。观念史研究主要关注时代性或民族性的共同基本观念,即那些架构经验的基本概念、范畴以及由其构成的观察世界的模式与视角。罗杰·豪舍尔在《反潮流:观念史论文集》的《序言》中指出:"我们用来观察世界的一些基本范畴或'视角'虽然看起来一成不变,但另一些却随着时间和文化的不同而变化,有时甚至变化甚大。一种文化所观察和倾听、思索和感受的基本经验内容,也许没有变化或变化很小,但是认识它们和使它们条理化所依据的模式——即观察它们的视角——却是可以改变的。许多这样的基本范畴和模式就像人类本身一样古老,而另一些则更不稳定而短暂,因此要从历史的角度来研究它们。对这些模式的研究和系统评判至关重要,因为这无异于一个事关我们的经验本身的整个架构的问题。在这些模式中,有许多相互抵牾,有一些则因为无法对经验的各个方面做出充分解释而引起障碍,结果被另一些模式所取代,而这些模式又往往把被其取代的模式已为我们打开的大门关上。我们的基本预设的恰当性——它们涵盖了多少、排除了多少我们的经验;它们揭示了多少又遮蔽了多少我们的经验——应是哲学家和观念史学家共同关心的焦点。"① "观念史力求找出(当然不限于此)一种文明或文化在漫长的精神变迁中某些中心概念的产生和发展过程,再现在某个既定时代和文化中人们对自身及其活动的看法。"② 观念史"研究焦点,是某个文化或时代特有的那些无所不在、占支配地位的形成性观念及范畴,当然也包括某个文学流派和政治运动、某个艺术天才或原创性思想家,只要这些事和人最早提出了问题,发展出了成为后来数代人的共同世界观之一部分的观念。……观念史所能够提供给我们的,是对基本概念模式之起源的认识,以及这些模式给世界带来的变化。我们就是根据这些模式来理解我们自己并获得我们作为人类的认同。这些基本的、无所不在的预设,正是由于它们有着高度的普遍性,是我们支配自己的人多数——人类的大多数——经验所依靠的手段,……观念史家的任务,就是努力置身于其外,使它们成为反

---

① [英]以赛亚·伯林:《反潮流:观念史论文集》,冯克利译,南京:译林出版社,2002年版,序言,第12-13页。
② [英]以赛亚·伯林:《反潮流:观念史论文集》,冯克利译,南京:译林出版社,2002年版,序言,第5页。

思和系统研究的对象,……使它们能够得到公开的分析和评价"①。

观念史研究方法在国外的政治思想研究中已经得到有效应用,以赛亚·伯林的政治思想研究采用的观念史研究方法已经成了观念史研究的方法典范,其以观念史方法研究政治思想的结论已经产生了重大的社会影响,并带动了更广大范围的观念史研究。早在1969年,昆廷·斯金纳就发表了《观念史中的意涵与理解》一文,就观念史方法在政治思想研究中的应用提出了许多富有启发性的重要见解。他说:"观念史家的任务应是研究和诠释经典文本。撰写这种历史的价值在于:那些有关道德、政治、宗教及其他类型思想的经典文本以'普遍观念'的形式包含着一种'经得起时间检验的智慧'。这样,我们可望直接从研读那些有着持久相关性的'无时间性的成分'中获益。这就进一步向我们表明:接近那些文本的最佳途径是必须将注意力集中于每位作者就某一'基本概念'以及道德、政治、宗教、社会生活中的'永恒问题'都说了些什么。也就是说,在阅读经典文本时,我们必须准备好将其视为'似乎是出自一位当代人之手'。最为根本的是这样一种研究路径:仅仅专注于他们的论证,并考察他们在那些永恒的问题上告诉了我们什么。"② 他提醒研究者说:"首先值得注意的是,我们用以表达我们观念的术语的意涵有时会随着时间的推移而不断变化,这就使得那种有关著作家就某一观念的言论的描述可能会对理解文本的意涵产生误导。"③ 观念史方法的应用基础就在于:一个文本或思想只有通过考察和分析它的历史语境才能得到理解,在这个语境中,作者所说的问题永远具有特定的历史针对性和意义。昆廷·斯金纳的《近代政治思想的基础》的分析方法是典型的观念史方法。他尽量不去"专门研究主要的理论家,而是机制探讨产生他们作品的比较一般的社会和知识源泉","首先论述我认为是他们最初写作时所处的和所服务的社会的有关特性",因为"政治生活本身为政治理论家提出了一些主要问题,使得某些观点看来成为问题,并使得相应的一些问题成为主要的辩论课题"。他同样还强调

---

① [英]以赛亚·伯林:《反潮流:观念史论文集》,冯克利译,南京:译林出版社,2002年版,序言,第13-14页。
② 李鹏:《历史地理解思想是否可能——以〈观念史中的意涵与理解〉为例》,《北京大学研究生杂志》,2007年第3期。
③ 李鹏:《历史地理解思想是否可能——以〈观念史中的意涵与理解〉为例》,《北京大学研究生杂志》,2007年第3期。

要"考虑一下构想出这些主要文本的知识环境,即在此之前的著作和所继承的关于政治社会的假设,以及比较短暂的、同时代的对于社会和政治思想的贡献的来龙去脉",因为"在任何特定时期可供使用的规范词汇的性质和限度也有助于决定选择出具体问题加以讨论的方式"①。英国学者昆廷·斯金纳的《近代政治思想的基础》颇为关注近代政治观念(如国家等)的发生、演变与形成,典范性地运用了观念史方法。"我希望说明形成近代国家概念的大致过程","我从13世纪后期写起,一直写到16世纪末,……正是在这个时期逐渐具备了关于国家的可公认为近代的概念的主要因素","在这个时期,从'维持他的国家'——其实这无非意味着支撑他个人的地位——的统治者的概念决定性地转变到了这样一种概念:单独存在着一种法定或法制的秩序,亦即国家的秩序,维持这种秩序乃是统治者的职责所在","国家的权力,而不是统治者的权力,开始被设想为政府的基础,从而使国家在独特的近代术语中得以概念化——国家被看作是它的疆域之内的法律和合法力量的唯一源泉,而且是它的公民效忠的唯一恰当目标"②。

观念史研究方法在中国政治思想研究中实际上已经有了某种开始,只是还没有产生自觉的方法意识。与注重宏观叙事和通过比较定性研究的政治思想研究范式相比,刘泽华先生的中国政治思想研究比较接近观念史的研究方法。他"的立论来自归纳法,所有的材料都是从'母本'中梳理出来的,而且在解释和运用时也都以'母本'的完整性为前提。我曾给自己'立法',绝不抓住一两句话,离开'母本'体系,推导和演绎出现代性的政治观念或理论"③。从这样的"母本"出发,研究者就会比较关心思想家向他自己提出的问题,就会比较关注思想家对自己急于想回答的问题给出的具体答案,而不太关心思想家对我们想要追问的问题的答案,从而就会在政治思想史的资料整理中发现思想家们热点讨论的问题,并进而发现思想家们在提问及回答方面表现出来的相同或不同点。刘泽华先生在中国政治思想的研究中把历代思想家阐述的统治理论作为自己分析研究的主要对象,以还原思想事实为前

---

① [英]昆廷·斯金纳:《近代政治思想的基础》,奚瑞森、亚方译,北京:商务印书馆,2002年版,前言,第3—4页。
② [英]昆廷·斯金纳:《近代政治思想的基础》,奚瑞森、亚方译,北京:商务印书馆,2002年版,前言,第2页。
③ 刘泽华:《中国政治思想史集》(第一卷),北京:人民出版社,2008年版,再版弁言。

提，梳理不同时代、不同流派杰出思想者的权力理论，清理主要的问题与答案，分析了纲领性概念的文本含义。《君主名号穹庐性的政治文化意义》《臣民卑贱论》《君尊臣卑：中国传统思想文化的大框架——析韩愈、柳宗元的表奏》《帝王尊号的政治文化意义》《天人合一与王权主义》《王、道相对二分与合二为一》《王、圣相对二分与合二为一》等文章，都是刘泽华先生运用回到思想现场的观念史方法，分析传统中国纲领性政治观念的代表性文章。虽然刘泽华先生没有明确提出观念史研究方法，但其研究的范式以观念为分析单位，注重结合观念环境向观念提出的原始问题，尽量展现观念的原始含义，却很符合观念史研究方法的基本精神。《民本的极限——黄宗羲政治思想新论》曾结合黄宗羲思想研究的现状，分析了宏观叙事范式的方法论缺陷，提倡回归思想现场进行观念的研究。"政治思想研究也要采取回到现场的独特视角，从政治思想提出或涉及的具体政治问题入手，按照实事求是的原则，尽可能客观公正地描摹和评价政治思想的内容。"① 《民本的极限——黄宗羲政治思想新论》就是按照观念史研究方法进行的一个尝试，作者自信其得出的结论基本符合历史实际。刘泽华先生注重对概念进行社会科学式分析，从其在实际社会生活中的作用与影响中把握概念及命题的具体含义。这是笔者比较赞同的观念史的研究方法。

与传统思想史研究从研究者的生存环境、知识背景及疑问出发不同，观念史研究方法突出了研究对象的生存环境、知识背景及疑问等，从而在范式上表现出三个最主要的特点：其一，观念史研究突出思想事实的原始含义，采取回归现场的研究方法，还原思想家的社会环境、话题及所提疑问，系统地叙说思想家的思想，还原思想家的思想逻辑，尽力摆脱研究者学科逻辑对研究对象的扰乱甚或重组。其二，观念史研究的关注单元是较为普遍的纲领性概念，其在历史上不仅经历了较为漫长的时段，而且还是思想家普遍接受的关于人、社会及世界的基本预设，这些预设的名词可能没有发生变化，但名词的内涵却随时代与学派而存在重大不同，历史地解释观念的含义变迁是理解社会变迁的一个重要路径，因此观念史研究能够避免思想史研究从概念到概念的局限性。其三，观念史研究注重将观念与社会联系起来加以考虑，

---

① 张师伟：《民本的极限——黄宗羲政治思想新论》，北京：中国人民大学出版社，2004年版，第5页。

但又不是简单的反映论,而是从社会向思想提出的问题及向思想提供的条件等来客观地分析观念的内容,强调社会条件对观念的根本制约,观念不会主动解决社会不想或没有追问的问题,观念内涵的变化也不会脱离原有知识话语的决定性影响。

(三) 观念的逻辑:中国传统政治哲学的整体视角

观念史研究方法的运用,使中国传统政治哲学研究的关注单位变成了具有普遍影响的政治观念。观念史"所分析和揭示的……,而是往往不明言的、根深蒂固的和构成性的观念、概念和范畴的动机和隐蔽源头的来源和性质……我们利用这些观念、概念和范畴来安排世界,解释我们的大部分经验,尤其是人类道德、美学和政治活动领域的经验,由此扩大我们的自我认识和我们对自己的创造性自由的范围的认识"①。作为追求实现自己的历史创造主体,每个时代都是在一定观念的指导下进行活动的,因而每一个时代都有为数不少的普遍性的观念为人们提供社会活动的终极目的与普遍化形式的依据。一个时代的预设性的政治观念总是针对着特定的根本政治问题展开的,它一般是追求对某一个根本政治问题的绝对答案,即给某个根本政治问题提供一个永恒有效的绝对解,以便提供合规律合目的的社会秩序及个人心态的普遍依据。这种预设性的政治概念一般同时是某历史阶段思想文化的纲领性概念。"任何一种成形态的思想文化都有一套纲领性的概念来表达和支撑,……那些正面的纲领性的概念集中表达了真、善、美。"② 思想文化中的纲领性概念本质上只是万事万物合规律合目的的秩序排列的前提性预设,它既不能在经验中证实,也不能在经验中证伪,而只能甚至必须在经验中被优先接受,即纲领性概念是世界万物本体秩序的根本预设,而本体秩序的合规律合目的的特征又要求预设的纲领性概念必须是一个关于世界的全称肯定判断。纲领性概念有两个基本政治功能,其一是纲领性概念的普遍性预设为政治世界提供必然的本体秩序,确认本体秩序的普遍形式;其二是纲领性概念客观上总是站在有利于政治权威的位置,为政治权威及其对社会的控制提供必然理由,成为

---

① [英] 以赛亚·伯林:《反潮流:观念史论文集》,冯克利译,南京:译林出版社,2002年版,序言,第6-7页。
② 刘泽华:《中国的王权主义:传统社会与思想特点考察》,上海:上海人民出版社,2000年版,第265页。

政治控制赖以实现的重要理论资源。

何兆武先生在理解人创造的历史时建议："我们不妨同意历史具有两重性的论点，即作为自然人，人的历史是服从自然的和必然的规律的，但作为自由和自律的人，他又是自己历史的主人，是由他自己来决定自己的取向的。……人作为自由的主体，乃是自行规定的；……人文史……的全历程自始至终都是贯穿着人的目的的。人文史没有一桩事情是没有目的的。……人的一切活动都是有思想的、有目的的，或者说是为了实现一个目的而采取的有思想、有计较、有计划的行动。……目的是历史中的人的因素，没有这个因素，物本身是不会创造历史的。……人通过物的手段努力达到人的目的。……作为历史主人的人所追求的，乃是物（科学技术作为手段）与人文价值（目的）二者相结合的最佳值。一切人文价值……都不是、也不可能是从科学里面推导出来的结论。它们是信念、是理想，而不是客观规定的事实和规律。……因此要理解历史，我们就需要还有科学之外以至之上的某些东西：价值、目的、理想、信念。它们不属于科学实证的范围，是科学所不能证实或证伪的，却又是人生和人的历史所非有不可的东西。我们之需要它们，丝毫不亚于我们之需要科学。"① 政治作为人类创造历史以实现自身目的的有效手段，其发展的轨迹及趋势受到不同文化背景的各个时代普遍流行的关于人类目的的根本制约，即人类怎样思考并定位自身的目的，政治就会努力实现某个目的，某个时代人们在目的方面的基本预设从根本上决定了政治的性质、形式、趋势及任务等。观念史研究方法在政治思想中的应用，即是将关注的焦点集中在关于社会目的的基本预设上，重点考察某个文化背景下某个时代的普遍性目的预设，它们通常是一些以必然性概念、命题与判断等形式出现的观念共识②。观念史研究方法在中国传统政治哲学中的应用其实就是分析传统时代的观念共识中蕴含的确定普遍性内涵，并勾勒其内部构成部分的客观逻辑联系，整理在思想家之间流行的关于人的目的的预设，按照思想家普遍认可的逻辑思路、演绎目的，预设观念影响、决定政治现象的主要逻辑阶段、主要形式及客观结果等。

---

① 何兆武：《历史学的两重性论略》，见《苇草集》，北京：生活·读书·新知三联书店，1999年版，第3-20页。
② 张师伟：《民本的极限——黄宗羲政治思想新论》，北京：中国人民大学出版社，2004年版，第4页。

中国传统思想文化中的必然性价值判断作为社会存在的目的预设，虽然大多是没有前提的绝对价值判断，适用于较长的历史时段，但其逻辑含义及彼此的逻辑关系在相当长的历史时段上却具有高度稳定性，而揭示必然性价值判断的逻辑含义也就成了中国传统政治哲学研究的重要工作。观念史研究方法较为关注中国传统思想文化中以必然性价值判断形式出现的必然观念，肯定观念在社会本体秩序的生成及维系方面的重要作用，并认为稳定的政治秩序建立在合目的合规律的本体社会秩序基础上，而本体社会秩序则根源于一套逻辑上自洽的必然性价值判断。这种逻辑上自洽的必然性价值判断还是一切政治判断及政治理想国追求的前提及最后归宿。"社会作为有机整体的维系者主要是观念，正是许多必然性的观念提供了社会持续存在的逻辑基础。……必然性观念不仅使人们普遍相信他们所处的社会的天然正当性，而且还会从必然性观念中延伸出生命的价值与意义"，并通过观念的约束而产生普遍的行为标准。"现实中的和谐社会都存在一套必然性的观念，这些观念由于彻底解决了人所以为人的许多根本性问题而成了某种不言而喻的绝对真理或先验命题。"① 目的预设通常表现为必然性的价值命题，而价值命题的含义变化就是价值思维的转型。作为目的预设的必然性价值观念的变化，乃是政治思想发生重大变化的标志，可以作为衡量政治思想的时代属性的基本标准。"政治思想的本质、主题、主旨和发展趋向等均取决于其中的政治哲学，它由一系列具有必然性的范畴和命题构成，为政治社会设定了人们必须追求的必然政治目的和具有本体意义的普遍政治关系模式，是政治思想的骨架和灵魂；……。"② 必然性命题作为社会存在的观念基础，它们对个体人、社会及政治的影响都不可回避地"具有必然性"，"它们一方面给人们提供了衡量社会公平与否的基本标准，另一方面又给予一切人以美好的希望，最重要的是这些观念不仅给了人们在历史老人面前的充分信心，而且也由此而获得了坚持和追求正义的必然理由，而正义也通过这些必然性观念具体地呈现给各个个体。""任何一个成熟的社会都有一套这样的必然观念来系统地表达价值性判断，阐述社会的基本道义，将社会基本道义命题化，从而形成某种形式的历

---

① 张师伟：《政治观念与社会和谐——社会主义和谐社会的正义论视角》，《中共福建省委党校学报》，2008年第7期。
② 张师伟：《民本的极限——黄宗羲政治思想新论》，北京：中国人民大学出版社，2004年版，第20页。

史终结论。""价值判断的必然性……在理论上及实践上都树立了一套绝对的是非标准,并由此而逻辑地推演出了一个社会及人的状态。西方政治理论中人类个体及群体行为的当然元规则,就根源于一套逻辑上自洽的必然性价值判断,而这套价值判断体现为本体社会秩序就是自然状态和自然法,而政治及群体都是本体社会秩序的载体,既根源于本体秩序,也体现并归宿于本体秩序,并须竭力维护和巩固本体社会秩序的当然义务。……一套逻辑自洽的必然性价值判断的逻辑组合,既是人及政治的起点、依据和标准,也是人及政治的目的性归宿。"[1] 中国传统政治观念如果没有发生必然性价值判断的实质突破,就不会有真正现代的政治思想产生。中国传统的纲常伦理既是目的预设,也是社会本体秩序,当纲常伦理的目的意义遭遇挑战后,与之相适应的传统社会的本体秩序及其辅佐性的君主政治也随之遭遇了深刻的认同危机。"中国传统的纲常命题在现代被破坏殆尽,遂使中国失去了整合社会的必要政治命题,而中国由此也产生了在根本观念上的诸多根本性困惑,并不得不在琳琅满目各种主义中进行艰难的选择。中国近现代的主义选择既是价值命题的选择,也是政治选择,它靠理论的说服力来获得信仰,并通过理论的说服来支撑相应的政治系统,而政治系统也反过来极力维护价值观念。"[2] 从孙中山开始,中国现代政治思想体系的建构就试图以政治命题的形式在继承传统的基础上确立完全崭新的价值判断。

中国传统思想文化的概念、范畴之间存在着内在的逻辑联系,梳理其逻辑联系可以整体性地了解传统思想文化体系及其主要特征。张立文先生在梳理中国传统思想文化的概念、范畴等之间的逻辑关系上已经进行了很好的尝试,取得了积极的研究成果。他在初版于1981年的《朱熹思想研究》中,反思了中国哲学史的研究方法,较早地提出了中国哲学研究要注重分析哲学体系的内在逻辑结构的问题。他指出:"近三十年来,对哲学家的思想,曾习惯地按其自然观、认识论、方法论、伦理论、历史观等方面,进行'分门别类'的整理和研究,这虽是研究工作的基础,是完全必要的,也取得了成绩,但停留在这个水平上是不够的。因为哲学家哲学体系的各个方面及其基本范畴

---

[1] 张师伟:《政治观念与社会和谐——社会主义和谐社会的正义论视角》,《中共福建省委党校学报》,2008年第7期。
[2] 张师伟:《政治观念与社会和谐——社会主义和谐社会的正义论视角》,《中共福建省委党校学报》,2008年第7期。

之间，是紧密联系的，从而构成了一个整体。'分门别类'的研究，往往于整个哲学体系内在的逻辑联系注意不够，而只有深入揭示某一哲学体系的内在逻辑结构或联系，才能如实地反映该哲学体系的本来面目。"① 张立文先生在《中国哲学逻辑结构论》（修订本）中系统分析了中国传统哲学的逻辑结构，示范性地使用了分析哲学体系内部逻辑结构的研究方法，并就分析哲学体系内部逻辑的研究方法，提出了许多颇有学术价值的观点。他肯定了民族、时代或哲学家的理论思维体系具有一定的内在逻辑，即范畴之间存在逻辑关联。"一个民族思想的、哲学的理论思维，一个时代的思潮或一个哲学家的理论思维体系，是由若干概念（范畴）来表达的，是由诸多互相联系、互相作用的范畴间的逻辑序列或结合方式构成的。"② 张立文先生主张，解析哲学体系的内在逻辑结构，要从哲学思想的实际含义分析开始，注重思想事实的意义解析，而"不是从现成的原则、原理出发，也不承袭西方的分门别类，更不把中国哲学削足适履地去符合现成的原则、原理，而是从中国哲学的实际出发，试图梳理和总结出中国哲学固有的原则、原理、规律、方法。……中国哲学逻辑结构论向中国哲学的内在世界探索，从中国传统哲学范畴在一定社会经济、政治、文化、思维结构条件下的结合方式和人类认识发展史的角度，探索其逻辑结构的演变和发展，揭示中国哲学范畴横向联结和纵向承接关系，使哲学范畴的研究不停留在静态上，而在动态中上下求索。这种根植于中国土壤上的哲学范畴逻辑结构的分析，可以在思维中再现范畴逻辑结构的具体形态，从而进一步揭示出中国哲学逻辑的结构"③。"所谓中国哲学逻辑结构，是指中国哲学范畴的逻辑发展及诸范畴间的内在联系，是中国哲学在一定社会经济、政治、思维结构背景下所构筑的相对稳定的逻辑理论形态。"④ 同张立文先生研究的中国哲学一样，中国传统政治哲学当然也是由诸概念、范畴等构成的一个思想整体，这个整体同样也存在一个范畴的逻辑发展及诸范畴

---

① 张立文：《朱熹思想研究》（修订版），北京：中国社会科学出版社，2001年版，前言，第1页。
② 张立文：《中国哲学逻辑结构论》（修订本），北京：中国社会科学出版社，2002年版，修订版序，第11页。
③ 张立文：《中国哲学逻辑结构论》（修订本），北京：中国社会科学出版社，2002年版，前言，第1-2页。
④ 张立文：《中国哲学逻辑结构论》（修订本），北京：中国社会科学出版社，2002年版，第5页。

间的内在联系，并且也有一个在传统时代相对稳定的逻辑理论形态。这就决定了中国传统政治哲学研究也可以运用注重思想事实分析及概念、范畴之间逻辑联系梳理的逻辑分析方法，进行中国传统政治哲学的逻辑演绎，再现作为整体思维框架的中国传统政治哲学的固有逻辑及其发展演化过程。

二、中国政治思想史的学科定位及学术使命：一种基于知识论视角的分析

中国政治思想史属于哪个学科，其在人类知识发展中扮演何种角色，在学界乃是一个言人人殊的纠结问题。这一方面是因为中国政治思想史学科乃是近代中西文化两极相逢的产物，在救亡图存及政治启蒙的双重驱动下，志士仁人出于批判旧政治、旧文化与推动现代政治启蒙的目的，以经世济用的方式，开创了中国政治思想史学科，追求新知具有十分突出的非认知目的。另一方面，近百年来学科之间的分化、划分及整合时时处处都在发生，相近学科很难找到一个确定的标准以划分彼此的边界，夹在多种学科背景中的中国政治思想史自然也难以摆脱这样的窘境。从学科发展的角度看，中国政治思想史应该也必须有一个明确的学科归属，以便确定其在知识论视角下的学科定位和学术使命。本书认为确定中国政治思想史的学科归属，必须关注在知识发展方面的独特性，力主从知识积累与发展的角度对其进行学科定位，并进一步确定其基本的学术使命乃是积累知识和发展特定的理论思维。

（一）知识还是方法：中国政治思想史的学科判别

学科是科学研究的一个常用概念，其含义虽众说纷纭，但学界对它的基本内涵却有着基本共识。"学科是科学知识领域内的一个组成部分，在科学范围内确定自己的研究领域和特长，迎合科学各方面的需要"，"尽管科学涵盖百科，但每一个学科由于有自己特定的边界，有自建的学术用语、研究方法和理论，因而都是独立的"[①]。学科主要是一个基于知识论视角的概念，指特定

[①] 杨天平：《学科概念的沿演与指谓》，《大学教育科学》，2004年第1期。

领域的知识体系。作为人类整体认知的一部分，任何学科都必须也必然是独立和独特的，而学科划分则既体现了人类在认识世界方面的学术分工，也体现了不同学科之间在概念及知识等方面的不可替代性和不可混淆性。从某种意义上说，学科所追求的知识一定是知识论视角的，其目的则在于认识世界，获得确定可靠的知识。亚里士多德在历史上首次明确提出了"学科"概念，并进行了最初的学科分类，他将从自然到社会的各种知识"划分为各种专门的学问，进行分门别类的研究"，其"学科分类思想来自于他对认识对象本原及其特征的划分"①。亚里士多德在学科体系的创建方面率先贯彻了知识论的视角，他既立足于"求知是人的本性"的基本判断，又体现了"获得知识是我们的目标"的认知性目的诉求②。中世纪以来的学科概念虽然在内涵及功能等方面发生了许多具体变化，但依然贯彻了自亚里士多德以来的知识论逻辑，人类的认识活动伴随着学科的分化与整合，一步一步地把学科的发展延展到今天这个样子。值得注意的是，学科的分化与整合不仅会延续下去，而且其进行的速度将会越来越快。但不论如何快速，学科都只能是知识论视角的范畴，其存在价值只能以是否保存或发展了特定的体系化知识来衡量。

中国政治思想史作为一门学科，孕育并开始于近代中国的西学东渐。客观地说，中国政治思想史研究在起点上就抱有十分强烈的经世目的。改良派梁启超的《古议院考》《与严幼陵先生书》均写于1896年，两文都援西入中，刻意在中国传统中寻找议院及民主思想，试图在中国传统政治文化中找到现代政治文化的源头活水③。革命派则以西批中，积极地抨击传统政治文化的落后性及落后面，署名吴魂的《中国尊君之谬想》直接抨击中国传统尊君的政治制度及文化传统，呼吁国民的自由④，署名真民的《三纲革命》则直接要求推翻中国传统政治的基本框架，以实现广泛的平等。革命派激烈批判旧政治文化，提倡新政治文化，将中西新旧截然对立起来，根本目的就是通过批

---

① 王荣江：《亚里士多德的科学知识观及其学科分类思想》，《广西师范大学学报》（哲学社会科学版），2009年第3期。
② 亚里士多德：《亚里士多德全集》（第二卷），苗力田主编，北京：中国人民大学出版社，1991版，第37页。
③ 梁启超：《梁启超全集》（第一册），北京：北京出版社，1999年版，第61-62、71-73页。
④ 张枬、王忍之：《辛亥革命前十年间时论选集》（第二卷上册），北京：生活·读书·新知三联书店，1963年版，第543-546页。

评、批判旧政治文化,积极有效建构民主共和的新政治文化①。在这一语境下,中国政治思想研究实际上在开始就扮演了启蒙主义的济世角色,这个角色一直影响着中国政治思想研究的学术传统。它客观上助长了功利主义的研究动机,造成了中国政治思想史研究经常性地过分突出古为今用的经世目的,而相对淡化了其在知识论方面的职责与使命。虽然政治问题伴随着西学东渐而日益得到了社会的关注,政治、法律、社会及经济等方面的专门知识也在不断地渗入中国社会;但一则由于西方政治科学自身也面临着体系及方法的巨大变革,二则因为中国传统的政治知识分散在经史子集中,缺乏严格意义上的学科体系,因此现代政治概念及知识进入中国就主要采取了传统经世济用导向,体系化知识的知识论导向阙如。这显示了现代人文社会科学的学科体系在西学东渐进入中国过程中遭遇了政治与文化的双重困境,以至于政治学科及其下属分支学科的诸多本质规定性长期模糊不清,而如何划分学科及处理学科间关系也就成了众说纷纭的复杂问题。在政治学被取消的特定年代,中国政治思想史作为政治学的分支学科,不得不托庇于历史学或哲学学科②。这在一定程度上加剧了中国政治思想史研究的经世目的,其知识逻辑的独特性进一步被压抑或遮蔽。政治学恢复以来,中国政治思想史也出现了以政治学科方法研究的范式,并因此也出现了主张将中国政治思想史归属于政治学科的观点。

　　学科的划分已经延续了很久,自古希腊亚里士多德以来人类的知识就被分门别类地划分为不同的学科。近代知识的迅速繁衍逐步地滋生了许多新的学科,而学科的划分标准也逐步规范化,形成了以特定概念、范畴、方法、课程体系、专业刊物及特定的知识群体为学科形成标志的划分方法,其中概念、范畴和方法乃是紧密地联系在一起的。此处所谓研究方法主要是指与特定概念和范畴等紧密相关的研究方法,而不是泛指研究所用的一切方法。现代学科在研究中往往共用许多基本的研究方法,这些共用的研究方法虽然出自某个学科但却并非该学科的特有方法,其他学科也不能仅仅因为使用出自某个学科的研究方法就被简单归属于该学科。如果考虑到各个学科在研究方

---

① 张枬、王忍之:《辛亥革命前十年间时论选集》,(第二卷下册),北京:生活·读书·新知三联书店,1963年版,第1015-1021页。
② 刘泽华:《中国政治思想史研究对象和方法问题初探》,《天津社会科学》,1985年第2期。

法上日益趋同的趋势，那么我们很清楚以研究方法为标准进行学科划分将越发困难，且其合理性也日益难以自圆其说。中国政治思想史在研究方法上兼收并蓄，哲学、政治学、历史学、人类学等的研究方法都有一定的用武之地，且在重要性和支配性上难分伯仲。但如果换一个角度，从学科作为分门别类的知识来看，不论使用何种研究方法，中国政治思想史研究都不外是获得中国政治思维及特定观念系统的探索活动，其目的就知识论的角度来看就是保存和发展特定门类的知识体系。与多变的学科研究方法相比，作为知识类别的学科知识逻辑具有较为稳定的性质。中国政治思想史的学科判别无疑应该根据其所保存和发展的特定知识逻辑来判断。

（二）政治还是历史：中国政治思想史研究的知识隶属

中国政治思想史究竟是探讨何种学科门类的知识？中国政治思想史在学科上曾隶属于历史学。但如果仔细推敲，我们又发现在中国政治思想史隶属于历史学的时代，历史学也变相地成了一门政治化了的哲学。中国政治思想史研究不过是剖析历史上各个阶级及其代表人物的国家观，并揭示其阶级本质及历史局限等。政治学科在当时体制下虽没有存在的逻辑空间，但在实质上政治科学的许多研究都被吸纳进历史哲学或社会哲学中了，只不过一切政治都被概括为阶级和阶级斗争罢了，而阶级和阶级斗争则泛化为一切人文社会科学的核心议题。改革开放前30年的中国政治思想史研究虽隶属历史学，但显然又并非典型的历史学研究，它所研究的对象及表达的观点有强烈的政治取向，服务于一定的政治观点，虽然政治观点是意识形态性质的，但其属于政治知识则又确定无疑。中国政治思想史研究在学科上隶属于历史学或哲学，乃是特定政治环境及学术体制下的产物，并不具有学科知识的逻辑依据。人文社会科学的学科体系在改革开放后逐步健全起来，各学科的知识论定位日益清楚，学科之间的界限日趋分明。中国政治思想史在逻辑上属于哪个知识体系，其标准即使从最简单的层面来理解，也至少包含两个层面：其一，中国政治思想史本身的知识推理和建构逻辑在类型上更接近哪个基本学科的知识推理及建构逻辑，知识推理及建构逻辑在很大程度上是由知识体系赖以建立的核心认识问题决定的；其二，中国政治思想史作为知识体系可以融入或被吸纳进哪个学科的知识体系，丰富哪个学科的推理逻辑，增加哪个学科的思维工具等。判断中国政治思想史研究在知识论上隶属于政治学科依据，实际上就是上述两条。

中国政治思想史以传统时代中国政治思维的讨论为主题，检视政治概念、范畴、判断及命题的出现历程，剖析其概念的历史变迁，梳理其中的推理关系，展现民族性的共同政治思维框架，批判继承优秀的丰富政治理论遗产①。政治作为人类公共选择的工具，几乎是与人一起来到世界上的，政治性需求及政治性资源也是内在地属于人类本身。政治在人类社会演进过程中也经历着一个由简单到复杂的演变过程，其内容日渐丰富，形式日趋复杂，功能越发精确，但是政治所以为政治的本质规定性则自有政治以来就一直亘古不变地存在着。世界各民族各地区的政治在内容及形式上虽然差别明显，甚至迥然不同，但政治所以为政治的本质规定性并无实质性差异。人类对政治现象的思考及论述客观上存在有基于政治共同性的普遍共性，而人类对政治的思考及论述在知识上也性质类似、逻辑相近、功能殊途同归。中国传统政治自有其特殊性，而政治思维及概念、范畴、命题、判断等也都有其特殊性。但是中国传统政治及其思维等的特殊性乃是政治共同性前提下的特殊性，其特殊性只是共性的一种特殊表现形式，其基本性质、功能等仍围绕人类共同体集体的公共利益、公共意志、公共选择、公共生活发生。中国政治思想史以产生于中国特殊政治实践的观念物为研究对象，此观念物是一定政治实践的理论概括与提炼，其观念特点及相互间的推理关系也根基于政治实践的联系、关系与形式等。就中国政治思想史研究的直接对象来看，它们本身仍然首先必然是政治的，即一定历史条件下的政治实践的一部分，所发挥的主要作用也首先必然是认识政治世界，影响政治行为②。政治理论在作为客观历史的一部分的同时，仍然保持着其完整的政治逻辑与功能。中国政治思想史研究在检视、呈现、剖析历史上的政治理论时也必须首先用政治学科的研究方法，把它们看作当时政治实践的一部分，完整客观地呈现作为政治实践一部分的政治理论的观念系统及内在逻辑结构。这就要求研究者运用政治学的研究方法，把历史上不同阶段的政治观念物当作一种关于政治的系统知识来看待。

中国政治思想史研究所获得的知识体系融入哪个学科大类的知识体系较为合适？这一方面要求我们具体比较一下历史学科和政治学科的知识特点，判断哪一个学科更具有缜密的知识逻辑及学科推理，并在知识逻辑及学科推

---

① 张师伟：《阐发政治的民族共性———中国传统政治哲学研究主旨揭示》，《文史哲》，2010年第6期。
② ［美］乔治·霍兰·萨拜因著，［美］托马斯·兰敦·索尔森修订：《政治学说史》，（上册）盛奎阳、崔妙因译，北京：商务印书馆，1986年版，《第一版前言》，第1页。

理上决定性地影响了中国政治思想史的学科归属。另一方面，中国政治思想史融入哪个学科体系较为合适，还取决于其作为一套体系化的知识，它更容易融入哪个学科，只有相互融合的各学科间在思维方式及概念推理上相互衔接自然、融合无间，才能真正解决中国政治思想史在学科隶属上的疑难与困惑。就前一方面来看，历史学科虽然渊源甚久，但其自身并无独特的知识逻辑。历史学科的研究对象是作为整体的社会，而其研究和分析的社会方法则主要来自经济学、社会学、政治学、统计学、人类学等①，其独具的研究与分析方法如考辨史料真伪以及依据部分残存资料推想客观事实等②，则主要与史料的处理有关。历史学科在建构知识逻辑的过程中不仅必须借助于其他学科，而且其知识体系也并没有如政治学、经济学、社会学等学科那样的谨严逻辑，其关于以往社会的理论解释可以被进一步具体化为经济学的解释、社会学的解释、政治学的解释、人类学的解释，等等。中国政治思想史研究处理的材料固然可以归结为史料，其所研究的思想事实或观念事实也都属于过去的历史，但它所研究和揭示的对象即使在历史上也毫不例外地属于政治，其所使用的研究及解释方法也以应用政治学的方法为最佳，而其目的则在于建构一个历史形态的政治知识逻辑。就后一方面来说，中国政治思想史的知识在学科逻辑上更容易与政治学学科相互渗透、相互衔接。这是因为中国政治思想史研究的对象本身就是反映、概括政治现象的观念物，不仅体现着政治理性思维的一般特点，而且还贯穿了政治学的知识逻辑。研究者或者运用政治社会学的方法研究政治观念与政治实践的互动，得出关于政治观念与政治实践互动关系及模式等知识体系，该知识体系既是对政治历史的概括，也蕴含着政治领域的普遍性规律等；或者对政治观念做前后左右的比较研究，分析其发展、沿革及演变趋势等，而政治观念在政治社会中孕育、演变及发挥作用的规律也借此得到观照和研究，从而在政治观念领域得出一定的普遍知识，这些普遍知识的逻辑无疑也是政治学的。在政治学科恢复重建的过程中，中国政治思想史研究参与了政治学基本概念及理论探究与讨论，并得出了符合政治学科发展走势的结论，推动了现代政治理论的成长。中国政治思想史的知识体系在中国现代政治理论及政治思维建构方面仍然具有重要的意义与价值。

---

① 傅衣凌：《谈史学工作者的知识结构和学术素养》，《文史哲》，1987年第2期。
② 刘泽华、叶振华：《历史研究中的考实性认识》，《文史哲》，1989年第1期。

（三）发现还是资政：中国政治思想史研究的学术使命

学科的基本使命是认识世界和发展知识，如果学科在认识世界和发展知识方面缺乏影响力，则其存在的价值就会大打折扣；而如果学科不能认识世界和发展知识，那么其作为学科的正当资格就会出现问题。这里所说的认识世界和发展知识，都是从知识论的角度来说。作为知识体系的学科，一方面必须要有严谨的逻辑架构，其中概念、范畴、命题及判断等，必须通过一系列的逻辑关系连缀起来，形成一个在逻辑上比较独立的知识体系；另一方面，作为知识体系的学科，在知识上的逻辑联系也根源于客观世界，是对客观世界的一种把握和概括，任何一个学科都以其独特的方法和视角在认识着世界，同时也在发展着具有特定逻辑形态的知识体系。从学科分化的角度看，随着认识视角、认识方法等的变化，新概念、新范畴等逐渐被创造出来，而新概念、新范畴等的系列出现则又为新学科的出现提供了认识视角与方法。新学科的出现必定是基于承担新的认识使命与创造知识体系的新逻辑框架，而新学科的逻辑框架实际上既包含有对现存知识的逻辑梳理，也包含着发现或发展认识世界的新工具的具体路径。学科在古希腊时期的形态相对简单，即使在现代大学萌芽的中世纪后期，学科形态也还相对简单，学科作为知识体系的主要逻辑单位就是文、法、医、神四大学科。随着文艺复兴以来世俗经验文化的兴起，经验逻辑与演绎逻辑作为知识推理的方法得到了较大的发展，其中以观察、实验和归纳为主要特征的经验逻辑在知识发展及学科创建方面发挥了重要的作用，而数学等的应用也极大地推动了学科思维的规范化与精确化。新概念、新范畴等通过观察、实验与归纳而产生出来，数学的应用则在观察、实验到的诸变量之间搭建起了清晰的逻辑关系式，认识世界的新方法及视角也不断被创建出来。新概念、新范畴、新视角、新逻辑则最终整合成新学科，学科最独特的方法与视角均来自其自身特有的概念、范畴及命题等。近代以来，政治理论及思维也逐步与法学、哲学等分离，在共享一定学科资源的情况下，特定的概念、范畴、方法及视角也在19世纪末20世纪初渐趋成型，标志是1880年美国哥伦比亚大学政治研究院的建立①。在认识政治世界和发展政治知识方面，西方传统的政治观念等还发挥着十分重要的作

---

① 易承志：《现代西方政治学及其发展趋势》，《社会科学论坛》（学术研究卷），2009年第12期。

用，其政治思维及逻辑推理也还继续行之有效，并得以成功镶嵌在现代政治理论及思维的整体逻辑框架中，在发展政治知识方面依然扮演重要角色①。

中国政治思想史作为一门学科，其在现代政治理论及思维方面的影响相当有限，在认识政治世界、发展政治知识方面的作用也还未受到应有关注。这一方面是由于中国传统政治观念的生成路径、特点及功能等迥异于现代政治观念的认识论视角，而表现出了较多的实践论视角。中国传统政治观念及思维主要是一种关于行为的实践知识，不仅偏重于道德伦理素质的养成，更侧重治国经验的积累与总结，追求鉴往知来、古为今用的资政。"中国没有值得研究的政治思想"②，就是研究者忽视中国政治思想的知识性而做出的一种误判。另一方面，中国政治思想史研究本身也具有实践论视角的特点，这种特点突出地反映在研究者的研究主旨及研究方法上。就研究主旨来看，中国政治思想史学科在萌芽中就较为关注中西政治观念的迥然不同，研究者普遍以西方政治观念为背景，或者刻意在中国传统政治观念中寻找与西方同时代政治观念的不同之处，突出传统政治文化的落后与不合时宜，或者试图在中国古老的政治观念中寻找现代西方政治观念的中国古代源头。就研究方法而言，早期研究者则普遍以西方政治观念为参照系，注重对中国传统政治观念进行价值性认识，或者从传统文化与现代化的角度进行肯定或否定的判断，或者从阶级性的角度进行哲学式的抽象肯定或否定。在中国政治思想史学科真正于方法上实现科学化以前，研究者主要还是进行不能检验的价值性认识，或者深入系统地批判传统政治观念，积极地进行意识形态化的社会政治解释工作，以巩固政治实践的观念基础；或者试图从传统政治观念中找一些有益的启发、启示和经验、借鉴等，甚至试图完全抵制西方政治观念的影响，进行政治观念的复古。这种价值性认识虽然与现实中对政治观念的选择有直接影响，但其在发展现代政治学科的知识体系及学科推理方面作用有限。

中国政治思想史研究的知识论视角，侧重于认识真正世界和发展专业知识，相对淡化了实践的资政意识，不仅突出强调了专业学科的特有问题、概念与方法在研究中的应用，而且还强化了研究所得在现有学科体系中的应有逻辑地位，注重剖析中国传统政治观念及思维在学科知识方面的普遍影响。

---

① 唐士其：《西方政治思想史》，北京：北京大学出版社，2002年版，第1—15页。
② 萧公权：《问学谏往录——萧公权治学漫忆》，上海：学林出版社，1997年版，第114页。

从知识论的视角来研究中国政治思想史要求研究者运用政治学科的视角、方法，把政治学科的思维及推理方法运用于中国政治思想史研究，聚焦于历史上不同时期的具体政治问题，梳理政治思想家把握和回答政治问题的思路，完整呈现政治思想家对有关政治问题的思考。历代都存在棘手的政治问题，这些问题刺激或逼迫着政治思想家们去思考。它们或者是来自实践的现实问题，或者是来自理论层面的普遍问题，虽然问题的种类不同，但都产生于一定的时代，在某种程度上乃是中国政治思想发展无法逾越的问题，对这些问题的思考不仅构成了政治理论发展的现实推动力，而且还在实践中推动了政治思维的不断发展。中国政治思想史研究运用政治学科的视角、理论与方法，既不能机械地照搬现在的概念、范畴与命题等，以今天的理论梳理古人的问题，更不能以今天的问题来梳理古人的观念体系，这样做显然违背了科学研究的实事求是原则[1]；也不能完全陷在古人的政治问题或推理泥淖中，把自己的政治理论及思维也转变成了古代的，自觉地拒绝起现代的政治理论与思维来，试图在现代社会按照古人的政治逻辑来推理和实践，这样又显然违背了知识积累和发展的规律[2]。知识论视角的研究还要求中国政治思想史研究能在观念及其推理逻辑中发现一定的普遍意义与价值，不仅要善于将中国政治思想史所包含的政治观念及其逻辑简要地呈现出来，而且还要善于发现其对现代政治理论与思维的借鉴价值与意义。在人类积累至今的政治理论与思维中发现中国政治思想史在其中的特有地位，进一步完善和发展现代政治理论与思维，这是中国政治思想史研究在知识论方面的一个重要意义与价值。作为知识论视角的中国政治思想史研究，其重点就是分析历代政治思想家的问题、观念及其推理逻辑，既要达到客观完整呈现古人政治理论及思维的认识目的，又要分析古人在问题、观念及推理方面的知识论的特色与贡献，合理地定位其在人类政治理论及思维中的逻辑地位，突出其在知识论方面的闪光点与独特贡献，积极推动人类政治理论与思维在知识论层面上的继续完善，发展政治知识[3]。

---

[1] 李存山：《从民本走向民主的开端——兼评所谓"民本的极限"》，《华东师范大学学报》（哲学社会科学版），2006年第6期。
[2] 蒋庆：《政治儒学：当代儒学的转向、特质与发展》，北京：生活·读书·新知三联书店，2003年版，第39—40页。
[3] 萧延中：《"知识论"在中国传统政治思想史研究中的意义——为什么需要对中国政治传统做"知识的拷问"》，《湖南科技大学学报》（社会科学版），2005年第3期。

三、阐发政治的民族共性：中国传统政治哲学研究主旨揭示

政治哲学研究在中国虽然已经历 40 余年的发展，但其研究对象、研究方法及研究目的等依然众说纷纭。窃以为政治哲学是一个有着固定研究对象的学科领域，这个学科领域不好用学科间关系予以清晰界定，但却有三个基本的特征可以参考，即政治哲学讨论的是无固定答案或解的永恒性问题，它形成的概念则都是纲领性、根本性的概念、范畴、命题和判断，其得出的学科结论基本都是必然性的。尽管政治哲学所讨论的问题基本上都属于政治共同体存在和发展所必须解答的根本问题、基础问题和原则问题，但是，政治哲学的产生和发展仍然只能建立在特定的政治传统的基础上，仍然必须具有政治传统所决定的鲜明个性。在一个给定的政治传统中，政治生活的基本形式及价值取向等重大问题总是要求获得本体论、价值论和方法论方面的普遍依据，而能够以必然性命题给予上述问题以普遍依据的研究就是政治哲学研究。政治哲学研究固然可以求异，仔细研究经典思想家的深邃的政治哲学，展示出众多原则性的政治思想，因为政治哲学史看上去就是一个一个经典性的原则性政治思想的产生过程，这些原则性政治思想虽然由个别思想家提出和论证，但其影响却甚为普遍深远，其研究意义自不待言。"随着时代的发展，伟大的思想家对他们所在的共同体面临的危机作出回应，提出新的观念来回应社会问题。……他们的所有观念都有着巨大价值，……在某种意义上，在政治哲学事业中有着某种连续性，因为它往往包含着为理解人在宇宙中的地位

而付出的努力。"① 中国传统政治哲学研究通过剖析流行性观念或公共概念，寻找制约和影响人们政治思维的根本性共同因素，并进一步发展新的观念，这一过程正体现了尊重观念连续性的基本学术思想。

（一）中国传统政治哲学研究要注重阐发民族共性

中国传统政治哲学研究本质上是史的研究，属于政治思想的研究序列。政治哲学研究基于政治思想兼具普遍性与特殊性的事实，又可有求异与求同的不同路径或范式。在同一个政治传统中，不同的政治思想之间，既存在相互区别的特殊的一面，又存在着相互联通的共同的一面。一方面，人们的政治感觉和政治认识随着时代、民族、阶级的差异而拥有个别性和特殊性；另一方面，不同的政治感觉和政治认识之间又存在着一些共同的基本性质和特点，这就是政治思想的所谓一般性和普遍性。任何政治思想都旨在解决一定的政治矛盾，这赋予了它独特的性质、规律及具体功能。另外，它所要解决的矛盾发生在政治社会中，涉及政治社会的一般社会性，因此具有政治社会的一般性质、规律及应有的基本功能，据此，政治思想总是同时具备特殊与一般两种形态的性质、规律和功能。政治思想史的学科性质决定了它必须兼顾政治思想的特殊性和一般性两个方面。一方面，政治思想史必须详细梳理描摹人类历史上各种形态的政治感觉和政治认识，揭示其本质、功能及其基本规律，把各种政治感觉和政治认识区别开来；另一方面，政治思想史还必须注意各种政治感觉和政治认识之间的相同、相通和互补的性质和特征，把它们历史地、逻辑地联系起来，提供体现某阶段、某民族政治思想一般性质的总体框架。政治哲学思想既可以来自政治思想中的特殊性，也可以来自政治思想中的普遍性。前者往往是提出和论证某个普遍必然的原则性认识，在某个观念上作出了十分深入缜密的论述，如罗伯特·诺齐克对自由至上的观念所作的论述；后者则往往是勾勒普遍有效的思维框架，利用既有观念勾勒一个普遍或永恒的秩序，如约翰·罗尔斯对正义秩序的建构，尽管他们的论述都受到了社群主义的攻击②，但其在观念史上的价值却因为被反对而日益彰显出来。

人们研究政治哲学史一般注重揭示某个政治哲学家的个性化思想，专注

---

① ［美］唐纳德·坦嫩鲍姆、戴维·舒尔茨：《观念的发明者：西方政治哲学导论》，叶颖译，北京：北京大学出版社，2008年版，第378-379页。
② 俞可平：《社群主义》，北京：中国社会科学出版社，1998年版，第21-33页。

于揭示其特殊的性质、规律和具体功能等,而蕴寓于其中的政治哲学的一般性质却并未得到研究者们的足够注意。这样既不利于研究具体政治哲学,因为任何具体政治哲学都只是在反映政治哲学的共同性上才有意义,更不利于掌握政治哲学所反映的重大问题,重大政治问题总是或同时出现在同一个时代的不同思想家那里,或出现在不同时代的重大思想家那里。明清之际,黄宗羲等人的思想就不可能从根本上超越其同时代的众多思想家,因而不能仅仅凭借对其著作中某些文字或提法的解释就得出结论,仅从其著作文字的分析中往往得不出合乎思想实际的结论,学术界将黄宗羲定位为民主主义启蒙思想家的观点,即是一种忽略了黄宗羲与同时代思想家在话题及思想存在共性的基础上得出的很哲学却很不历史的结论①。就实际而言,政治哲学中的问题总是政治思想史上屡屡出现而似乎没有终极解答的老问题,如人性的善恶、人格的平等、权力的大小等。政治哲学的特殊性展示了其作为思想的具体内涵,这是政治哲学研究必须首先关注的基本方面,也是政治哲学研究中进行得比较充分的方面。但是,政治哲学研究的目的不纯粹是为了解剖一只麻雀,而总是企图从中发现可以移植挪用的智慧或方法等,而任何可以移植挪用的智慧或方法等都必然具备一定的一般性。另外,政治哲学研究的可能性也是建立在一般性质基础上的,一方面,政治哲学的一般性质是客观存在的;另一方面,我们研究政治哲学所使用的参照物或思维工具等也都必然具有一般性质,只有一般性质的尺度才能量出客观事物具有的一般性质。中国传统政治哲学研究固然需要了解各个具体政治哲学思想的特殊内涵,更要了解各种政治哲学思想共同具有的一般内涵和本质,唯有如此,我们才能在了解各种政治哲学思想的同时尽可能多地了解中国政治哲学的整体性、根本性特征及基本规律等。不过,我们此处并非如提倡国学的某些学者一样,只能在理论上肯定中国传统文化的抽象共性或所谓常性,至多只能指出某些概念具有抽象集成的可能与价值②,我们所提的共性是一种真正存在于思想家之间的共同的观念内涵及其逻辑推演,其形态具有历史性。

中国传统政治哲学研究须注意传统政治哲学相较于某家某派政治思想的超越性,关注在各家各派中普遍产生影响力的共同因素,关注各家各派思想

---

① 李存山:《从民本走向民主的开端——兼评所谓"民本的极限"》,《华东师范大学学报》(哲学社会科学版),2006年第6期。
② 李存山:《国学的价值评估与文化的辩证法》,《光明日报》,2010-01-25。

相互之间在内容上的联系性，应尽力避免以某个学派来指代或涵盖中国传统政治哲学，或者认为中国传统政治哲学主要就是儒家的民本政治哲学，强调"民本思想就是中国传统政治哲学的核心"①，或者认为中国传统政治哲学就是道家政治哲学，急于进行中西比较而将道家的无为、自然等思想等同或等价于西方传统中的自由，认为"自由精神是贯穿道家思想的主旋律"②，或者割裂各家各派的思想联系而单独在儒家中寻找中国的人文主义思想，并强调"儒学人文主义中具有普世价值的'仁'、'恕'观念与全球伦理中的'金规则'可以相互借鉴、互为补充"③。有人将先秦儒家的个体主义混同为民主政治中独立个体的观点，认为"先秦儒家基于性善论，强调个体的人格尊严和自由意志不可剥夺，个人在精神上不必屈从于政治权威，个人自主决定自己的言行出处，并有权获得相应的个人利益"，"同时，个人需对自己的道德行为及其后果负责，对自己所承担的社会职责负责，对有相互关系的他人负责"，"可以把这些思想称之为'儒家个人主义'"，"先秦儒家的'个人主义'精神对于塑造当代人的独立个体人格"，以及建立与市场经济相适应的民主与法制社会，具有重要的意义④。上述各种看法可能反映了中国传统思想中确实存在与民主精神、自由主义相通相容的方面，但就反映思想的真实而言，则往往差距较大，而且由于忽视了中国传统思想不同派别之间的相同、相通与互补，因此所得的结论往往似是而非，与思想的实际有较大的出入。如果研究者把政治传统相同、思想内容相通的同时代思想家的思想人为地加以逻辑割裂，使他们分别做不同阶级、不同时代、不同政治趋势的思想代表，那么所得出的结论就会更加偏离思想事实。有的研究人员在研究明清之际的思想时，过于强调同一个时代不同文化传统的思想家间的根本相同点，在中国政治思想史上找到与西方文艺复兴时期世俗化非宗教思想对应的"新民本"，"明末清初以黄宗羲、唐甄为代表的思想家提出的进步思想，属于"新民本"思想，将传统民本思想'重民－尊君'模式发展为'重民－限君'的政治思想模式"，"这种思想来源于传统，趋向于近代，与西方民主思想同'科'不

---

① 周桂钿：《中国传统政治哲学》，石家庄：河北人民出版社，2007年版，第24页。
② 宋兰影：《道家自由精神及其对现代教育的启示》，《教育评论》，2009年第11期。
③ 杜维明、单纯：《面对全球化的儒家人文主义》，《浙江社会科学》，2003年第4期。
④ 徐克谦：《论先秦儒家的个人主义精神》，《齐鲁学刊》，2005年第5期。

同'种'，在近代中国思想界迎进西方民主时，成为天然的嫁接砧木"①。明清之际，政治哲学研究中存在一种流行甚广的倾向，在中西对比中突出某些思想家的民主主义启蒙性质，相对忽略了同一文化传统下同一时代不同倾向的思想家在谈论具体问题时所表现出来的相同、相通与互补的时代共性，忽视了思想家们表达其思想共性时的纲领性概念等的共享，人为地把其中的顾炎武、黄宗羲、王夫之等思想家定性为民主主义启蒙思想家，而把康熙时期著名的理学家如熊赐履等划归为专制主义思想家②。同一个时代的各位思想家的具体主张不管如何千差万别，他们在核心问题上的共性总是最基本的。政治哲学研究唯有关注思想流派相同、相通与互补之处，才能真正得到既合乎思想实际又富于启迪的公允结论。

（二）中国传统政治哲学研究要关注共同政治观念

刘泽华先生是40余年来涉足中国传统政治哲学较早的学者。在20世纪80年代初，他就提出中国政治思想研究要涉足政治哲学内容，即研究政治思想中带有哲理的内容，所谓哲理性，他认为就是普遍性③。先秦诸子在中国政治思想史的影响主要来自其哲理化的政治思想——政治哲学，而诸子思想的哲理化尽管色泽不同，风格各异，但就其共享的观念而言，却集中在君主政治的合理、合法及效用等方面，即共享的普遍或共同观念始终围绕着君主政治的主题，而普遍或共同观念的思想含义也具有很强的政治意识形态功能，从而就其在中国传统社会中产生普遍影响的方式而言，普遍或共同政治观念明显地存在着被帝王独占的帝王化现象④。就政治观念的历史考察来看，君主专制政治的合理性、必然性和有效性正是中国传统政治观念永恒的基本问题，各个学派各个阶段的思想家、政论家及政治家的政治观念可以说都是不同形式的君主论。中国传统政治观念在主题上的一贯性，反映了政治哲学研究要揭示的观念的普遍影响确实是存在的，而且政治观念的普遍影响还是相互联

---

① 谢贵安：《试论明末清初"新民本"思想》，《江汉论坛》，2003年第10期。
② 许苏民：《明清之际政治哲学的突破——以顾炎武、黄宗羲、王夫之为例》，《江汉论坛》，2005年第10期。
③ 刘泽华：《中国政治思想史研究对象与方法问题初探》，《天津社会科学》，1985年第2期。
④ 刘泽华：《中国的王权主义：传统社会及思想特点考察》，上海：上海人民出版社，2000年版，第265页。

系地发生着，自从西汉董仲舒以后，三纲已经形成了一个由普遍或共同观念铸成的完整的政治思维框架及意识形态体系，其最主要的载体就是儒家典籍的章句注疏及义理释读，这些在人的社会化过程中作为垄断性话题对社会产生了深远影响，其中关于社会建构本体秩序的普遍或共同政治观念更是在长时段范围内表现出了超强的稳定性。董仲舒建构的三纲五常的概念体系及其对社会话题的强势影响一直到晚清新政时还基本保持着相当完整的形态。一九〇一年一月二十九日，清廷在西安发布新政上谕，正式拉开晚清十年新政改革的序幕。新政上谕指出："世有万古不易之常经，无一成不变之治法。穷变通久，见于《大易》，损益可知，著于《论语》；盖不易者三纲五常，昭然如日星之照世，而可变者令甲令乙，不妨如琴瑟之改弦①。中国政治思想尽管几经颠簸，但是其政治思想主题在未接受明显的民权思想以前，却一直保留着原有的君主专制集权的思想话题②。单调而缺少变化的话题或议题，显示出中国传统政治中普遍或共同观念之间存在着不可分割的有机联系性。就一个时代来说，话题或议题的共同性也包含着或体现着该时代的普遍或共同观念，而在社会还处在传统阶段的明清之际，时代性的普遍或共同观念并没有超越纲常名教的范围，不仅依然沿用了汉代以来的主要词汇，而且在词汇的释读方面也没有表现出观念上的根本变化。明清之际士大夫中间流行的政治话题，既体现了思想家们共同的政治兴趣及诉求，也体现了他们在政治思维方式上的基本共性，同时还表明了当时思想家之间并不存在民本与民主的根本性话题差异。在讨论流行性话题的时候，几乎没有思想家发明甚至是使用了有近代特征或色泽的词汇，而不约而同地使用着周秦汉唐以来固有的词汇术语，并结合着明代的政治弊端，集中精力于怎样创造一个合理、合法、高效、民本的政治体系。

中国传统的政治观念当然并非都具有明显而不可忽视的普遍性，因而也不可能都成为政治哲学的研究对象。实际上，只有那些纲领性或根本性的观念才具有不可忽视的普遍性，才可能成为政治哲学的研究对象，即作为政治哲学的研究对象的观念等兼具政治与哲学的双重特征，或者是政治性突出的

---

① 《中国近代史资料丛刊》：《义和团》（四），上海：上海人民出版社/上海书店出版社，2000年版，第81-82页。
② 刘泽华：《中国的王权主义：传统社会与思想特点考察》，上海：上海人民出版社，2000年版，第114-128页。

哲学观念，或者是哲理性较强的政治观念，总之，它们是一种思想文化的纲领性概念。"任何一种成形态的思想文化都有一套纲领性的概念来表达和支撑，中国的传统思想文化也不例外。那些正面的纲纽性概念集中表达了真、善、美。……纲纽性概念是一种思想文化精神的凝结和集中，或者说一种思想文化由纲纽性的概念统领而纲举目张。"① 纲领性概念在思想文化中的功能表现为上述的纲举目张，它们在思想文化中几乎无所不在，缺少这样的概念，一则会导致思想文化框架的坍塌，二则会影响人们的正常思维。有些纲领性概念的缺乏，会导致思维活动在某些领域中难以顺畅进行，比如"道"在中国传统政治哲学中的地位就是如此。假如抽去了"道"，中国传统文化就会散架。在中国政治哲学的发展历程中，只要原有的纲领性概念仍然是完整地思考问题所必不可少的，且原有纲领性概念的地位没有动摇，那么，原有意识形态性思想体系的完整性就没有被打破，因此也就不太可能产生跨越近代门槛的启蒙思想大师。中国传统文化的纲领性观念孕育并形成于先秦，而在两汉时期得到了系统的梳理与解释，此后则形成了一种较为刚性的经学思维方式及纲常伦理的意识形态体系。先秦诸子各自的纲领性概念，经过长期的思想论辩、交流与融合，合乎逻辑地达到了董仲舒所提出的具有本体论属性与意义的系统论、宇宙论所构建的天人秩序。在这个过程中，儒家思想吸收了诸子思想的精华，而诸子思想也渗透进了儒家的元素，彼此逐渐地共享了一些基本观念，尽管对于共享观念的内涵解释仍然有分歧，但可以共享的内涵却与日俱增，最终形成了以儒家为主导，同时吸收诸子思想精华的正统经学，即使在经学之外的汉代诸子，其在思维方式及思想框架等方面，也具有难以摆脱的儒家色泽②。《太平经》是原始道教的重要典籍，其对政治理想国的建构及其基本建构原则，具有相当鲜明的汉代儒家色泽，甚至可以说其社会政治思想乃是儒家的③。王充作为汉代重要的异端思想家，以纯正的自然感应论、偶化论及命定论对董仲舒的天人感应学说冲击很大，但他却并不反对纲常伦理等本体性秩序规范的设定，而只是怀疑和否定其确立的非经验性方法

---

① 刘泽华：《中国的王权主义：传统社会与思想特点考察》，上海：上海人民出版社，2000年版，第265—279页。
② 李泽厚：《秦汉思想简议》，见《中国古代思想史论》，北京：人民出版社，1985年版，第135—176页。
③ 金春峰：《汉代思想史》（2版），北京：中国社会科学出版社，1997年版，第570页。

论依据，其对《春秋》的推崇与董仲舒并无不同，因此也颇赞赏董仲舒的儒者之业①。在任何一个时代，人们思考问题所必需的普遍或共同观念，都在很大程度上影响着理论或观点的说服力。正因如此，不同流派的思想家往往在普遍或共同观念的解释方面争论十分激烈，这种争论即使在儒家正统经学内部也是十分激烈的，其争论的焦点是"在中国数千年来封建社会的学术思想史上据绝大权威的经典和孔子，而他们的见解完全相异"②，经学家之间的理论分歧甚至需要皇帝亲临裁决③。各家各派在形成民族政治思维方式及政治思想框架所必需的普遍或共同观念方面的影响，固然有大小多少的区别，汉代在形成经学意识形态过程中，明显存在着儒、道、法、阴阳四大主流学派，它们共同提供形成意识形态所必需的主要观念。而在这些主流派别中，又明显地存在着儒家、道家两个较完整的思想体系，从而形成了汉以后普遍或共同政治观念发展演化过程中儒道互补的基本格局，而在唐以后则又明显地加入了佛教的影响，并在宋明理学中实现了儒、道、佛三家主流观念的整合，出现了道家提供宇宙论、佛教提供心性方法论、儒家提供价值论及社会本体秩序的体系化共同观念的新阶段。陈寅恪先生在《冯友兰〈中国哲学史下册〉审查报告》中，高度评价了宋代学术的地位，他说"中国自秦以后，迄于今日，其思想之演变历程，至繁至久"，"要之，只为一大事因缘，即新儒学之产生及其传衍而已"，此处"新儒学"即指宋代理学④。陈先生之所以高度评价宋代学术的历史地位，正是因为它提供了中国传统社会高度成熟且系统化了的共同观念体系。宋代以后，直至清末戊戌变法后大量移植西方学术名词，中国士大夫进行政治思考的基本前提及使用的共同观念完全来自宋代的新学术。

中国传统政治哲学中的共同观念既是人们思考政治问题的公用观念或必用观念，也是决定其思想属性及发展可能性的基本概念。尽管人们在使用它

---

① 金春峰：《汉代思想史》（2版），北京：中国社会科学出版社，1997年，第537—538页。
② 周予同著，朱维铮编：《周予同经学史论著选集》，上海：上海人民出版社，1983年版，第2页。
③ 刘泽华：《中国的王权主义：传统社会与思想特点考察》，上海：上海人民出版社，2000年版，第479页。
④ 陈寅恪：《冯友兰中国哲学史下册审查报告》，见陈寅恪：《金明馆丛稿二编》，北京：生活·读书·新知三联书店，2001年版，第182—185页。

们时的具体含义可能千差万别，但在这千差万别的解释中，总是存在着共性的因素或方面，并且这些共性因素或方面以时代共性对思想个性形成了根本的制约。这种制约从根本上说是一种对思想发展可能性的制约，而不是在事实上划定思想禁区。思想家总是属于某个时代的，他们不能脱离时代性的共同概念，而思想家使用这些公用概念进行思考、论辩及著述本身就是在表明同一时代不同思想家之间的共同性。一方面，不同学派及思想家对共同概念的解释不同，因而他们在使用公用概念时进行不同风格与侧重的思考，得出不同的结论，形成各自富有思想个性的观点与结论。另一方面，虽然人们对公用概念的解释可以有所不同，但公用概念本身就决定了不同解释之间存在着密切的联系性或相同、相通之处，从而使不同的观点，或者是针对着同一个问题，进行角度不同的思考，或者表达了相同的政治倾向，或者体现了思维方法的一致等。不管怎样，当思想家们使用公用概念时，也在客观上表达出他们之间的思想共同点。相同的概念，特别是相同的纲领性概念，即使对异端思想家也是一种根本的约束。因此，异端思想家们虽然不无冲决纲常束缚的决心，也曾经作了冲决纲常的努力，但最终都没有能够摆脱纲常对他们的羁绊。明朝中后期的李贽在理论上颇有魏晋时期"越名教而任自然"的自然主义风格，企图确立新的伦理及政治秩序，但是他的"童心说"实际上不过是"越名教而任自然"观点的心性论版本，他的理论建构并没有摆脱宋明时代理学家所创设的共同概念及话语体系的影响，从而在某种程度上成了黄仁宇所说的自相矛盾的思想家。李贽的著作"虽然篇幅浩瀚，然而并没有在历史上开拓出一条新路"，他只是"一位特色鲜明的中国学者，而不是一位在类似条件下的欧洲式的人物"，李贽"全凭个人直觉和见解解释儒家经典"，"攻击虚伪的伦理道德，也拒绝以传统的历史观作为自己的历史观，但是在更广泛的范围内，他仍然是儒家的信徒……芝佛院内供有孔子像，他途经山东，也到曲阜拜谒孔庙"①。从这个意义上说，共同概念体现着时代的共性，中国传统政治哲学的划时代变化之一就体现为纲领性概念的重大更替上，当纲领性概念还没有被更替的时候，政治哲学的具体内容及政治倾向等，就仍然只能是传统的，而不可能是现代的。新思想的产生必然是基于新概念的，而共

---

① 黄仁宇：《万历十五年》，北京：生活·读书·新知三联书店，1997年版，第210—250页。

同概念的大量替代性变化才是划时代新思想发生的标志,凡共同概念没有发生明显变化的时代即使思想争论十分激烈,态度趋于极端批判,也仍然只能是在旧的意识形态中打转转,即使是旧概念解读出现代含义来也需要一个颇为复杂曲折的过程。王人博先生考证梳理了传统"民主"概念被解读出现代含义的过程。他指出,"无论是 Republic 还是 Democracy,与中文的"民主"之间透明地互译是不可能的,文化以这些词汇所构成的语言为媒介进行透明地交流也是不可能的","中文的现代民主概念与西方的 Democracy 有着不可分的联系,同时也与中国传统的民主语词有着某种语义上的黏连","也就是说,Democracy 与'民主'的虚拟对等性不是一次完成的,而是经过了一个漫长历史的拟制过程","就中西的复杂关系而言,与其说现代汉语的'民主'概念是西方的'Republic''Democracy'在中国'旅行'的结果,倒不如说是两者艳遇后的必然结局①。民主作为跨越传统与现代疆界的共同概念,其含义从"民之主"到"民作主"的变迁从侧面反映了政治哲学划时代变革的艰难性与复杂性,并进一步证实了共同概念在政治哲学中的突出地位。

(三)中国传统政治哲学研究要关注流派间的相通性

政治哲学体现民族共性的方式还表现在不同流派之间的逻辑关系上。从思想发展的实际情况看,不同的思想流派之间可能存在三类不同的逻辑关系:其一,相互区别的差异关系,这种关系最终决定了一种新的思想流派能否形成。而历史上众多的思想流派之所以能够存在,可能就是因为它们都各自拥有自己独特的思想逻辑。其二,某个流派分化或派生出其他流派的派生关系,这种关系决定了不同的思想流派之间存在着亲疏远近的差异。逻辑上存在派生关系的流派往往共享某些基本概念,而这种共享的基本概念又进一步导致其思想的价值倾向比较接近。其三,不同流派表达的内容在逻辑上的相通关系,这种关系表明不同流派提出的思想命题往往是围绕某个共同的主题展开的,从而存在侧重点、视角与方法等的差异,但也因此种差异而形成了某种形式的学术分工。中国传统政治哲学不仅历史悠久,而且流派众多,但上述三种逻辑关系显然适合于各个时代的不同流派,即中国传统政治哲学的不同流派之间存在着逻辑上的差异性、派生性及相通性,其中的相通性也较为集

---

① 王人博:《庶民的胜利——中国民主话语考论》,《中国法学》,2006 年第 3 期。

中体现了政治的民族共性①。刘泽华先生在《先秦政治思想史》的杂家思想研究中,通过叙述杂家与其他各家的关系,较早地论述了各派思想之间的相通性,并明确提出诸子百家通于王者之治的说法。《吕氏春秋》的杂家特征表现为杂存、杂选、杂通。"杂存是说,吕不韦没有取消任何一家的企图,也没有想用一家一派把其他家吃掉或融化,他对诸家之说采取了兼收并蓄的方针。……杂选是说,吕不韦对各家各派是有选择的。对各家各派中走向极端的流派,吕不韦是不选的。……杂通之通,并不是以一家通百家,而是说杂存、杂选的内容都通于王者之治,或者说,以王者之需要通百家。"②《吕氏春秋》以杂家的"杂存""杂选"与"杂通"理念,直观地展示了先秦时期不同政治思想派别间的逻辑相通性。刘泽华先生在《战国百家争鸣与王权主义理论的发展》一文中,通过对诸子百家所讨论的议题、话题及观点等的梳理,进一步理清了诸子百家与王权主义的头绪,得出了诸子百家都与王权主义存在相通之处的结论③。李泽厚在《美的历程》中也详细论述了先秦理性精神中的儒道的互补性,"老庄道家是孔学儒家的对立的补充者"④,金春峰的《汉代思想史》论述了东汉末年儒道的互补性,认为儒道互补促成了儒道结合的新经学或玄学⑤。从某种程度上说,中国传统各家思想学说普遍具有互补性,而互补性的存在实际上也就证实了彼此在宗旨、方法、目的等方面存在根本相通性。

中国政治思想是由各家各派政治思想共同构成的一个有机整体,因此,我们应当摒弃以某家某派政治思想来片面归纳和概括中国政治思想基本特征的做法,而必须展开对各家各派政治思想在中国政治思想体系中的逻辑位置的分析,进而确定中国政治思想的派别构成格局。中国政治思想中的各家各派是中国政治传统由自发阶段上升到自觉阶段的必然产物,它们是中国政治传统不同方面不同层次不同角度不同侧重的经验归纳和理论提炼。因此,各

---

① 王楷模、张师伟:《政治思想一般性质的哲学分析》,《宝鸡文理学院学报》(社会科学版),2004年第3期。
② 刘泽华:《中国政治思想史集》(第一卷),北京:人民出版社,第593页。
③ 刘泽华:《中国的王权主义:传统社会与思想特点考察》,上海:上海人民出版社,2000年版,第114—128页。
④ 李泽厚:《美的历程》,北京:文物出版社,1989年版,第54页。
⑤ 金春峰:《汉代思想史》(2版),北京:中国社会科学出版社,1997年版,第511—513页。

家各派的政治思想之间存在着对立统一的辩证关系，一方面，政治思想之间存在明显的差别，有的甚至表现为激烈的冲突；另一方面，不同政治思想出自同一政治传统本身，又决定了它们之间存在着相同、相通和互补的方面。值得注意的是，各家各派的政治思想，不论是在理论建树上，还是在社会实践中，都不是势均力敌、平分秋色，而是呈现出一定的不平衡性。有的政治思想派别在理论界出尽了风头，甚至到了风靡社会的程度；而有的政治思想派别则只能甘于寂寞，甚至许多政治思想都不得不悄无声息地产生又默默无闻地被埋没；有些曾经显赫一时的思想派别，如墨家，也终归于被湮没，湮没而并没有完全消失，而或攀附于儒，或攀附于法①，"儒墨二家思想之内容，实有根本相合之处。……墨家政治思想中的兼爱、尚贤等诸要义依附于儒学得以流传"②，即墨家思想中的共同性内容被儒、道、法吸收，而墨家也因此丧失了主流学术或显学的地位。同时，各家各派政治思想由于反映中国政治传统的方面和方法的不同而造成它们在中国政治思想有机整体中的逻辑位置和历史地位也存在很大的悬殊，其中反映中国政治传统的本体和终极关怀的儒家始终是中国政治思想的主干，提供统治方法、策略和制度的法家及为政治本体论和政治价值论提供哲学基础的道家、阴阳家等，则始终是中国政治思想的重要组成部分，而佛教哲学等外来文明的政治影响也构成了中国政治思想的必要组成部分，中国政治思想在学派构成格局上可以说始终保持了儒家的主干地位，而同时又不得不容忍非儒家政治思想的多元共同参与。

我们把中国政治思想的学派构成格局概括为"以儒为主，多元参与"。这是各家各派思想之间逻辑关系的又一个直观呈现。"多元参与"有两方面的含义：其一是指中国政治思想的有机整体中始终存在众多的非儒家政治思想在起重要作用，其中道、法、阴阳对儒家的补充占据着十分重要的地位③。其二是指儒家政治思想的发展过程自身就体现了保持思想主干和吸纳多元政治思想的有机统一。儒家在保持自身主要思想性格的同时，也出现了若干的杂家化特征，而多元化政治思想在与儒家思想共存和融入儒家思想的过程中，也发生了严重的儒家化，具有了儒家思想的一些经典特征。不仅中国本土的非

---

① 金春峰：《汉代思想史》（2版），北京：中国社会科学出版社，1997年版，第8页。
② 萧公权：《中国政治思想史》，沈阳：辽宁教育出版社，第243–244页。
③ 李泽厚：《秦汉思想简议》，《中国社会科学》，1984年第2期。

儒家思想发生儒家化,其中法家思想及其产物的儒家化比较典型①,而且外来的佛教文化也逐渐染上了浓郁的儒家色泽,从而发生了儒家化现象②。儒家政治思想的杂家化和多元政治思想的儒家化是中国政治思想发展过程的两个方面,它们之间的互动使中国政治传统不断由自发阶段迈向自觉阶段,使中国传统政治自觉儒家化的进程一次又一次得到深化和升华。儒家政治思想相较于其他各家各派,更关注政治传统的系统性、基础性、原则性及理想性等特质,它比其他各家各派更擅长从建设的积极视角思考中国政治社会的本体论及价值论问题。儒家政治思想的许多主张都与中国政治传统的本体性有密切关系。道家、法家等其他思想派别的政治思想则远没有儒家政治思想那样对中国政治传统的广阔覆盖率,它们更长于从某个角度对中国政治传统做非常独特的理论分析,其贡献可能主要是发展了政治思想中的哲学方法论。例如,道家可能在政治工具理性上也有较大的贡献;而法家则在政治本体论方面的创造远逊儒家。至于道家的政治批判理性则缺乏积极的理性因素,与儒家积极的建设性的批判不可同日而语。虽然儒家思想居于主导地位,但其发展又离不开其他流派思想的必要补充,这一现象所以如此的关键就是儒家与其他流派在思想上存在相通之处,从而能够互补。

---

① 瞿同祖:《瞿同祖法学论著集》,北京:中国政法大学出版社,1998年版,第362页。
② 李泽厚:《美的历程》,北京:文物出版社,1989年版,第116页。

四、刘泽华先生中国政治思想研究范式的
历史视域与史学方法

中国是一个有着数千年历史的文明古国,既留下了浩如烟海的历史记载,也长期存在着以史经世的治学传统。有的学者强调中国与西方的政治传统差异,认为"西方文明路径的重要特点,是空间的位移,文明和国家形态不断在炸毁的'废墟'和开拓的'空地'上建立",而"中国文明进程的重要特点,是长时间的延续","文明和国家形态不是在'废墟'和'空地'上建立,而是在同一空间里自我演进"①,由此而强化历史维度的政治知识建构,主张发展历史政治学,并迈开由历史题材来进行政治学理阐释的步伐②,这无疑具有重要的理论价值。但历史政治学究竟如何对待历史资料及历史上遗留下来的政治知识,还是一个悬而未决的疑难问题。当然,中国的历史政治学目前还主要是一个招牌,它到底是一个学科,还是一个学派,毕竟还没有一个比较明确的说法,甚至不同的研究者在它是否能成立的问题上还缺乏共识。如果它是一个学科,那么它的学科基础是什么以及它与其他学科的关系如何等,也还悬而未决,甚至还没有着手进行必要的讨论;如果它是一个学派,那么它在方法论上的特色及知识论上的创新,是否已经很充分,并足以支撑起作为一个学派的历史政治学呢?有些学者对西方政治学知识的不足有较为明确的认识,并试图在政治学理论及话语上达成中国化的结果,强调"历史政治学是中国政治学发展的一条新路,将成为政治学的知识增长点",并"对

---

① 徐勇:《主持人话语:政治学的历史之维》,《云南社会科学》,2019年第4期。
② 徐勇、杨海龙:《历史政治学视角下的血缘道德王国——以周王朝的政治理想与悖论为例》,《云南社会科学》,2019年第4期。

国际社会科学作出中国政治学的贡献"①。学者们在学术上尝试仿照历史社会学的范式建立历史政治学的努力非常令人钦佩，但在实践中，所谓历史政治学基本上还只是一个良好的愿望或美好的愿景。它在方法论及知识体系建构方面的努力或许才刚刚开始，而如何面对历史资料，并在方法论及知识体系上体现出历史维度，则是历史政治学建构过程中无可回避的一个决定性关键难题。

中国的历史政治学倡议发自于政治学理论领域，其中的骨干成员多从事中国政治思想史的教学与研究工作。中国政治思想史研究在历史政治学的研究方法及知识体系建构方面也扮演着重要角色。但就历史政治学提倡者的中国政治思想史研究而言，如何体现历史的维度，确实存在着令人颇为焦灼的难题，有关学者在历史学方面缺乏充分训练，将会给他们在观察视野、研究方法及知识体系建构等方面带来诸多困难。作为以历史分析见长的中国政治思想史研究者，刘泽华先生主持编撰的《中国政治思想通史》被看作是"中国政治思想史学科的百年典范"②。他在如何面对历史及如何进行历史分析方面，具有专业历史学者的诸多优势，他的主要研究成果在历史学界、政治学界、哲学界及法学界等都有相当大的影响，形成了"刘泽华学派"③或"王权主义学派"④，这一学派不仅展现了历史观察的多样性、丰富性及深刻性，还提供了宏观分析中国历史特质及趋势的理论框架。有学者认为刘泽华先生对王权主义的"深入挖掘，暴露出数千年中国社会运行的玄机，找到了破解中国历史规律的密钥"⑤。刘泽华先生提倡对思想与社会进行互动研究，揭示思想的社会基础，呈现社会的思想高度⑥，将历史分析的具体经验性、情结细腻性和理论分析的抽象逻辑性结合起来，在呈现客观存在的政治概念、政治知识及政治理论的基础上，展开对政治概念、政治知识及政治理论的历史性分析，坚持辩证地认识历史上的政治概念、政治知识、政治理论及政治思维

---

① 刘倩：《历史政治学成政治学发展新出路》，《中国社会科学报》，2019-05-22。
② 杨阳：《中国政治思想史学科的百年典范——评刘泽华总主编的〈中国政治思想通史〉》，《政治学研究》，2018年第5期。
③ 方克立：《为刘泽华学派赞一个》，天津社会科学，2015年第2期。
④ 李振宏：《中国政治思想史研究中的王权主义学派》，《文史哲》，2013年第4期。
⑤ 王学典、郭震旦：《新启蒙仍是当下中国思想界的一支劲旅》，《天津社会科学》，2015年第2期。
⑥ 刘泽华：《开展思想与社会互动和整体研究》，《历史教学》，2001年第8期。

等，力求"在矛盾中陈述历史"①。刘泽华先生研究中国政治思想史的历史视域及史学方法，在历史政治学的建设及建构方面具有重要的参考和借鉴价值，能够在一定程度上避免倡议者们因过度的哲学化抽象思维造成的历史维度不足的缺陷。

（一）刘泽华先生历史视域下的"政治大于阶级"

中国政治思想史研究始终受到政治知识总量不足、层次不高、普及不够等多项根本性制约，其中政治知识中的政治观又起着决定性的关键作用②。中国政治思想史研究必须首先解决其研究对象问题，而解决其研究对象问题又必须首先有科学的政治观，确定政治的定义，解决"政治是什么"的问题。"政治是什么"的问题不解决，政治思想史的研究对象就无从确定。因为作为学科化的政治知识主要源自西方，所以中国政治思想史研究作为一个学科领域，在政治概念的界定上必然受制约于政治学东渐的程度及其在政治思想史研究者中的普及程度。当然，就中国政治思想史学科的发展历程来说，研究者大多是在不具备较为充分且完整的政治知识的基础上着手研究中国政治思想史的，他们研究中国政治思想史的政治知识水平仍然停留在政治舆论关键词的水平上③。这就造成了中国政治思想史研究者在政治观上停留在常识层次上，他们的许多政治学知识既不完整，也不准确，更不知其所以然。中国政治思想史研究者中，在政治观上达到专业化知识水平的学者相当稀少，而这些相当稀少的专业研究者大多在国外接受了政治学专业的学术训练，并取得了公认的学术业绩，最典型的代表就是萧公权，其中国政治思想史著作显示了"自辟蹊径的史识"④。中国学科体系中的政治学存在先天不足，在成长过程中又经历了中断的艰难，政治学知识的供给在知识界始终相当稀少，不仅中国政治思想史在20世纪80年代初恢复时，受到因政治学知识总量不足及层次不高的限制，而且中国政治思想史研究在走过了改革开放的40年后仍然

---

① 刘泽华：《答客问：漫说我的学术经历和理念》，《社会科学战线》，2004年第4期。
② 张师伟：《范式争鸣与方法反思——改革开放四十年来的中国政治思想史研究》，《政治思想史》，2019年第2期。
③ 张师伟：《中国政治思想史研究的百年回眸与学术省思——本土政治理论的概念检视与话语梳理》，《人文杂志》，2019年第2期。
④ 萧公权：《问学谏往录》，台北：传记文学出版社，1972年版，第220页。

受到政治知识普及不够的严重影响。许多研究中国政治思想史的人实际上仅具有政治常识的知识水平,许多似是而非的研究结论及格义性的比附解释皆因此而生,如把孟子"民贵君轻"比附民主思想,孟子思想的这种解读方式由来已久①,至今仍有不少研究者如此释读孟子的"民贵君轻"思想,实际上这种释读方式明显违背历史事实的完整性,因为孟子还另有意思强调"民为君有",即"诸侯之宝三:土地、人民、政事"②。

中国政治思想史研究当然需要一定的西方政治知识,但也很容易受到西方政治知识的内容制约,从而以西方政治的标准来查找和评价中国历史上的政治知识,并由此而形成一定的认知扭曲或视域遮蔽,而满足于从中国历史上寻找西方政治知识的同类物③。不过,因为中国政治思想作为中国历史的一部分,很早就存在着,所以中国政治思想史研究通过深入扎实的历史分析,还可以发现政治的新内涵,从而丰富和拓展研究者的政治观。刘泽华先生早年曾较多地接触马克思主义的政治经济学、联共党史、历史唯物主义、辩证唯物主义等④,从而为历史研究打下了扎实的马克思主义理论功底。他对中国政治思想史的关注就开始于历史宏观分析的需要,即把中国政治思想作为中国历史的一个重要组成部分,认为中国历史研究不能忽略或没有中国政治思想史研究⑤。刘先生进入中国政治思想史研究的最初动机就是学科补白,为了进行中国政治思想史研究,他专门到中山大学进修,接受杨荣国先生的指导⑥。虽然他有着学科补白的夙愿,却因故半道返回南开,开始在王玉哲先生的指导下学习和讲授先秦史,然始终未能忘怀中国政治思想史,收集着相关的思想史料,思考着相关的理论问题,并在 20 世纪 70 年代末开始撰写《先秦政治思想史》,该著作不仅在历史的维度上呈现了中国政治思想的丰富内

---

① 萧公权:《中国政治思想史》,北京:新星出版社,2005 年版,增订版弁言。
② 刘泽华:《"民为贵,社稷次之,君为轻"的思想渊源》,《史学月刊》,2017 年第 2 期。
③ 张师伟:《中国政治思想史研究的百年回眸与学术省思——本土政治理论的概念检视与话语梳理》,《人文杂志》,2019 年第 2 期。
④ 刘泽华:《八十自述:走在思考的路上》,北京:生活·读书·新知三联书店,2017 年版,第 66 - 67 页。
⑤ 刘泽华:《中国的王权主义:传统社会及思想特点考察》,上海:上海人民出版社,2000 年版,自序。
⑥ 刘泽华:《八十自述:走在思考的路上》,北京:生活·读书·新知三联书店,2017 年版,第 87 - 91 页。

涵，而且在理论上拓展了当时主流的政治概念，强调政治在概念内涵上大于阶级的认识①。

刘泽华先生在《先秦政治思想史》一书中，并没有受当时"政治就是国家与法""政治就是阶级"等政治观的制约，而是在历史的经验中总结、整理各种关于政治的看法，从而历史地呈现了先秦时期政治的丰富内涵。中国政治思想史研究的流行逻辑方法是演绎法，即先确定什么是政治，并根据所确定的政治观来决定什么样的看法属于政治思想，然后以此为指导，在历史遗留下的诸多史料中挑挑拣拣，选择与所确定政治概念有关的话题、议题、命题等，按照所确定的政治观来进行概念的解释和理论的梳理，并将其整理成一个连续性的理论发展史。比如有的著作认为所谓政治思想，最主要的就是各个阶级对待国家政权的态度与主张，虽然这样定义抓住了政治思想的主要内容，但"问题主要是把政治思想史的对象规定的过于狭窄，有碍于视线的展开"②。这样研究的好处是理论的自觉性高，而缺点则是"一叶障目不见泰山"，甚至还会在概念解释上指鹿为马，在理论梳理上乱点鸳鸯谱。虽然名为研究历史，但是很类似于研究者在自己虚构的世界里梦游。历史并不是一个任人打扮的小姑娘，虽然历史研究和历史叙事有较大的选择性，但其所指乃是历史研究作品，并不是历史本身，因为不论是中国历史，还是中国政治思想史，都有其客观实在性。历史学家的作品叙事本身只是客观历史的反映，如果说他有打扮历史的动机，那么他的作品就带有很大的宣传性质，但不论是自以为写实，还是宣传，都不过是客观历史的反映，而历史本身的客观性并不会因为它被反映或不被反映而受到丝毫的影响。刘泽华先生的中国政治思想史研究坚持唯物主义认识论的基本原则，强调了历史作为认识对象的客观性，并认为"只有以大量的历史事实为基础，历史认识活动才有它得以展开的客观依据"③。刘泽华先生的中国政治思想史研究就是以呈现作为历史事实的政治思想为起码目标的，王权主义就是一个事实性的整体性判断。作为历史事实的政治思想到底是什么，究竟怎么样，这是他的《先秦政治思想史》

---

① 刘泽华：《八十自述：走在思考的路上》，北京：生活·读书·新知三联书店，2017年版，第269—91，27页。
② 刘泽华：《中国政治思想史研究对象和方法问题初探》，《天津社会科学》，1985年第2期。
③ 刘泽华、叶振华：《历史研究中的考实性认识》，《文史哲》，1989年第1期。

首先关注和解决的问题。

刘泽华先生的《先秦政治思想史》在历史视域下,不仅发现并呈现了自殷商晚期至秦朝灭亡的丰富政治思想内容,经验性地总结出了先秦时期政治理论家或政治家们的常见议题及思想主题等,还梳理出了先秦时期政治思想发展的线索,呈现了先秦时期政治思想发展的客观趋势。先秦时期,中国政治思想千余年的发展,已经在比较长的时段上呈现了政治思想的丰富内涵,其丰富性既不是现代政治理论所能包括的,也不是传统某个学派可以概括的。从《先秦政治思想史》的内容来看,中国政治思想史的内容相当丰富,包含了刘泽华先生在该书《前言》中所罗列的政治哲学问题、社会模式的理论、治国方略和政策、伦理道德问题、政治实施理论,以及政治权术理论、君臣关系等。但是刘泽华先生在《前言》中仍然认为如此的概括在内容上"失之于狭"①。中国政治思想史在历史上的内容丰富性,还表现在某个概念的多样化表述上,即某些主流的概念并非专属于某一家,而是各家各派都参与解释,并拿出了自己的解释,特别是秦汉以后儒家的标志性概念等在先秦时期都有其他学派的其他表述,后世儒家认为孔子发明的一些概念等早在西周时期就存在,如"仁的概念大约起于西周后期"②。中国政治思想史的丰富内涵表现为概念、命题、判断及推理等内容上的多样性,而现代的政治观在他们面前也只是其中的一种,以现代某个政治观为标准考察和分析中国政治思想,往往会明显地失之于狭,挂一漏万③;中国政治思想史的丰富内涵还表现为同样的概念会有若干种不同的含义表述,而各家虽然使用相同的概念,但其基本内涵却几乎完全不同,比如老子与孔子虽然都讨论"道",但是"老子道家之'道'和孔子儒家之'道'有着明显的差别,相对而言,前者更侧重于'自然'之道;后者更侧重于'人伦'之道"④。中国政治思想史研究的历史维度彰显了历史视域,凸显了大政治观,呈现了中国政治思想内容的丰富性,克服了中国政治思想史研究中较为流行的偏狭性及僵化性的弊端。

---

① 刘泽华:《先秦政治思想史》,天津:南开大学出版社,1984年版,前言。
② 刘泽华:《先秦政治思想史》,天津:南开大学出版社,1984年版,第115页。
③ 张师伟:《中国政治思想史研究的百年回眸与学术省思——本土政治理论的概念检视与话语梳理》,《人文杂志》,2019年第2期。
④ 刘占祥:《儒家人伦之"道"、道家自然之"道"与中国古代文论》,《内蒙古大学学报》(哲学社会科学版),2009年第2期。

(二) 刘泽华先生历史认识论观照下的史料方法

人类的政治现象具有确定的历史性，即一定的历史阶段存在着特定内容的政治现象，而政治现象在不同的历史阶段又存在内容的不同。这在一定程度上决定了人们的政治思想也具有一定的历史特殊性，不仅一切政治思想的内容都来源于特定的历史时代，并具有特定的历史性，而且一切政治思想的概念、思维等也具有特定的历史性，即产生于特定历史阶段的政治概念并不能充分反映广泛的客观对象，一定历史阶段的政治思维也会在认识的过程中过滤或遗漏掉许多的政治内容①。不同文明单位内的政治概念及思维等也都有其各自的历史特殊性，当政治概念及政治思维从一个文明单位传播到另一个文明单位时，它就会选择性地概括所在文明的政治现象，选择性地在理论上进行建构，从而看起来是移植来了一套普遍的政治概念及政治理论，但实际上，移植来的政治概念及政治理论等却对新文明单位内的政治进行了选择性的趋同性反映和建构，而遗漏或忽略了概念等的移入文明单位相对于概念等的移出文明单位的特殊性及丰富性，从而产生了概念的异化。晚清时期，严复传播的自由概念即是如此，带有很浓郁的中国传统属性，而又与西方原始含义相去较远②。中国自古就有自己的政治观念、政治思维及政治理论，但并没有学科化的政治知识，而中国政治思想史赖以建立的学科化政治知识源于西方，"作为一门独立学科的政治学，在我国产生于清末民初，肇始于译介西方近代政治学著作"③。中国政治思想史研究的科学性在很大程度上就取决于研究者所接受的学科化政治知识，如果缺乏历史学的方法，而只立足于学科化政治知识的内容，在中国历史上寻找其对应物或同类物就难免要在研究的内容上失之于狭隘，在学科规范性的约束下，妨碍了学术研究的科学性，而表现出了过多的价值表述内容④。

---

① 王楷模，张师伟：《政治思想一般性质的哲学分析》，《宝鸡文理学院学报》（社会科学版），2004年第3期。
② 张师伟：《中国传统自由观与西方自由主义的相遇——严复自由话语建构的过渡性特征》，《探索与争鸣》，2017年第6期。
③ 俞可平：《中国政治学百年回眸》，《紫光阁》，2001年第2期。
④ 张师伟：《范式争鸣与方法反思——改革开放四十年来的中国政治思想史研究》，《政治思想史》，2019年第2期。

虽然中国政治思想史研究必须要具备政治学的观点，不如此就不能观察到历史上的政治，但要认识到研究者的政治学知识仅仅是提供一种问题的视角及参考观点，否则就会将生动多样的政治思想史实予以僵化地理解和解释。与一般中国政治思想史研究者注重政治学观点及分析方法而不太重视史料不同，刘泽华先生作为中国政治思想史研究中史学范式的代表，十分重视史料的作用，他在政治知识的丰富性上也明显得益于其历史视域。刘泽华先生在政治知识的掌握上要比同时代许多研究者更为丰富灵活，并由此而得以展现一个内容相对丰富和理论结构多样的中国政治思想史面貌。从刘泽华先生的中国政治思想史研究来看，史学方法的应用首先就是要重视史料的作用，让史料说话，描述并呈现客观的历史事实，"用历史的方法，从历史资料中归纳出当时人的思想"[1]。中国政治思想史研究方法的史学方法，所描述和呈现的历史事实，只是政治思想的历史事实。这种描述和呈现只能是实事求是地尽其所有，不能仅仅是见其所见闻其所闻，即既要尽可能充分地呈现作为历史事实的特定时代的具体政治问题、政治议题与政治命题，也要尽可能充分地呈现作为政治思想成果的概念、判断、推理及结论等，坚决避免站在现代人的立场上以己度人，甚至强古人之所难，迫其以自己的言论来回答现代人的政治问题，以确定其是否属于民主主义启蒙思想家[2]。实际上，黄宗羲从未在话题上考虑过所谓的民主主义启蒙问题，倒是津津乐道于三代圣王的政治理想，并孜孜以求地寻找毫不利己、专门利人的三代圣王[3]。这就要求研究者必须要善待史料，妥善地使用史料分析方法，尽可能让完整的史料自己说话，既不进行断章取义式的意思截取，也不进行格义性的转换解释，更不以古人的思想史料建构某个现代主题的理论话语。比如有人借黄宗羲的君主批判言论建构从传统民本迈步到现代民主的理论进路[4]，就比较明显地违背了实事求是的史学方法论原则，在史料的分析上给出了过多的主观投射，在政治思想

---

[1] 刘泽华：《中国政治思想通史》（先秦卷），北京：中国人民出版社，2014年版，第561页。
[2] 张师伟：《民本的极限——黄宗羲政治思想新论》，北京：中国人民大学出版社，2004年版，第5-7页。
[3] 张师伟：《民本的极限——黄宗羲政治思想新论》，北京：中国人民大学出版社，2004年版，第342-343页。
[4] 李存山：《从民本走向民主的开端——兼评所谓"民本的极限"》，《华东师范大学学报》（哲学社会科学版），2006年第6期。

家理论逻辑的归纳上则又表现出了过多的建构性解释。

任何历史材料都有其特定的历史时代性,时代形成史料,史料反映时代,两者在内容及思维上具有高度的统一性。中国政治思想史研究者必须重视史料,让史料来说话,以呈现作为事实的中国政治思想。这当然是中国政治思想史研究的一个最基础要求,而满足这个要求却还得应用另一个基础性的史学方法,这就是史料的辨伪。"辨伪是排除史料与客观历史之间的讹误,确定史料反映客观历史的真实程度"①。科学的史料分析,首先必须对史料进行真伪的辨别,以真实可靠的史料来进行政治思想史研究。传世的上古文献及众多的政治思想家著作等是中国政治思想史研究的主要史料。这些史料的真伪辨别,凡以求时代之正确而已②,一方面是确定史料的内容是否与其名义上所反映的时代相吻合,其中与其名义上所反映时代相吻合的史料就是真史料,而不吻合的史料就是假史料,如果假史料的生成年代是众所周知的,用它来呈现其所生成年代的政治思想事实,那么它又在这个意义上变成了真史料;另一方面是确定史料的内容是否如实反映了其所标注的作者的政治思想,如果它反映了其所标注的作者的政治思想,那么它就是真史料,否则就是假史料,如《管子》作为研究管仲的思想则为假史料,"《管子》一书是一部论文汇编",基本可以确定为"战国中后期的作品"③。中国政治思想史研究的史料辨伪主要依托古文献学的研究成果。古文献学对有关文献的著作年代、编撰体例、音韵考证、字句解释及校勘等,进行了详细、深入、科学的研究。中国政治思想史研究者只要尊重古文献学的有关辨伪研究成果,就不至于在史料的运用上犯较大错误,而研究者如果不以有关古文献学的研究成果为基础,则其中国政治思想史研究往往就会在史料的甄别及应用上基础不牢,从而影响了其研究成果的可靠性及科学性。

刘泽华先生在《历史认识论纲》中第一次明确阐发了历史认识的间接性认识性质,并特别指出了作为间接性认识之对象的史料具有二重性,即一方面史料在事实的内容上小于历史事实,史料只是保存了历史真实的一部分,大量的历史事实没有反映在史料中,再多的史料也不能呈现历史事实的完整性,所谓还原历史事实在史料层面上面临着史料残缺的障碍;另一方面史料

---

① 刘泽华、张国刚:《历史认识论纲》,《文史哲》,1986年第5期。
② 梁启超:《先秦政治思想史》,北京:东方出版社,1996年版,第234页。
③ 刘泽华:《先秦政治思想史》,天津:南开大学出版社,1984年版,第234页。

所反映的内容又因为史料生成主体的影响而大于历史事实，特别是当政治思想家在描述和反映上古传说时代或三代圣王时期的历史事实时尤其如此，某个学派的后学在追述其学派创始人思想的时候也往往如此，他们往往把自己的思想托之于古人之口，寄存在所谓古人的著作中，鱼目混珠①。中国政治思想史研究者一旦了解了史料的二重性，就会在研究工作中高度重视史料的作用，穷其精力、尽其所能地搜罗相关史料，并基于史料二重性的特点分析史料的科学性，合理使用史料，尽可能真实地呈现某个时代或某位政治思想家的政治思想事实，他们关心的政治问题、经常讨论的政治议题、各种话题聚焦的政治命题及其主要结论等都要尽可能地如实呈现，做到中国政治思想史研究所要求的思想事实清楚明确，而不能在思想事实上混淆古今。比如有的学者将民本当作民主即是淆乱了政治思想事实②；有的研究者相对忽略史料的分析，而过分关注中西政治思想史研究的共同性问题，或者强调中西方在政治问题上的共同性，从而在一定程度上将中国政治思想史研究异化成了在中国历史上寻找西方政治问题、话题与命题等；有的学者着力于寻找中国古代的宪制秩序叙说③，或者强调古今在政治问题上的共同性，试图在古代人的政治话语中寻找现代性的政治概念及政治理论，有的学者甚至在臣民意识养成的儒学中发现了公民意识，提出儒家公民的概念④。如此研究，虽然在理论上非常政治学化，但在结果上明显地偏离了中国政治思想史的历史事实，其中的许多判断往往历史依据不足。

（三）刘泽华先生中国政治思想史研究的辩证分析

中国政治思想史研究的史料方法应用不充分，就会在历史的具体细节上描述不清、定位不准，就难以确立中国政治思想史研究的可靠历史基础，而如果不具备可靠的历史基础，中国政治思想史研究可能是任何别的知识，却绝不可能是历史知识。比如有的研究者在具体政治思想事实发掘不充分的情

---

① 刘泽华、张国刚：《历史认识论纲》，《文史哲》，1986 年第 5 期。
② 黄忠晶：《再论黄宗羲的民主思想——兼答杜何琪先生》，《学术研究》，2014 年第 7 期。
③ 苏力：《何为宪制问题？——西方历史与古代中国》，《华东政法大学学报》，2013 年第 5 期。
④ 任锋：《意识形态激情、中道伦理与儒家公民》，《文化纵横》，2013 年第 1 期。

况下，过分着力于所谓"常道"的发掘①，其研究成果就更是哲学知识，而不太像是历史知识。中国政治思想史研究作为一种追求历史知识的学术，除了要以史料方法谋求具体的历史事实的认识之外，还要谋求价值性认识，将事实呈现和价值分析辩证地结合起来，即"研究政治思想史不能只限于描述，还要考察它的价值"，以明确的价值标准对中国政治思想史各阶段、各方面、各环节等给出一个恰当的价值评判，确定其在当时的社会价值、后世的历史价值及普遍的伦理价值，"政治思想史不做价值分析，政治思想史就会变成一笔糊涂账"②。刘泽华先生的中国政治思想史研究开始于对史料的充分占有和理论分析，但并不排斥价值认识，虽然有价值认识，却并无由此而来的视线遮蔽及判断扭曲，反而使认识的结果更加完整。"价值认识是一个基于事实认识又较事实认识更为深入、更为重要的一个认识层次"③。中国政治思想史研究的价值认识，是其作为历史知识及政治知识的必要属性，其主要的目的是正确地认识、合理地评价、恰当地借鉴，以便在学理上完善、丰富和发展作为整体的政治知识。价值认识作为一种认识之结果，迥然不同于一般的价值判断，后者只是一种价值判断，而并不构成对其他事物的认识，前者则是对政治思想事实等价值属性的认识。刘泽华先生的中国政治思想史研究在理论分析上妥善处理了价值认识和价值判断的关系。价值认识中固然包含着一定的价值尺度和价值标准，否则就不构成价值认识，但是它存在的基础却是中国政治思想史研究对象的价值属性，它是作为理性认识的结果而存在的；价值判断则是一种纯粹的价值尺度，它往往表现为研究者的价值偏好，通常它都是作为认识的前提存在的，研究者如果从一定的价值判断出发，就会因研究者的价值偏好而见其所乐见、闻其所乐闻，并造成认识结果上的"自蔽"，生产出片面性强、偏颇性大的中国政治思想史知识。这是因为"做学问的人超脱不了个人的价值判断，就没有了对事实的全面了解"④。

中国政治思想史的研究对象属于历史，这既是因为政治思想是整体性历史的必要组成部分，缺乏政治思想内容的历史知识在形态上很不完整，而这

---

① 李存山：《儒家文化的"常道"与"新命"》，《孔子研究》，2016 年第 1 期。
② 刘泽华：《先秦政治思想史》，天津：南开大学出版社，1984 年版，第 11 页。
③ 刘泽华、张国刚：《历史认识论纲》，《文史哲》，1986 年第 5 期。
④ ［德］马克斯·韦伯：《学术生涯与政治生涯——对大学生的两篇演讲》，王容芬译，北京：国际文化出版公司，1988 年版，第 36－37 页。

种不完整甚至会导致对历史知识中某些关键环节的关键问题难以理解,也是因为政治思想自身有着非常明显的历史属性,一定的历史阶段只能产生一定的政治思想,一定的政治思想也只能出现在一定的历史阶段。在政治思想史上,没有任何政治思想具有跨越时空的绝对普遍性,任何政治思想都首先是具体的、历史的,而后才有可能在一定的时间范围内和空间范围内具有一定限度的普遍性①。中国政治思想史研究的辩证分析还要求将研究对象的政治知识属性与历史知识属性结合起来。与有些研究者着力于寻找中国历史上的政治常道或政治理论的高度普遍性相比,刘泽华先生的中国政治思想史研究是在历史唯物论的指导下分析其中的历史规律,呈现中国政治思想史研究的规律性认识。中国政治思想史研究的规律性认识首先是普遍性历史规律的认识,比如社会存在决定社会意识与社会意识反作用于社会存在的规律。刘泽华先生对这条基本规律的遵循,集中表现在他强调思想史与社会史的互动研究②。他一方面着力于发掘政治思想的社会基础,呈现政治思想发生及发展的社会秘密,形成了社会结构、社会运行机制及观念的整体性呈现,给出了一个王权主义的对象全貌;另一方面,他又着力于呈现社会存在的政治思想高度及深度,由政治思想的主要内容及理论逻辑等画出了中国传统社会的可能路径及发展方向等③。刘泽华先生的中国政治思想史研究不仅在结论上打破了教条主义的权威,还破解了历史上长期存在的经学教条主义的神秘权威。

中国政治思想上的任何概念、命题及结论等都在刘泽华先生的历史分析中被祛除了魅,自汉以来绵延了几千年的儒家经学也不例外,他不仅得出了"五经神话与孔子神话本来应该结束"的结论,而且还把"儒学可以救中国、救时弊"及"可以充作现代化的精神支柱"等看作是"新时代的天方夜谭"④。一个时代有一个时代的政治思想,一个政治思想有一个政治思想的历史时代,政治思想如同哲学思想一样,都会"被其后继者所继承、改造、增

---

① 王楷模,张师伟:《政治思想一般性质的哲学分析》,《宝鸡文理学院学报》(社会科学版),2004年第3期。
② 刘泽华:《开展思想与社会互动和整体研究》,《历史教学》,2001年第8期。
③ 刘泽华:《中国政治思想史集》(第三卷),北京:人民出版社,2008年版,第1—6页。
④ 刘泽华:《中国的王权主义:传统社会与思想特点考察》,上海:上海人民出版社,2000年版,第483—484页。

补或者取代，它的错误和矛盾被揭示出来；这通常又成为新思想的起点"①。中国政治思想史研究要呈现政治知识的历史性变迁，注重揭示政治知识变迁中的否定之否定的规律。有的学者试图通过研究找到具有普遍超越性的思想家，不少学者在研究方法和研究结论上坚持了神秘唯心主义，对孔子及经学推崇备至，强调孔子删选的经学文本中包含了普遍的本体之道，从而要求以孔子删选的经及孔子所传承的普遍之道为根本指导，在文化上坚持保守主义，在政治上主张复孔子之古，甚至认为中国政治思想史研究的任务就是将经学中的普遍之道揭示和呈现出来②。有的学者则试图站在现代人的立场上在中国政治思想史上纵情地挑挑拣拣，挑选出所谓现代的要素，而不顾其所挑选的内容在其原始的背景中究竟含义如何，完全忽略了政治思想的某些内容在其被创造出来的时候与其他内容的理论整体性。有些提倡新法家或第三代法家的研究者表现出了对先秦法家"以法治国"主张的盲目推崇，而完全不顾及先秦法家"以法治国"理论的历史特殊性及其与法家其他思想的理论整体性。有的学者关注《管子》的法治思想，并与西方同期的法治思想进行了比较，认为"如果说亚里士多德的'法治'思想是一种西方式的以民主共和政体为前提的特殊的'法治'观念的话，《管子》的'法治'观念则是一种有中国文化特色的、原本的、宽泛意义上的，因而是更具有普适性的'法治'观念"③。虽然新儒家和新法家在推崇什么内容上并不相同，但在中国政治思想历史事实的教条主义解读和解释上并无区别，其要害正在于缺乏历史的视角。刘泽华先生在中国政治思想史研究中坚持了"矛盾中陈述历史"的原则。中国政治思想史有它的辩证法则，不仅任何政治思想都是特定历史时代的产物，而且任何政治思想都会在理论上遭遇自己的否定者，既没有什么政治思想是永恒的，也没有什么政治思想是绝对正确的，政治思想间的否定之否定，一次又一次地在实践中促成了政治思想的历史发展。

中国政治思想史研究要遵循历史辩证法，还要妥善处理好历史与现实的关系，特别是要处理好研究历史与关注现实的关系。一方面理解现实要有历史的深度，否则就不能真正理解现实；另一方面研究历史要有现实关怀，否

---

① ［美］弗兰克·梯利：《西方哲学史》，贾辰阳、解本远译，北京：光明日报出版社，2014年版，导论。
② 姚中秋：《重建中国政治思想史范式》，《学术月刊》，2013年第7期。
③ 严存生：《〈管子〉的"法治"思想评析》，《社会科学动态》，2019年第9期。

则就不能捕捉到历史的灵魂。刘泽华先生研究中国政治思想史固然有学科补白的驱动,即从完整认识中国历史的角度强调中国政治思想研究的重要性,但是更具有明确的经世目的。这个经世目的,概括地说,就是他的历史研究聚焦于中华民族的命运①,此即历史研究的现实关怀,他试图通过中国政治思想史的研究找到解释中国历史和理解中国现实的钥匙,推动中国从历史中走出来。刘泽华先生研究中国政治思想史具有很明显的启蒙情结,他并不讳言这种启蒙的情结,不仅曾多次谈到中国要从过去的历史中走出来,坦言所谓走出来就是实现三大转变,即从臣民到公民的转变、从君主到民主的转变、从崇圣到平等的转变②,还提倡历史学研究要关怀人类和民族的命运。刘泽华先生的现实关怀并不妨碍他科学地研究历史,反而让他更能科学地研究历史,获得可靠的科学结论。因为过去的历史并没有真的过去,而是以某种方式继续存在于现实中,深刻地影响了人们的诸多方面,不仅可以帮助研究者理解历史深处的灵魂,也可以帮助研究者宏观地掌握历史的骨架。刘泽华先生的中国政治思想史研究成果呈现了几千年中国王权主义社会的历史灵魂及政治骨架,既有助于人们深刻地理解和解释中国历史,提供了认识中国历史的宏大理论框架,也有助于中国传统政治理论资源的现代化转换,有助于中国特色社会主义政治学理论体系与话语体系的建构。

---

① 刘泽华:《历史学要关注民族与人类的命运》,《求是》,1989年第2期。
② 刘泽华:《中国政治思想史》(先秦卷),杭州:浙江人民出版社,1996年版,小序。

五、中国政治思想通史的贯通性理解与整体性呈现

中国政治思想史的研究与学习离不开"通史",而"通史"最常见的著作是简编版的教材性读物。一个多世纪以来,中国政治思想研究领域已经产生了众多的通史简编性著作,可谓琳琅满目[1]。"通史"的编撰与写作并不是在内容上简单地包含古往今来的政治思想,而是一种站在特定的理论角度对古往今来政治思想的体系性学理分析,其编撰目的不是要把古往今来的政治思想展示在一个博物架上,而是要在一种新的角度上进行积极的学理性的知识拓展。从这个意义上说,每个版本的通史性中国政治思想史著作都是一种特定理论角度的解读、诠释和分析性整理,都内在地体现了一种理论性学理诉求,也都包含着特定的逻辑化了的知识体系,服务于特定的目的[2]。一般来说,中国政治思想史领域的通史性著作大多较为简练,篇幅较大的著作也在百万字以内,但从民国时代的几部中国政治思想通史性著作来看,其学术个性均甚为鲜明,而鲜明的学术个性则主要根源于其所体现和包含的学理体系。各个版本的中国政治思想通史的编撰,在某种程度上都以拥有特定的政治学知识为基本前提,对中国历史上的政治概念及观念体系等进行了较为系统的理论诠释和逻辑分析,简编性通史著作的个性多半来自著作人对政治的系统性看法。中国政治思想史研究与学习是否具有理论上的正当性与学理上的合

---

[1] 葛荃:《认识与沉思的积淀——中国政治思想史研究历程》,郑州:河南人民出版社,2007年版,第25-27页。
[2] 张师伟:《中国政治思想史的学科定位及学术使命——一种基于知识论视角的分析》,《天津社会科学》,2013年第1期。

理性，完全依赖于政治学知识体系的理论正当性与合理性，从这个意义上说，中国政治思想通史类著作编撰在中国大陆地区的中断，也就能够得到较为合理的解释。

伴随着改革开放带来的思想解放，政治学知识体系的正当性与合理性得到了承认，而中国政治思想通史性著作的编撰也因此开启了新的篇章。徐大同等人编撰的《中国古代政治思想史》从某个角度上既体现了政治学知识体系获得了相对于马克思主义哲学与科学社会主义的独立的学科地位，也清楚地展示了马克思主义经典理论中历史唯物主义与科学社会主义对政治思想史学科的强大影响。中国政治思想通史性著作实际上是按照著作人以自身从马克思主义经典理论中解读出来的政治定义为基础进行编撰的，展示了作为整体性历史科学一部分的政治思想，而所谓政治思想又主要限于历史上出现的关于阶级、革命、国家与法律等概念，以及命题与判断等。这是从马克思主义哲学结论开始推理的演绎性的中国政治思想的解释性著述，其主要的内容就是历史地展示了中国历代各个阶级思想家关于认识、组织与管理国家的观点，并将各个阶级的思想家的国家学说连缀成了一个中国版本的国家与法的理论的发展史①。这个版本的《中国古代政治思想史》是一个标志性存在，在大陆地区的政治学界有相当的代表性。刘泽华作为四十多年来在中国大陆研究中国政治思想的重要代表，其研究中国政治思想的学理支撑也率先来自马克思主义经典作家的重要结论，历史唯物主义在其政治思想研究中仍然保留了较为完整的形态，历史唯物主义的若干重要结论是作为其研究的重要推理前提而起重要支撑作用的。但是刘泽华对中国传统政治思想的研究却并不是一种演绎性的推理路径，而是从有效解释活生生的中国历史出发，经验性地分析政治思想家的具体问题，立足于中国特殊的历史现象，整体性地理解和解释历史中的政治与政治思想，关注中国特定政治理论的阶段性与完整性，形成了中国政治思想研究领域的"王权主义学派"②。《中国政治思想通史》（九卷本）的编撰出版就是刘泽华先生"王权主义"观点的详尽展示，呈现了中国政治思想通史的另一种写法。下文以刘泽华总主编的《中国政治思想通史》（九卷本）的品读为基本线索，探讨中国政治思想通史的写法与体例问

---

① 徐大同、陈哲夫、谢庆奎，等：《中国古代政治思想史》，长春：吉林人民出版社，1981年版，第2-3页。
② 李振宏：《中国政治思想史研究中的王权主义学派》，《文史哲》，2013年第4期。

题，就如何运用归纳推理方法进一步推动中国传统政治理论形态的整体性解释、解读，提出一些建设性的想法与建议，并谈谈研究方法与思想资料选择和解读方面的若干理论问题。

（一）中国政治思想通史编撰怎样体现"通史"之"通"

中国政治思想通史编撰的核心是追求和实现"通"，"通史"的理论价值与意义就在于"通"，而"通"则是相对于"隔"而言的。一般来说，政治思想通史编撰中的"隔"表现在三个方面：其一是编撰缺乏系统完整的理论，既缺乏解释性的体系性理论话语，也不能发现和整理出研究对象自身所固有的特定的逻辑联系或关系，从而将政治思想通史编撰成了流水账式的史料长编或概念的博物式罗列。其二是编撰者的理论割裂了研究对象的整体性及内部有机联系，编撰者或者是从演绎性推理出发，以历史哲学的方式将思想资料嵌入历史发展的线性延续中，并将政治思想资料标签化或脸谱化，忽略了特定时代中特定政治思想家的原始问题与原始话语的体系性解读，导致研究与著述中的理论与实践的分离，从而产生了理论解释上的"隔"。其三是编撰者或者不能正确认识政治、政治思想与历史运动的关系，或者不能正确充分地把握一定历史阶段的政治思想的时代整体性，或者不能准确地解释不同历史时代政治思想在逻辑上的关联性，这些原因都在某种程度上造成了通史的"隔"，或是割裂性的隔断，或是浮光掠影的隔浅。通史编撰要突破"隔"的利器唯有求"通"，而"通"在政治思想通史编撰中则表现为理论通、时间通和空间通。

所谓理论通，一方面是指政治思想通史的编撰必须有比较完整的理论话语体系作为解释和分析的工具，缺乏完整系统的政治学理论话语体系及相关知识，就不能真正合情合理地理解和解释历史上的政治思想概念、判断与命题等；另一方面是指政治思想通史中的概念、命题与判断之间存在逻辑上的必然关系或联系，不论是同一个时代的概念、命题与判断，还是不同时代的主流性概念、命题与判断之间，均存在着客观上的逻辑联系与关系，这种逻辑关联主要表现为民族性政治思想方式的完善与主流政治话语体系的日益成熟①。所谓时间通，就是指政治思想通史编撰要观照政治思想研究对象的历史

---

① 张师伟：《中国传统政治哲学的逻辑进程》，《政治学研究》，2013年第4期。

延续性与思想存在的客观整体性，前者是说关注政治思想的历史起源及其最初的形态，而后者则是说要特别注重把握不同时代的政治思想主流与主题，在准确深刻地把握各个时代政治思想主流与主题的基础上，恰当地处理不同时代之间主流政治思想及主题话语之间的历史与逻辑联系。时间通既要求贯彻把历史发展当作一个有机整体的观点，将不同时代之间的有机性历史联系充分揭示出来，又要杜绝目的论与宿命论的历史观，始终将历史发展当作是一个经验性的存在，历史发展中的偶然既是必然的体现，也是必然的补充。所谓空间通，就是指政治思想通史编撰要在一个给定的时代中贯通性地理解和解释时代思潮，注重主流概念、命题与判断等的整理与诠释，不仅要注重在不同的政治思想流派中求同、求通，还要能分析出同一个时代中不同思想流派之间的观点互补。空间上的通主要体现了历史发展中社会的有机整体性，这种有机整体性是社会所固有的，因而是历史真实地、经验性地呈现出来的，在政治思想领域就表现为思想家原始的问题与命题，只要不忽略思想家的原始问题而对命题做过度解释，空间上的通并不难做到。思想的逻辑是社会发展规律与逻辑的集中呈现，因为思想史"以更直接更赤裸也更枯燥的逻辑形式来表现出必然"①，中国政治思想通史的整体性逻辑展现了中国传统政治社会的内部规律与客观逻辑。

刘泽华总主编的《中国政治思想通史》（九卷本）在追求"政治思想通史"之"通"上有非常好的表现，其根本在于编撰者有一个较为完整系统地解释中国政治思想的根本性理论观点，这个根本性的理论观点支撑着《中国政治思想通史》（九卷本）的宏观体系。《中国政治思想通史》（九卷本）的第一卷是宏观分析的综论，就中国政治思想的研究对象、研究方法及中国政治思想的一些通贯性或普遍性的特点、特质与概念、命题等作分析。第一卷在总体上勾勒了中国政治思想通史的总体轮廓，以王权主义的观点进行了通贯性的解释，并在通史之通上使九卷本表现出了理论之通的可贵品质。九卷本的理论之通首先就在于它在概念解释与框架理解上表现出了系统性，展现出了强有力的通透性，提出了一个王权主义的总观点。这个观点立足于中国政治实践及观念的发展历史，注重思想与社会的互动，将政治思想的产生及逻辑架构溯源于考古发掘的最早文献资料，从而表现出了追求政治思想通史

---

① 李泽厚：《中国近代思想史论》，北京：人民出版社，1985年版，第474页。

历史形态完整性的诉求,这比仅仅从传世经典文献或春秋后期代表性思想流派开始的写法,更有利于表现政治思想通史在时间段上的完整性。王权主义的观点贯彻在《中国政治思想通史》(九卷本)中还表现为编撰者追求政治实践、政治观念与社会历史的有机联系。中国社会的运行特点及其与政治权力的独特关系,决定了中国传统社会特有的政治治理传统及相应的政治观念。政治实践及政治观念一方面是特定社会运行体制的派生物,政治根源于社会,一定的社会形态及运行体制在根本上决定了政治的形态及相应观念,脱离特定社会形态及运行体制,就不能具体而实事求是地理解和解释特定社会中的政治概念及观念体系;另一方面,一定的政治实践及政治观念也反过来自觉地影响甚至塑造了特定的社会形态及运行体制,政治权力在传统时代的社会历史发展中具有决定性的重要作用,忽略或低估了传统社会政治权力的作用与影响就不能准确地理解与解释传统中国社会历史发展的一系列独特规定性。"考察中国古代历史,不可不留意于政治权力在古代社会中的这种特殊位置与作用。"① 王权主义的观点还清楚地展示了中国传统时代政治观念发展的主流,提出了要注重各个流派政治思想在主题与宗旨等方面的相同、相通和互补,围绕着主流政治意识形态的发育,展示了不同历史时代在主流政治意识形态发育过程中的地位与作用。中国传统政治思想的发展史充满了围绕着特定主题的思想创造,而每一次思想创造都是极大地丰富、发展和完善了王权主义的政治思想体系,而王权主义政治思想体系的完善和巩固又反过来加固了政治权力支配社会的结果。中国政治思想通史的理论贯通性表现在其发展的逻辑上,就是存在着一个超越性的主题与话语系统,既有效地维系了不同思想流派之间的根本性的时代之同、宗旨之通及内容互补,也展示了特定社会形态对政治观念等的刚性需求与要求,思想家们反复讨论和争鸣的焦点话题、核心话语及命题结论等也表现出了很高的重复性。这种跨越了不同时代的不同思想家之间的话题、话语、概念等的重复,实际上顽固地展示了跨越历史时代的民族共性,而展示这种政治概念体系及推理体系方面的民族共性,乃是中国政治思想通史编撰义不容辞的重要使命②。

---

① 刘泽华、汪茂和、王兰仲:《专制权力与中国社会》,长春,吉林文史出版社,1988年版,引子。
② 张师伟:《阐发政治的民族共性——中国传统政治哲学研究主旨揭示》,《文史哲》,2010年第6期。

每一个政治共同体的政治思维与概念体系都是历史地生成和发展的，不同历史阶段的政治思维与概念体系既有基于历史条件的诸多特殊性与思想家个性，也有体现历史发展延续性的某种共性与思想家普遍性。如果说政治思想史也是一条波澜壮阔的历史长河的话，那么不同历史阶段上独具个性的政治思维和概念体系就是长河中一浪高过一浪的壮丽波澜，只有连续的波澜才能构成长河，每一个历史阶段的政治思维及概念体系实际上排列成了一个连续演进着的政治思想长河。因此中国政治思想通史的编撰，不仅要让各个重要的历史阶段的政治思维与概念体系充分展示出个性，尽可能揭示各个不同风格与内容的时代思潮的丰富内容与独特魅力，同时还要充分考虑不同历史阶段上政治思维与概念体系的理论联系，展现出历史长河的整体魅力。中国政治思想通史编撰追求时间之通，实际上就是要完整展现政治思想的历史长河，既要明了各个历史阶段在整个思想历史长河中的地位、角色与作用，更要处理好相邻两个历史阶段在政治思维与概念体系方面的逻辑衔接。刘泽华先生总主编的《中国政治思想通史》（九卷本）在追求时间之通上无疑有卓越的表现，一方面，九卷本通史从有可靠思想资料的殷商晚期开始写起，以历史学家的视野叙说了中国政治思想的最简洁形态，甲骨文及《尚书》中的可靠文字显然为中国政治思想提供了一种涂尔干所说的历史源头，即这种历史源头不是真正历史发生学意义上的起点，而仅仅是一种在历史上可以找到的较为完整的最简单形态，"首先，应该能在组织得最简单的社会中找到它；其次，不必借用先前宗教的任何要素便有可能对它作出解释"①。这种做法既避免了完全依托上古传说研究思想的拖沓冗长，也避免了仅以思想家著作等文献为研究资料而造成的拦腰斩断，其在理论上的优点与好处依然在理论界获得了广泛认同。另一方面，九卷本以八卷的篇幅分阶段叙说了从殷商晚期到新民主主义革命胜利各个重要历史阶段的政治思维与概念体系，其中先秦、两汉阶段的叙说尤为充分允当，不仅抓住了特定历史时代政治思维及概念体系的特定内容，还能站在整个历史场合的高度予以精准地分析，既充分展示了时代性政治思想的个性与精华，精微俱现，也抓住了政治思想在特定历史时代的主题与宗旨，魂魄活现。当然，作为一部思想通史，其时间之通的衡

---

① ［法］爱弥尔·涂尔干：《宗教生活的基本形式》，渠东、汲喆译，上海：上海人民出版社，1999年版，第1页。

量绝不能只看表现卓越的部分,而要结合各个历史时代的叙说综合进行评判。九卷本中的八卷基本上按照王朝断代分卷撰写,大体相当于政治思想史的断代史,断代史中较好地把握和撰写的分卷是先秦和两汉,先秦、两汉的撰写如上所说,堪称是整部思想通史著作的精粹所在。从魏晋卷开始直至现代卷,在思想镜像上就显得较为浑浊,或者是拔不出存在于历史中的思想主题与宗旨,缺乏理论上有说服力的宏观把握和分析,或者是对无限丰富的时代性政治思想竟只画出了一个粗疏的简谱,或者只是叙说了自己熟悉的部分,缺少对全局的整体性梳理,以至于所呈现的思想镜像在读者看来颇为失真,或者试图详细呈现思想,结果是迷失在了理论的万顷波涛之中,不知所云。九卷本作为通史在时代性思潮的把握上未能应通尽通,其原因不一而足,难以细说。

  中国政治思想通史编撰必须要同时观照政治学的观点与历史学的方法①,前者作为视角可以确保分析对象的政治属性,后者作为方法则有利于杜绝脱离历史经验过度解释文献。通史编撰的目的是再现历史,但历史却一去不复返,而任何再现都只能是依托一定史料进行的再现,因为历史的编撰者生活在当代,只能用当代人特有的方式与方法解读史料,所以一切经过呈现的历史无疑都属于当代史,克罗齐所谓"一切历史都是当代史"②即是此意。而且既然当代人的思想观念已经渗透进了再现的历史中,那么经过编撰者再现的历史也就不能是思想史了,尤其是政治思想史的再现就更是如此。尽管历史是复杂的,但在再现历史的编撰者那里却显然存在着一个历史的规律与逻辑,而这往往就成了通史编撰的逻辑。如果通史编撰者的历史逻辑充满了现时代的概念,那么他在解读史料的时候就会脱离史料的整体性时代氛围,从而出现通史编撰的空间之隔。常见的空间之隔是解读思想史料脱离了思想家的原始问题而造成的隔阂,表现为研究的思路不是优先呈现思想家自身的问题及话语体系,而是以史料解释来进行现代问题及话语的表达,从史料中梳理出现代话语体系及相应观点,并因此而大大地高抬思想家及相关命题等,人为地拔高了某些思想家及概念、命题等的地位。"历史上某位在世无大作为、身后湮没无闻、学术思想又无甚建树的平庸之辈,经我们的研究者之手

---

① 萧公权:《中国政治思想史》,沈阳:辽宁教育出版社,1998年版,凡例。
② [意]B·克罗齐著,田时刚译:《一切历史都是当代史》,《世界哲学》,2002年第6期。

'提拔'起来，从而雄踞思想史显赫地位的事例，也的确可以举出几个来。"①九卷本通史虽然也得使用必要的现代概念，但却坚持了将史料解读放在古人问题中的历史经验主义方法，不强人就我，而坚持以我就人，贴近历史时代，贴近思想家的问题，贴近思想家的概念体系，注重整体性分析思想家的问题及话语。让史料说话是避免通史编撰空间之隔的一个重要保证。空间之隔的另一个方面是割裂，或者是忽略同属于一个时代思想家的根本相同点，而故意扩大同一个历史时代思想家之间的时代性差异，或者是人为地制造思想家之间的命题、判断等方面的对立，把一些声望卓著的思想家从他们同时代的思想家群体中挖出来，故意让他做时代的先驱者，比如黄宗羲即是这样被从他的同时代思想家中割裂出来的所谓时代先驱②。这些做法都体现了政治思想通史编撰的空间之隔。九卷本通史在空间之通上并未因脱离历史时代的史料解读而产生空间之隔，这也体现了以注重史料考证和让史料说话的历史学家为主编撰中国政治思想通史的优点。如果说九卷本在空间之通上也存在明显缺陷的话，那也不是由于过度解读史料，而是由于原本就未能整体性把握作为自己对象的特定时代的政治思想，其病在于未能窥其全貌，有的编撰者只看见了一些大树，而有的编撰者则尽见杂草，未能见森林。

（二）中国政治思想通史编撰对理论、知识及方法的要求

中国政治思想通史的编撰是一个宏大的理论工程，它在整体上对编撰者的理论素养、知识范围及所掌握的研究方法提出了较高的要求。这是因为中国政治思想通史的编撰既要处理历史学范围内的规律与法则，运用历史学的方法检视有理论价值的史料，描摹政治理论发展各个阶段的状况、形态及与实践的互动等，总结理论发展的历史线索，分析理论在历史发展中的作用、地位与贡献等，也要处理政治学领域的规律与法则等，特别是政治学研究方法可以使编撰者准确地把握研究对象的政治属性，编撰者只有较为完整地了解政治学理论形态，才能比较充分且准确地把握住研究对象。虽然政治学理论的概念与方法是当代的，在绝大多数情况下，它们都是围绕着有效分析现

---

① 丁伟志：《序》，见金春峰：《汉代思想史》，北京：中国社会科学出版社，1987年版，丁伟志《序》，第2页。
② 张师伟：《民本的极限——黄宗羲政治思想新论》，北京：中国人民大学出版社，2004年版，第6—7页。

代政治现象而诞生的,但正如"人体解剖对于猴体解剖是一把钥匙""低等动物身上表露的高等动物的征兆,只有在高等动物本身已被认识之后才能理解"①。现代政治现象将隐藏在历史上政治现象中的复杂性充分展示了出来,所以分析现代政治现象的概念与方法也同样适用于分析历史上的政治现象,并且可以把握到它身上还比较隐秘的复杂性。与此同时,中国政治思想通史的编撰离不开比较的视野,特别是当编撰者应用普遍或普世的概念与方法分析中国政治理论的时候,比较就无可避免地发生了。值得注意的是,比较通常都是跨文明、跨文化进行的。这就要求通史编撰者在进行必要的比较时,必须具备较为扎实宽广的基础知识,具有较为充分的关于古今中西的政治实践、政治制度、政治观念等的背景知识,否则就难免在分析和评价特定思想概念的时候生搬硬套,甚至是"指鹿为马"。任何概念与方法都有它的历史背景,并由此滋生一些独特的本质规定性,而概念与方法在检视的时候又往往超越了它的历史背景,在这种情况下由历史背景滋生的本质规定性就容易被忽略掉。而一旦忽略掉了这种本质规定性,概念与方法也就在应用的过程中出现了本质层面的失真,概念与方法的这种失真一旦出现,政治思想通史编撰就不得不面临尴尬的"指鹿为马",在中国古代寻找民主思想或民主思想家的努力即是如此,只有在认识上混淆了民本与民主,才能在理论上得出迈步,开始从民本走向民主②。一方面,政治思想的历史万分复杂且一去不复返,另一方面,政治思想的内涵又极为丰富多彩,因此政治思想通史编撰者就需要熟悉甚至是熟练地使用多种研究方法。就中国政治思想通史编撰而言,常见而又必需的研究方法主要有:(1)史料考辨的历史学研究方法,该方法不仅能够帮助编撰者充分而准确地在传世文献中辨别真伪,还能够及时应用地下发掘的文献的研究成果,史料不充分、不准确、不典型,就无法比较准确地再现历史,做到史料充分、准确、典型是通史编撰的基本要求;(2)概念分析的思辨方法,该方法一方面有助于编撰者充分有效地收集、整理和分析政治思想原始问题的思考路径、思维方式及相关的话语体系,另一方面还有助于编撰者在理论上将不同层次的话语等广泛地联系起来进行考虑,以便能够

---

① 人民出版社:《马克思恩格斯全集》(46卷上),北京:人民出版社,1995年版,第43页。

② 李存山:《从民本走向民主的开端——兼评所谓"民本的极限"》,《华东师范大学学报》(哲学社会科学版),2006年第6期。

使再现的历史保持其较为完整的形态,不忽略先验主义的政治哲学,也不忽略经验主义的政治科学,两者共同构成完整的政治思想体系及推理方式;(3)现代政治学科主流的研究方法,该研究方法有助于编撰者具有完整科学的政治思维方式与推理方式,从而能够恰如其分地把握住研究对象,既要避免将政治现象理解得过于狭隘,导致政治思想通史的"肢体、脏器"不全,也要避免将政治现象理解得宽而无度,使所呈现的思想世界驳杂无序,杂草丛生。

  政治思想作为一种理论化了的社会存在,在任何一个历史阶段都不可避免地具有理论形态的相对完整性,不论是分析一个作为个案的杰出思想家的思想,还是分析一个时代的普遍性思想,都需要分析者具有相当的理论素养与水平。在某种程度上,编撰者的理论素养与水平就在根本上决定了编撰成果的理论层次与学术水平。中国政治思想通史编撰对于理论则有更为强烈的需求。理论素养与水平不够最常见的结果就是以逻辑明快的现代西方政治概念与术语,比对中国政治思想史上的概念、判断与命题等,其结果或者是将中国政治思想作为西方政治概念的东方演练场,让中国思想家以古典语言回答西方语境中产生的政治问题,甚至让他们遵循西方思想家的思路进行逻辑推理,其结果很难避免概念、命题分析中的乱点鸳鸯谱或指鹿为马;或者是把中国政治思想按照西方政治概念的逻辑零敲碎打地加以切割,在完整的中国政治思想谱系中切割出一个又一个西方化了的政治话题或专题阵地,而在话语阵地的分析中则又肆意地以西释中,甚至不惜曲解古典语言的原始含义。表面上看似乎是知识概念或史料释读与解释的问题,而实际上问题的根子恰恰就在于编撰者的政治学理论素养不足,由于不能准确完整地进行现代政治学理论的思考与认识,最终导致其所编撰的著作在相关论述上明显有悖于历史真实,其著作在某种程度上似乎就是在故意搅浑水,比如有些新儒家学者特别着意于阐发所谓儒家经学中的启蒙论即属此类。政治思想通史编撰实际上就是在勾勒和描摹政治理论体系的发展史。如果编撰者具有较高的政治学理论素养与水平,一方面就可以在一张结构形态完整与逻辑关系自洽的理论谱系中还原政治理论体系的发展与进化历程,并能将一定历史阶段形成的政治理论体系放在一个更为宏大的理论谱系中来加以衡量和评价;另一方面政治学理论素养与水平的高低既体现在编撰者理论视野中有没有政治理论体系的"全牛",即是否能把握住历代政治理论的形态完整性与概念体系的内在逻辑性,也体现在其能否恰当地评价不同时代政治理论体系在整个政治理论体系宏观发展进程中的地位、作用与影响。中国政治思想通史编撰要求编撰者要具有较高的政治学理论素养与水平,惟其如此,才能保证通史编撰者在编撰过程中充分观照政治思想在历史上也同样保有理论的完整性,在充分合理地理解和解释概念的基础上,充分展示其思想内容,完整展现其政治思维方式与概念话语体系,并客观公允地评价其理论意义与历史价值等。理论素养的提高需要系统地学习当代政治学理论知识,在这个意义上,系统学习当代政治学理论知识,了解现代政治学理论的概念体系、命题结构、研究方法等,熟悉不同政治学分支学科的主要知识体系与学术观点,就成了政治思想通史编撰者的一个重要理论预备工作。虽然中国政治思想具有民族性及特定历史环境等特殊性,但其政治存在却仍然表现出了一切政治现象所共有的本质规定性,中国历史上的政治理论虽然具有特殊性,但是也同样蕴藏着政治理论的一般性,政治思想通史的编撰不仅在于展示历史特殊性,而且更在于揭示历史特殊性中蕴含的政治一般性①,而解释政治一般性却必须要求编撰者具有较高的政治理论素养与水平不可。

政治思想通史编撰是一个复杂的基础性理论工作。由于是基础性的工作,又具有相当强的复杂性和较高的理论性,这项工作对编撰者的知识范围及精准程度也提出了较高的要求。从政治理论的一般性来看,古今中西的政治观念体系都是相通的,但从其具体的形态与话语体系来看,古今中西之间的政治概念体系又各不相同。相通而不相同,这就预示着政治思想通史编撰工作不可避免地要进行历史及文化等的比较,比较就意味着必须对相关的政治理论概念体系有一个起码的了解,因此中国政治思想通史编撰者需要具备较为充分的西方政治思想的知识,缺乏或者这方面的知识不充分,就不能够准确地认识和把握中国政治思想的诸多特殊性,且不能把握中国政治思想体现政治一般性的诸多特殊方式。同时,用于编撰赖以进行的基本概念与分析方法多具有西方政治话语的背景,隐形地体现了西方政治理论的视野、立场与方法,因此在编撰的过程中,就非得要发生将中国政治思想的脚伸到西方政治概念的鞋里去的情况,但这种以西纳中的方式或结果是不是很合适,这就必须视具体情况而定,而合适与否的关键也就是对来自西方的鞋是否有清醒的

---

① 王楷模、张师伟:《政治思想一般性质的哲学分析》,《宝鸡文理学院学报》(社会科学版),2004年第3期。

认识。因为政治思想通史编撰依靠的基本概念都有其特定的历史背景与发展历程,完全脱离历史背景与过程的概念是不存在的,因此完整准确地理解作为分析工具的基本概念虽然说乃是政治思想通史编撰的基本前提,但又不能不在历史比较中进行,最常见的比较分析就是用民主的概念工具分析和衡量民本。比如黄宗羲政治思想中的政事堂何以不能等同于责任内阁,他所谓学校又何以不具备议院的性质等,就必须借助于一定的西方政治制度知识,比较地进行分析,才能得到合理说明①。比较中得出的问题只有在进一步的比较中才能得到解决。这就要求编撰者对古今中西的历史要有较为充分的了解,特别是要充分了解与西方政治基本概念血肉相连的西方政治制度史,当然更要充分了解中国政治制度史,对中西政治制度史学越是了解得充分到位,就越是能够准确地评价不同时代政治思想的地位、角色、作用与影响等,就越是有利于编撰出高质量的政治思想通史。研究政治思想而缺乏政治制度的相关知识,就容易将政治思想研究变成从概念到概念的"空手道",要么是一厢情愿地在其中寻找现代政治观念的源头活水,要么是武断地判定某某人的政治思想研究开始迈步走向现代政治,或者是按照一定的历史逻辑把政治思想通史在过程上呈现为一个从原始儒家开始的退化史,突出强调原始儒家而贬低、排斥和否定其他学派。迷信先秦而鄙薄秦汉以来,制度和概念两者之间的互动关系往往在思想史研究中被忽略了,开展制度与观念的互动研究既特别有利于概念含义的澄清,也特别有利于弄清楚思想变迁的根本性动力。西方政治史的知识不仅可以给我们充分地展示现代基本政治概念的历史起源与发展、演变等,还活生生地展示了一幅政治概念怎样随着制度变迁而变迁的图画。没有一个概念是脱离特殊而完全抽象的,任何概念都是历史而具体的。社会历史的具体是展开了的思想逻辑,而思想则是社会历史在理论上的概括集中,开展社会与思想的互动研究因而也就具有了历史地看待思想和系统地看待历史的认识功能,具有重要的理论价值②。既然一切概念都是历史而具体的存在,那么分析中国政治概念就当然不能忽视政治制度等与概念密切相关的知识,因为这些知识中蕴含着政治概念的具体的历史。又由于政治作为一种将社会各部分自觉联系起来的黏合剂,无疑是人类社会有机联系的集中表

---

① 张师伟:《民本的极限——黄宗羲政治思想新论》,北京:中国人民大学出版社,2004年版,第216-226页。
② 刘泽华:《开展思想与社会互动和整体研究》,《历史教学》,2001年第8期。

现之一,因此关于社会的广泛系统的知识储备,将非常有利于准确、深入、细致、合理地理解和解释政治概念等,而知识范围与深度等方面的局限则会明显地影响政治思想通史的质量与水平。

政治思想通史的编撰在研究方法上颇有讲究。这是因为政治思想通史的编撰是一个与时俱进的综合性基础工作,不仅要服务于一定的理论性需求,完成自己研究理论与积累、创新知识的基本使命,还要面向结构复杂的大众,如果其研究方法存在明显瑕疵,那么它的积极社会影响力也就会大打折扣。研究方法的与时俱进首先表现在学科研究方法上,即政治思想通史编撰越来越要求具有关于政治研究的学科视野与方法,它的核心是比较完整的政治观,主干则分散在几个分支学科与交叉学科。政治学的学科方法具有一定的内在联系性与有机整体性,复杂的政治现象要求研究方法具有这种整体性,研究方法整体性的水平与程度往往体现了学科工作者的综合实力与理论影响力。现代政治方法支撑着现代政治学充分展现政治学的复杂性与丰富面,而现代政治方法同样可以充分展示政治思想史上的理论如何面对、展示和解释政治现象的复杂与丰富,现代研究方法可以展示古代简单方法不能解释的问题,并因此能够了解古代理论的问题与话语体系,合理地评价古代诸多理论的优缺点及局限性。缺少现代政治学的完整而系统的学科方法,一方面容易将原本复杂的政治概念与命题等做简单化处理,另一方面也会看不到思想史上的复杂与丰富。另外,政治思想通史编撰还要特别强调回到历史现场的概念与话语的系统进行分析。在研究方法上,回到历史现场就是注重对概念、命题、判断等的历史环境与语境的分析,将政治思想史上的概念放到一定的比较完整的历史环境和语境中,联系上下文,联系同时代共性的话语、话题等的讨论,做到历史地看待和分析历史上的概念、判断与命题等。概念、判断与命题等产生在特定的历史环境与语境中,并在一定的历史环境和语境中发生含义等方面的巨大变化。值得注意的是,历史环境与背景等的分析必须是具体的,而不是抽象的。西方政治概念发生重大变化的历史环境与语境在学术界引起了相当大的关注,国内学者也探讨了美国早期政治文化中一些重要概念在含义上发生的重大变化[①]。在概念与话语的分析中,政治思想通史编撰还要注意概念与话题等的系统性与完整性,这里所谓系统性与完整性是站在思想

---

① 李剑鸣:《美国革命时期关于代表制的分歧与争论》,《史学月刊》,2014年第11期。

家自身的立场上，考虑的是思想家自身理论体系的系统性与完整性，而不是编撰者理论逻辑的系统与完整。一般来说，完整呈现思想家自身的理论体系，要求在研究方法上自觉注意两个方面的问题：第一是史料的选择与释读，切忌史料相对于释读者的两重性，即一方面释读史料的时候未能充分展示其历史真实，使得释读史料获得的信息小于其所承载的历史真实，"不管史料如何丰富，也只是保存了客观历史的部分片段或痕迹"，另一方面又表现为在史料释读的时候镶嵌进了过多的释读者的意思，导致史料释读出来的信息大于史料承载的历史信息，因为"不管史料记载如何凿凿有据，但它毕竟是当事人或传述者主观反映的记录，除了一些简单的记述如人物的姓氏乡里、生卒年月、事件的时间、地点，典制的名称沿革等（尽管这方面也有不少讹误）比较容易确定之外，很难说它就完全正确地记录了客观历史的真实过程，由于受当事人和传述者的阶级立场、个人感受、认识水平和条件等的影响，总要在所作的历史记述中不可避免地掺进一些外在的成分和主观的因素"①。第二是要充分准确地了解思想家的概念与命题等，特别是对思想家某个较为完整的理论观点务必要条分缕析地做侧面的深入分析，比如对黄宗羲人性论的分析就不能仅仅满足于《明夷待访录·原君》开头所讲的那几句话，完整解读黄宗羲关于人性的诸多论述，就很容易判明他实际上还是一个比较纯粹的性善论者②。

（三）中国政治思想通史编撰的著作体例与写法

中国政治思想通史编撰已经有近百年的历史，不同时期、不同流派、不同体例的通史性著作众多，然而绝大多数都是通史的简编本，部头较大的多卷本中国政治思想通史著作均出自刘泽华先生。刘泽华先生主编的三卷本《中国政治思想史》于1996年由浙江人民出版社出版发行，该书在思想内容上起自殷商中后期而截止到鸦片战争，以比较完整的形态讨论了中国传统政治思想，在编撰体例、研究方法、分析视角及理论观点上颇有创造，在国内外中国政治思想研究领域产生了重要的影响。但鉴于内容上局限于古代的遗憾，刘泽华先生又编撰出版了九卷本《中国政治思想通史》，九卷本的分析视

---

① 刘泽华、张国刚：《历史认识论纲》，《文史哲》，1986年第5期。
② 张师伟：《民本的极限——黄宗羲政治思想新论》，北京：中国人民大学出版社，2004年版，第114-130页。

角与理论观点大多延续了三卷本,但在编撰体例上又进行了以下两方面的重大改变:一方面,九卷本单独设立综论卷,集中讨论中国政治思想通史研究的对象、方法、视角及中国政治思想通史的整体性、宏观性、独特性等问题,并试图在理论上描摹出一个结构性的关于中国政治思想通史的"全牛";另一方面,九卷本将殷商中晚期到新民主主义革命胜利时的中国政治思想通史划分成了八个阶段,每个阶段撰成一卷,每卷则自成一体,以便各卷能够完整而有特色地呈现各个历史阶段政治思想的内容、贡献及影响等。这种编撰体例一方面受到了学术界已有通史著作的影响,比如综论单独设卷就与十卷本《中国政治制度通史》将绪论单独成卷颇为相似,另一方面在各卷的划分上则既明显受到梁启超关于时代思潮等论述的影响,又颇为深刻地受到了侯外庐等《中国思想通史》对中国思想史各阶段划分的影响。当然,九卷本与三卷本之间在历史阶段划分上也有明显的继承关系。如果从追求内容合理的角度来看,原有的三卷本再增加综论卷及近代卷、现代卷而呈现出六卷本的体例可能是更为优越的一种选择,起码在体例上是如此。九卷本相对于完善后的六卷本在体例上有两点不足:第一,各卷虽然内容相对完整,也具有较为明显的个性色彩,较充分地展现了各卷编撰者的学术自由与学术个性,但各卷之间在内容及思想逻辑上则明显不衔接,而中国政治思想史各阶段在内容及逻辑上是相互衔接的[①],因此各卷在内容上过于独立,在某种程度上存在着割裂思想史整体性及历史连续性的嫌疑。第二,各卷较强的相对独立性还在一定程度上模糊了中国政治思想史的基本轮廓及内部逻辑构造,以致不能有效地将各个阶段的政治思想安放在中国王权主义理论体系的相应逻辑位置上,而三卷本在一定程度上还能比较理想地做到这一点。从这个意义上,我认为将三卷本完善、增补为六卷本仍然是一个较好的选择。

政治思想通史的编撰体例通常都是分卷、分篇、分章,大致来说都属于章节体,学案体相对比较少见。但现代主流的章节体都适当地吸取了传统学案体的一些优点,在章节安排上通常都以著名思想家为标题,以至于常常把政治思想通史编撰成了一系列重要思想家经典概念与命题等的展览,从而在体例上限制了对政治思想整体性与时代性等一般特性的呈现。刘泽华先生从

[①] 张师伟:《中国传统政治哲学的基本问题及其命题归类》,《政治思想史》,2011 年第 1 期。

《先秦政治思想史》开始就注意到了从整体上分析中国政治思想的共性特征，注重对共同概念、命题及判断等的深入分析，注重对特定时代共同话题与思想命题的剖析，注重对政治思想做整体性理论框架的分析，从先秦诸子共同的话题、观点及命题中总结出诸子政治思想的共性特质及理论追求，从而将君主专制主义理论的发展作为先秦诸子政治文化的归宿与集成。《中国政治思想史》（先秦卷）则进一步完善了对先秦政治思想的分析体例，加强了对诸子政治文化的总结性分析，勾勒了春秋战国时期政治思想的发展态势、趋势及理论成果，九卷本《中国政治思想通史》（先秦卷）基本沿袭了三卷本的诸多说法与体例。抓住时代性的共同话语及思想主题，对重点思想家进行个案剖析，点面结合，对先秦及两汉时期政治思想的分析具有相当强的典范意义。政治思想通史编撰在体例的设计上要充分考虑如何有利于点面结合，深入系统地呈现中国政治思想通史的"全牛"，一方面要分析经典著作家的经典思想体系，详细深入地呈现严密的思想逻辑，因为他集中典型地体现了时代思潮的深度与精度，表现出了卓越的创造性，并深刻系统地影响了他所在的历史时代，有的思想家甚至在体系性上影响了中国政治思想体系的整体性逻辑架构，有的思想家则呈现出了高超的智慧，他们提出的一些命题与判断等具有跨越时代的普遍借鉴价值；另一方面要有利于展示和呈现中国政治思想的共同性主题、发展节奏及整体性结构等，政治思想通史之所以要注重呈现思想的共性，就是因为共性、一般性的东西通常具有更重要的决定性地位与作用，往往一般性的东西给了经典思想家一个表演的范围，经典思想家再卓越也不能超越自己的历史时代，而且经典思想家只能是深刻系统典型地代表他的历史时代，而绝不是超越他的历史时代。从这个意义上看，中国政治思想通史编撰在体例上时常要关注经典思想家的个性与政治思想时代性、民族性等的共性，经典思想家的个性越多，创造性越卓越，通常他所表达和呈现的共性也就越多，因而他的思想意义与价值也就越大，所以只有把思想家的思想放在共性所展示的思想框架下，才能得到较为充分妥当的理论说明，也才能真正揭示思想的意义与价值，而时代性与民族性等共性也只有通过经典思想家的命题才能得到充分呈现。这就不仅要求政治思想通史的各卷都要有一个综论性章节，总体性描述、概括编撰对象，呈现特定的共同的时代性政治问题及话语体系，分析总结本卷政治思想在理论上的贡献与影响、不足等，特别要在理论上妥善处理好本卷内容在整个政治思想通史中的地位、作用与角色等；而且要求各卷在体例安排上要注重以思想家真正关注的思想问题为中心，完整呈现思想家原始的概念、命题体系及逻辑。

中国政治思想通史著作的写法自然要多样化、多元化，但不论怎样的写法都应该受限于其理论目的与表述对象。作为一项基础性的理论工程，撰写中国政治思想通史著作必须首先考虑知识论意义上的合理性，即必须优先考虑挖掘和整理传统中国的政治知识体系①，展示其内容，揭示其特点，呈现其逻辑，评判其优缺点，在历史的研究中进行批判地反思与继承等。因此从写法的角度来考虑，撰写中国政治思想通史著作需要妥善处理以下几个方面的问题。第一，思想的个性与共性如何协调统一，怎样通过个性的话语来揭示思想的共性，怎样让思想的共性展示在思想家富有个性的思想创造中。客观地说，这种内容表述上的要求自然需要落实在著作的写法上，具体来说就是两条：第一条是回到思想家的思想现场，揭示思想家所处时代所面临的基本或重大的政治理论问题，揭示中国政治思想通史在思想家所处具体历史时代的发展态势与趋势等。每个历史时代都有一种理论上的态势与趋势，而这种态势与趋势在根本上影响和决定了思想家可能达到的思想深度与精度，并决定了思想家提问和回答的方式及相关答案的理论可能性等②。第二条就是要避免从单纯思想资料出发，避免通过对有关思想资料的抽象分析与揭示简单地得出一个无限抽象的普遍结论，概念、命题与判断不能脱离思想家关注的特定思想问题与政治立场，因此以思想家关注的原始问题为中心就变得异常重要，而以思想家原始的命题来做线索也就成了政治思想通史写法的一个基本要求。第二，怎样将政治思想不同发展阶段的理论逻辑地联系起来，既充分展现其阶段性的理论成果与贡献，也很好地体现政治思想通史的历史连续性与理论整体性。这一方面要求政治思想通史在各阶段内容的撰述上要注重抓时代的思想主流、抓思想的理论重心、抓时代的理论全局，既充分合理地呈现时代独特的政治疑难或基本问题，又呈现围绕基本问题出现的诸多理论表述，特别是呈现一定历史时代共同的概念体系及其推理逻辑，在呈现相对独立的时代性政治理论时要务求深入、典型、完整；另一方面，又要注意贯彻

---

① 张师伟：《中国政治思想史的学科定位及学术使命——一种基于知识论视角的分析》，《天津社会科学》，2013年第1期。
② 王楷模、张师伟：《政治思想一般性质的哲学分析》，《宝鸡文理学院学报》（社会科学版），2004年第3期。

政治思想通史著作的整体观,注意将各个时代的政治理论问题与话语体系放在整体的政治思想通史发展逻辑中来进行分析,既要注重在理论上做不同时代相关理论的比较分析,又要在比较中揭示理论与命题等的相关演进如何促进了政治思想理论的深化与升华。第三,妥善处理好高度抽象的政治哲学概念及话语体系的历史具体性与民族普遍性的关系。这就要求在编撰体例上注意给特定时代所产生的具有划时代影响的思想创造留下表达的余地,比如汉儒创造的天人合一、大一统及纲常伦理等就在中国政治思想通史上具有相当持久的社会及历史影响[①];另外,思想家所创造的反映民族特性及思维方式的一些概念与命题等也具有跨越时代的民族普遍性,这些具有普遍性的思想概念、命题与判断构成了民族性的思想精华。但要切记分析和集成所谓思想普遍性的时候还是要首先进行历史的批判分析,因为任何普遍的思想都首先是一种历史的存在,体现着过去的社会历史性,表达着过去社会对人们的某种普遍性要求,因此即使是普遍性的理论内容,也唯有经过批判性的历史分析才能淘洗出民族思想的精华,而断然不能被抽象地直接继承。

---

① 陈旭麓:《近代中国社会的新陈代谢》,上海:上海人民出版社,1992年版,第15-19页。

六、中国政治思想史研究者
知识结构的局限及其优化的路径选择

中华传统文明经历了悠久的历史时期，在内容上自成一体，它以很多重要元素塑造出了中华文明的连续性、创新性、统一性、包容性及和平性等诸多突出特性，在中华民族现代文明的建设过程中仍具有根本性的影响力。中华民族现代文明的建设需要传承和创新传统文明的重要元素和突出特性，中国政治思想史研究在传承和创新中华传统文明的重要元素和突出特性方面，具有重要的学术价值。中国传统政治思想的概念体系与内容框架，固然没有表现为一个学科化了的学科体系、学术体系、理论体系与知识体系。政治知识在中国的学科化建构也发生在西学东渐之后，以西方政治知识进入中国为必要条件，并以西方政治学的学科体系、学术体系、理论体系及知识体系为标准参照系，概念体系、内容框架及研究方法等也多移植和仿效西方，它的政治理论价值也常被低估，甚至完全被忽略。有的学者以西方政治思想史研究作为基本参照系，以为中国古代并没有什么政治思想可供研究，只有西方才有现代政治知识体系可供研究①。但中国政治思想史研究对于准确认识中国历史、深刻认识中华传统文明、建设中华民族现代文明的理论意义和实践价值却并不能由此而被抹杀。有的学者已经看到了中国政治史研究的重要理论价值，主张中国政治学理论要回归历史，侧重从历史维度进行政治理论思考，进行历史政治学研究②。因为历史政治学议题的提出，中国政治思想史研究受到更多关注，相对来说，政治学界的中国政治思想史研究成果在历史政治学

---

① 唐士其：《西方政治思想史》（修订版），北京：北京大学出版社，2008年版，第3页。
② 杨光斌：《历史政治学的知识论原理》，《探索与争鸣》，2022年第8期。

议题出现后,有了一定的提升。这种提升在很大程度上表现为中国政治思想史研究者的队伍有所扩大,许多历史政治学议题的研究者也自觉不自觉地成了中国政治思想史研究者。但他们在很大程度上并不认可中国政治思想史研究的理论价值,从而在很大意义上又是以一种分裂的姿态存在于中国政治思想史研究者群体之中。这是因为相对于比较典型的中国政治思想史研究者,历史政治学议题的研究者对中国政治思想史研究的理论价值往往持保留态度,而仅把中国政治思想史研究作为历史政治学理论建构的材料库①。尽管中国政治思想史研究对于建设中华民族现代文明的理论意义和实践价值得到了肯定,但中国政治思想史研究者在知识结构、思维方式及研究方法上还存在一定不足,亟待补充、修正和完善。

中国政治思想史研究者尽管来自不同学科,有着不同学科背景、研究方法及特点,但在总体上都有自觉的理论诉求。因为各自学科背景及研究方法不同,研究者在理论诉求及知识生产等方面也有着一定差异。有的学者立足于哲学的学科背景,擅长进行概念演绎及抽象分析,在发掘概念、范畴、判断及命题的抽象含义与普遍价值上有一定优势,但也存在着经验性历史知识不足且又对其不重视的偏颇,有些研究者受限于现代政治知识不足,就在政治理论建构上误入复古歧途,提出"借助经学构建当代中国之政治哲学"②的主张。有的学者立足于历史学的学科背景,擅长对特定历史情境中的概念、范畴、判断及命题等内容进行情境解读与具体含义解释,在史料发掘、整理及史学方法使用上有明显优势,但又往往被历史情境所困,淡化甚至忽略了对概念、范畴、判断及命题进行抽象含义呈现及普遍价值分析的工作,在理论发展的历史链条中割裂了传统与现代的普遍关联,提出了诸如"'天行健'及'地势坤'不是中华优秀传统文化"③的观点。有的学者清楚地看到了西学输入不足以发展出中国化的现代政治知识体系,理解、分析、解释和解决中国问题的政治学,离不开中国政治思想史相关知识的支撑,但又认为既有的中国政治思想史研究缺乏政治规范性知识的构建,试图以政治规范性知识的需求引领中国政治思想史研究的议题设置,然而,因为政治规范性知识建

---

① 杨光斌:《历史政治学的知识论原理》,《探索与争鸣》,2022年第8期。
② 姚中秋:《重建中国政治思想史范式》,《学术月刊》,2013年第7期。
③ 张分田:《"天行健"及"地势坤"不是中华优秀传统文化》,《天津师范大学学报(社会科学版)》,2015年第1期。

构的需求导向过于强势，导致他们既忽略了中国政治思想史上诸多概念、范畴、判断及命题的抽象含义与普遍价值，也割裂了概念、范畴、判断及命题等与历史的血肉联系，割裂了概念、范畴、判断及命题等之间的逻辑架构，仅以中国政治思想史上的概念、范畴、判断及命题作为当下进行政治规范性知识建构的素材①。有的学者进而强调中国历史中蕴含了丰富的政治学原理，但"中国史学界似乎习惯了历史的博物馆化"，历史政治学就是要通过政治史研究，提炼政治概念和发现政治理论②。上述诸种中国政治思想史研究都有强烈的理论诉求，但其研究者各自的知识结构又造成了知识生产及理论诉求实现的局限性。中国政治思想史研究知识生产优化及理论诉求的充分实现，对研究者的知识结构优化提出了明确的要求，研究者必须有一个合理的知识结构，并在多学科交叉融合中实现规范性知识与经验性知识的平衡与融合。

（一）中国政治思想史研究的多元理论诉求与丰富知识价值

中华民族现代文明的建设离不开优秀传统文化的创造性转化和创新性发展，而中国政治思想史研究是优秀传统文化创造性转化和创新性发展的重要路径，亟待激发其理论诉求，充分发挥它的知识价值。尽管中国政治思想史研究作为一种自觉的理论工作有着悠久的历史，但真正纳入学科化体系中的研究活动仅有百年，在理论诉求及知识价值上的自觉性还需要进一步激发，以实现它在新时代的学术使命。它虽然以现代政治知识体系进入中国为基本前提，也在研究实践中表现了一定的理论诉求，但因为研究者在现代政治知识储备及分析视角、价值偏好等方面有较大差异，所以中国政治思想史研究的理论诉求在近百年历程中仅出现了批判性、资政性及复古性等几个类型。中国政治思想史研究的批判性理论诉求，主要立足于现代政治价值而开展了对传统政治理论的批判研究，表现出较强的从过去走出来的启蒙情结③；资政性理论诉求则主要立足于解决现实问题，开展了对传统政治理论的应用性分

---

① 黄晨：《经验的归经验，规范的归规范——如何走出政治思想史的学科危机》，《政治学研究》，2022年第3期。
② 杨光斌：《历史政治理论序论》，《社会科学》，2022年第10期。
③ 刘泽华：《中国政治思想史》（先秦卷），杭州：浙江人民出版社，1996年版，小序。

析，表现出了"古为今用"的理论研究宗旨①；复古性理论诉求则在自觉地守护着传统价值的立场，试图呈现或从中国传统中发掘出贯通古今的普遍性理论体系，因为理论创新不足或认为无理论创新的必要，在研究目的上明确表现出了继承古圣先贤的理论自觉②。当然，中国政治思想史研究者的理论诉求在具体内容上具有鲜明个性，彼此差异也较大，但彼此差异并没有掩盖他们理论诉求的共性。比如同为批判性理论诉求的研究，虽然具体理论诉求有较大差异，但相同的理论批判诉求仍有着类型上的明显共性，展示了研究者进行批判的理论自觉。吕振羽立足于马克思主义理论体系研究中国政治思想史，在很大程度上是批判认识中国历史的一个环节，中国政治思想史研究在一定程度上就是为了达到对中国历史的深刻认识，并在此基础上进行必要的理论评析，阶级分析法在其中国政治思想史研究中具有较大的影响；萧公权等学者立足于现代知识体系，在讲清楚中国传统与现代的诸多不同之处后，呈现出中国从传统到现代的政治理论转化历程。

中国政治思想史研究者的理论诉求，使得他们不能不具有较高的理论素养和较强的理论能力，从而避免把自己变成中国传统政治思想博物馆中的陈列员。尽管如此，还是有学者认为中国政治思想史研究者只是做了博物馆陈列员的工作，甚至试图以博物馆陈列员的定位来安顿中国政治思想史研究者，而把概念提炼和理论发现的工作置于历史政治学之下③。实际上，这种看法在一定程度上产生了两种错觉。第一种错觉是没有发现中国政治思想史研究在过去、现在及未来都不可能放弃理论诉求，之所以有学者认为中国政治思想史研究没有理论诉求，是因为其对中国政治思想史研究历史及现状的陌生，以至于对中国政治思想史研究者工作内容的定性认识就只剩下了缺乏理论意义的假研究④。第二种错觉就是研究者把自己排除出了中国政治思想史研究者的队伍。实际上当研究者以中国政治思想史为研究对象时，不论立足于什么样的立场、出于什么样的初衷、使用了什么样的研究方法，都已经是实质性

---

① 田改伟、刘训练：《研究政治思想史要洋为中用、古为今用——徐大同先生访谈》，《政治学研究》，2014年第4期。
② 姚中秋：《重建中国政治思想史范式》，《学术月刊》，2013年第7期。
③ 杨光斌：《历史政治理论序论》，《社会科学》，2022年第10期。
④ 黄晨：《经验的归经验，规范的归规范——如何走出政治思想史的学科危机》，《政治学研究》，2022年第3期。

地在从事中国政治思想史的研究工作了，只不过他们是在否定既有研究成果理论价值的前提下，以分裂的姿态隶属于中国政治思想史研究者队伍。如果立足于长远视角，历史政治学中的中国政治思想史研究者，只是在理论上达到了熔旧铸新的自觉，试图通过政治思想史的研究，达成一种理论体系的创新。那些置身于历史政治学之外从事中国政治思想史研究的学者也有着熔旧铸新的理论诉求。不论是海内外新儒家、新道家、新法家的中国政治思想史研究，还是中国政治思想史研究中有广泛影响的"王权主义学派"或"刘泽华学派"，都有强烈理论诉求，试图在当代中国政治学理论体系的创新上有所作为。就实而论，中国政治思想史研究者几乎很少成为纯粹思想事实的摆弄者，而且即使是纯粹考证性的研究也不能完全忽略其理论诉求及学术价值。

中国政治思想史研究作为一个学科化的知识体系，它的理论诉求虽然客观存在着，但是否可以产生有理论价值的成果，关键就在于怎样理解理论价值。有的学者认为政治学理论价值的标准，就是"在资料发掘和政治史研究的基础之上，做方向性的历史研究，提炼概念、提炼理论"，"这些概念与理论源于历史本体论决定的制度变迁的方式，制度变迁方式的差异决定了历史政治理论的差异性"。中国政治思想史研究带有历史学研究的性质，其基本职责仅在于进行"事件性历史的研究"，其学术价值是给政治学家提供可靠的"二手资料"，并对"二手资料的对错"负责①。无可讳言，政治学的理论成果确实可以形成对政治的规范化解释，并带来一定的价值偏好与思维方式的优越感，但规范化解释主要局限在价值层面，而其作用也主要是产生价值性说服力及相应政治心态。比如资产阶级革命后几百年，西方"政治学的主要使命就是论证资本主义政治的合法性及其运转机制"，"论述特定政治即西方政治的学说，被建构成'普世价值'并被用来改变对手乃至整个非西方国家的政治"②。如果政治学理论研究仅仅着眼于规范性价值解释，那么它关于政治学是否具有理论价值的判断无疑就是比较狭隘的。一方面，它忽略了政治学作为知识体系本身所具有的知识论价值，即知识不论是否能带来实践收益，它在给人带来知识、理解和解释的乐趣方面，就已具有无可置疑的科学价值，理论研究只要能带来知识积累的结果，就具有理论上的重要价值，如果以是

---

① 杨光斌：《历史政治学的知识论原理》，《探索与争鸣》，2022 年第 8 期。
② 杨光斌：《政治学研究范式的转型：从"求变"到"求治"——政治学学科史的视角》，《中国政治学》，2018 年第 1 期。

否能有效解释实践来判断研究是否具有理论价值，反而是削弱了它的理论价值。另一方面，政治学的理论研究如果着眼于政治发展经验的规范化解释，在很大程度上就会漠视政治的规律性知识，规律性知识具有客观的普遍必然性，在一定意义上跨越了古今中西的时空限制，只要具备相应的前提性充分条件，相应结果就必然会出现①。中国政治思想史研究的理论价值，一方面表现为它必须要在描述相关思想事实的基础上，总结中国传统政治理论产生、发展及发生作用的规律性知识；另一方面则表现为它必须要呈现中国政治思想史自身所包含的关于政治的规律性认识。中国政治思想史研究对建设中华民族现代文明的学术使命，要求研究者要进一步自觉强化理论诉求，并公允地评价其理论价值。

中国政治思想史研究的理论价值供给主要通过知识生产来实现，理论价值的评判最终要落实在知识生产结果的判断上。在建设中华民族现代文明的视域下，中国政治思想史研究能够做出哪些具有理论价值的重要学术贡献呢？除了历史政治学所寄予希望地提供关于政治理论的经验性事实知识外，中国政治思想史研究的理论价值主要还有：第一，有利于中国历史知识的完整性与合理性呈现。中国历史的完整知识必须包含政治思想的有关知识，缺乏政治思想知识或政治思想知识不足的中国历史知识既是不完整的，也是不合理的。在这方面，中国政治思想史研究中的"王权主义学派"作出了突出贡献，它直接提供了一种关于中国历史的完整且合理的解释体系，呈现了中国历史知识结构的完整性和解释的合理性，在深刻完整理解中华文明史方面作出了重要学术贡献②。第二，有利于政治学理论知识的丰富。中国政治思想史研究在内容上提供了丰富的政治学知识，它来源于中国以往政治思想家的创造，其中包含的概念体系与理论观点带有根本的原创性与重要的创新性，既有助于政治学者在概念体系与逻辑建构方面的优化，也有助于政治学者在理论上更好地理解复杂的政治现实，做出合理解释。比如"用西方政治学方法论，无论是认为代议制政府是最好的政府形式的旧制度主义方法论，还是追求个人权利的鼓吹'历史终结论'的理性选择主义方法论，都不能解释中国的民主模式，甚至都会给出否定答案"③。第三，有利于人们理解政治理论的发展

---

① 张桂琳：《多重因果路径分析述评》，《政治学研究》，2008年第5期。
② 李振宏：《王权主义历史观的有效性及其证成》，《天津社会科学》，2015年第2期。
③ 杨光斌：《中国民主模式的理论表述问题》，《政治学研究》，2022年第1期。

规律。政治理论发展虽然必须要经过思想家的能动加工，尽管思想家的知识结构、个人性格及能动思考对于政治理论发展也很重要，但政治理论发展仍然具有基于客观规律的必然性趋势，思想史以"更直接更赤裸也更枯燥的逻辑形式来表现"历史中的必然①。政治理论如何发展的规律，仍然支配着当下的政治学理论发展，中国政治思想史研究关于政治理论发展规律的知识对当下政治理论发展具有重要参考价值。第四，有利于政治知识生产质量的提升。中国政治思想史研究通过思考政治领域的价值偏好、立场观点、思维方式等方面的独特知识内容供给，对政治知识生产严重受制于西方价值偏好、立场观点、思维方式等的情况，能产生一定的矫正作用，有利于优化政治知识生产的流程，克服政治知识生产在思维方式上的西化弊端，进行更高质量的政治知识生产，给世界提供中国政治智慧。

（二）中国政治思想史研究知识生产的特点及其知识成果的品质

中国政治思想史研究的知识生产，依照其学术使命来说，要求研究者既要有历史学的视域与史料处理方法，也要有相对完整的政治学知识体系与理论架构，还要具有哲学的抽象思维能力，以便能够在正确处理史料的基础上，完整、深刻地解读、解释和评价特定时代的政治思想，完成其知识生产的任务。中国政治思想史研究者的知识生产，开始于文献学的资料搜集、整理与分析，去伪存真，继之以政治学的概念解读和理论分析，在捋清思想事实的基础上，分析其在特定历史情境下的影响、作用，评价其在政治学理论发展方面的价值，去粗取精，古为今用，从中获得建构中国自主的政治学知识体系所需要的理论养分。中国政治思想史研究因为研究对象的特殊性，在知识生产上有着自己的明显特点及独特要求，但其毫无疑问是政治学知识生产的一个重要组成部分。中国政治思想史研究的知识生产也由此而带有自己的特点，表现出了一定的生产方式上的复杂性。一方面，作为知识生产的原材料产生于特定的历史时期，有些材料真伪难辨，有些材料真伪参半，且研究材料还存在不完整等问题，即便研究者明知材料有问题，也不可能再次回到思想者现场重新搜集材料。这就意味着它只能借助于文献学的研究方法，以文

---

① 李泽厚：《中国近代思想史论》，北京：人民出版社，1979年版，第474页。

献研究的方式进行知识生产,其中考证、辨伪、校勘等材料搜集、整理、分类及必要的背景分析等工作,自然也是在进行知识生产,其生产的结果就是考实性认识①,不能因为它没有凝练和遴选概念或产生什么理论观点,就否认其知识生产的研究价值。另一方面,中国政治思想史研究面对的对象是思想者关于政治的理论成果,作为解释和解决当时政治问题的概念体系及观点认识,它在知识形态及功能输出上具有一定的整体性,既关心价值层面的规范性及先验普遍问题,也关注着分析政治现实的诸多经验性特殊问题,规范知识和经验知识共同构成了思想者的理论成果。这就意味着中国政治思想史研究的知识生产,还必须体现政治学的学科架构及概念体系、理论观点,政治学知识的完整性及准确性在很大程度上制约着理解和解释研究对象的能力②。与此同时,政治问题的提出和解决带有一定的历史特殊性,不同时代、不同地区的人们所面临的政治问题及思考政治的基本方式存在着极大差异,而不同的政治传统及思维方式、价值偏好等也严重影响着思想家们的问题意识和理论成果。

中国政治思想史研究者的知识生产务求有益于马克思主义与中华优秀传统文化的结合,并通过促进和深化两者的结合,积极作用于中华民族现代文明的建设。这就决定了它必须要有一个能够承担起其理论使命的知识结构,合理的知识结构是生产高质量知识产品的必备前提。但中国政治思想史研究者是一个范围比较广大的研究群体,除了自觉地以中国政治思想史作为专业领域的研究者之外,还包含来自中国哲学、中国历史学及历史政治学等领域的研究者。这些研究者虽然在研究方法及理论诉求上有着明显差异,但都以中国政治思想史上的概念体系及理论观点等为研究对象。只要研究者以中国政治思想史上的概念体系及理论观点等内容为研究对象,就无疑是在从事中国政治思想史研究工作,其工作结果也会有相应的知识产出。但因为研究者在知识结构上存在一定的学科局限,所以在知识生产的结果上也就相应地存在一定质量瑕疵。比如有的研究者受到了良好的中国哲学史研究的训练,偏重于采用哲学上抽象性分析的研究方法,在价值上对儒家等学派具有较多偏好,往往在对研究对象的把握上出现一定的学科偏颇,产生主观投射过多的

---

① 刘泽华、叶振华:《历史研究中的考实性认识》,《文史哲》,1989年第1期。
② 张师伟:《中国政治思想通史的贯通性理解与整体性呈现》,《南京师大学报(社会科学版)》,2016年第6期。

弊端①。他们偏向于从普遍层面考虑传统政治思想的民族共性，往往把政治思想史呈现为普遍性观念的成长、成熟及传播序列，甚至以为中国传统的经典中包含了一套放之四海而皆准的普遍性政治原理，并由此而在政治判断上以古为是，主张把对于"经"的研究作为"中国政治思想史研究之重点"②，但实际上常常因其知识结构中政治知识的不足，而在概念理解上发生误读。再比如有的研究者在现代政治学理论知识上拥有明显优势，在中国政治思想史研究中就常常以论代史，先不问历史事实怎么样，就带着学科化的"普遍性的"政治问题意识进入了研究领域，先设定一个古人未曾问而今人绕不开的问题，以问题意识做牵引，搜罗古人的相关说法，以现代政治理论关于某问题的逻辑为架构，进行逻辑化加工分析，得出一个基于其政治学理论架构的中国政治思想史研究结论，形成一个知识生产成果，并自以为是在中国政治思想史中发现了有意义的概念和理论。以"大一统和辨正统"来论述政治合法性话题③，在知识结论上就因研究者知识结构中历史知识不足而相对空洞了许多，以至于知识成果也缺乏充分的历史真实性，而沦为了一种勉强的理论说辞。一些中国政治思想史研究成果确实提供了一个清晰的问题意识和叙事逻辑，但细看却不过是研究者将自己的理论架构呈现在历史事实的镜子里，虽然形象饱满，但却并不真实。中国历史学领域中的政治思想研究，因为受历史研究社会科学化的影响较大，在其研究中能够较好地吸纳其他学科的概念体系、理论观点与研究方法，所以其在中国政治思想史研究领域知识生产的弊端会相对小一些，在政治思想事实的呈现上有较强客观性，但在多数情况下也会出现因其知识结构中的政治学理论框架不完整与哲学抽象分析能力不足所带来的弊端，既不能给政治思想事实以清晰的理论结构，也看不到抽象概念及理论命题的时代超越性。如有的学者对"礼之用，和为贵"的认识④，即表现出了抽象能力不够的瑕疵。

中国政治思想史研究的知识成果无疑是多样化的，可以通过多个途径以

---

① 葛荃：《立场、方法与禁忌：中国政治思想与文化研究断想》，《政治思想史》，2016年第3期。
② 姚中秋：《重建中国政治思想史范式》，《学术月刊》，2013年第7期。
③ 马雪松：《大一统与辨正统：历史政治学视域下的中国传统政治合法性论述》，《江苏行政学院学报》，2022年第1期。
④ 张分田：《"礼之用，和为贵"是维护纲常礼教的理论命题——以朱熹的专制主义和谐观为典型例证》，《天津师范大学学报（社会科学版）》，2017年第1期。

多种方式参与到学术体系与理论体系的创新中去,并确实在学术体系、理论体系的中国化过程中作出了自己的知识贡献。中国政治思想史研究的知识成果通过学术研究的分工体系,在多个方面产生了重要的理论价值,但其知识成果的品质却也有待于进一步提升。比如有些学者忽视考实性知识的价值,把它确定为是以叙述代替研究,但考实性知识却在政治思想史的研究中处于基础性地位,如果没有对政治思想家生平及著作的考证、校勘及内容的叙述等方面的考实性认识,现代研究者试图从政治思想史中发现的概念与理论也就成了无源之水和无本之木,甚至完全虚无缥缈,即使研究者自以为把握住了理论要点,但别人还是会觉得它若隐若现,完全没有实在的存在基础。虽然中国政治思想史研究中的考实性知识成果是一种很重要的成果,其价值与意义不容抹杀,但有些研究过于拘泥于考实性知识的生产,却又难免把中国政治思想史研究变成了博物馆里的陈列架,知识成果的理论价值被遮蔽。有些研究者的知识结构在政治学概念体系和理论学说上储备充分,而在政治思想事实的梳理和呈现上存在明显不足,且对政治理论与历史过程的有机结合也了解有限,在这种情况下,他们在中国政治思想史研究上的知识生产就主要以概念遴选和理论推演为主,知识成果或者是一些具有普遍价值的新概念与新理论——比如"民本主义民主"就是一个完全崭新的政治概念①,而"治体论"则是一个被研究者发掘出来的新政治理论②,或者是对中国政治思想史上的理论进行了全新解释,比如从《周易》中解读出了"中国式启蒙观"。这种以进行概念遴选和理论发现为目的的知识成果大多数品质不佳,这倒并不是因为它们言而不文以至于传之不远,也不是因为它们理论论述乏力,而主要是因为它们缺乏真实可靠的客观基础。有的研究者因为在知识结构中缺乏哲学方面的充分储备,所以在研究内容的选择上就聚焦于制度思想与治理观念,而对政治思想中的思辨性内容则视而不见,或认为不甚重要。但中国政治思想基本原理、基本理论、远景归宿等方面内容却关联着中华传统文明的重要元素与突出特性,内容上具有高度的抽象性,属于中华优秀传统文化中的精粹部分,在当下中华新文明的创造中也具有普遍性的理论价值,或者仍普遍性地适用于今天,或者与马克思主义先进文化具有高度契合性,能

---

① 杨光斌:《中国民主模式的理论表述问题》,《政治学研究》,2022年第1期。
② 任锋:《治体论的思想传统与现代启示》,《政治学研究》,2019年第5期。

够与马克思主义相结合而相互成就,既有利于中华优秀传统文化的创造性转化和创新性发展,也有利于马克思主义中国化获得新的理论成果。它们在某种程度上是中国政治思想史研究最具有理论价值的内容。这部分内容的缺乏或表现不充分在根本上限制了中国政治思想史研究知识成果的品质。

(三) 中国政治思想史研究者知识结构优化的路径选择

中国政治思想史研究在政治学中属于相对比较冷的学科,但这并不意味着它面临着生存危机。少数学者以其精湛的研究技艺,推出的有重要影响的学术成果,虽然在多个相关学科产生了重要影响,如王权主义学派的研究成果即得到了有关学者的高度评价[①],但不能根本改变中国政治思想史研究的冷门处境。中国政治思想史研究的冷门处境,一方面与中国政治学追赶和学习西方政治学的时代大潮流密不可分。在很长时间里,中国政治学界的主要任务是补课,其中最主要的补课任务就是学习西方政治学的概念、范畴、判断、命题及研究方法,西方政治学的名著及名家以及相应的学术话题在政治学领域中具有较为强势的影响,介绍和应用西方政治学知识的研究相对来说比较热,不论是政治哲学层面的研究,还是政治科学层面的研究,都莫不如此。中国政治思想史研究在几十年中也受到了西方政治学的较大影响。另一方面与中国政治学的强烈实践取向及经世倾向也密不可分。政治学研究要回应现实的需要,而政治思想史研究在直接回应现实方面并无优势,即使是秉持古为今用原则的研究也不能直接回应现实的理论需求,中国政治思想史研究毕竟不能直接提供分析和解决现实问题的理论工具或对策建议,不具有经世的实践功能。不过,中国政治思想史研究的冷门处境也与其知识生产的局限性密切相关。在知识生产上,中国政治思想史研究在社会科学化方面存在明显缺陷,其主要研究方式仍然以理解和解释文献为主,在内容上主要是与研究对象进行对话,在很多情况下,都只是从概念理解出发,进行理论推导,表达研究者对研究对象的意见,论述论证方式属于证成一定的既定结论,而不是进行认识的创新,推进相关知识的积累。值得注意的是,中国政治思想史研究者进行的概念理解与命题推导,既可能是在相关政治及历史知识不足的情况下进行的,也可能是在完全缺乏学科间、学者间对话的背景下进行的,

---

① 李振宏:《中国政治思想史研究中的王权主义学派》,《文史哲》,2013年第4期。

即使学者间有所对话也缺少学术意义上的理论辩难，而仍然以自己对文献的理解和解释作为其得出结论的依据①。这种知识生产表现在学术成果上，就是学者间对话、辩难或寻求学理交流的引证很少，成果引用的研究文献主要来自研究对象，对于研究相同对象或相关对象的成果很少顾及。从杂志角度来看，中国政治思想史研究成果发表并不能带来相应阅读量及引用量，而杂志却以阅读量及引用量作为衡量学术影响力的重要指标。就此而言，中国政治思想史研究的知识生产方式就成了其成果发表较难的一个重要影响要素。

中国政治思想史作为学科化知识体系，在一开始即受到了现代政治学与其他社会科学的影响，梁启超、萨孟武、萧公权、吕振羽等学人的中国政治思想史研究莫不如此，其知识生产与知识成果也都在社会科学领域中产生了广泛深远的影响。但伴随着学科队伍的代际更迭，中国政治思想史研究在重新获得发展机会的同时，研究队伍培养却未能跟上学科发展形势，以至于大量缺少中国政治思想史研究训练的人员增补了进来，研究队伍在知识结构、学科思维方式及研究方法等方面出现了明显瑕疵，特别是知识结构方面的不足更是产生了持久影响。一方面，社会科学知识及其研究方法未能在中国政治思想史研究队伍中产生较为广泛影响，当研究者在政治学、社会学、历史学等学科的知识体系方面存在较多瑕疵时，就会在政治概念的理解与解释、政治理论的推论与证明等方面产生一定的误读。比如在关于民主的政治学知识比较不足时，研究者很难真正辨清民主与民本的根本不同，常常把民本误读为民主②。在中外历史知识不足的情况下，研究者又很难正确理解民主理论产生和发展的社会背景，忽略了思想与社会互动在政治理论发展中的作用，误以为理论发展就只是一种日趋完善和成熟的逻辑过程，不太明了不同历史背景下思想家关于政治制度的思考往往具有其历史环境所赋予的特殊性。例如，研究者在对黄宗羲的学校理论和西方近代国会理论进行比较时，如果仔细分析法理基础及功能等内容，就很容易发现彼此完全不同，但如果历史知

---

① 李存山：《从民本走向民主的开端——兼评所谓"民本的极限"》，《华东师范大学学报（哲学社会科学版）》，2006年第6期。
② 李存山：《从民本走向民主的开端——兼评所谓"民本的极限"》，《华东师范大学学报（哲学社会科学版）》，2006年第6期。

识不充足，就难免混淆了两者的界限①。另一方面，因为社会科学知识及研究方法40多年来主要处在输入和消化阶段，其在中国社会中走向成熟也需要经历一个发展过程，在这个过程中，它既无法向中国政治思想史研究者进行成熟输出，政治思想史研究也不能停下惯性的脚步。学术界先后兴起的文化热、国学热在很大程度上影响了中国政治思想史研究者的价值取向、知识结构和研究方法，研究者们强调对研究对象要有同情、敬重与信仰，研究工作则主要是对研究对象进行概念解释和理论阐释，研究内容从概念到概念，研究架构从理论到理论，在丰富繁杂的历史内容面前，这样的中国政治思想史研究在丢掉思想具体内容的同时，也失去了政治思想史的历史真实。如认为黄宗羲提出了代议制政治或议会的设计②，即是如此。有的研究者虽然在政治学、社会学及经济学等方面有较好的知识基础，但在历史学尤其是中国历史学方面的知识不足，也会造成其研究所得不合乎政治思想史真实的结果。

中国政治思想史研究者中知识生产局限性的根源，就在于知识结构上存在某些方面不足，优化知识生产、提高知识成果质量的路径也在于知识结构的改善。当然，中国政治思想史研究现存的知识生产局限并非明显地存在于一切研究者身上，但却明显地存在于多数研究者身上。实际上，中国政治思想史研究中的"王权主义学派"因为在知识结构上很好地处理了政治学、历史学、哲学、文化学、社会学等学科间关系，并以经验性研究与规范性研究相结合的方式，形成了中国政治思想史研究的较为合理的知识生产，提供了典范性的知识成果③。但是，"王权主义学派"的知识结构、研究方法及知识生产在中国政治思想史研究领域中的影响还相当有限，不少研究者还没有意识到自身存在的知识结构缺陷，并且也还没有反思自身的知识结构缺陷及其知识生产局限性的影响。中国政治思想史研究者中存在的知识结构缺陷，首先表现在知识的学科结构存在缺陷，比如在政治学、历史学、哲学、文化学及社会学等学科知识上存在明显短板，以至于不能满足政治思想史高质量研究的客观需要。在这种情况下，研究者就需要补齐学科知识上的明显缺失，

---

① 胡适：《黄梨洲论学生运动》，见欧阳哲生：《胡适文集》（3），北京：北京大学出版社，1998年版，第319－321页。
② 侯外庐：《中国思想通史》（第五卷），北京：人民出版社，1956年版，第164页。
③ 杨阳：《中国政治思想史学科的百年典范——评刘泽华总主编的〈中国政治思想通史〉》，《政治学研究》，2018年第5期。

既在相关学科上拥有丰富知识，也妥善处理好各学科间关系，以便在研究中合理应用多学科知识①。其次，中国政治思想史研究者中存在的知识结构缺陷，还表现为在规范性知识与经验性知识的结合上存在明显偏颇。研究者只有兼具规范性知识和经验性知识，妥善处理两者关系，才有可能在知识生产中正确认识研究对象，合理评价研究对象，恰当对待研究对象，产出高质量知识成果，否则就会产出仅以规范性概念的发现、遴选和优化为目的而失却历史真实的所谓理论架构性成果。但其实政治思想史中的规范性概念也是客观存在的，具有确定内涵，而不能任由研究者发现、遴选和优化，把规范性概念的经验性内容搞丢了，研究者把握到的规范性概念也就成了一个没有内容的空壳。

中国政治思想史研究需要一种优良的知识生产，并对研究者的知识结构提出了进一步合理化的要求。研究者解决知识结构合理化的现实抓手，就是自觉进行学科结构优化，妥善处理好相关学科间关系，做好相关学科的知识融合，形成一个能够满足政治思想研究需要的多学科一体化的知识结构。中国政治思想史研究的对象确切地说是历史遗留的有关文献，反映着各个历史时期的政治思想事实，研究的理论目的首先是如实呈现政治思想事实，在具体历史情境中展现政治思想的概念内涵与理论逻辑，梳理发展线索，分析其影响要素，发掘中国政治思想孕育、产生、发展的规律，评价其历史影响和理论价值。中国政治思想史研究提供的知识，带有很强的历史性，在内容上包含了考实性知识、规律性知识和价值性知识，由此而决定了它也得遵循历史认识论的原则②。中国政治思想史研究对象及其研究目的，不仅要求研究者的知识要具有学科结构的完整性，既要具备多学科结构，又要求其中各个学科知识也具有一定完整性，还要求各个学科在研究中达到融合无间的程度，如此才能满足中国政治思想史研究对知识结构优化的要求。从学科结构完整性看，政治学、哲学、历史学、社会学等不同学科背景的学者在面对中国政治思想史的研究对象时，虽然因学科分化而使得各自都有特定视域范围的限制及研究方法的局限，但如果能实现上述各学科的结构化组合，就能克服各自学科的视域限制及方法局限，破除学科视域隔阂给政治思想史研究带来的

---

① 张师伟：《中国政治思想史研究的知识取向与多学科方法》，《政治思想史》，2021年第1期。
② 刘泽华、张国刚：《历史认识论纲》，《文史哲》，1986年第5期。

概念解读不准确和理论阐释主观投射过多的弊端。从学科结构的融通看,研究者在学科知识结构完整的基础上,使用恰当学科的方法来进行各环节研究工作,通过各环节连贯,做好不同学科的知识衔接。首先,研究者要使用文献学、历史认识论相关知识,搜集、整理、辨伪、校勘文献资料,如果研究在资料的可靠性方面有明显瑕疵,研究的价值就无从谈起,研究的目的也无从达到。其次,研究者依托一定历史学知识,清晰展现历史方位意识,自觉把概念、判断、推理等思想事实置于特定历史情境中,了解概念、判断、推理背后的具体政治议题、政治问题及政治命题,才能真正理解研究对象的真实内涵,避免因忽略历史因素而抽象性地理解和解释概念、判断、推理,而造成研究成果背离历史真实的尴尬。最后,研究者需要运用政治学的完整知识,表现出进行政治分析的学科化专业能力,在涉及交叉学科的研究对象时,还要运用哲学、社会学等学科必要知识及研究方法,准确把握历史上政治思想事实的理论内涵,运用社会科学对政治思想发展进行规律性解释,恰当评价政治思想的历史价值、理论价值与实践价值。

七、中国传统政治哲学研究的史学视域与归纳方法

中国传统时代拥有内容丰富和理论体系完整的政治哲学，它在解释特定现象及积淀民族性的政治思维方式方面，发挥着重要的作用，并在传统社会的政治秩序维持和修复中扮演着重要的地位。学术界主要立足于当下的政治哲学观点及相关理论术语，运用演绎法来研究和分析中国传统政治哲学，试图在中国传统时代找到自成一体的同类内容①。但不可讳言，哲学视域下的演绎法分析，非常容易陷入主观主义的陷阱，而导致在结论上有类似先秦诸子追述上古文化那样的"自我作古"②，与其说研究者是在研究和呈现古人的政治哲学，不如说研究者是在以六经注我的方式，进行着有学者认为是主观投射极强的自我表述③，其主要的代表来自国内儒学复兴派。中国传统政治哲学领域自说自话的现状，在一定程度上就是由此造成的。刘泽华先生在20世纪80年代初即提出中国传统政治哲学的研究倡议，并在他的先秦政治思想史研究中进行了尝试④，发表了一系列专题论文，出版了若干中国传统政治哲学的著作⑤，开辟了中国传统政治哲学研究的史学视域与归纳方法，获得了一系列重要的研究成果，形成了中国传统政治哲学研究的王权主义学派⑥。王权主义

---

① 参阅周桂钿：《中国传统政治哲学》，石家庄：河北人民出版社，2007年版。
② 萧公权：《中国政治思想史》，沈阳：辽宁教育出版社，1998年版，第5页。
③ 葛荃：《立场、方法与禁忌：中国政治思想与文化研究断想》，《政治思想史》，2016年第3期。
④ 刘泽华：《先秦政治思想史》，天津：南开大学出版社，1984年版，前言。
⑤ 参阅刘泽华：《中国传统政治思维反思》，北京：生活·读书·新知三联书店，1987年版。
⑥ 李振宏：《中国政治思想史研究中的王权主义学派》，《文史哲》，2013年第4期。

学派立足于历史实践,运用归纳法,从古人的政治知识中,提取出诸多形而上学层面的内容和体现其思维方式的内容,归纳其观点,梳理其体系,呈现作为一种历史事实的中国传统政治哲学理论体系①。

国内儒学复兴派及王权主义学派在学科视域及分析方法上的巨大差异,表现在各自的研究结论上,就是彼此迥然不同而又截然对立。双方之间的学术争鸣与观点交锋,向来比较激烈,其中有学者激烈批评过王权主义学派的观点②。中国传统政治哲学研究者,大多具有中国哲学的学术背景,儒学复兴派关于中国传统政治哲学的视域、方法、观点,在学术界拥有较大的影响,即使一些从事政治学理论研究与教学的学者,也明显受其影响③。刘泽华先生的史学视域及归纳方法,虽然取得了较为丰富的学术成果,但影响主要在历史学及政治学领域,而即使是在这两个学科领域,学者们也大多是知其然而不知其所以然。下文结合刘泽华先生中国传统政治哲学研究结论的诸多观点,剖析王权主义学派关于中国传统政治哲学观点的所以然,并分析其在学科视域及研究方法上相对于儒学复兴派的学术合理性。

(一) 中国传统政治哲学研究的视域分歧及方法比较

中国的传统与现代在概念提炼及命题间关系的方式上,虽然存在着巨大的鸿沟,但两者还是通过传统的现代转换及西学的中国化吸收,建立起了话语沟通的桥梁,并由此形成了中国现有的学科划分及学术话语体系。不过,虽然中国现有的学科划分及学术话语体系具有了非常明显的现代外观,但在灵魂深处却仍然体现了极为悠久丰富的中国传统知识的实质性影响,以至于学科划分及学术话语的表述普遍性地表现出了亦中亦西、非中非西的特点,比如民主的概念在含义上就始终游移在中西之间④。国内学术界曾热议过中国

---

① 刘泽华:《中国的王权主义:传统社会与思想特点考察》,上海:上海人民出版社,2000年版,引言。
② 陈明:《儒学的现实意义与历史作用略说——兼驳刘泽华所谓王权主义叙事》,《学术界》,2018第6期。
③ 杨肇中:《近百年来中国政治思想史研究范式之检讨》,《湖北经济学院学报》,2017年第4期。
④ 王人博:《庶民的胜利:中国民主话语考论》,《中国法学》,2006年第3期。

传统究竟有无哲学的问题，黑格尔认为中国无哲学①，但中国哲学研究者却坚决主张有，有学者甚至指出"'中国无哲学'在中国学者海啸般的诅咒中不堪一击"②。实际上，彼此之间的观点差异，在某种程度上，体现了中国哲学研究者与西方哲学研究者的视野立场及分析方法等的不同。西方哲学研究者以西方数百年来哲学问题及其理论逻辑为标准，衡量中国传统时代的学术，其结果就是发现中国传统学术既没有西方哲学的问题，也没有西方哲学的理论逻辑。中国哲学研究者则强调哲学要研究普遍性问题，而中国传统也有其所要研究的普遍性问题，它虽然不同于西方，但却也是哲学问题，其结果就是强调中国传统有自己的哲学。如果遵照学术话语的经验事实，那么西方哲学研究者的观点，无疑具有经验的合理性，但是否认中国传统时代有自己的哲学追问又难以在学科定位上安顿中国传统时代诸多的形而上话语。中国哲学研究者虽然肯定中国传统有自己的哲学，但他们所向往的哲学内容却有不少来自西方哲学，其依照西方哲学的内容体系及思考方式，演绎性地表述中国哲学的内容，夸大了它的形而上属性，淡化了它的经世性诉求，其结果就只能是在中国传统学术中寻找西方哲学的同类。中国传统政治哲学研究也面临着同样的尴尬，学者们以西方政治哲学为标准，或不承认中国有所谓的政治哲学，至少是"西方政治史上的政体理论、混合政府理论、正义原则及相关的制度，在中国历史上都不存在"③；或强调中国传统时代以别样的方式讨论了普遍的政治哲学议题，如自由、平等、公共、正义等④。这在一定程度上揭示了哲学视域下中国传统政治哲学研究基本上成了一种演绎的阐释学，并由此丧失了其必要的归纳概括及应有的客观性，从而削弱了其研究的科学性及理论说服力。

中国传统政治哲学研究还可以有其他的学科路径，如政治学及历史学等，而两者之中又可以兼而有之，或侧重政治学兼顾历史学，或侧重历史学而兼顾政治学，两者各有优缺点。侧重政治学的路径，优点在于能清晰地理顺政

---

① 黑格尔：《哲学史演讲录》（第一卷），贺麟、王太庆译，北京：商务印书馆，1983年版，第133页。
② 李承贵、Jason T. Clower：《"中国无哲学"谜题的破解——以认知范式为根据的陈述》，《孔学堂》，2017年第2期。
③ 唐士其：《正义原则的功能及其在中国传统思想中的实现——一个比较研究的案例》，《政治思想史》，2017年第1期。
④ 姚中秋：《重建中国政治思想史范式》，《学术月刊》，2013年第7期。

治实践与政治哲学的内容联系，缺点是可能导致历史视角的缺失，导致对政治的理解过于形而上学化，将现当代的政治问题、议题及命题等普遍化，从而强迫古人回答和解决今人的政治问题。比如今天普遍关心的政治权利，在中国传统政治话语体系中几乎从未出现过，中国传统时代的政治思想家们也几乎从未考虑过这方面问题，至于近现代在世界各地普遍流行起来的代议制政体、责任内阁等，更是中国传统时代思想家从未问津的领域。有学者在进行中国传统政治哲学研究的时候，总是要立足于现代的政治问题、政治命题及政治议题，通过理论阐释，不仅将古人的有关言论引申到所谓的普遍性政治问题上，而且将古人某些标语性提法概括今天某些普遍性政治命题的同类项，从而将古人的某些话题也转化成今天流行的政治哲学话题。有学者将黄宗羲"天下为主"的思想解释为当今的人民主权思想[1]，有学者试图发现法家思想中的法治要素，并以此作为法家具有现代性的依据[2]，而实际上法家的法治在本质上仍然是人治[3]。中国传统政治哲学研究的政治学路径，如果不能结合历史学路径或结合历史学路径不够充分，就只能在分析和研究中使用演绎法，重点进行概念及命题等的理论阐释，其结果仍然只能获得"六经注我"的结果，并最终在理论解释上产生附会性的不当结论，如以孟子的"民为贵"为民主等看法就具有很大的附会性，因为民本与民主的含义界限极为分明而不容混淆[4]。侧重历史学的路径，优点在于清晰地呈现出中国传统政治哲学的历史环境、理论语境及其客观的社会影响，并展示了中国传统政治哲学的发展历程，破除了由哲学视域所产生的某些理论方面的神话或绝对化，其缺点则是未能完整准确地把握政治及政治哲学，从而或者将历史上政治哲学的内容模糊化或碎片化，或者是不能对历史上政治哲学的内容进行整体性理论分析，而停留在某个片面的结论上，产生对中国传统政治哲学的错误认识。历史学路径如果不与政治学路径进行深度结合，其虽然在分析和研究中使用了归纳方法，但却很难将历史上政治哲学话语归纳到政治学的专业高度，从而

---

[1] 黄忠晶：《再论黄宗羲的民主思想——兼答杜何琪先生》，《学术研究》，2014年第7期。
[2] 喻中：《法家的现代性及其理解方式》，《山东大学学报》（哲学社会科学版），2018年第1期。
[3] 萧公权：《中国政治思想史》，沈阳：辽宁教育出版社，1998年版，第193页。
[4] 萧公权：《中国政治思想史》，沈阳：辽宁教育出版社，1998年版，第87页。

不能呈现它作为政治思想抽象层面的完整形态及基本性态。

中国传统政治哲学研究还有一种经学的视域,经学虽然在现代的学科划分中难以立足,但它的魂魄却屡屡借他物来归,或者借儒家哲学研究之体,或者另造所谓国学之体,以寄托经学的复古宗旨①。经历了数十年的批判之后,传统儒学在20世纪80年代以后渐渐又趋于热闹,并先后掀起了文化热、儒学热、国学热及读经热等文化热潮,学术界对儒学的主流观点也逐渐地变成了尊孔复古,甚至公然打出了政治复古的旗帜②。中国传统政治哲学中尊孔复古的研究者,在实质上已经接受了传统经学的基本立场和解释方法,他们一方面将儒家经学作为传统政治哲学的绝对真理之所在,强调儒家所谓道具有无可置疑的绝对真理地位,认为中国传统政治哲学研究的主要目的就是发掘和呈现其中儒家经学所承传的关于政治的绝对真理,这些绝对真理的内容概括地说就是所谓"常道"③;另一方面又将中国传统政治哲学中绝对真理的发现权和权威表达权赋予孔子,把孔子删定六经作为表达绝对真理的唯一典范,这就在一定程度上回到了传统时代"天不生仲尼万古如长夜"的圣人崇拜上,从而在结论上陷入了崇拜的洼地,试图以不变之经学结论来指导变化无穷之政治世界④。它的优点是抓住了中国传统政治哲学内容的中心部分,其缺点则是未能依托演绎或归纳的方法进行有效的研究,他们所谓研究,就是挖掘、阐释和弘扬,儒家经学中据说是"放之四海而皆准"的政治哲学的普遍原则。他们所能有效使用的方法,基本上仍然没有超出宋明时代理学家所惯常使用的经义解释方法,其结果只是呈现了经学中据说是普遍必然的圣人观点,而并不能通过研究得出新的知识内容。经学的经义解释方法,否认经学中所谓普遍必然观点的历史属性,而过于强调其在历史发展过程中的超越性,从而在结果上陷入了经学研究历来难以避免的教条主义泥淖中,并在理论研究的结论上归诸于政治复古。

中国传统政治哲学研究因为在内容上具有明显的跨学科特征,横跨哲学、政治学及历史学三个学科。学者们虽然依托不同的学科知识体系及其研究方法,支撑起自己的中国传统政治哲学研究,并且还可以在论证上言之成理,

---

① 姚中秋:《重建中国政治思想史范式》,《学术月刊》,2013年第7期。
② 方克立:《评大陆新儒家"复兴儒学"的纲领》,《晋阳学刊》,1997年第4期。
③ 黄开国:《经学是以五经为元典阐发常道的学说》,《哲学研究》,2019年第6期。
④ 姚中秋:《重建中国政治思想史范式》,《学术月刊》,2013年第7期。

在结论上持之有故；但是不同学科背景及研究方法的运用必然会在各自研究的结论间产生较强的紧张关系，而不同学科背景及研究方法运用的合理性却仍然可以做出一个相对的优劣势比较。哲学的学科背景及其所擅长的演绎分析方法，有利于中国传统政治哲学研究中的必要的抽象分析，并有利于提升研究工作的理论层次，从而捕捉住诸多政治问题中带有一定普遍性的政治哲学问题，用来分析哲理性较强的政治思想①；其不足则是对中国传统政治哲学内容的经验性重视不够，或者是脱离了中国传统时代的特定政治问题、政治命题及政治议题等来抽象地研究所谓普遍的政治哲学问题；或者是忽略了任何所谓普遍的政治哲学问题也有其历史阶段特殊性及不可回避的发展性。一些学者立足于哲学视域，运用演绎法进行研究，其主观目的及客观结果都侧重于表述普遍必然之政治哲学的中国传统版本，试图寻找中国政治的"常道"②。政治学的学科背景及其在政治哲学研究中所常用的演绎方法，一方面有利于体现政治学的整体性知识框架，体现出政治实践与政治哲学之间的辩证关系，另一方面又往往容易将某个阶段的政治学整体性知识框架普遍化和绝对化，从而导致研究者得出某些脱离历史语境且违背思想事实的不当结论，比如有些学者对黄宗羲的研究即是如此，错误地将一个主张民本君治的思想家理解为一个提倡主权在民的思想家，甚至认为黄宗羲在历史上已经处在从民本走向专制的起点上③。历史学的视角及其所常用的史料归纳方法，既有利于将特定时代的政治哲学置于特定的历史时代中进行分析，也有利于呈现中国传统政治哲学在历史过程中的诸多变迁事实，更有利于结合历史某个阶段上政治实践中的具体经验问题，深入分析作为历史事实的政治哲学问题、命题与议题等，呈现作为经验性历史事实的中国政治哲学④。相对于哲学及政治学视域及分析方法，历史学视域及其归纳的方法，在中国传统政治哲学研究领域具有较为明显的学理优势，但也不能忽略哲学及历史学视域分析方法的

---

① 刘泽华：《中国政治思想史研究对象和方法问题初探》，《天津社会科学》，1985 年第 2 期。
② 李清良、张丰赟：《现代儒学与中华文明之"常道"——基于文明论视域的考察》，《天津社会科学》，2017 年第 4 期。
③ 李存山：《从民本走向民主的开端——兼评所谓"民本的极限"》，《华东师范大学学报》（哲学社会科学版），2006 年第 6 期。
④ 张师伟：《中国传统政治哲学的逻辑演绎》，天津：天津人民出版社，2016 年版，第 59–60 页。

必要补充，否则就很可能在结论上"见木不见林"，难以呈现一个理论结构完整的中国传统政治哲学。

（二）刘泽华先生中国传统政治哲学研究的史学视域

中国传统政治哲学既有丰富的内容，又经历了漫长的历史。它在每一个阶段都有自己特定的时代内容，同一个时代的不同学派，彼此之间虽然有内容主张的不同，也有地位作用等的不均衡，但共同反映着各个时代的精华，从而不能因为尊儒或尚法，而忽略体现某个时代思想共性的其他学派。有的学者抱着尊儒的心理，将儒家作为民族共性的载体，故意忽略其他学派，从而导致其不能不片面地理解民族的共性。实际上，民族共性是各家各派共同孕育和形成的，中国传统政治哲学的完整性研究就是要呈现这种民族的政治共性①。中国传统政治哲学在不同的历史阶段有着不同的内容，这既是因为不同的时代具有不同时代精神的精华，也是因为不同时代的人亟待解决的根本政治问题并不相同，作为思考和解释根本宗旨问题的政治哲学，不可能脱离它的具体历史时代。中国传统政治哲学在内容上首先属于和服务于它所处的历史时代，作为它所处时代的重要组成部分，每一个时代政治哲学都是理解某个时代社会完整性不可或缺的必要方面，不理解中国传统时代的政治哲学，就不可能完整地理解传统时代的历史整体，即中国历史研究不能忽略中国政治思想史研究，中国历史研究"不研究思想史是极大缺憾，而研究思想史不关注政治思想，则无所归"，"不研究政治思想史，则很难解析中国历史"②。历史现象作为人类经历的一系列经验事实，具有无可置疑的具体确定性，将历史上的一切都纳入必然范畴，将历史理解为某种目的论导向的必然过程，固然不合乎历史的经验实践，因为历史发展中的诸多偶然性也并非无关紧要，偶然既是必然的体现，也是必然的补充③。但是，有些学者将历史作为某些抽象内容的民族精神的展开过程，在方法上并不新鲜，在结论上也同样不合乎历史的经验事实，因为民族精神在历史过程中并不是一个封闭的体系，而是

---

① 张师伟：《中国传统政治哲学的逻辑演绎》，天津：天津人民出版社，2016 年版，第 19 – 27 页。
② 刘泽华：《八十自述：走在思考的路上》，北京：生活·读书·新知三联书店，2017 年版，第 268 – 269 页。
③ 李泽厚：《中国近代思想史论》，北京：人民出版社，1979 年版，第 473 页。

处在不断积累的经验过程中,因此作为民族精神之核心载体的政治哲学也必然是动态发展的,从而绝不能以先秦时代儒家学派的政治哲学作为民族精神的完整呈现,有些学者以儒家作为民族精神的唯一寄托,已经走上了尊孔尊经的复古老路①。史学视域的中国传统政治哲学研究,就是要将中国传统政治哲学放置于它所产生和发展的具体历史时代中,分析政治实践与政治哲学在内容上的互动性作用,剖析特定政治哲学内容的特定社会根源,展现中国传统政治哲学发展的各个历史阶段。

刘泽华先生研究中国政治思想史的最初动机,就是基于"学科补白"②。他所谓"学科补白"主要是立足于中国历史研究的学科补白,即完整地认识中国历史不能不认识中国传统政治思想,而他在中国政治思想史研究刚刚恢复不久即提倡开展中国传统政治哲学的研究,则是因为它是政治思想中的哲理化部分,属于时代精神的精华③。中国传统时代延续了数千年,先秦在传统政治哲学发展史上具有重要的决定性地位,刘泽华先生不仅对这个阶段上时代精神的变迁有着极为敏锐的认识,强调春秋时期是殷商到战国之间不同时代精神的转折期,强调殷商及西周时期的时代精神尊崇神权,体现神权时代的时代精神,而春秋以后则开启了向人文时代精神的转换,直至战国,人文主义正式成为时代精神,政治上的尊神观念逐渐被崇圣意识所取代④。秦汉时期,中国历史进入了君主集权政治的大一统时代,它在时代精神上又有新的变化,最突出的变化就是知识体系及思维方式普遍经学化,"汉以后,直到清代,儒术的独尊地位一直没有大的变化","人们的经学思维方式越来越严重"⑤。不同的时代精神火花表现在政治哲学上,就是不同时代的政治哲学内容及政治哲学思维方式,殷商与西周不完全一致,而西周与春秋又各不相同,春秋与战国也存在明显的差距。刘泽华先生在分析先秦政治哲学发展的阶段

---

① 黄开国:《经学是以五经为元典阐发常道的学说》,《哲学研究》,2019年第6期。
② 刘泽华:《中国的王权主义:传统社会及思想特点考察》,上海:上海人民出版社,2000年版,自序。
③ 刘泽华:《中国政治思想史研究对象和方法问题初探》,《天津社会科学》,1985年第2期。
④ 刘泽华:《中国政治思想史》(先秦卷),杭州:浙江人民出版社,1996年版,第614页。
⑤ 刘泽华:《中国的王权主义:传统社会及思想特点考察》,上海:上海人民出版社,2000年版,第483页。

时，区分了不同阶段的时代精神，梳理出了先秦时期政治哲学发展的阶段性重大变化，但并未忽略不同阶段之政治哲学彼此之间的一致性联系，而是发现了不同历史阶段在政治哲学问题、议题与命题上的整体性联系，并由此而解释了先秦诸子百家争鸣的结果何以是君主专制主义理论的大发展①。这就又在历史发展的过程整体性上进行了具体分析，凸显了中国传统社会结构、制度框架及观念体系在发展过程中的同向性特征及彼此间的整体性联系，并由此而提出了一个整体性解释中国传统社会与思想的王权主义理论体系②。

刘泽华先生在史学视域下研究中国传统政治哲学，其最鲜明的特点就是让政治哲学和它的时代紧密地联系了起来，从而使得他所理解和呈现的中国传统政治哲学的抽象乃是一种具体的抽象。所谓具体的抽象，首先，指政治理论在被抽象分析的时候，没有丢掉它的时代精神，比如战国时期诸子百家的政治哲学，在时代精神上有着根本相同点，使得诸子在政治哲学内容及思维方式上，既不同于春秋以前的政治思想者，也不同于秦汉以后的政治思想者，它在认识的自由度及知识的开放度上，都前无古人而后无来者③。其次，具体的抽象还指政治理论的抽象没有脱离传统时代各个阶段政治话题、议题及命题的具体经验内容。战国诸子政治哲学所体现的思维方式颇有共性，都以解释和解决人间统治问题为理论致思的导向，寄希望于圣王，服务于统治理论的重构，先秦诸子们"在君主专制这个问题上，有百流归海之势"④。从刘泽华先生重点研究的先秦政治哲学来看，诸子的政治哲学，首先来源于他们具体政治理论及言论等，属于他们各自政治理论的形而上部分，而诸子政治理论的形而上部分和形而下部分又在理论逻辑上存在必然关系，形而下的经验命题支撑着形而上的先验命题，形而上的先验命题又解释和统领着形而下的经验命题。如果研究者脱离了诸子的政治经验命题而理解政治先验命题，一方面会导致无法完整地呈现诸子的诸多先验性政治命题，从而不能如实地呈现诸子的政治哲学内容，而陷入政治哲学史研究从概念到概念的空疏，而

---

① 刘泽华：《中国的王权主义：传统社会及思想特点考察》，上海：上海人民出版社，2000年版，第114—128页。
② 李振宏：《王权主义历史观的有效性及其证成》，《天津社会科学》，2015年第2期。
③ 刘泽华：《中国政治思想史》（先秦卷），杭州：浙江人民出版社，1996年版，第113—124页。
④ 刘泽华：《中国政治思想史》（先秦卷），杭州：浙江人民出版社，1996年版，第655页。

在从概念到概念的研究中，概念分析与命题解释往往成为格义式的理解和比附性的阐释；另一方面则导致将研究者的观点偏颇带进研究工作中，见其所欲见，不见其所恶见，甚至会在呈现和解释诸子政治哲学的时候发生因主观投射过多而导致的政治观点似是而非。再次，具体的抽象也指作为中国传统政治哲学研究对象的理论抽象乃是历史过程中当事者进行的抽象，而不是由后来者甚至是研究者进行的抽象，这一点在政治哲学史的研究中特别重要，刘泽华先生所研究的先秦政治哲学研究的概念、命题等，都来自思想家的原始创造①。站在今天学者的立场上，以古人的言论来回答今人的诸多政治根本难题，作为一种今人表达其政治哲学的方式未尝不可，但却并不是一种恰当的中国传统政治哲学的研究方式，让古人为历史后来的发展轨迹进行理论设计，如认为经学中包含了中华文明的常道②，或把古人看作某项重大历史转型的先驱等，如有人把黄宗羲作为传统到现代转型的先驱③。这些观点都是以今人的立场来牵引古人，因为古人既不知道后来的历史是如何发展的，也并不能在理论上为后来的历史发展趋势预言。刘泽华先生研究先秦诸子的政治哲学，更关注古人所提出的那些抽象性的概念、命题、范畴等，既不以自己的理论抽象代替古人，也不因为自己知道了后来历史发展的情况，就曲意使古人的理论抽象刻意避开今天的贬义话题，而让古人避免了诸多所谓理论上的不正确。比如君主专制在先秦诸子中并不是一个贬义话题，但在今天却是一个贬义话题，坚持具体抽象的刘泽华先生以君主专制作为先秦诸子政治哲学的共同聚焦点④，不能因为君主专制在今天成了贬义词，就如有些学者那样极力否定中国政治思想家们曾热衷讨论并钟情的君主专制主义⑤。

刘泽华先生在史学视域下研究中国传统政治哲学，还保留了马克思主义历史哲学的底色，坚持了历史分析中的辩证唯物主义和唯物辩证法，坚持在

---

① 刘泽华：《中国政治思想史研究对象和方法问题初探》，《天津社会科学》，1985年第2期。
② 黄开国：《经学是以五经为元典阐发常道的学说》，《哲学研究》，2019年第6期。
③ 李存山：《从民本走向民主的开端——兼评所谓"民本的极限"》，《华东师范大学学报》（哲学社会科学版），2006年第6期。
④ 刘泽华：《中国政治思想史》（先秦卷），杭州：浙江人民出版社，1996年版，第655页。
⑤ 张师伟：《中国传统"君主专制"认识的名实之辨》，《山东科技大学学报》（社会科学版），2017年第1期。

"矛盾中陈述历史"①。中国传统政治哲学研究,因为要追问中国传统政治的形而上抽象领域,所以往往以抽象的哲学观念为分析对象,概念解释和理论阐释也就成为常见的研究方法,以至于中国传统政治哲学研究在某些学者的著作中就变成了抽象概念与形而上理论的阐释学,并自以为自己所分析抽象概念及形而上理论似乎就是中国文化的"常道",致力于发掘和弘扬"常道"②。但实际上,任何抽象概念及形而上的理论都有自己的社会存在基础和历史演变过程,虽然如此,但研究者如果不是有意识地坚持马克思主义历史唯物主义分析方法,就不能正确地处理抽象概念及形而上命题与社会政治实践的辩证关系。刘泽华先生不仅关注先秦诸子提出的诸多抽象概念及形而上命题等,并特别注重挖掘抽象概念及形而上命题的社会基础,分析其当时的政治含义,既呈现其作为政治哲学的层面出现在思想家的文本中的理论行程,也分析其对当时政治所产生的普遍性客观影响。刘泽华先生在历史唯物主义的指导下,强调中国传统政治哲学与传统社会存在着有机的整体性联系,既承认传统政治哲学根源并服务于传统社会,又认为传统社会在根本上支撑并限制着传统政治哲学的思想内容、理论形式、发展路径及可能性空间等。中国传统政治哲学的研究者,一旦试图要从中发现普遍"常道",就会注重抽象概念及形而上理论间的协调性分析,并试图将此协调的概念体系及理论观点作为所谓"常道",实质性弃守历史唯物主义的立场与方法,从而也就很难继续在中国传统政治哲学研究中坚持唯物辩证法。实际上,中国传统政治哲学中的抽象概念及形而上理论,不论是在同一个时代,还是在不同的发展阶段,都存在着广泛的矛盾关系,不同学派在政治哲学观点及分析方法上的对立统一关系、不同历史阶段政治哲学之间的否定之否定关系、中国传统时代政治哲学格局的多元与一元的质量互变关系,都需要在中国传统政治哲学研究中充分地呈现出来,实现刘泽华先生所主张的"在矛盾中叙述历史"的辩证分析原则③。刘泽华先生"在矛盾中叙述历史"的辩证分析方法,既避免了分析方法上的先验绝对论嫌疑,也在根本上避免了崇古、复古的政治结论,坚持了面向现代、面向未来的理论立场,突出超越传统,实现从传统崇圣到现

---

① 刘泽华:《答客问:漫说我的学术经历和理念》,《社会科学战线》,2004年第4期。
② 李存山:《儒家文化的"常道"与"新命"》,《孔子研究》,2016年第1期。
③ 刘泽华:《答客问:漫说我的学术经历和理念》,《社会科学战线》,2004年第4期。

代平等的转变①。中国的历史上并不存在一套承载普遍真理的话语体系，更不存在一套承载普遍真理的文献典籍。试图从儒家经学中发掘出一套承载普遍真理的现成话语，非痴即诳，其结果可能就是在知识上误己，在理论上误人。

（三）中国传统政治哲学研究的归纳方法及相对优势

一般来说，政治哲学在任何一个时代都是追问政治的根本性问题。这些根本性问题，一方面涉及某个时代的政治现象的普遍共性，从而具有相当层次的理论抽象性，另一方面又与特定时代的重大政治属性等密切相关，从而如果政治哲学不能提供某些显而易见的共同性前提，某个时代的政治生活就会陷入混乱、迷惘或懈怠状态。从政治哲学的知识形式来看，它的知识体系在任何时代都只能由一系列必然性的概念、范畴及命题，以演绎推理的方式构成，并在实践中向大众提供普遍必然的概念、范畴及命题等②。任何一个时代的政治哲学，如果不能提供一套由必然性概念、范畴及命题构成的逻辑严谨的演绎知识体系，并使自己的知识体系获得普遍必然的先验属性，它就没有完成历史要求于它的使命，而相应的时代也会因此而陷入一些大范围深度难题。政治哲学家追求其知识的先验性特征，在一定意义上，也是他们各自时代向他们提出的理论要求。但不同历史时代的政治哲学在核心问题、根本思维方式及观点看法、分析方法等方面，又几乎迥然不同，不同的历史时代拥有不同的时代精神，不同的时代精神即体现为不同的政治哲学分析方法及观点体系。历史时代之间的跨时代变化，必然体现在政治哲学上，并且只有经过了政治哲学的跨时代巨变，历史发展的跨时代巨变才可能完成③。站在史学视域来看，任何一个时代的政治哲学都不可能真正是先验性地具有普遍必然的特征，并由此成为所谓普遍真理，实际上，在政治哲学领域中，既没有永恒的普遍问题，也没有永恒的答案，更没有永恒不变的政治生活公理。作为政治现象的一部分，政治哲学的问题、议题及命题等，虽然其向往普遍必然的抽象性，但又无疑仍然具有特定历史阶段所赋予的经验性，中国传统政治哲学研究的核心和基础，就是以中国历代政治哲学家的问题、议题及命题

---

① 刘泽华：《中国政治思想史》（先秦卷），杭州：浙江人民出版社，1996年版，小序。
② 张师伟：《政治学基本理论》，西安：陕西人民教育出版社，2006年版，第1-2页。
③ 王楷模、张师伟：《政治思想一般性质的哲学分析》，《宝鸡文理学院学报》（社会科学版），2004年第3期。

为对象，进行经验性研究，从而不能忽略归纳方法在其中的重要地位。

刘泽华先生在中国政治思想史研究中注意到了研究对象政治思想的哲学层次，发出了中国传统政治哲学研究的倡议，并在学术上率先进行了尝试，就先秦时期的诸多政治议题进行了研究，出版了《先秦政治思想史》《中国传统政治思想反思》等著作，开辟了中国传统政治哲学研究的经验性研究，践行了中国传统政治哲学研究的归纳方法，"用历史的方法，从历史资料中归纳出当时人的思想"①，形成了归纳方法的研究范式。所谓归纳方法，首先要求研究者在研究中不预设政治哲学的问题、议题及命题，否则就会变成演绎方法的研究，而不再是归纳方法的研究。有的学者研究中国传统政治哲学，首先预设了所谓普遍的政治哲学问题，比如公平正义、政治合法性及有限理性、公共性、平等、人民主权，等等，并由此而展开了演绎方法的研究。有些学者甚至对比西方天赋人权而提出了所谓的祖赋人权②，实际上，人权观念根本就不存在于中国传统政治哲学的理论话语中。值得注意的是，上述所谓普遍政治哲学问题几乎都来自近现代西方政治哲学，它既具有时代的局限性，又具有地域的局限性，并不具有真正的超验性，更不是真正的普遍必然，即"所谓'普遍必然'，在根本上决定于人类社会实践在一定历史时期内所达到的水平、范围及限度，它无不打上社会的烙印"③。中国传统政治哲学的演绎方法研究，从所谓普遍必然的政治哲学议题、问题及命题入手，在中国传统的政治话语中寻找它的具体体现，其做法无异于刻舟求剑或郑人买履，其最根本的弊端就是忽略了政治哲学的历史经验性，并由此而始终难以真正进入历代政治哲学话语中，以便客观呈现其内容，并合理解释其理论和恰当评价其影响与作用等。刘泽华先生在研究中国传统政治哲学的时候，就没有预设关于政治哲学的普遍议题、问题及命题，从而就能够开放性地面对古人的政治哲学议题、问题与命题等，并由此而以古人的政治哲学议题为议题，以古人的政治哲学问题为问题，以古人的政治命题为命题，从而得以在研究中尽可能避免过度地以己度人，并在理论结论上尽量避免了"六经注我"的自说

---

① 刘泽华：《中国政治思想通史》（先秦卷），北京：中国人民出版社，2014年版，第561页。
② 徐勇：《祖赋人权：源于血缘理性的本体建构原则》，《中国社会科学》，2018年第1期。
③ 李泽厚：《批判哲学的批判——康德述评》，北京：人民出版社，1979年版，第77页。

自话。有学者在研究黄宗羲"天下为主"的思想时，就过于照顾自己历史哲学的逻辑推理，而自顾自地演绎黄宗羲的所谓民主思想，并将黄宗羲作为从民本走向民主的开端①。中国传统政治哲学研究的基本目的，是为了把传统时代特定的政治哲学内容和政治思维方式呈现出来，而不是让古人把现当代据说是普遍必然的政治哲学内容及思维方式再表述一遍。就此而论，研究的归纳方法远比论述的演绎方法，更合乎中国传统政治哲学研究的理论宗旨，也更能达到中国传统政治哲学研究的理论目的。

中国传统政治哲学研究如果确定其研究对象是传统时代的政治哲学，那么如上所说从历史过程中归纳有关的政治哲学内容，就是一个必要的要求。但归纳方法的使用还不至于此，因为到此为止的归纳方法只是保证了政治哲学的时代性特征，而政治哲学问题、议题与命题的经验来源问题还尚未触及，所以中国传统政治哲学研究的归纳方法，还进一步体现了政治哲学与相关史料的关系。刘泽华先生对中国传统政治哲学的研究重点在先秦，他对中国传统政治哲学问题、议题及命题的把握和理解，完全依托于有关的思想史料，立足于从思想家的有关论述中归纳提炼有关的政治哲学问题、议题与命题②，而不是将思想家的有关言论归结到某个现当代的政治哲学问题、议题或命题上。他比较关注先秦诸子政治思想中哲理性比较高的概念、范畴、命题与判断，从而将先秦诸子已经注意到并加以论述的形而上政治问题、已经使用的抽象概念、普遍性命题等，从大量的思想史料中提取出来，按照诸子的思想主题与理论逻辑分类归纳，并进而将诸子中政治哲学层面的理论内容以比较完整的历史形态呈现出来。先秦各派思想都有重人的人文主义的普遍共性，虽然各家的人文主义在内容上表现不一，但各家的人文主义总体上却都服务于君主专制，从属于王权主义③。刘泽华先生在对先秦诸子的政治哲学问题、议题及命题的经验归纳中，不仅紧扣时代政治的共同难题与焦点问题，将各个政治哲学体系的个性化内容，从各种具体话题的史料中发掘和归纳了出来，

---

① 李存山：《从民本走向民主的开端——兼评所谓"民本的极限"》，《华东师范大学学报》（哲学社会科学版），2006年第6期。
② 刘泽华：《中国政治思想史研究对象和方法问题初探》，《天津社会科学》，1985年第2期。
③ 刘泽华：《中国的王权主义：传统社会及思想特点考察》，上海：上海人民出版社，2000年版，第202-224页。

如儒家的政治思想以伦理为中心①，道家的政治思想以法自然为中心②，而且还在不同政治哲学体系之间发现了彼此在基本概念、核心问题及基础命题诸方面的共同点，从而在诸多的经验性思想史料中发现了作为政治哲学共性的时代精神及由此决定的政治哲学体系发展的历史趋势③。先秦诸子面对时代政治难题，掀起了一轮又一轮的热门话题讨论，并在讨论中留下了丰富的史料，他们关于政治的形而上抽象认识就保存在这丰富的思想史料中，研究者如果脱离了史料提供的思想事实，或不能够充分地利用思想史料，诸子政治哲学内容的呈现就成了无本之末或无源。之水。刘泽华先生从丰富史料中提取诸子的政治哲学问题，从诸多理论内容的讨论中归纳出诸子政治哲学的议题，运用思想史料的文本分析方法，归纳出诸子政治哲学的命题内容，呈现出作为思想事实的诸子政治哲学的理论体系。

中国传统政治哲学研究的归纳方法，还可以在充分占有和分析思想史料的基础上，克服演绎方法作茧自缚的弊端。演绎方法在运用的过程中，因为研究者先预设了一个比较完整的政治哲学理论体系，从而在政治哲学的问题、议题与命题方面给自己设定了一个视域和维度的限制，即只能见其所同，而不见其所异，由此而使得自己关闭了面向研究对象的广角镜，并戴上了理论的有色眼镜，以至于在儒家的经学著作中看到了所谓的启蒙④。如此一来，研究者运用演绎方法来研究中国传统政治哲学，就会囿于某个时代某个学派的某些观点，而犯了一叶障目不见泰山的毛病。刘泽华先生在中国传统政治哲学研究中运用归纳方法，不仅非常关注研究者要充分占有和分析史料层面的经验归纳，而且还非常关注在历史的经验世界里普遍地起作用的政治哲学内容，从而把政治哲学问题与命题的理论分析，建立在了诸多经验性问题、议题与命题的归纳分析基础上。这一方面保证了政治思想家所提出的思想内容及理论框架的完整性，辩证地呈现了在经验层面的政治思想与先验层面的政治哲学的整体性理论联系，即经验层面的政治思想，既是先验层面政治哲学

---

① 刘泽华：《中国政治思想通史》（先秦卷），北京：中国人民大学出版社，2014年版，第128页。
② 刘泽华：《中国政治思想通史》（先秦卷），北京：中国人民大学出版社，2014年版，第311页。
③ 刘泽华：《战国百家争鸣与君主专制主义理论的发展》，《学术月刊》，1986年第12期。
④ 姚中秋：《中国式启蒙观：〈周易〉"蒙"卦义疏》，《政治思想史》，2013年第3期。

的基础，它在根本上制约和决定了政治哲学可能的高度和趋向，也是政治哲学进行理论反哺的对象，政治哲学在一定程度上就是为了更好地解决经验性问题。另一方面，它还支撑起一个纯粹抽象又极为具有现实影响力的跨时代、跨学派的政治哲学体系，这个体系不单独寄身于任何一个学派，而又存在于各个学派之中，成为一个真正体现民族共同性的基础性政治哲学内容体系。这个跨越学派的共同的基础性政治哲学内容，在先秦时期就表现为君主专制主义理论①。刘泽华先生对归纳方法的使用，一方面使得他可以从非常丰富的思想史料中，筛选出纲领性的概念，归纳出纲领性概念的丰富内涵，从而能够比较完整地呈现出纲领性概念的内容含义②，另一方面又使得他得以将共同命题尽可能地呈现出来，并分析共同命题之间的关系，提取出体现民族性的基础性政治哲学体系的主流话题、核心问题及基本命题等，归纳总结其思维方式的内容及特点等③。值得注意的是，归纳方法的使用，使刘泽华教授能比较完整地掌握分析纲领性概念、共同命题及主流理论体系的内容，辩证地认识概念之间、命题之中的阴阳组合关系④，从而在理论结论上更加体现了传统政治哲学的内容丰富和结构完整，较好地克服了对传统政治哲学的片面性认识。

---

① 刘泽华：《战国百家争鸣与君主专制主义理论的发展》，《学术月刊》，1986年第12期。
② 刘泽华：《中国的王权主义：传统社会及思想特点考察》，上海：上海人民出版社，2000年版，第263-279页。
③ 刘泽华：《八十自述：走在思考的路上》，北京：生活·读书·新知三联书店，2017年版，第299-312页。
④ 刘泽华：《八十自述：走在思考的路上》，北京：生活·读书·新知三联书店，2017年版，第348-353页。

八、中国政治思想史研究的知识取向及多学科方法融通

中国政治思想史的研究活动可以追溯到先秦，诸子百家总结和分析当时各种学说的篇章中就包含有一定的政治思想史研究内容，其后两千多年中的学术史论述也会涉及政治思想史的内容①；但中国传统时代的学术史论著缺乏学科化的理论逻辑与分析方法，从而很少将中国政治思想史的内容呈现为一个专门的政治知识体系，其中的绝大多数内容都带有思想评论和经验总结的性质，其核心目的带有浓郁的以史经世色泽。19世纪末20世纪初，中国的先进知识分子在践行救亡图存宗旨的实践过程中，将其目光聚焦于学习和仿效西方的政治，西方政治及其理论学说在这个背景下走进了中国先进知识分子的视线，并以西方政治理论为参照，来发掘和整理中国传统的政治理论，开辟了中国政治思想史研究的学科化路径，逐渐形成了作为政治理论知识一部分的中国政治思想史知识②。"中国政治思想史作为一个相对独立的学科，始于20世纪初叶。"③ 中国的先进知识分子发掘和整理中国传统政治理论，他们的行为目的与主观动机并不是知识论取向的"为知识而知识"，而是带着救亡图存的经世诉求④。中国政治思想史研究从走上了学科化的路径开始，就一直

---

① 季乃礼、李雪超：《中国政治思想史研究的政治学范式》，《中共宁波市委党校学报》，2019年第4期。
② 张师伟：《中国政治思想史研究的百年回眸与学术省思——本土政治理论的概念检视与话语梳理》，《人文杂志》，2019年第2期。
③ 葛荃：《近百年来中国政治思想史研究综论》，《文史哲》，2006年第5期。
④ 葛荃：《认识与沉思的积淀——中国政治思想史研究历程》，河南人民出版社，2006年版，第429页。

聚焦于中国现代化的政治实践，具有经世的倾向，一方面着力于在中国传统中发现与西方政治理论相同的地方，沿袭了晚明以来"西学中源说"的思路，将学习西方在话语上转化为中国的文化复兴；另一方面则着力于批判和否定中国传统时代遗留到现代的旧政治、旧伦理及旧文化，突出了启蒙的色泽，将学习西方政治话语作为追求现代化的必要条件①。在经世情结的裹挟之下，中国政治思想史研究的学科化知识加工与积累，在一定程度上被明显地淡化了，甚至在许多研究者的研究中完全失落了。迄今为止的中国政治思想史研究工作，仍然存在知识取向在研究中明显不足的缺憾。研究者旺盛的经世意识及现实问题导向，不仅在很大程度上制约了中国政治思想史研究的知识积累进程，而且也明显地制约了中国政治思想史研究在政治学理论体系发展中可能的知识贡献程度。

中国政治思想史研究的经世情结，导致研究者比较关注如何从以往的理论成果中吸取有益内容，更多地依赖自己的理解和解释来进行研究，其中的许多理解和解释都带有现代的默会知识前提，难免在理解和解释的时候存在较多的格义理解和比附解释，其内容在很多时候都无非是发掘出了具有现代价值的概念、命题及理论等，有的研究者甚至试图从中国政治思想史的内容中直接拿出一套普遍性的现代政治理论。"古、今当然有别，但人间自有常道"，"政治思想之核心议题及古人思考之范式，并不会因为时间推移，而丧失其正当性与效力"，"五经和经学将成为政治思想史研究之核心"，"经的研究自然应当成为中国政治思想研究之重点"，"这样的政治思想史将会揭示、展示乃至于实现中国源远流长之固有政治思想永恒性和普遍性"②。"圣人所立中国人的信仰体系与中国文明与政治共同体的教化之道"，"相对于西方教化体系所具有之更高普遍性"③。实际上，经世性的研究成果之所以能够在中国传统中发现现代，在根本上就是因为研究者缺少比较充分的现代政治知识，并缺少相应的学科方法的恰当使用，既错误领会了政治思想的内容，又不能历史地进行判断，甚至因为哲学素养的不够而根本不能问津中国传统政治理

---

① 张师伟：《中国政治思想史的学科定位及学术使命——一种基于知识论视角的分析》，《天津社会科学》，2013年第1期。
② 姚中秋：《重建中国政治思想史范式》，《学术月刊》，2013年第7期。
③ 姚中秋：《可普遍的中国信仰-教化之道——基于〈尚书〉之〈尧典〉〈舜典〉的解读》，《西南民族大学学报》（人文社科版），2018年第1期。

论的哲学层面内容。中国政治思想史研究的知识取向，在研究方法上对研究者有较高的要求，既要有多学科的视野及分析角度，也要能够在多学科的方法间进行恰当的调和，使多学科研究方法在中国政治思想史研究中的应用能够融会贯通。

（一）中国政治思想史研究知识取向的工作要求

与经世取向的中国政治思想史研究相比，中国政治思想史研究的知识取向要求以下几点。

1. 要高度重视作为前提的政治学知识基础

中国政治思想史研究当然应该体现研究者的个性，而研究者的个性当然也要根基于他所有的知识基础，一个在知识基础上缺乏个性的研究者，其研究成果也很难具有学术的个性。但不论是什么样的个性，都不能改变中国政治思想史研究工作对政治知识基础的要求，即只有在政治知识基础较为厚实的前提下，才能奢言研究工作的个性，因为作为政治知识基础的前提在根本上决定了研究者的成果在多大程度上具有科学的价值。虽然中国政治思想史研究需要较为厚实的政治学基础知识，但中国政治思想史研究又是在现代政治知识不够完整系统的情况下开始其学科化研究的，并且因为中国政治学知识的积累及供给长期滞后于中国政治思想史研究的实践，从而在很大程度上造成了中国政治思想史研究者政治知识基础普遍不够厚实的结果。中国政治思想史的研究者，在经世取向研究的实践中，往往聚焦于西方现代政治体系的关键领域，关注民主、法治、内阁、议会、公民等诸多标志性政治事物，并以此为标准，在中国政治思想史上寻找相同或相似的内容，或在研究中只关注一些标语性的口号，进行比附性的现代化解释，或试图发掘出中国传统政治思想中蕴含的普遍性现代政治理论。有的学者从《周易》中寻找启蒙观[1]，有的学者则依托儒家的君子人格，提倡所谓儒家公民[2]。如此等等的结论，莫不似是而非。但中国政治思想史研究的经世取向往往在政治知识基础的关键环节上存在盲点，政治知识基础上的盲点造成了他们在传统政治思想内容理解上的诸多误读和解释上的比附，近年仍有学者将黄宗羲之重民思想

---

[1] 姚中秋：《中国式启蒙观：〈周易〉"蒙"卦义疏》，《政治思想史》，2013 年第 3 期。
[2] 任锋：《意识形态激情、中道伦理与儒家公民》，《文化纵横》，2013 年第 1 期。

误以为是民主思想①,或以为是趋近于民主思想②。中国政治思想史研究的知识取向要求高度重视研究者在政治知识基础上的积累,既要掌握比较充分的政治经验知识,充分了解古今中西各个时代的政治观念、政治制度、政治行为的来龙去脉及实际的情形,也要拥有理论形态比较完整和逻辑关系比较合理的政治学理论知识,只有如此,才能保证研究者在中国政治思想史研究转向知识取向后,具备合格的知识基础,既可以不犯或少犯知识性错误,也可以在此基础上恰当地理解历史上的政治理论内容,保证中国政治思想史研究在知识上的科学性,避免诸多类似以孟子民贵思想为民主思想的附会性解释。孟子民贵思想与近代民权的根本性区别,萧公权已经在其著作中言之甚详③。

2. 要体现出研究成果的政治知识属性

中国政治思想史研究作为政治学理论的一个组成部分,在知识属性上自然是隶属于政治学,它的研究成果具有政治知识属性也就自在情理之中。当然,政治知识的属性并不是局限于西方政治学的范围,而完全可以体现在比较广阔的议题范围内。在这个意义上,中国政治思想史研究追求政治知识的属性,也就并不是要以中国的历史材料来呈现西方政治学知识中的所谓普遍性内容,有的学者在中国政治思想史研究中预设了以西方政治问题为普遍政治问题,导致了西主中附的结果,试图在中国政治思想史上发现或发掘西方政治思想的内容。有的学者"依赖于一己所粗解之西方观念,以为印范","观其成就,而吾人独立成长之思想体系遂失其内容,全盘西化,且沦为西方政治思想一派一系之附庸矣","末流更藉此而误解今日西方之思想,吾人之古昔已有之","于是遂得以放肆其复古之议论矣"④。研究者不论是预先确定来自西方政治学知识的某些内容为政治学的普遍性内容,还是试图在中国政治思想史的史料中发现一套可以与西方政治学知识的普遍理论媲美的理论知识,都在研究中犯了刻舟求剑式的错误。中国政治思想史研究成果要体现政

---

① 黄忠晶:《再论黄宗羲的民主思想——兼答杜何琪先生》,《学术研究》,2014 年第 7 期。
② 顾家宁:《儒学与民主关系的再思考——以黄宗羲政治思想之"民主性"问题为中心》,《政治思想史》,2018 年第 4 期。
③ 萧公权:《中国政治思想史》,新星出版社,2005 年版,第 62-63 页。
④ 孙宏云:《萧公权与中国政治思想史研究——基于萧著〈中国政治思想史〉的分析》,《安徽史学》,2005 年第 1 期。

治知识的属性,在很大程度上针对着研究者中间存在的两种偏颇:第一,研究者自觉追求政治知识积累的意识不足,而满足于在研究中罗列政治思想的事实,将具有严谨理论结构且动态发展的中国政治思想史拆解成了一座概念的博物馆或图书馆,政治思想的内容在他们的成果中不过是陈列在博物架上的观念产品,既不用于解释过去,也不从中吸取养分。李泽厚先生曾经批评过将中国思想史比作博物馆或图书馆,他认为中国思想史"既不是博物馆,也不是图书馆",而是要着力"深入探究积淀在人们心理结构中的文化传统",去探究思想对形成心理结构与思维方式的关系①。这种偏颇如果不能予以纠正,研究者就很难在知识取向的中国政治思想史研究中取得有科学意义的理论成果。第二,研究者因为所受政治学专业训练较少,不得不在政治知识不充足的情况下开展中国政治思想史的教学与研究工作,这就在客观上导致研究者的理论成果带有较多的非政治学知识的色泽,其中中国哲学的学术训练在数量上影响了中国政治思想史研究者的多数,许多研究成果或在内容上聚焦于一般意义上的中国哲学问题,而很少能分析出哲学内容中的政治哲学内容,或者以中国哲学研究的抽象分析方法来处理经验性政治问题,依靠概念理解与理论阐释来分析中国政治思想,从概念到概念,从理论到理论,不论政治思想的客观具体内容如何丰富复杂,他们的分析结果都不过是若干普遍结论,或强调民主在人类思想史上的普遍性,认为"中国自殷商以来没有民主制度,但在学术史、思想史上也还是有民主思想的"②,或以为中国传统可自然而然地从民本走向民主③,并将其理论基础奠定在"常道"的普遍性上④。中国政治思想史研究在经验层面上的政治知识就此埋没在普遍性结论中,它的政治知识属性如再不予以自觉强化,其中国政治思想史的学科地位也就将因政治知识的不足而岌岌可危。

3. 要具有明确的政治知识创新意识

中国政治思想史研究并不能直接提供一套系统完整的政治知识,研究者

---

① 李泽厚:《中国古代思想史论》,人民出版社,1985年版,第297页。
② 张岱年:《黄梨洲与中国古代的民主思想——在国际黄宗羲学术讨论会开幕式上的报告》,《浙江学刊》,1987年第1期。
③ 李存山:《从民本走向民主的开端——兼评所谓"民本的极限"》,《华东师范大学学报》(哲学社会科学版),2006年第6期。
④ 李存山:《儒家文化的"常道"与"新命"》,《孔子研究》,2016年第1期。

也不能寄希望于从研究中获得一套完整系统的普遍性政治理论。有的研究者强调中国政治思想史研究就是要在传统文献中发现和发掘出普遍性高于西方现代的政治理论，并特别强调要从儒家经学著作中寻找普遍现代的概念、命题及整个理论体系①。这类研究将研究过程中的知识创新在工作上转换为已有普遍政治知识的发现和发掘，虽然在研究的目的上，似乎是以发现和发掘取代了创新，但在结果上很可能是将自己当下的政治观念强塞进了历史概念、命题及理论等的容器中。当研究者将自己的政治观念内容强塞进历史概念、命题及理论中的时候，历史概念、命题及理论的固有内容就被遮蔽了，它们对于理论创新的作用也就无从施展。这是因为中国政治思想史研究的知识创新需要从古人创造的概念、命题及理论中吸取理论养分。一方面，研究者因为受自己所处时代的局限，在视域及方法等方面存在着一定的内容限制，但来自历史上各个时代的概念、命题及理论等却提供了另外的时代性视角与分析方法，为研究者突破自己所处时代的局限提供了支持，不仅更合理地界定概念，而且更妥善地理解命题，还可以在理论体系的建构上提供诸多可借鉴之处。比如刘泽华先生在20世纪80年代对政治概念的界定即受益于中国政治思想史研究，提出了"政治的内容应大于阶级"的观点②。另一方面，中国政治思想史包含了主流政治理论的连续发展，它既有民族共性的内容，能够给中国政治知识的创新提供民族智慧的支持，使中国在面向世界创新政治知识时能够充分体现民族的共性，给世界性政治知识的发展提供中国智慧③，也包含有思想家的哲理性高端创新，"缺乏哲理的政治思想，一般地说属于直观性的认识"④，历史上政治思想家们的哲理性认识，有助于研究者在政治知识创新时得到智慧的启迪，在政治观点上能够达到哲理的高度，提升政治理论知识的层次与品位，促进高质量政治知识创新成果的产生。

---

① 姚中秋：《可普遍的中国信仰-教化之道——基于〈尚书〉之〈尧典〉〈舜典〉的解读》，《西南民族大学学报》（人文社科版），2018年第1期。
② 刘泽华：《八十自述：走在思考的路上》，生活·读书·新知三联书店，2017年版，第378页。
③ 张师伟：《阐发政治的民族共性——中国传统政治哲学研究主旨揭示》，《文史哲》，2010年第6期。
④ 刘泽华：《中国政治思想史研究对象和方法问题初探》，《天津社会科学》，1985年第2期。

4. 要展开与同行的知识交流与对话

中国政治思想史学科知识的积累远非单个学者所能够完成,而只能由志同道合的学者们集体来完成。中国政治思想史研究在知识创新方面的同行交流与对话,具有重要的地位,它在一定程度上反映了知识创新的知识社会学的必要条件。这既是因为作为知识积累的中国政治思想史研究,工作量极为繁多复杂,远非个人的精力及智力等所能满足,它注定是一个集众人之力且耗时久远的研究工作。研究者不继承前人的研究成果,就只能白手起家,而白手起家的理论研究则注定只能产生单薄浅显的结果;研究者如果不与同时代的同行交流,就只能在自己划定的牢笼中自娱自乐,研究成果既不以一定的政治知识为前提,在结果上也不能融合进发展着的政治知识体系中,产生不了知识创新的社会结果。中国政治思想史研究中的同行知识交流与对话,一方面有利于研究者在知识加工的时候展开争鸣与讨论,通过彼此之间的争鸣与讨论,既拓展研究者的视域,克服其政治知识基础方面的局限性,也优化其研究的方式与方法,并在知识成果上展现出更为充分的科学性,界定概念准确清晰,命题范畴含义周延,理论逻辑严谨精致;另一方面也有利于研究者在知识创新的过程中互相吸取有益养分,互为辩驳,在相互否定中既各自成长,又互为促进,以彼之长,补此之短,以此之正,救彼之偏,将研究者各自在理论上的一孔之见聚集在一起,产生政治知识创新的综合成果。如果缺乏同行对话与交流的意识,那么中国政治思想史研究就在结果上变成了彼此孤立的自说自话,不继承前人,忽略同时代他人,甚至在概念及术语上也不与他人共享,而自说自话的中国政治思想史研究则注定难以在政治学的知识创新中发挥积极的作用。

(二) 中国政治思想史研究中的多学科方法举要

中国政治思想史作为一门学科,具有明显的跨学科性质,就现代学科体系的内部分类而言,中国政治思想史研究在学科方法上要跨越法学、历史学及哲学三个学科门类;就中国政治思想史研究涉及的具体学科方法而言,则主要来自政治学、历史学及哲学三个学科。政治学、历史学及哲学三个学科在中国政治思想史研究中的学科方法适用情况如下。

1. 政治学的学科方法

政治学的学科方法在中国政治思想史研究中的运用在根本上决定了研究

所形成的知识体系是否属于政治学。

首先,研究者运用了政治学的学科方法,就能准确地界定中国政治思想史的研究内容。中国政治思想史研究的主要内容如何界定,在根本上取决于研究者关于政治是什么的政治观。学术界关于中国政治思想史研究内容的概述往往依托于当下的政治学体系,比如有的学者把政治学的主要研究内容界定为国家,并强调"政治学是研究如何认识国家,如何组织国家,如何管理国家的科学"[①],那么相应地他在界定中国政治思想史主要研究内容的时候,也就将历代思想家关于国家的理论作为中国政治思想史的主要内容,中国"政治思想的核心是如何安邦定国,修身、齐家、治国、平天下"[②]。有的学者在界定政治学研究内容的时候主要聚焦于权力,将政治学研究的主要内容界定在获得权力与使用权力,强调"政治家的兴趣焦点是明确的,它集中于夺取或获得权力,对他人运用权力和影响力"[③],有的中国政治思想史研究者受这个观点的影响,就将中国政治思想史研究的主要内容限定在中国历代思想家关于权力的论述上,关注君主专制主义理论的历史发展与理论构成等[④]。

其次,政治学的学科方法还有利于在研究过程中准确把握研究对象的政治内涵,如果不能准确把握研究对象的政治内涵,作为研究结果的知识获得就很难成为政治知识的一部分。所以强调中国政治思想史研究只有运用政治学的学科方法才能解读出研究对象的政治内涵,乃是因为作为中国思想史研究对象的典籍及概念等同时还可以从其他学科的角度进行观察和分析,从而解读出它们在现代学科体系中的丰富内涵,而只有恰当使用了政治学的学科方法才可以理解和解读出研究对象的政治内涵,才能在内容上呈现出政治思想的内涵[⑤]。中国政治思想史研究的一些著作或论文缺少政治思想的明显内容呈现,过多充斥着一般性的中国哲学思想内容,其根本的缘由就在于作者缺少政治学的学科方法运用,即研究者如果没有一双政治学人的学科慧眼,就

---

① 徐大同:《关于政治学研究对象的浅见——政治学研究对象的史的考察》,《天津师院学报》,1981年第6期。
② 徐大同:《从政治学角度研究中国古代政治思想史——中国古代政治思想史的线索与特色》,《政治思想史》,2010年第1期。
③ 王楷模等:《政治学原理》,中国政法大学出版社,2014年版,第5页。
④ 刘泽华:《战国百家争鸣与君主专制主义理论的发展》,《学术月刊》,1986年第12期。
⑤ 张师伟:《中国政治思想史的学科定位及学术使命——一种基于知识论视角的分析》,《天津社会科学》,2013年第1期。

不能发现中国历史上真正的政治概念、政治命题与政治判断等,并由此难以呈现出研究对象的政治知识属性,在知识上难以避免以中国哲学思想代充中国政治思想的结果。

再次,政治学的学科方法还可以给中国政治思想史的研究者提供一个完整的政治知识体系,提高研究者分析有关政治议题、政治问题及政治命题的政治学理论水平。中国政治思想史研究之所以需要完整的政治知识体系及较高的政治学理论素养,乃是因为政治知识体系的不完整甚至不充足,在中国政治思想史研究者中具有较大的普遍性,特别是关于现代政治体系的历史发育、基本原理及制度体系的知识不够充分,研究者在现代政治概念界定不清晰、不科学的情况下,就将它们用来分析中国政治思想史,自说自话,罔顾事实,得出了许多似是而非的观点①。政治学的学科方法可以帮助中国政治思想史研究者获得比较充分的政治知识及必要强度的政治学理论水平,既全面了解有关政治概念的准确内涵,避免概念解读方面的错漏,也熟悉政治学理论的逻辑,把古人关于政治问题的思考及其结果的理论结构准确地呈现出来。研究者在概念使用上的随意性,将在研究结果上出现过多的"主观投射"成分,导致"主观投射过度",在研究中出现"认识主体用现代性的认知替代传统认知,把自己的观点,甚至是当下流行的现代理念或观念,投射到古人身上"②。研究对象的呈现出现失真的弊端。运用政治学的学科方法,分析中国历史上的政治问题、政治议题及政治命题,呈现出它的诸多具体的独特性,乃是中国政治思想史研究的基本任务。

2. 历史学的学科方法

中国政治思想史的研究对象隶属于中国历史,在内容上属于中国历史不可分割的一部分,正是在这个意义上,要准确理解中国历史就不能不理解其中的政治思想史,而要了解中国政治思想史,也就不能罔顾中国历史的内容,而必须开展思想与社会的互动研究③。历史学的学科方法比较既有利于呈现中国政治思想史作为中国历史一部分的历史属性,也有利于从历史发展规律的

---

① 张师伟:《中国政治思想史研究的百年回眸与学术省思——本土政治理论的概念检视与话语梳理》,《人文杂志》,2019 年第 2 期。
② 葛荃:《立场、方法与禁忌:中国政治思想与文化研究断想》,《政治思想史》,2016 年第 3 期。
③ 刘泽华:《开展思想与社会互动和整体研究》,《历史教学》,2001 年第 8 期。

角度来呈现中国政治思想史的发展历程。

首先，作为中国历史的组成部分，中国政治思想史研究的对象也具有历史学研究对象的普遍特征，即历史研究的认识对象都只是间接性研究对象的史料，直接性认识对象的历史现象已经一去不复返，因此中国政治思想史研究运用历史学方法首要的内容，就是史料辨别与评价的方法。中国政治思想史研究的直接性对象乃是历代政治思想家的思考，而思考的活动转瞬即逝，无从研究，它所研究的只能是政治思想家思考的文字性结果，其中有些文字性结果是政治思想家的作品，有些文字性结果则是他人的记录，但不论出自谁之手，这些文字性结果都显然隶属于史料，属于间接性认识的对象①。中国政治思想史研究者在面对史料的时候，既要明了史料与史实的两重性关系，即史料的内容在被理解的过程中一方面因理解者的主观投射大于它所反映的事实，另一方面又因为主观者的局限而理解不出它的丰富内涵而小于它所反映的事实，更要处理好史料运用中背景知识与史料信息的关联，尽可能将史料放在产生它的历史背景、话题环境与理论语境中进行理解和解释，尽可能客观地呈现史料的信息内容②。

其次，历史学的学科方法贯彻了经验主义的认识论，在认识的方法上比较强调从具体到抽象的归纳法，即"所有的材料都是从母本中'梳理'出来，而且在解释和运用时也都以'母本'的整体性为前提"③。中国政治思想史研究如果使用演绎法，会在概念的理解上染上过于浓郁的现代色泽，以至于在理解概念和理论分析的环节上很可能出现主观投射过多的弊端，其根源就在于研究者站在自己的时代，以当代政治概念作为出发点，对历史上的政治问题、政治议题及政治命题等，进行了以己度人的理解，造成了研究中的诸多概念误读。中国政治思想史研究对归纳法的使用，要求研究者要充分地发掘史料的信息，并结合史料产生的时代背景、有关议题的理论语境等，既从中国历史上政治思想家们的有关史料中寻找原始的政治概念、命题及判断等，而不轻易以现代政治概念来盛装古人的思想内容，又结合政治思想家的原始论述理解和解释政治概念及命题、判断等的具体含义，避免以现代理论的命题与判断等梳理政治思想家的理论逻辑。它的核心就是要回到思想家的历史

---

① 刘泽华、张国刚：《历史认识论纲》，《文史哲》，1986年第5期。
② 刘泽华、张国刚：《历史认识论纲》，《文史哲》，1986年第5期。
③ 刘泽华：《中国政治思想史集》（第一卷），北京：人民出版社，2008年版，再版弁言。

现场，从具体政治问题入手，呈现政治概念与命题的具体意义①。总的来看，归纳法的使用比较好地实现了历史地分析中国政治思想史内容的宗旨，使政治思想研究中的概念抽象始终能与历史的具体性相结合，避免了因为抽象分析方法的使用而导致概念被抽象到脱离其时代的尴尬。

再次，历史学的学科方法还体现在历史观层面的规律性分析。它主要表现在三个方面：（1）人类在创造自己历史的过程中不断地积累着文明的成果，并在文明成果的积累中进行着历史内容的新陈代谢。中国政治思想史作为中国历史的一部分，也在进行着持续的新陈代谢，在这个持续的新陈代谢过程中，没有什么理论内容是亘古不变的永恒真理，任何政治理论的内容都处在新陈代谢过程中，中国政治思想史客观上绝不能提供任何现成的普遍必然内容给现代，现代人也不应该期待从中获得任何现成的适用于当今的普遍性政治理论。正如"哲学史在很大程度上是对哲学的最好的评论者，某一体系由它的后继者所继承、演变、发挥或推翻，这就会暴露其中的错误和矛盾"②，中国政治思想史也是政治思想体系的最好评论者，研究者应该采取"不偏不倚和客观的态度，并且尽可能避免在讨论中渗入自己"的理论③。（2）人类进行政治方面的思考，既离不开具体的历史的政治环境，也总是努力在思考和解决现实的政治问题，在这个意义上，中国政治思想史研究的历史学方法，就是主张要把政治思想的具体内容放到产生它的特定环境中进行具体的解读和解释。任何政治议题与命题等都与特定的政治问题密不可分，政治思想家在立足于时代，得出有关概念及命题或形成一定政治议题时，就将具体的时代性内容输入到了抽象的政治概念及理论中，这就决定了研究者只有进行特定政治思想与特定历史阶段社会的互动研究，才能准确地理解政治概念和阐释政治理论④。（3）历史的发展是在辩证关系中进行的，中国政治思想史研究运用历史学的学科方法，就要展开对历史过程的辩证分析。刘泽华先生所谓"在矛盾中陈述历史"⑤，就是要求：一方面，中国政治思想史的理论内容

---

① 张师伟：《民本的极限——黄宗羲政治思想新论》，中国人民大学出版社，2004年版，第5页。
② [美]梯利：《西方哲学史》，葛力译，北京：商务印书馆，1995年版，序论。
③ [美]梯利：《西方哲学史》，葛力译，北京：商务印书馆，1995年版，序论。
④ 刘泽华：《开展思想与社会互动和整体研究》，《历史教学》，2001年第8期。
⑤ 刘泽华：《答客问：漫说我的学术经历和理念》，《社会科学战线》，2004年第4期。

既然异常丰富多彩，存在着多样的理论学派，任何一个学派都不能遮蔽其他学派的存在，那么研究者就不应该无视不同学派间的矛盾；另一方面中国政治思想史也处在否定之否定的发展过程中，成熟的政治理论经过一再地被否定，形成理论上的反复突破，进行着一统与多元的交替，延续着发展的脉络。

3. 哲学的学科方法

哲学的方法概括地说就是抽象思辨的方法，它的运用乃是因为以哲学的方法思考政治问题由来已久，在每个时代的政治思想中都存在着政治哲学层面的内容，缺少哲学的方法，就不能比较完整地理解各个时代的政治思想。

首先，中国政治思想史上存在着丰富的政治哲学思想，在不同的时代产生了众多的思考政治哲学问题的思想家，并产生了众多的政治哲学的理论成果，在这个意义上，哲学方法的使用，在很大程度上乃是完整理解思想家政治理论的客观需要。一方面，中国政治思想史上的大多数思想家都拥有比较完整的政治理论体系，并且政治哲学在各自理论体系中的地位和作用都十分重要，其理论的特色及其时代属性大都取决于其政治哲学，在很大程度上，忽略或不能理解思想家的政治哲学，就不能比较完整准确地理解思想家的政治思想内容，就可能得出与思想家观点相反的结论。比如黄宗羲在政治哲学层面已经非常明白地阐明了君主集权的思想，但学者们忽略政治哲学的君主论阐释，仅仅着眼于《明夷待访录》的论述，就会得出与黄宗羲命题原意相反的观点，将其归入民主思想家行列[①]。另一方面，同一个时代的政治思想家在政治哲学方面有着基于哲学抽象方法的学理共同点，这些共同点往往反映了时代的共性，并由此而赋予思想家的政治理论以根本的时代属性，分析思想家在政治哲学层面的时代共性内容，更能够客观准确地判断思想家及其政治理论的时代属性[②]。研究者如果缺乏哲学方法的使用，就会忽略或看不见思想家在理论上的精深高明处。

其次，哲学方法的运用还有利于理解和汲取中国政治思想的理论精华。中国历代政治思想家关于政治的思考，都包含着哲理性比较高的政治哲学部

---

① 李存山：《从民本走向民主的开端——兼评所谓"民本的极限"》，《华东师范大学学报》（哲学社会科学版），2006年第6期。
② 张师伟：《民本的极限——黄宗羲政治思想新论》，中国人民大学出版社，2004年版，第20页。

分和总结经验以谋求资政的政治经验部分。相比较而言，谋求资政的政治经验部分具有较多的现实针对性，思想家在这方面的努力，无非是要回应和解决自己所处时代的具体政治问题，但思想家所处的时代及其所要解决的具体政治问题已经一去不复返，其理论上的价值已经相当式微。正如吕思勉先生所言，"大化之迁流，转瞬而已非其故，世事岂有真相同？""见为相同，皆察之未精者耳"，"执古方以药今病，安往而不贻误？"① 研究者试图从中国政治思想史上找到解决今天问题的答案，无异于刻舟求剑。但是他们思想中哲理性较高的政治哲学部分则仍然因为其反映了民族及时代的共同性而具有较大的理论价值，中国政治思想史研究在理论上的目的之一，就是要发掘和继承其中具有较大理论价值的部分，特别是其中反映了民族政治共性的部分，尤其具有比较普遍的理论价值，中国特色政治理论体系、学术体系及话语体系的形成，在很大程度上需要借助于中国传统政治哲学的理论支持②。哲学方法的运用，则提供了理解、评价和继承中国政治思想史中理论价值较大的政治哲学内容的必备方法，缺少哲学方法的运用，就不能充分发挥中国政治思想史研究在政治理论建构方面的知识供给功能。

（三）中国政治思想史研究中的多学科方法融合

在中国政治思想史的知识取向研究中，多学科方法的综合运用及融通，具有重要的基础性地位，只有解决了这个问题，中国政治思想史研究才能在获得政治知识的准确性与完整性上，满足政治知识增长的起码要求，也才能在合理评价中国政治思想史上的政治知识及批判继承其合理性内容上，获得有普遍性理论价值的政治知识增量。

1. 多学科方法的合理性

中国政治思想史研究的对象乃是历史上不同时期各个层次的政治思想，多学科方法的运用，在根本上是为了满足准确认识、客观呈现及公允评价中国政治思想的需要。在这个意义上，多学科方法彼此之间具有整体性的有机联系，任何运用单一学科方法的中国政治思想史研究，都不能满足中国政治

---

① 吕思勉：《先秦史》（政治卷），武汉：华中科技大学出版社，2017年版，第2页。
② 张师伟：《阐发政治的民族共性——中国传统政治哲学研究主旨揭示》，《文史哲》，2010年第6期。

思想史研究的知识需求。中国政治思想史的多数研究者在研究工作中也意识到了它的跨学科性质，并尽可能进行多学科研究方法的综合运用，但因为研究者自身学科知识积累的个性化特质及各自不同的理论诉求，不同研究者在研究方法的学科选择上又明显存在一定的偏向，从而在研究方法及著作范式上出现了不同学科范式的代表性著作。有的著作在名称上即体现出了明显的学科特色，在内容上带有较为浓郁的哲学色泽，较多地运用了哲学的学科方法，比如周桂钿教授的《中国传统政治哲学》就是使用哲学学科方法研究中国政治思想的代表①。不过，中国政治思想史的研究著作，虽然都有自己的学科方法偏好，但在著作名称上却并无明显标志，而需要从分析其研究的方法中了解其学科方法的偏好。比如徐大同先生的中国政治思想史研究在范式上被有的学者归结为政治学范式的代表，就是因为徐先生研究中国政治思想史的学科方法主要来自政治学，"对中国政治思想史研究中凸显政治学学科属性曾经发挥过积极作用"②，而刘泽华先生的中国政治思想史研究范式则被归结为历史学范式，也是因为刘先生在研究方法的选择上较多地运用了历史学的学科方法③。实际上，中国政治思想史的成熟研究者在学科方法选择上，大多强调了政治学与历史学的结合④，虽然在研究中主要使用了政治学或历史学的学科方法，但在认识上并不忽略自己未充分使用的学科方法。在中国政治思想史研究的学科范式被自觉归纳出来以后，学术研究中才出现了自觉皈依于某个学科方法而忽视其他学科方法的明显弊端，或者以为掌握某一学科的研究方法就足够了，或者以自己掌握的某一学科方法来鄙薄其他学科方法。这个在学科方法选择上的偏颇，既非常不利于获得客观准确的知识，也非常不利于合理评价传统时代的政治知识。

2. 多学科方法的层次性

中国政治思想史研究在学科方法的运用上，具有一定的层次性，它具体表现在研究过程中就是学科方法运用的优先顺序。因为中国政治思想史所研

---

① 周桂钿：《中国传统政治哲学》，石家庄：河北人民出版社，2007年版，第11-24页。
② 杨阳、郑义：《马克思主义方法、政治学视角与现实关怀——徐大同中国政治思想史研究的三重维度》，《政治思想史》，2019年第3期。
③ 张师伟：《中国传统政治哲学研究的史学视域与归纳方法》，《人文杂志》，2020年第7期。
④ 萧公权：《中国政治思想史》，北京：新星出版社，2005年版，凡例。

究的对象是历史上不同时代的政治思想，它在具体内容上表现为不同时代的政治问题、政治议题与政治命题，而不同时代的政治问题、政治议题及政治命题等虽然各不相同，特定的时代总有特定的具体政治问题，并有讨论其政治问题的政治议题及呈现政治议题内容的政治命题，不同时代的政治问题、政治议题及政治命题差别很大。政治思想在这个维度的差异体现了它的时间性特征①。所以中国政治思想史研究首先就要求研究者能够运用政治学的学科方法，精确地判别而绝不混淆各个时代的政治问题，深入理解各个时代的政治议题，而万万不能忽略政治议题的特殊时代性内涵，以至于不能准确地理解和解释不同时代的政治命题，从而在政治命题的理解上误读了古人思想而"自我作古"②。政治学的学科方法在功能上主要是准确界定历史上的不同政治，尤其是准确地理解古人必须面对的政治问题、讨论的政治议题，以及得出的政治命题。中国政治思想史研究的对象隶属于历史上的各个阶段，它的研究对象具有历史学所研究内容的一般性特点，适用历史学研究的学科方法。中国政治思想史研究中运用历史学科方法的核心目的，就是把历史上产生的政治思想内容还给历史，一方面要努力通过历史学科的史料整理及分析方法，依托可靠的史料，进行思想事实的还原，从史料中搜拣政治概念、政治命题及政治判断，归纳总结政治思想的内容体系③；另一方面要运用历史观层面的分析，既坚持社会存在决定社会意识的历史唯物主义，将特定政治思想与特定社会结构联系起来，进行思想与社会互动的研究④，又要对中国政治思想史发展过程进行辩证分析，"在矛盾中陈述历史"⑤，即在思想发展的矛盾运动中分析思想的内容，以思想发展中的否定及否定之否定来准确地评价思想的地位、价值及影响等⑥。哲学的学科方法在中国政治思想史研究中的运用，主要是为了分析政治议题及政治命题中哲理性比较强的有关内容，这一方面是因为中国政治思想史内容需要在研究结果上得到整体性呈现，哲学学科方法

---

① 王楷模、张师伟：《政治思想一般性质的哲学分析》，《宝鸡文理学院学报》（社会科学版），2004年第3期。
② 萧公权：《中国政治思想史》，北京：新星出版社，2005年版，第4页。
③ 张师伟：《中国传统政治哲学研究的史学视域与归纳方法》，《人文杂志》，2020年第7期。
④ 刘泽华：《开展思想与社会互动和整体研究》，《历史教学》，2001年第8期。
⑤ 刘泽华：《答客问：漫说我的学术经历和理念》，《社会科学战线》，2004年第4期。
⑥ [美]梯利：《西方哲学史》，葛力译，北京：商务印书馆，1997年版，序论。

用于呈现哲理性较强的部分内容，具有研究目的上的合理性；另一方面是因为中国政治思想的民族性及时代性精华大多集中在哲理性比较强的部分上，忽略了哲学方法的运用，中国政治思想史研究就无异于将宝贵的思想精华弃之不顾。

3. 多学科方法的开放性

中国政治思想史作为一个政治理论的发展史及政治思维的发展史，它的内容异常丰富，这就要求研究者要保持多学科方法上的开放性。任何学科方法在分析其研究对象的时候都既有其明快清晰的一面，分析者由此而获得关于某方面的理论化系统知识，但也有其内容上的局限性，在理论化的某方面之外留下了观察的空白，空白并不是没有内容，而是观察者受学科视角及方法的限制不能呈现其内容。在这个意义上，多学科方法在运用过程中要保持学科的开放性，就是要不断地吸取新的学科知识，开阔研究者的学科视野，丰富研究者的观察角度与分析方法，从而可以更为细腻、更为丰富地呈现中国政治思想史的知识内容。比如文化人类学的学科方法，即可在文化人类学的学科体系视角下，不仅能够发现中国政治思想史更为大众化的政治观念内容，而且还可以深入到群体性的政治性格中，呈现出更多带有普遍共性的政治无意识等方面的内容。再比如政治心理学的学科方法，也可发现政治思想家的性格、人格等与他的思想创造之间的关系，更为细腻地把握政治思想家的个性及个性化思想创造。同时，任何学科的知识体系及学科方法都处在继续变化的过程中，政治学、历史学、哲学及心理学等概莫能外。中国政治思想史研究在学科方法使用上的开放性，要求研究者要追踪各个学科的知识前沿，了解、学习和运用学科方法的最新成果。这既是为了让学科方法在已有的基础上更加合理科学，舍弃过时落后的内容，更新选择更加科学的内容，在学科方法的内容上力争与时俱进、精益求精，也是为了摆脱学科方法内容上的僵化，比如有些研究者在哲学的学科方法内容上陷入了经学化的困境，主张将五经作为中国政治思想史研究的核心①。不论在什么样的学科话语下进行学术研究，都难以摆脱儒家经学教条在学科方法上形成的根本限制，以至于不论是在哲学的学科方法之下进行研究，还是在历史学的学科方法之下进

---

① 姚中秋：《重建中国政治思想史范式》，《学术月刊》，2013年第7期。

行研究，总是试图撇开中国政治思想史的丰富内容，而只在儒家经学中找到现成的普遍性政治知识，比如在《周易》中找到普遍的启蒙内容①。研究者如果缺少了学科方法的开放性，就失去了"横看成岭侧成峰"的灵活观察角度，就失去了看到中国政治思想丰富内容的方法基础，也难以达到准确客观充分呈现中国政治思想史丰富知识内容的研究目的。

4. 多学科方法的融通

中国政治思想史研究所以要运用多学科的方法，是为了在中国政治思想史研究过程中不断获得政治知识的增量，并最终以有益的知识获得参与到政治学知识体系的发展中，促成政治学知识体系的不断发展②。这就意味着中国政治思想史研究的多学科方法的运用，要有一个整体性的考虑，在学科方法的运用过程中有一个类似于顶层设计的整体性安排，每一个学科方法的运用都是为了要在作为知识生产的中国政治思想史研究的某一个方面或环节，达到特定的认识目的。它意味着中国政治思想史研究者在考虑多学科方法的掌握时就考虑好了它的用途，并由此而决定了他所掌握的学科方法必然具有一定的个性色泽。比如他对政治学之学科方法的掌握就比较偏向于基础理论，倾向于掌握政治学知识体系的整体框架及其中的核心性关键问题，其学科方法的目的乃是，既能从诸多的社会问题、社会议题及社会命题中，清晰地分辨出政治问题、政治议题及政治命题，又能明白地区分出不同政治问题、政治议题及政治命题等的具体内容。再比如他在历史学的学科方法上也比较侧重于认识史料的性质、明辨史料的真伪及从史料归纳理论知识点的归纳分析方法等，目的乃是服务于政治思想事实呈现所必需的史料处理及必要的归纳分析。中国政治思想史研究中多学科方法的运用，除了要安排好不同学科方法的地位、作用与角色之外，还要防止研究者在某个学科方法的使用上越出应有的范围，超过必要的限度，如果某个学科的方法越出了应有范围，超过了必要的限度，就在实质上形成了某个学科方法的滥用。有的学者在中国政治思想史研究中存在着过度运用政治学之学科方法的倾向，结果就是历史学

---

① 姚中秋：《可普遍的中国信仰-教化之道——基于〈尚书〉之〈尧典〉〈舜典〉的解读》，《西南民族大学学报》（人文社科版），2018年第1期。
② 张师伟：《中国政治思想史的学科定位及学术使命——一种基于知识论视角的分析》，《天津社会科学》，2013年第1期。

的学科方法受到削弱，以至于出现了在古代政治知识中搜寻现代政治概念，甚至出现先秦诸子理解上古政治思想时候的自我作古的做法①。有的学者过度地运用了哲学的学科方法，在诸多经验性政治概念及命题中也只进行哲学的抽象分析，以至于在知识上完全忽略了特定政治思想的具体历史内涵，误将古人的政治知识进行了现代化的解读，造成了知识内容呈现上的不准确。有学者将先秦法家之法治与现代法治在概念上混淆起来，大多由此而来，即罔顾法家对法治的具体解释，而一味从哲学高度阐发现代的法治内涵，以至于造成了观念的误读。实际上，先秦法家之法治仍是人治，而非法治②。任何学科的方法都可能会出现滥用，而一旦有某个学科的方法在研究中被滥用了，那就势必会出现其他学科方法运用得不充分，并由此而打破多学科方法融通所必需的多学科方法的相对平衡。中国政治思想史研究在多学科方法的运用上只有比较平衡地处理了不同学科的关系，多学科的方法才能在研究中发挥出应有的作用，实现多学科方法在研究过程中的过程连贯与结果融通。

综上所述，中国政治思想史研究固然既有重要理论价值，也有一定实践意义，但是中国政治思想史上的诸多理论及结论毕竟具有时代的特殊性及问题的针对性，其具体的观点及结论在今天的实践意义已经相当有限，而它作为一个理论体系所固有的观察视角及分析方法等却因为包含了民族的政治智慧而仍然具有重要的理论价值。中国政治思想史研究的知识取向，就是要着力挖掘中国政治思想史中的理论价值。作为一个理论体系，因为中国政治思想史研究的对象是不同历史时期的政治理论，而政治理论则既有哲理的抽象性，又具有社会事实的诸多联系性，所以中国政治思想史研究在研究方法上不仅必然会要求使用多学科的方法，而且还要求要在研究中处理好多学科方法之间的关系，以便能够准确地理解和解释中国政治思想的有关事实，呈现中国政治思想中的理论逻辑，总结中国政治思想史的发展规律，达成中国政治思想史研究的知识积累目标，以有力地助推当代中国的政治理论创新。

---

① 萧公权：《中国政治思想史》，北京：新星出版社，2005年版，第4页。
② 萧公权：《中国政治思想史》，北京：新星出版社，2005年版，第137页。

后 记

中国政治思想史作为一门学科化的知识体系，开始于20世纪20年代，从那时起，它就在中国的政治学知识体系中占有重要地位，始终是政治学理论学科的重要组成部分，其间名家辈出，备受重视，在学科体系构建及人才培养中的重要性不言而喻。但伴随着实证主义研究方法在政治学研究中的渐次深入推广，中国政治思想史研究因其不能直接回应和满足现实政治的策略及举措等具体需求，在学术研究和人才培养方面也日益面临被边缘化的窘境。国内十数家可以培养政治学博士的学术机构绝大多数缺乏培养中国政治思想史学科人才的条件，并且也缺乏培养中国政治思想史专业人才的愿望。一方面是中国政治思想史知识作为政治学知识体系的重要组成部分，在高级人才培养中不可或缺，但凡开设政治学与行政学本科专业的院校就必须设置中国政治思想史课程；另一方面是政治学理论的博士人才培养却不能保证相应的中国政治思想史专业高级人才供给。这就在一定程度上造成了中国政治思想史研究专业性门槛较低的困境，以至于影响了中国政治思想史学科所输出之专业知识的质量。中国政治思想史学科的教学工作应该以相应的学术研究工作为基础，而相应学术研究工作则要求研究者务必要了解学科已有的积累、目前的态势以及未来的发展趋势，并进行研究方法的充分把握和学科范式的自觉形塑。

本书集中讨论了中国政治思想史研究的若干问题，写作初衷即是为中国政治思想史研究专业工作者及爱好者提供三方面的内容共享：（1）中国政治思想史研究的学术史简单梳理，尤其重点梳理了近十年中国政治思想史的研究成果，进行年度分析，试图给专业研究者及爱好者提供一个了解中国政治思想史研究年度前沿议题、成果的基本线索。（2）中国政治思想史研究范式的分析比较，追述了从中国政治思想史成为学科化知识体系以来的多种研究范式，分析了不同研究范式的优劣同异，并就如何优化研究方式促进理论创新进行了深入探讨。（3）中国政治思想史研究方法的剖析，从作为知识生产的学术使命出发，对综合运用多种方法，进行高质量中国政治思想史学术研究，进行了深入讨论，并通过研究方法的优化，探讨了中国政治思想史研究如何为中国政治学自主知识体系建构作贡献的问题。由上可知，本书主要内容可以归纳出三个紧密相关的主题词，这就是——问题、方法与范式。这是中国政治思想史研究者走向成熟绕不开的三个方面，即从前人曾经热议的议题及具体解决的问题中培养研究者专业性的问题意识，通过了解以往研究范式的优劣同异而形成和优化自己的研究范式，在反思以往研究方法优缺点的基础上，克服方法选择的偏颇，形成高质量的研究成果。

　　本书所收录内容绝大多数以专题研究成果发表过，收录到书中时尽量保持最初写作的样子，比发表在刊物上的内容略微丰富，发表时因受版面限制而删除的内容也得以完整呈现。感谢当初约请写稿的编辑朋友们，否则其中的多数内容可能没有问世的机缘，也感谢西安交通大学出版社及韦鸽鸽等编辑，没有他们的盛情邀约及辛勤工作，本书在内容上的集成就难以实现。书中评述了诸多研究成果，不当之处在所难免，恳请读者朋友们批评指正，开展学术讨论。

张师伟

2024 年 6 月 26 日